EEN MOORD KOST MEER LEVENS

EEN MOORD KOST MEER LEVENS

PETER R. DE VRIES
MISDAADJOURNALIST

JUST PUBLISHERS

2e druk, februari 2019

Auteur Peter R. de Vries

Uitgever Hans van Maar

Omslagfoto Stefan Vanfleteren
Foto's binnenwerk ANP, Anefo, archief Cees Koring en collectie Paul Spruit
Omslagontwerp Ben Gross
Opmaak Studio Spade, Voorthuizen
Redactie en productie Hanzeboek / Tekstbureau Tempelier

ISBN 97890 8975 743 2

NUR 339

WWW.JUSTPUBLISHERS.NL

Inhoud

Hoe het begon: De Delftse wurger en de Donald Duck-colporteur...

Dit verhaal begint eind november 1970. Op dinsdag 24 november 1970 om precies te zijn. Ik was toen net twee weken daarvoor 14 jaar geworden en zat op de middelbare school in Amstelveen. Dat was aanvankelijk bepaald geen succes. Ik was niet geïnteresseerd, maakte geen huiswerk en bleef dan ook prompt in de eerste klas al zitten. Ik kan gerust zeggen dat er in die tijd geen goed garen met mij viel te spinnen. Na die doublure kregen mijn ouders van school een brief waarin beleefd stond geformuleerd dat 'verandering van omgeving heilzaam kan werken'. Met andere woorden: Ik was na de zomervakantie niet meer welkom. Men was mij na een jaar al beu. Ik was brutaal en baldadig en maalde niet om onvoldoendes en slechte rapporten. Vermaningen, strafwerk en zelfs een vorm van huisarrest hadden niet tot verbetering geleid. De leraren – en ook mijn ouders – vroegen zich af wat er op deze manier van mij terecht moest komen. En om eerlijk te zijn: zelf wist ik dat toen eigenlijk ook nog niet.

Er was echter één ding waarin ik mij van het gros van mijn klasgenootjes positief onderscheidde: ik las elke dag de krant en zij niet. Zij konden de topografische rijtjes *Groningen–Hoogezand–Sappemeer–Winschoten–Veendam–Stadskanaal* feilloos opdreunen – en ik niet – maar ik wist in die tijd wél alles van de moorden op John F. Kennedy, Martin Luther King en Robert Kennedy. Sterker nog, ik wist ook alles over de moord op president Abraham Lincoln door John Wilkes Booth, bijna 100 jaar voor de aanslag op JFK. Want dàt deed ik wel graag, populair historische boeken lezen. Over prominente staatslieden, roemruchte veldheren, baanbrekende uitvinders, vermaarde ontdekkingsreizigers en waaghalzerige luchtvaartpioniers. Zolang het maar 'waar gebeurd' was, dat was mijn enige voorwaarde. Op die manier wist ik mijn leraren menigmaal met onverwachte kennis te frapperen. Het zorgde er voor dat zij de moed nooit helemaal opgaven. Mijn medeleerlingen konden dan misschien Winschoten op de kaart aanwijzen, maar de meesten van hen wisten niet dat er in Vietnam al hun hele leven een heftige oorlog woedde. Internet bestond nog niet. Wie geen krant las of het acht-uur-journaal miste was in die tijd vrijwel verstoken van het nieuws.

Ik was niet alleen geboeid door bovengenoemde wereldberoemde moordzaken, maar ook door alles wat zich op misdaadgebied in ons eigen landje afspeelde. Elke morgen haalde ik de krant uit de bus – voordat mijn vader 'm aan het ontbijt opeiste – en spelde vooral 'het nieuws van de nacht'. Zo kwam het dat ik als tienerjongen alles wist van 'De Delfste Wurger', die op dinsdag 24 november 1970 had toegeslagen aan de Papsouwselaan 372 in Delft. 'De Delfste Wurger' zou in de maanden daarna het misdaadnieuws beheersen. Zijn slachtoffer was de nog maar 21-jarige Ada Lansbergen-Hölscher, die samen met haar man Arnoud op de achtste etage van de flat aan de Papsouwselaan woonde. Het stel was pas getrouwd en woonde er nog maar een paar maanden toen de moordenaar toesloeg, terwijl in die buurt verder bijna nooit iets van enige betekenis gebeurde. De 23-jarige Arnoud was 's morgens vroeg naar zijn werk gegaan en ontdekte toen hij 's middag even na vijf uur terugkeerde dat er iets mis was. De gordijnen waren nog dicht, de ontbijtbordjes stonden nog op tafel... Even later vond hij zijn echtgenote dood op bed. Ze had een aantal lichte snijwonden en was vermoedelijk gewurgd of gesmoord. Het motief was een mysterie. Het jonge stel was van onbesproken gedrag, ze hadden geen geld en ook geen vijanden en leidden in de goede zin van het woord een burgerlijk bestaan.

De moord op Ada was een van de 62 moorden die in 1970 in Nederland werden gepleegd. Een schokkend levensdelict op een jonge vrouw, zeker, maar wat maakte dit misdrijf nu zo bijzonder dat ik het er hier, bijna vijftig jaar later, nog over heb? Welnu, dat kwam omdat de onbekende moordenaar kort na het misdrijf via brieven, kaarten en telefoontjes als 'Mr. X' contact zocht met de politie, maar ook met De Delftsche Courant en De Telegraaf. En daarin meldde de dader dat hij het eigenlijk op de onderbuurvrouw – de echtgenote van een Delftse rechercheur – van Ada Lansbergen had gemunt.

Hij was abusievelijk op de verkeerde etage uit de lift gestapt en was zo bij Ada in huis terechtgekomen. Een 'vergismoord' *avant la lettre*. Noodlot en toeval waren elkaar in deze zaak tegengekomen, beweerde hij. De moordenaar kondigde aan dat hij zijn vergissing alsnog recht zou zetten: zijn werkelijke doelwit zou niet aan hem ontsnappen. Het waren lugubere boodschappen waarin de moordenaar de politie tartte en vernederde, zoals zelden of nooit eerder was gebeurd. De brieven en telefoontjes bevatten zoveel daderkennis dat de recherche ervanuit ging dat 'Mr. X' werkelijk de moordenaar was en zijn dreigement om nog een keer toe te slaan werd dan ook uiterst serieus genomen.

Op mij, als tiener, maakten deze gebeurtenissen enorme indruk. Ik ging niet naar school voordat ik me er van had vergewist of 'de Delftse Wurger', alias 'Mr. X', weer iets van zich had laten horen. Dat de dader telkens contact zocht met journalisten fascineerde mij. Ik weet nog goed dat ik, elke letter in de krant spellend, bij mezelf dacht: 'Tjonge jonge… stel je toch eens voor dat je dat als journalist overkomt, dat een moordenaar brieven aan je schrijft!' (Nu, bijna vijftig jaar later, denk ik wel eens, als ik wéér een (klaag)brief uit een penitentiaire inrichting ontvang: Pffff… Houd eens op met schrijven… maar dat terzijde.) In 1970 was het heel bijzonder en groot nieuws. Delft was in rep en roer en krantenlezend Nederland huiverde mee.

De politie opende een klopjacht op 'Mr. X' en deze werd begin januari 1971, zes weken na de moord op Ada, gepakt toen hij daadwerkelijk een poging had gedaan om een andere vrouw om het leven te brengen. Getuigen konden de brommer waarop hij was weggevlucht beschrijven – een blauwe Zündapp – en dat leidde tot de dader: de 25-jarige Hans K., een aan lager wal geraakte verkoper uit Delft. De man woonde in een flat precies tegenover Ada Lansbergen en had haar – óf haar benedenbuurvrouw – enige tijd bespioneerd met een verrekijker. In die zin klopten de verhalen die 'Mr. X' kort na de moord aan politie en media had gemeld. Toen echtgenoot Arnoud naar zijn werk was vertrokken had K. aangebeld en gezegd dat hij namens de gemeente 'het antenne-systeem kwam controleren'. Dat gebeurde in die tijd nog. Ada en Arnoud waren in hun nieuwe flatwoning de trotse bezitters van een zwart-wit-tv en Ada had dan ook nietsvermoedend voor haar moordenaar opengedaan. Over de precieze toedracht van de moord en het motief heeft de recherche nooit 100 procent zekerheid verkregen. Hans K. heeft weliswaar bekentenissen afgelegd, maar deze waren nogal warrig en soms tegenstrijdig. Hij was psychisch zó gestoord dat hij door de Haagse rechtbank van alle rechtsvervolging werd ontslagen en 'ter beschikking van de regering' werd gesteld, zoals dat toen nog heette. Precies een jaar nadat hij Ada Lansbergen had vermoord beroofde Hans K. zich in de Dr. S. van Mesdagkliniek in Groningen van het leven – waaruit bleek dat hij wel degelijk wist wat hij had gedaan.

Het was echter niet alleen deze zaak die grote indruk op mij maakte. Driekwart jaar later, in augustus 1971, kwam daar de moord op de 9-jarige Basje Bloemena in Amsterdam bij. Basje was in de eerste week van augustus verdwenen toen hij voor zijn ouderlijke woning aan de Minervalaan in de hoofdstad aan het spelen was. Twee dagen later werd zijn stoffelijk overschot bij een recreatiepark in Wilnis gevonden, gewikkeld in een deken of kleed. Basje was gewurgd, seksueel misbruikt en de dader had zijn naakte lichaampje op zo'n dertig kilometer van Amsterdam gedumpt. De moord op Basje Bloemena raakte mij. Waarom juist deze moord zo mijn aandacht trok weet ik eigenlijk niet precies, terwijl er in die tijd ook andere geruchtmakende kindermoorden speelden. Misschien had het er mee te maken dat Basje hemelsbreed maar een kilometer of acht bij mij vandaan woonde. De misdaad kwam in mijn leven letterlijk en figuurlijk dichterbij. Bij mij, als puber van 14 jaar, riep dat vragen op: Hoe kan het dat een jongetje van negen jaar zo maar spoorloos verdwijnt en dan een paar dagen later naakt en dood wordt teruggevonden? Kan dat elk kind overkomen? Wie doet zoiets? Ik herinner me nog goed dat de politie het kleed – dat in werkelijkheid een vrij zeldzame beddensprei bleek te zijn – waarin Basje was gevonden in de allereerste aflevering van Opsporing Verzocht aan het tv-publiek toonde. 'Het kan toch niet anders dan dat deze moord wordt opgelost', dacht ik, terwijl ik de uitzending volgde en kennelijk de kracht van dit nieuwe opsporingsmedium al hoog inschatte: 'Iemand moet die deken toch herkennen!?'. Dat was ook zo. De deken werd herkend. Ik had dat goed aangevoeld, maar de zaak werd (nog) niet opgelost. Over hoe dat precies kwam, leest u in de rest van dit boek meer.

In de jaren die volgden ging ik op school beter mijn best doen, ik werd zowaar leergierig. Het was tot me doorgedrongen dat feitenkennis geen last maar een lust was. Ik wist inmiddels ook waar Winschoten lag. En ik las nog steeds veel 'waargebeurde' boeken, maar langzamerhand verschoof dat wel meer naar non-fictie misdaad, wat we nu *true crime* noemen. Dat ik daar ooit beroepshalve iets mee zou kunnen doen, realiseerde ik mij toen nog niet. Al kwam dat moment met rasse schreden dichterbij.

Op de kop af drie jaar na de moord op Basje Bloemena, in augustus 1974, toen ik bijna 18 jaar was en inmiddels de examenklas had gehaald, verdween er in Amsterdam-Zuid weer een kind, ditmaal een meisje. Het gebeurde hooguit vier kilometer van mijn school die op de grens van Amsterdam-Buitenveldert lag. Het ging om de 10-jarige Heleen Isaac uit de Willem Royaardsstraat. Basje en Heleentje woonden hooguit een kilometer van elkaar, ze waren vrijwel even oud en verdwenen bovendien allebei in de eerste week van augustus. Kon dat toeval zijn? Het levenloze lichaam van Heleentje werd een dag na haar verdwijning gevonden, in de bosschages bij een sportpark in Amsterdam-Noord. Ook Heleentje was ongekleed toen zij werd gevonden en door verwurging om het leven gekomen. Meer dan ooit volgde ik in de pers de nieuwsfeiten van deze kindermoord. Ik moest meteen weer aan de moord op Basje denken. De overeenkomsten tussen beide moorden zorgden er voor dat het onderzoek van de politie zich toespitste. Daar waar Basje Bloemena nog in het niets leek te zijn verdwenen, waren er van de verdwijning van Heleentje wel enkele getuigen. Zij beschreven een man op een motorcarrier, een soort gemotoriseerde bakfiets, die tijdschriften – leesmappen – in de buurt bezorgde. Hij woonde in Amsterdam-West en werd gearresteerd. Het net sloot zich. Vanaf dat moment werd de man in de pers 'de Donald Duck-colporteur' genoemd. En wat bleek? Het vermoeden dat de moorden op Basje en Heleentje met elkaar te maken hadden was juist. Ene Gerard S. werd op die manier een van Nederlands meest beruchte meervoudig kindermoordenaar.

Zie hier de drie levensdelicten waarvan – achteraf – zonder overdrijving gezegd kan worden dat zij in mij de belangstelling voor de misdaad hebben laten ontkiemen, vervolgens die interesse hebben aangewakkerd en mij uiteindelijk zelfs in de richting hebben geduwd van de misdaadjournalistiek.

Slechts drie en half jaar na de ontknoping in de zaak van Basje en Heleentje zette ik daadwerkelijk zèlf de eerste stappen in mijn journalistieke loopbaan. De term *misdaadverslaggever* bestond op 1 maart 1978 trouwens nog niet echt toen ik met mijn 1.91 meter lange lijf opgevouwen in een derdehands okergele mini-cooper als leerling-journalist naar De Haagse redactie van De Telegraaf reed – waar het allemaal begon. Ik was aangenomen als 'algemeen leerling-verslaggever', maar de redacteuren van de Haagse redactie moesten ook bij toerbeurt naar de dagelijkse politiepersconferentie in het hoofdbureau aan de Burgemeester Patijnlaan. Dat werd door alle collegae als een soort van corvee gezien: een verplicht nummer voordat ze die dag aan hun échte werk konden beginnen.

Die politiepersconferentie was er eigenlijk vooral voor de regionale Haagse kranten, Het Binnenhof, Het Vaderland en de Haagsche Courant. Op de persconferentie werd elke ochtend om 10:00 uur door een politievoorlichter uit de doeken gedaan voor welke ongerechtigheden de politie de laatste 24 uur was uitgerukt: ongelukken, inbraken, overvallen, zeden- en geweldsdelicten, fraudezaken etc. Voornamelijk 'klein grut', dat voor het Haagse journaille interessant was, maar minder voor de landelijke Telegraaf. 'Onze bladen', zoals de combi van De Telegraaf en het Nieuws van de Dag toen nog werden aangeduid, gingen voor groter nieuws. Er moest minstens sprake zijn van een levensdelict, een grote kraak met een thermische lans of betrokkenheid van tot de verbeelding sprekende personages. Maar omdat Den Haag natuurlijk een regerings- en diplomatenstad was, had Bart Lulofs, de soevereine chef van de Haagse redactie verordonneerd dat een van ons dus ook elke ochtend op de politiepersconferentie present moest zijn, ook al leverde dat doorgaans niet veel kopij op: 'Je weet maar nooit...'. Een klein incident kon immers later alsnog groot nieuws worden, zoals een klein vonkje nu eenmaal immense branden kan veroorzaken. Mijn collega-redacteuren beschouwden dit begin van de dag dus voornamelijk als verspilling van hun talent, maar ik was vanaf het eerste moment gegrepen door dat dagelijkse politiepersconferentietje. Hartstikke interessant om van de politie zelf allerhande misdaadnieuws te horen en er ook nog quasi-belangrijke vragen over te mogen stellen – vragen die vooral mijn eigen nieuwsgierigheid bevredigden. En dus zei ik grootmoedig tegen mijn collegae: 'Laat mij dat voortaan maar doen...' De rest is geschiedenis.

Ik kreeg begin juni 1978 in Den Haag als 22-jarige verslaggever kort daarna al te maken met mijn allereerste moordzaak: meteen een pittige vuurdoop. Het ging om een bejaarde vrouw – Clara van Engers – die aan stukken was gesneden en verpakt in vuilniszakken her en der in Den Haag was verspreid. De verhalen daarover haalden – met mijn naam er bij – groot de krant. En daarna ging het snel. Even in vogelvlucht: Ik werd overgeplaatst naar de redactie in Amsterdam, waar ik meer en meer de kans kreeg in het misdaadnieuws te duiken. Na een paar jaar was het alleen nog misdaad wat de klok sloeg en waren het collegae die mij het etiket 'misdaadverslaggever' opplakten. Als er weer eens een slachtoffer van een delict opbelde om zijn verhaal te doen of een tip te geven, zeiden zij: 'Wacht u maar even, dan verbind ik u door met onze misdaadverslaggever Peter de Vries'. Die R kwam er pas een paar jaar later bij. In die tijd kwam – beroepshalve – ook de eerste 'kindermoord' op mijn pad, die op Petertje Oort (10) in 1982 in Purmerend – die nog steeds onopgelost is – en voor mij dezelfde gevoelswaarde heeft als de moord op Basje Bloemena. Ik ontpopte mij in die jaren ook als auteur en schreef bijvoorbeeld de memoires van de befaamde politiecommissaris Gerard Toorenaar. Ik 'deed' voor de krant in 1983-en-de-jaren-daarna de Heineken-ontvoering en legde de *inside-story* van deze geruchtmakende kidnap in 1987 samen met hoofddader Cor van Hout vast in een boek. Ik stapte na tien jaar op bij De Telegraaf, begon een eigen misdaad-media-bureautje en lanceerde in 1991 samen met Jaap Jongbloed van de TROS het eerste misdaadprogramma op tv: Crime Time. Kortom: misdaad was troef – er was geen weg meer terug.

Het zal begin 1993 zijn geweest dat ik een afspraak had op het kantoor van de bekende Amsterdamse strafpleiter mr. Cees Korvinus. Ik weet niet meer precies waarvoor. Maar we hadden elkaar in die periode goed leren kennen en dus kwam ik ook wel eens gewoon 'bijpraten' onder het aloude journalistieke motto 'een vliegende kraai vangt altijd wat'. Korvinus vertelde mij bij die gelegenheid dat hij bezig was met pleidooi voor de rechtbank in Groningen. Een cliënt van hem werd verdacht van een dodelijke overval in het plaatsje Scharmer in Groningen. Het zei mij aanvankelijk niets. Maar toen Korvinus mij min of meer terloops meldde dat zijn cliënt – ene Paul S. – wel een interessante achtergrond had, omdat diens vader lang geleden ook al eens veroordeeld was voor twee moorden op kinderen en het één misschien niet helemaal los gezien kon worden van het ander, veerde ik abrupt op: 'Hè! Wàt??? Wat zeg je daar?! Twee kindermoorden?? Is hij soms de zoon van de Donald Duck-colporteur?' Het antwoord luidde bevestigend en de onuitwisbare jeugdherinneringen aan Basje Bloemena en Heleentje Isaac kwamen direct weer boven, met alle details. Was de man die Korvinus discreet aanduidde als Paul S. in werkelijkheid Paul Spruit de destijds 15-jarige zoon van kindermoordenaar Gerard Spruit? En was Paul Spruit nu zelf óók een moordenaar geworden? Zo vader zo zoon? Ja... inderdaad. (Al moeten er bij worden aangetekend dat Paul Spruit geen kinderen van het leven heeft beroofd, maar verder trad hij – zonder op deze plek de rest van de inhoud van dit boek prijs van te geven – op bizarre wijze in de voetsporen van zijn vader.) En dit was nog bij lange na niet het complete verhaal. Het volledige levensverhaal van de zoon was nog veel ongelofelijker dan iemand ooit had kunnen verzinnen. Vanaf dat moment, vanaf die toevallige conversatie bij Korvinus op kantoor, stond voor mij vast: hier moet ik alles van weten.

Van de gevangenisdirectie kreeg ik wonderwel toestemming om Paul Spruit drie weken lang in de penitentiaire inrichting van Groningen te interviewen, wat de basis vormde voor dit boek 'Een moord kost meer levens'. Daarmee kwam voor mij alles bij elkaar. En dat niet alleen. Het schrijven van dit boek en mijn nadere onderzoek naar de feiten en achtergronden van de moorden op Basje en Heleentje zorgden er onbewust ook voor dat ik als misdaadverslaggever nóg meer dan ooit geïnteresseerd raakte in – en mij ook inzette voor – de oplossing van delicten waarvan kinderen en jonge vrouwen het slachtoffer waren: verdwijningen, zedendelicten en moorden.

Sindsdien heb ik decennialang heel veel van deze afschuwelijke moord- en verdwijningsdossiers onderzocht. In alle varianten. Je zou kunnen zeggen dat het een soort missie was. Meestal in de rol van journalist, maar zeker ook als rechercheur. En soms als aanklager of verdediger. Tientallen tragische moordzaken. Waarvan enkele crime-klassiekers zijn geworden, die iedereen kent. Denk bijvoorbeeld maar aan de zaken van:

Milica van Doorn (19) in 1992 in Zaandam,
Andrea Luten (15) in 1993 in het Drentse Ruinen,

Christel Ambrosius (23) in 1994 in het Gelderse Putten, beter bekend als de Puttense moordzaak,
Marianne Vaatstra (16) in 1999 in het Friese Zwaagwesteinde,
Marion (19) en Romy (1) van Buuren in 1997 in het Noord-Hollandse Bergen,
Nienke Kleiss (10) in 2000 in het Zuid-Hollandse Schiedam, beter bekend als de Schiedammerparkmoord,
Natalee Holloway (18) in 2005 op Aruba,
En natuurlijk Nicky Verstappen (11) in 1998 op de Limburgse Brunssummerheide.

Maar het begon dus ooit allemaal bij de moord op Ada Lansbergen in Delft en de levensdelicten op Basje Bloemena en Heleentje Isaac in Amsterdam. Die moordzaken zijn voor mij bepalend geweest. Zij hebben er in feite voor gezorgd dat ik nu al ruim veertig jaar misdaadverslaggever ben. Er is in die tijd veel gebeurd, veel veranderd ook, maar nu, bijna een halve eeuw later, hebben deze schokkende moorden nog niets aan actualiteit en importantie ingeboet. Ze staan nog altijd scherp op mijn netvlies. Ik beschouw 'Een moord kost meer levens' dan ook zelf als het beste, meest bijzondere boek dat ik als misdaadverslaggever heb geschreven.

Mijn andere boeken *wilde* ik schrijven. Dit boek *moest* ik schrijven.

Peter R. de Vries
Naarden – 2019

I. In één klap kind-af

Het is misschien wonderlijk, maar de arrestatie van mijn vader maakte weinig indruk op me. Ik kan me er daarom waarschijnlijk ook niet zo veel meer van herinneren. Het ging allemaal heel rustig: geen handboeien, getrokken pistolen of een deur die uit z'n hengsels werd getrapt, maar een aantal gewone mannen, die rustig op mijn vader afliepen en van wie er één nogal officieel vroeg: 'Bent u Gerard Cornelis Spruit?' Mijn vader knikte bevestigend en de man zei toen: 'Wij zijn van de Amsterdamse recherche en willen u graag even spreken'. Geen spoor van opwinding of spanning.

Het was op donderdagavond 8 augustus 1974, zo'n uurtje of negen. Mijn vader was een paar uur daarvoor op de camping gearriveerd om het laatste weekend van de zomervakantie bij ons door te brengen. Dat ging in de zomer altijd zo: mijn moeder en ik stonden de hele week op de camping en mijn vader kwam dan na zijn werk op vrijdagmiddag tot zondagavond. Dit keer was hij echter al op donderdag gekomen, omdat hij bepaalde festiviteiten voor de slotdag op de camping zou organiseren. Hij had die week extra hard gewerkt om een dag te winnen en vrijdag vrij te kunnen nemen. Dat kon goed in het beroep van mijn vader. Hij was, zoals hij het zelf noemde, 'bladenman' bij de Geïllustreerde Pers en had een grote leesmappenwijk in Amsterdam-Zuid. Later zou hij voornamelijk worden aangeduid als 'Donald Duck-colporteur', maar mijn vader deed in feite alle bladen, van Margriet tot de Pep en inderdaad ook de Donald Duck. Met een motorcarrier, een soort bakfiets waarmee je in die tijd ook vaak bakkers zag rijden, bracht hij de tijdschriften rond. Het was een vrije baan. Je mocht je wijk indelen zoals je zelf wilde, als de mensen aan het einde van de week hun nieuwe bladen maar in huis hadden.

We stonden in die tijd op camping De Veldkamp in het dorpje Wissel bij Epe op de Veluwe. Een mooie, in de bossen gelegen camping. Onze stacaravan stond op een rustige plek, aan de rand van het campingterrein, vlak achter het huis van de beheerder. Mijn zus Brigit en haar man Willem M. hadden hun caravan er ook bij gezet en zo hadden we een eigen hoekje gecreëerd.

Mijn ouders waren nogal op hun privacy gesteld. We hebben ook een aantal jaren in Bakkum, tussen Castricum en Heiloo, op een camping gestaan, maar daar zijn we weggegaan omdat het in de weekeinden net Klein-Amsterdam was. Mijn vader was best in voor gezamenlijke activiteiten – die organiseerde hij ook zelf regelmatig – of een borrel met wat buurtgenoten, maar bij zijn eigen caravan wilde hij vooral rust hebben. In Bakkum kon het echter zomaar gebeuren dat een groep jofele Amsterdammers zichzelf bij je uitnodigde en je verplicht was een avond Amsterdamse humor aan te horen en ondertussen kratjes bier aan te slepen. Als voordeel van camping De Veldkamp noemde mijn vader tegen anderen dan ook altijd dat er vrijwel geen Amsterdammers stonden. Dat kon hij ook makkelijk zeggen, want hij was zelf in Rotterdam geboren en grotendeels opgegroeid in Utrecht.

Ik kan me nog herinneren dat mijn vader me die donderdagavond juist had uitgedaagd voor een spelletje tien-over-rood op ons tafelbiljart dat naast de caravan stond, toen die mannen er aan kwamen. Het waren er een stuk of acht, schat ik, en ze kwamen van verschillende kanten aanlopen. Later begreep ik dat ze toch enigszins rekening hadden gehouden met een ontsnappingspoging of verzet van mijn vader, maar daar was geen sprake van. Hij hoorde hen rustig aan en op het verzoek of ze hem konden spreken, antwoordde hij ook iets als: 'Natuurlijk, komt u maar even verder'. Toen mijn moeder en zus zich realiseerden dat die mannen geen campinggenoten waren maar politiemensen, werd ik in de caravan geroepen, waardoor ik niet hoorde wat er allemaal werd besproken. Het interesseerde me ook eigenlijk niet zoveel. Eigenlijk vond ik het vooral vervelend dat door dit oponthoud ons biljartspelletje niet dreigde door te gaan, want het begon na negenen al een beetje te schemeren. Daarbij had ik natuurlijk geen flauw benul wat er aan de hand was of kon zijn en ging ik er eigenlijk klakkeloos van uit dat het om een of andere onbenulligheid ging. Ik was op dat moment ruim zestien jaar, maar niet bepaald een verwoede krantenlezer, zeker niet tijdens de vakantie op de camping. Televisiekijken deden we daar ook nooit. Ja, alleen voor de finale van het wereldkampioenschap voetballen, die een maand daarvoor in München tussen Duitsland en Nederland was gespeeld, had mijn vader aan de beheerder gevraagd of we die wedstrijd bij hem mochten kijken, maar verder bleven we eigenlijk al die weken van het nieuws verstoken. Als ik al las, waren het voornamelijk de jongensbladen die mijn vader meenam.

Ik keek verveeld door het raam van de caravan naar buiten en zag dat mijn vader eerst een poosje met die mannen alleen stond te praten. Daarna kwam mijn moeder erbij en even later liepen ze allebei naar onze caravan toe, gevolgd door een van die mannen. Mijn vader stapte naar binnen en zei glimlachend, terwijl hij verontschuldigend zijn handen spreidde: 'Sorry, Paul, het biljarten moet tot morgen wachten, ik ga even met deze heren mee'. Hij maakte vervolgens een hoofdbeweging in de richting van de man die zwijgend in de deuropening van de caravan was blijven staan. Mijn vader pakte zijn colbertje van een stoelleuning, schoot dit aan, klopte uit een soort automatisme op zijn zakken om te voelen of hij al zijn spulletjes bij zich had en liep weer naar buiten: 'Dag jongen…' Hij sprak nog even kort met mijn moeder, stak een hand op naar mijn zus Brigit en stapte achter in een auto, die vervolgens het campingterrein afreed. Even later ving ik door de struiken nog een glimp van hem op, toen de auto waar hij achterin zat, over de zandweg hobbelde die vlak achter onze stacaravan liep.

Mijn moeder zei dat er niks aan de hand was en dat pa even met de politie mee moest omdat hij hen waarschijnlijk bij een onderzoek kon helpen. Ik nam het voor kennisgeving aan. Door de ontspannen manier waarop alles verliep, had ik niet de indruk gekregen dat er echt iets aan de hand was. Ik besefte in ieder geval niet dat het om een arrestatie ging. Mijn vader reageerde kalm en haast hulpvaardig. Voor zover ik me kan herinneren heb ik op dat moment ook niet eens gevraagd om wat voor zaak het dan ging.

Toch betekende het incident het voortijdige en abrupte einde van onze zomervakantie. Nadat mijn vader samen met die mannen was vertrokken, hadden mijn moeder en mijn zus Brigit eventjes met elkaar overlegd en besloten dat we de zaak zouden opbreken en nog diezelfde avond naar huis zouden gaan. Ik sputterde aanvankelijk nog tegen. Ik begreep de plotselinge haast niet en wilde het liefst blijven. De slotavond op de camping, op zaterdag, was altijd hartstikke leuk en mijn vader en m'n zwager Willem, die in een band speelde, zouden aan dat feest een behoorlijke bijdrage leveren. Daar konden we toch niet zomaar van weglopen? Ik had me daar al dagen op verheugd. Bovendien verwachtte ik dat mijn vader ieder moment weer zou terugkeren.

Mijn moeder was echter resoluut en zei: 'Het kan allemaal wel iets langer duren, het is daarom beter als wij ook naar Amsterdam gaan. We kunnen altijd morgen of overmorgen nog teruggaan.'

Terwijl we op de parkeerplaats de bagage in de auto van Brigit legden, zag ik dat de auto van mijn vader, een tweedehands Mercedes, door een paar mannen op een trailer werd gereden. Mijn moeder, die aan de campingbeheerder toelichtte waarom wij ineens vertrokken, zag dat ook en liep er snel naar toe. Ik hoorde haar zeggen: 'Mag ik er nog even wat spulletjes uithalen?' Maar de mannen die er bij stonden schudden het hoofd. 'Nee, sorry mevrouw, niemand mag er meer aankomen.' Ik weet nog dat ik dat gek vond. Wat was dat nou voor flauwekul, het was toch onze auto, dan mag je er toch zeker wel wat uithalen? Mijn moeder liet het er echter bij en een uurtje later reden ook wij het campingterrein af, de beheerder achterlatend met de vraag hoe hij binnen 24 uur nog een muziekband voor de slotavond kon regelen.

Het autootje van Brigit was afgeladen. Mijn moeder en Brigit zaten voorin en ik zat achterin, samen met de kinderen van Brigit, de vijfjarige Michel en de nog maar negen maanden oude Marcella, die in een speciaal kinderstoeltje zat. En dan hadden we nog onze hondjes bij ons, Teddy en Bambi, twee opgewonden kooikertjes, die ik er van moest zien te weerhouden dat ze de slapende Marcella in haar gezichtje likten.

Onderweg spraken mijn moeder en zus niet of nauwelijks over de gebeurtenissen, vermoedelijk omdat ik er bij zat. Toch kan ik me wel herinneren dat mijn moeder ineens tegen Brigit zei, alsof het haar zojuist te binnen schoot: 'Die deken… het komt waarschijnlijk door die deken! Bij die jongen was een deken gevonden… Die is van ons geweest. Gerard heeft 'm een tijd geleden weggegooid'. Ik snapte er niets van en mijn moeder lichtte het ook niet verder toe. Mijn moeder deed naar mij toe nogal luchtig over de gebeurtenissen die avond. Ze mompelde een paar keer lacherig iets in de trant van: 'Da's ook wat… Dat ons dit nu weer moet overkomen'. Toch merkte ik wel dat ze zich iets flinker voordeed dan ze was, want haar ademhaling verried dat zij boos of gespannen moest zijn. Mijn moeder leed aan astmatische bronchitis en bij ergernissen of spanningen speelde dat altijd direct op. Ze haalde dan moeizaam adem, wat gepaard ging met een hijgerig, haast fluitend geluid. Zodoende kon ik haar gemoedsstemming meestal aardig inschatten. Maar, zoals gezegd, ik stond er die avond zelf nauwelijks bij stil. Welke jongen van zestien jaar uit een burgerlijk gezin verwacht nu dat zijn vader op de camping wordt gearresteerd, terwijl hij juist een spelletje wil gaan biljarten?

Dat er iets meer aan de hand moest zijn, begreep ik pas de volgende dag.

Mijn moeder zei me dat ik beter binnen kon blijven. Ik wilde echter juist graag naar buiten, we hadden ruim zes weken op de camping gestaan en ik wilde daarom graag wat bijpraten met jongens uit de buurt. We woonden destijds in een rustig straatje dat Sonderbuur heette en dat lag ingeklemd tussen de Ookmeerweg en de Osdorper Ban in Amsterdam-Osdorp. Van buiten leek het net een flat, maar de mensen die op de eerste etage woonden, onder wie wij dus, hadden de beschikking over twee verdiepingen. De entree was op de eerste etage, evenals de huiskamer, keuken en badkamer. Via een inpandige trap kon je echter nog een etage naar beneden. Aan de voorkant zat een soort kelderbox of opslagruimte en aan de achterzijde was mijn slaapkamer met openslaande deuren die uitkwamen op een klein tuintje en een gemeenteplantsoen. Mijn moeder zei dat ik die deuren absoluut gesloten moest houden. Toen ik verbaasd vroeg waarom, reageerde ze voor het eerst nogal kribbig tegen me en zei: 'Omdat ik het zeg! Daarom!'

Het bleef echter niet bij een dag. Ook de dag erna, zaterdag, moest ik binnen blijven. Mijn zus Brigit stond al vroeg op de stoep en gedroeg zich nogal gejaagd. Ze zei dat ze vertrouwelijk met moeder moest praten en vroeg of ik zolang naar mijn kamer wilde gaan. Ik vond het vreemd en vermoedde wel dat het met mijn vader te maken had, maar het staat me niet meer bij dat ik er verontrust over was. Te meer ook omdat mijn moeder al een paar keer had gezegd dat het echt niet lang zou duren en dat het misschien zelfs allemaal wel een misverstand was. Na een minuut of twintig liep ik dan ook weer naar boven, naar de huiskamer. Mijn moeder en Brigit waren zo druk in gesprek dat ze me niet hadden gehoord.

Ze zaten aan tafel, gebogen over een krant waarin ze samen zaten te lezen. 'Zo dames… uitgepraat?' vroeg ik en tegelijkertijd wierp ik nietsvermoedend een blik op de krantenpagina die zij voor zich hadden. Ik kreeg een schok! Boven aan de pagina zag ik een grote foto staan van de motor-carrier van mijn vader. Ik herkende 'm meteen aan de Donald Duck-stickers die er aan de zijkant op zaten en ook aan het regenscherm met één ruitewissertje, waar de bestuurder achter zat. Ook zag ik de perspexstandaard, midden op het deksel van de carrier, waar de bladtitels van de Geïllustreerde Pers tussen geklemd zaten die mijn vader bezorgde. Ik kon me niet vergissen. Ik was op zaterdagen vaak genoeg meegereden om zijn bakfiets in één oogopslag te kunnen herkennen. Het was zo'n ding met een irritant jankend motorgeluid. Je hoorde ze vaak al van ver aankomen en als ze eenmaal op snelheid waren, konden ze ook behoorlijk hard rijden. Mijn vader stalde 'm altijd in een door hem gehuurde garage, vlak achter onze woning. In feite zag en hoorde ik hem er dagelijks op rijden.

Mijn moeder schrok van mijn binnenkomst en sloeg de krant direct dubbel, zodat ik niets meer kon zien. 'Wat is er met pa's bezorgkar?' vroeg ik verbaasd, 'Waarom staat-ie in de krant?' Mijn moeder antwoordde niet op die vraag en keek Brigit een moment onzeker aan. Vervolgens zei ze heel beslist: 'Paul, zodra de tijd rijp is zal ik je alles vertellen, maar nu moet je ons even met rust laten.' Haar ogen dwongen me weer richting de trap naar mijn slaapkamer. Mijn moeder ademde zwaar en ik zag dat ze van slag was. Langzaam maar zeker begon ik te beseffen dat er meer aan de hand moest zijn.

Die avond vertelde mijn moeder voor het eerst dat mijn vader 'verdacht' werd door de politie en dat het allemaal wel wat langer dan een paar dagen kon gaan duren, omdat ze de zaak goed wilden onderzoeken. 'Papa heeft misschien verkeerde dingen gedaan,' zei ze letterlijk. Ook nu benadrukte ze echter dat het allemaal best een vergissing kon zijn en dat ik me er daarom niet druk over moest maken. Wat die 'verkeerde dingen' waren zei ze er niet bij: 'Da's nu niet belangrijk, dat hoor je allemaal nog wel'.

Mijn zuster Brigit, die ruim tien jaar ouder was dan ik, en dus op dat moment zesentwintig jaar was, wist wel overal van. Zij was getrouwd en al een poos het huis uit. Zij en haar man Willem M. overlegden constant met mijn moeder. Of ze waren aanwezig, of ze belden op dat ze er aan kwamen, of ze waren net weg. Mijn moeder voerde die dagen ook veel telefoongesprekken met andere familieleden, ik geloof broers van mijn vader, waar ik niet bij mocht zijn. Op het laatst hoefde mijn moeder alleen maar vragend mijn kant op te kijken als de telefoon rinkelde en ik ging weer voor een kwartiertje naar beneden.

Ik was nog het enige kind in huis. In feite was ik een nakomertje. Naast Brigit had ik ook nog twee halfbroers, Gerard en Johan. Gerard was eveneens tien jaar ouder dan ik en Johan ruim zes jaar. Ook zij waren alweer enige tijd het huis uit. Brigit en Johan waren kinderen van mijn moeder en haar eerste man. Gerard was een zoon van mijn vader en diens eerste vrouw. Zij hadden nog een kind, ene Wilhelmus, maar die heb ik nooit gezien, omdat hij bij de scheiding aan z'n moeder was toegewezen. Mijn ouders waren beiden eerder getrouwd geweest en ik was het enige kind dat uit hun tweede huwelijk is geboren en ik heette dan ook Spruit, Paul Spruit, naar mijn vader. Mijn zuster droeg echter de naam van haar vader, de eerste echtgenoot van mijn moeder: Frankot. Het klinkt allemaal wat ingewikkeld en dat was het ook wel voor buitenstaanders. In de buurt probeerde ik daarom maar nooit uit te leggen hoe het nu precies zat, want de mensen konden het na vijf minuten al niet meer navertellen.

Er is een tijd geweest dat we allemaal nog thuis waren, maar door het leeftijdsverschil had ik nooit veel contact met mijn broers en aanvankelijk ook niet met mijn zus Brigit. Het gekke is dat ik mijn broers ook echt altijd als stiefbroers heb gezien: ze waren van een andere moeder of vader. Brigit heb ik echter wel altijd als een echte zus beschouwd, terwijl zij toch een andere vader had. Haar vader zou later in mijn leven nog een zeer belangrijke rol gaan spelen, maar dat wist ik toen natuurlijk nog niet. Op dat moment, in de zomer van 1974, wist ik nog niet eens waarvoor mijn eigen vader was gearresteerd.

Toen ik in de week daarop niet zonder begeleiding naar buiten mocht, mijn vader nog steeds niet was teruggekeerd en er bovendien op een avond twee stenen door de ruiten vlogen en mijn moeder in huilen uitbarstte en bijna niet meer tot bedaren te brengen was, drong het pas goed tot me door dat er iets ergs aan de hand moest zijn. Na die bewuste zaterdagochtend had ik geen krant meer onder ogen gehad en ook de televisie bleef 's avonds uit. Ik had geen andere informatiebronnen dan mijn moeder, die zorgvuldig afwoog wat zij mij wel en waarschijnlijk vooral ook niet wilde vertellen. Achteraf heeft het me zelf ook wel verbaasd dat het zo lang heeft geduurd eer ik besefte wat er gaande was. Op een of andere manier had ik toen nog niet de nieuwsgierigheid om hardnekkig door te vragen of zelf op onderzoek te gaan. Nee, ik liet me wat dat betreft zonder meer leiden door wat mijn moeder en zus zeiden. Ik was als jongen van zestien jaar nog erg passief en naïef, ja, misschien wel op het onnozele af, en ik wist niet of nauwelijks wat er in de wereld omging.

Toch moest er natuurlijk een dag komen waarop ze mij de waarheid moesten vertellen – voor ik 'm zelf zou ontdekken – en die dag kwam nog vrij snel, omdat de vakantie was afgelopen en ik weer naar school moest. Ik was overgegaan naar de derde klas LTS en mijn moeder ging er achteraf gezien terecht vanuit dat ik op het schoolplein toch wel met de daden van mijn vader zou worden geconfronteerd en dus besloot ze mij aan de vooravond daarvan samen met mijn zus Brigit in te lichten.

Mijn moeder was een struise vrouw van 52 jaar, net als mijn vader brildragend. Haar meisjesnaam was Margaretha Maria Teunissen, maar door mijn vader werd ze altijd kortweg Greet of Gré genoemd. Als meisje was ze buitengewoon knap geweest, zo had ik op oude foto's gezien. Een perfect figuur en donkerblond haar dat op de schouders hing. Echt een fotomodel. Door een slecht functionerende lever en veelvuldig medicijngebruik voor haar astma-aanvallen, was ze inmiddels wat gezet geworden, maar het was nog steeds een kordate, goed uitziende vrouw. Ze was afkomstig uit de Jordaan en ze was geestig en adrem, zoals alleen Amsterdammers uit die buurt kunnen zijn. Ze had als coupeuse op diverse ateliers gewerkt en droeg altijd moderne, zelfgemaakte kleren. Sinds ze in 1955 met mijn vader was getrouwd, had ze thuis via de bladen Knip en Margriet allerlei naaicursussen gegeven.

Die avond had mijn moeder het zichtbaar moeilijk om mij te vertellen wat er was gebeurd. We zaten aan de eettafel in de huiskamer, daar waar mijn vader elke avond zijn wijk-administratie bijwerkte, of zijn verzameling sigarenbandjes sorteerde. De tafel was na het avondeten altijd zijn domein geweest, daar kon niemand anders van het gezin aanspraak op maken. Je kon hem daar bijna uittekenen: opgerolde hemdsmouwen, een brandende sigaar in de asbak voor hem en z'n bril op het puntje van zijn neus. Nu was zijn stoel echter ruim een week leeg gebleven en na het relaas van mijn moeder begreep ik dat dit nog veel langer het geval zou zijn.

Het was een emotioneel gesprek, waarin mijn moeder regelmatig moest huilen en door Brigit werd getroost. Met horten en stoten kwam het eruit. Mijn moeder hield in het begin van haar verhaal veel slagen om de arm. Zo van: de politie zegt dit… in de kranten staat… men denkt… het zou mogelijk zijn dat… Ik herinner me nog dat het me opviel dat ze ondertussen nerveus haar trouwring tientallen malen rond haar vinger draaide. Ergens kon of wilde mijn moeder het zelf waarschijnlijk allemaal nog niet geloven. Maar tussen al die voorbehouden in vertelde ze mij toch dat mijn vader, Gerard Cornelis Spruit, op dat moment 52 jaar oud, van beroep colporteur, verdacht werd van de moord op twee jonge Amsterdamse kinderen, een negenjarig jongetje en een tienjarig meisje. Hij had de kinderen meegelokt naar huis en vervolgens in de badkamer vermoord. Dezelfde badkamer waar ik me elke ochtend en avond waste en mijn tanden poetste. Soms zelfs tegelijk met mijn vader.

Ik was compleet verbijsterd. Mijn vader een moordenaar? Van kinderen???

Hier in huis?? Mijn vader, die op de camping juist bekend stond als een gezellige kindervriend en altijd spelletjes organiseerde? Die zo gesteld was op orde, netheid en fatsoen? Ik begreep er niets van. Dat kon mijn vader toch niet gedaan hebben? Dat moest een vergissing zijn. En waarom zou hij dat dan gedaan hebben? Mijn moeder gaf geen duidelijk antwoord op die laatste vraag. Ze schudde haar hoofd en huilde: 'Ik weet het niet, Paul, ik weet het ook niet.' Het was op dat moment de halve waarheid, omdat de hele waarheid te pijnlijk, te verschrikkelijk voor woorden was.

In eerste instantie kon ik gewoon niet geloven wat mijn moeder en zuster mij die avond vertelden. Dat kwam ook omdat ik van die moorden op die kinderen nooit wat had gehoord of gelezen. Ze waren toevallig tijdens onze vakantie gepleegd en daardoor volkomen aan mij voorbijgegaan. Alhoewel, toevallig, dat was het achteraf gezien nu juist niet, maar dat zou later pas blijken. Beetje bij beetje vertelden ze me wat er was voorgevallen en hoewel ik nooit agressief was en allesbehalve een vechtersbaas, voelde ik een enorme woede in me opkomen, een kwaadheid zoals ik die nog nooit had gevoeld. Ik was geschokt, teleurgesteld, verdrietig, ja, alles door elkaar. De tranen liepen over mijn gezicht. Ik kon mijn gevoelens op dat moment natuurlijk niet verwoorden, maar het leek alsof ze alles op dat moment kapot scheurden. Waarom had hij dat in hemelsnaam gedaan? Twee volkomen onschuldige kinderen… Waarom?? Waarom??? Was hij gek geworden? En waarom moest dat ons overkomen? Waarom wij? Ik was verward. Dit kon gewoon niet waar zijn, dacht ik, hoopte ik. Ik kon het gewoon niet geloven, het was het meest absurde verhaal dat ik ooit had gehoord, maar het relaas van mijn moeder en zuster liet gaandeweg steeds minder ruimte voor twijfel, nog afgezien van het feit dat je over zoiets geen grappen maakt. En ook dat laatste restje werd weggenomen toen ik vroeg: 'Ja maar, wat zegt papa er dan zelf van?' en mijn moeder na een korte stilte, waarin ze even scheen te twijfelen, zachtjes antwoordde: 'Je vader… heeft bekend, jongen… hij heeft toegegeven dat hij die arme kinderen heeft vermoord.'

II. Beddensprei met foutje

Vanaf dat moment volgde ik natuurlijk wel wat er in de kranten stond en bestookte ik mijn moeder en zus met vragen. Ik wilde weten wat er was gebeurd, wat mijn vader had gedaan. Ik begreep nu ook waarom mijn moeder mij die eerste week beslist binnen had willen houden. De kranten en het nieuws stonden bol van de zaak, en de verontwaardiging bij het publiek over deze twee kindermoorden was buitengewoon groot. In bepaalde kranten was onze straatnaam genoemd evenals de initialen van mijn vader en zijn beroep: Donald Duck-colporteur. In feite hadden ze net zo goed zijn volledige naam en ons telefoonnummer er bij kunnen zetten, want door de combinatie van alle gegevens wist de hele buurt dat het om mijn vader ging. Daardoor waren eerder die week onze ramen ingegooid. Mijn moeder vertelde dat we sindsdien onder extra politiebewaking stonden. De recherche had haar zelfs geadviseerd ergens in de provincie onder te duiken, omdat ze verdergaande wraakacties vreesden. Er waren mensen die speciaal naar onze straat toe reden en dan voor onze woning gingen staan schreeuwen en schelden, of langdurig op de bel drukten. M'n moeder deed daarom de eerste weken het licht in huis maar niet aan 's avonds, waardoor we min of meer in onze eigen woning zaten ondergedoken.

Nu mijn moeder haar gevoelens niet meer voor mij hoefde te verbergen, bleek wel dat ze buitengewoon was aangeslagen. Ze huilde veel en had medelijden met die twee kinderen en hun ouders. Ze voelde zichzelf echter ook door mijn vader bedrogen en vernederd, en dat deed pijn, heel veel pijn. En hoe meer we er over spraken, met des te meer vragen bleven we zitten. Hoe? Waarom? Sinds wanneer? En wat is er misschien allemaal nog meer gebeurd?

In de kranten zag ik de fotootjes van de twee vermoorde kinderen. Ze kwamen allebei uit dezelfde buurt, Amsterdam-Zuid, waar mijn vader als bladenman zijn wijk had. Het jongetje heette Bastiaan Bloemena en was negen jaar oud. Op het vakantiefotootje dat in de krant was afgedrukt, keek hij je met een lichte frons aan, z'n blonde haar een beetje in de war. Een echt jongenskoppie. Het meisje heette Helene Isaac en was tien jaar oud. Een mooi, lief gezichtje met halflang blond haar. Ik wilde, nee, ik moest hun beeltenis zien, maar aan de andere kant kon ik er nauwelijks naar kijken. Die foto's schokten me. Deze kinderen, die argeloos op straat hadden gespeeld, waren nu dood. Vermoord door mijn vader. In onze badkamer. En daarna had mijn vader hun lichaampjes gewoon ergens gedumpt. Ik waste me vanaf dat moment in de keuken; mijn moeder en ik meden de badkamer zoveel mogelijk. De confrontatie met de plaats van het misdrijf konden we niet aan. De gedachte aan wat zich daar in die kleine ruimte had afgespeeld, was onverdraaglijk.

Het bleek mij dat Basje Bloemena al drie jaar geleden was vermoord, in augustus 1971, en dat dit een zeer geruchtmakende zaak was geweest, die veelvuldig het nieuws had gehaald. De recherche had fel jacht gemaakt op de dader, maar hem ondanks een aantal concrete aanknopingspunten niet kunnen opsporen.

Bastiaan verdween op woensdag 4 augustus 1971, toen hij tegen het middaguur in de buurt van zijn ouderlijke woning aan de hoofdstedelijke Minervalaan aan het spelen was. Toen hij voor het avondeten niet thuis kwam, hadden zijn ouders de politie gewaarschuwd, die een massale zoekactie begon. De Amsterdamse recherche had eigenlijk direct voor een misdrijf gevreesd. Niet zolang daarvoor, in 1969, was in dezelfde omgeving al eens een tienjarig jongetje, Danny Visser, verdwenen en kort daarna vermoord teruggevonden in het nabijgelegen Beatrixpark. Het park werd na de verdwijning van Bastiaan Bloemena daarom diezelfde avond nog door de mobiele eenheid van de politie meter voor meter uitgekamd. Ook werd een uitgebreid buurtonderzoek ingesteld, maar er werd niets gevonden en niemand had iets bijzonders gezien.

Achteraf gezien was dat geen wonder. Een sportvisser vond het lijkje van Basje Bloemena op vrijdag 6 augustus 1971, twee dagen na de verdwijning, tot zijn schrik in de struiken aan de rand van het recreatiepark De Kievit aan de Kievitsweg in Wilnis, een plaatsje op zo'n dertig kilometer afstand van Bastiaans woonhuis. Het stoffelijk overschot was geheel ontkleed en gewikkeld in een soort kleed of een deken. Basjes kleding werd trouwens wel op de vindplaats aangetroffen, op een korte broek na.

Sectie had uitgewezen dat het jongetje was gewurgd en waarschijnlijk seksueel was misbruikt. De gewelddadige dood van dit onschuldige jochie schokte iedereen, en de Amsterdamse moordbrigade en de Rijkspolitie in

Utrecht, in welke provincie Bastiaan was gevonden, begonnen een verbeten jacht op de moordenaar. Een belangrijk hulpmiddel daarvoor was het kleed waarin het lijkje van Bastiaan was gevonden. Het kleed!! Ik begreep nu dat dit het kleed was waar mijn moeder het in de auto over had, toen wij op de avond van mijn vaders arrestatie terugreden naar Amsterdam.

De politie heeft ontzettend veel moeite gedaan om de herkomst van het kleed te onderzoeken. In de kranten werd het wisselend een divan- of een tafelkleed genoemd, maar uit onderzoek bleek dat het in feite een beddensprei was met de tamelijk uitzonderlijke maten van 2,15 × 2,70 meter. Deze afmetingen maakten de sprei ook geschikt voor andere doeleinden. Het was geel-en-bruinkleurig, met een streepjespatroon van een niet veel voorkomend dessin. Na moeizaam speurwerk was de politie er in geslaagd de fabrikant te achterhalen. Het bleek in 1966 in opdracht van een Rotterdamse firma te zijn gemaakt bij de gebroeders Van Heek in Enschede. Er waren er precies 24 van geproduceerd en vervolgens door de opdrachtgever naar Canada geëxporteerd. Eén exemplaar was echter afgekeurd en achtergebleven omdat er een weeffout in zat. Deze was meegegeven aan een textielopkoper en die had het waarschijnlijk weer doorverkocht aan een marktkoopman. Het leed geen twijfel dat dit het exemplaar moest zijn waarin het lijk van Basje was gewikkeld, want de fabrikant wees direct de eerder gemelde weeffout aan toen hij het kleed via de politie weer onder ogen kreeg.

De recherche hoopte dat iemand het kleed zou herkennen en zodoende indirect de moordenaar zou aanwijzen. Er werden speciale opsporingsbiljetten gemaakt, met foto's van het kleed, die in het hele land werden opgehangen. De politie liet het kleed zelfs op televisie zien, wat in die tijd een unicum was, en verzocht de kijkers om hulp bij de opsporing van de eigenaar. Ook liet men de producent van de sprei een aantal nieuwe monsters van de stof maken, waarmee men allerlei markten en textielopkopers afging. Door de bijzondere afmetingen en het feit dat er maar één zo'n sprei in Nederland was, ging de politie er van uit dat de eigenaar te achterhalen moest zijn. De vraag was steeds: wie kent dit kleed?

De zaak bleef destijds ook in het nieuws omdat de vader van Bastiaan, de Amsterdamse uitgever D.W. Bloemena, een dag na de crematie van zijn zoontje een soort spijtbrief kreeg van de vermoedelijke moordenaar. De onbekende afzender schreef daarin dat hij 'er veel spijt van had' en dat Bastiaan 'zo'n aardige jongen was'. Maar ook dat het niet veel zin had om naar de dader te zoeken omdat hij Duitser was en inmiddels naar zijn land was teruggekeerd. De brief was gepost in de grensplaats Zevenaar en het handschrift was duidelijk vervormd. Dat het om een afleidingsmanoeuvre moest gaan, bleek uit het feit dat de brief in het Nederlands was geschreven. Later stuurde de man nog een brief, ditmaal uit Haarlem, maar hij vermeldde daarin geen bijzonderheden of nieuwe feiten. Het nieuws van de brieven kwam op de voorpagina's van de kranten en de politie probeerde de schrijver ervan uit te dagen, door openlijk in twijfel te trekken of hij wel echt de dader was en niet een of andere gestoorde. Ze vroegen hem, via vraaggesprekken in de kranten, details te onthullen die hij alleen kon weten. De briefschrijver liet echter niets meer van zich horen.

Ook de eigenaar van de sprei werd ondanks alle inspanningen, een ongekende hoeveel publiciteit en een uitgeloofde beloning van twintigduizend gulden, niet gevonden. Er kwamen wel tientallen tips binnen, maar geen enkele leidde destijds naar mijn vader. Als bladenman was hij tijdens het grootscheepse buurtonderzoek wel even gehoord, zoals tientallen andere mensen, maar dat was een routinekwestie geweest. Men had geen enkele verdenking tegen hem gekoesterd. Wel tegen anderen trouwens. De politie heeft in de loop der tijd een paar keer een verdachte aangehouden voor de moord, maar moest deze mannen na verhoor en nader onderzoek telkens weer loslaten.

In de tijd dat Basje werd vermoord, zat ik met mijn moeder op de camping in Bakkum en kwam mijn vader, net als op De Veldkamp bij Epe, alleen in het weekend bij ons. Doordeweeks was hij alleen thuis. Nu we wisten wat er gebeurd was, gingen mijn moeder en ik bepaalde dingen wel in een ander licht zien. We begrepen nu waarom mijn vader ons altijd aanmoedigde om naar de camping te gaan: dan had hij thuis het rijk alleen. Ik hoor het hem nog zeggen: 'Toe nou maar, Gré, ga lekker met Paul op de camping zitten... Wat moet je hier thuis met dat mooie weer zoeken... je hebt het verdiend, heus ik red me wel.' Ja, hij redde zich wel... Normaal was mijn vader niet zo soepel en vond hij het wel belangrijk dat thuis alles voor hem klaarstond als hij had gewerkt. Maar als mijn moeder en ik naar de camping gingen, speelde dat ineens niet meer. Nu begrepen we dat hij daarmee een ander doel wilde camoufleren: we moesten plaatsmaken voor zijn lusten, die hij op onschuldige kinderen kon botvieren.

Mijn vader was dus een gevaarlijke pedofiel. Ik had nog nooit van het woord gehoord in die tijd, maar dat zou ruimschoots gecompenseerd worden door het feit dat ik de beladen betekenis ervan de rest van mijn leven met me mee zou dragen. Mijn vader werd seksueel aangetrokken en opgewonden door kinderen. Door jongens. En Basje was een van hen geweest. Eigenlijk zou het jongetje die middag bij een vriendje gaan spelen, maar die was niet thuis geweest en toen had Bastiaan maar wat in de buurt gescharreld. Juist op het moment dat mijn vader daar zijn weekbladen in de straat kwam afleveren. Basje was zich vermoedelijk van geen kwaad bewust geweest. Ouders waarschuwen hun kinderen doorgaans voor 'vreemde mannen', maar dat was mijn vader natuurlijk niet. Hij was die aardige Donald Duck-bezorger, die elke week in de straat kwam en een vertrouwd gezicht had. Daar hoefden de kinderen niet bang voor te wezen.

De zaak-Bloemena bleef onopgelost en mijn moeder en ik wisten in die periode natuurlijk nergens iets van af. Nooit heeft mijn vader een toespeling gemaakt, nooit heeft hij met mijn moeder een woord over zijn afwijkende seksuele voorkeuren gesproken. Tegenwoordig zou dat misschien anders zijn, maar in die tijd rustte daar nog een taboe op, dat mijn vader er toe had aangezet zijn pedofiele voorkeuren absoluut geheim te houden. In de maanden na zijn arrestatie, zouden we pas tot de ontdekking komen dat mijn vader gedurende tientallen jaren een bizar dubbelleven had geleid. Enerzijds was hij een plichtsgetrouwe huisvader, maar anderzijds bleek hij ook een 'verleden' te hebben dat hij voor de buitenwereld altijd listig had weten te verbergen.

Dit dubbelleven heeft drie jaar later, in de zomer van 1974, dus tot de dood van nog een kind geleid, de tienjarige Heleentje Isaac. Het meisje woonde in de Willem Royaardsstraat, ook in Amsterdam-Zuid. De straat grenst bijna aan het Beatrixpark en ligt hemelsbreed maar een paar honderd meter van de plek waar mijn vader Bastiaan Bloemena had opgepikt. Ook de verdwijning en de moord op Heleentje vonden plaats in de eerste week van augustus, toen mijn moeder en ik op camping De Veldkamp bij Epe zaten.

De zaak van Heleentje vertoonde veel overeenkomsten met die van Basje Bloemena, waardoor al bij voorbaat de gedachte zich opdrong dat het om één en dezelfde dader moest gaan, ook al zat er drie jaar tussen beide misdrijven. Net als Basje verdween ook Heleentje tegen het middaguur in de naaste omgeving van haar woning. Heleentje Isaac was een van de drie dochters van een fysiotherapeute en de directeur van de Maxi's Drugstores, een dochteronderneming van de Koninklijke Bijenkorf. De moeder van Heleen had om half twaalf nog even van haar werk telefonisch met haar gesproken, maar toen zij kort na twaalf uur thuis kwam, was Heleentje niet meer in de ouderlijke woning. De moeder veronderstelde dat zij buiten was gaan spelen, maar toen Heleen om zes uur 's middags nog niet thuis was, werd de politie gewaarschuwd. Ook in deze verdwijningszaak werd het Beatrixpark – tevergeefs – doorzocht en de politie zette zelfs een vliegtuig en speurhonden in bij het buurtonderzoek, maar er werden geen sporen gevonden.

Net als bij Bastiaan, werd het lijkje van Heleen, op 6 augustus 1974, een dag na haar verdwijning op een afgelegen plaats gevonden: in de struiken langs een fietspad bij het sportpark Elzenhage aan de Buiksloterdijk in Amsterdam-Noord. Ook Heleen werd ongekleed gevonden en ook zij bleek door wurging om het leven te zijn gebracht. De vergelijkingen tussen de twee kindermoorden stapelden zich op. Een zedendelict werd vermoed, maar echte sporen werden daarvan niet gevonden. Op de huid van Heleens rug werden wel opvallende afdrukken van een vierkant profiel aangetroffen, waaruit bleek dat zij enige tijd met haar rug ergens tegen aan moest zijn gedrukt. Weer een dag later, op 7 augustus, werden de kleren van Heleentje door een brugwachter gevonden op een pijler van de brug aan de Klaprozenweg, over het zogenoemde Zijkanaal I, ook in Amsterdam-Noord. De dader had waarschijnlijk geprobeerd de kleren in het water te gooien, maar deze waren op de betonnen brugpijler terechtgekomen.

Tijdens het uitvoerige buurtonderzoek dat de recherche instelde, had men iedereen gevraagd of er op het tijdstip van Heleens verdwijning leveranciers, zoals bakkers, loodgieters en postbodes in de wijk waren gesignaleerd. Een aantal mensen merkte toen op dat zij de bladenman met zijn opvallende motor-carrier hadden gezien. Mijn vader werd daarom op woensdag 7 augustus 1974 als getuige gehoord en gaf toe dat hij omstreeks het middaguur in de buurt van de Willem Royaardsstraat 'moest zijn geweest', maar hij had naar zijn zeggen niets bijzonders gezien. De familie Isaac en Bloemena waren geen klanten van hem. Zijn verklaring en gedrag tijdens het gesprek hadden de politie aanleiding gegeven zijn persoon nog eens nader onder de loep te nemen. De recherche ontdekte daarop dat mijn vader, naast z'n motor-carrier, ook de beschikking had over een oude Mercedes en deze bleek op de avond van 5 augustus 1974 door een voorbijganger te zijn gesignaleerd bij het sportpark Elzenhage, waar de volgende dag het stoffelijk overschot van Heleentje werd gevonden.

Het wekte bij de politie genoeg argwaan om mijn vader nog eens aan de tand te voelen, en van dat voornemen waren mijn moeder en ik op 8 augustus 1974 getuige geweest toen de Amsterdamse recherche mijn vader op de camping kwam halen en hij bereidwillig meeging. Ik vind het achteraf nog steeds ongelooflijk dat mijn vader zich bij ons zo normaal wist te gedragen, terwijl hij nauwelijks 48 uur daarvoor een volkomen onschuldig meisje had vermoord en haar lichaam als oud vuil uit zijn auto had gegooid.

Op het hoofdbureau van politie had mijn vader in eerste instantie ontkend en zich verontwaardigd getoond over het feit dat men hem als verdachte zag en in ons bijzijn 'zomaar' van de camping had gehaald. Toen de recherche hem echter gedetailleerd over zijn werkzaamheden en vooral zijn tijdschema op de dag van de moord begon te ondervragen, kwam hij meer en meer in de knel en uiteindelijk gaf hij de moord op Heleentje Isaac toe.

Tegen twaalf uur van die bewuste dag was Heleentje op de hoek van de Guido Gezellestraat en de Willem Royaardsstraat naar zijn motor-carrier gelopen en had gezegd dat ze de Donald Ducks zo leuk vond. Mijn vader had ogenblikkelijk toegeslagen. Na het komende weekend zouden mijn moeder en ik weer thuis zijn, dus was dit voor hem de laatste kans om een kind mee naar huis te nemen. Tijdens de verhoren bekende hij dat hij tegen het meisje had gezegd dat hij 'thuis nog wel een stapeltje Donald Ducks voor haar had' en dat ze maar achterop de motor-carrier moest stappen. Heleentje had even geaarzeld en gezegd dat haar moeder zo thuis kon komen, maar mijn vader had haar verzekerd dat ze dan al lang weer terug zouden zijn en Heleen had toegehapt. Hij was linea recta naar onze woning aan de Sonderbuur in Osdorp gereden en had bij binnenkomst de deur op slot gedraaid en de gordijnen dichtgetrokken. Niemand had hem onderweg gezien met het meisje en niemand in onze straat had hem thuis zien komen.

In huis ging hij met haar naar de badkamer, die in het midden van de woning was gelegen en waar geen ramen in zaten. Daar wilde hij ontucht met het kind plegen. Wat er toen gebeurd is, kan zonder twijfel worden beschouwd als een van de grootste en afschuwelijkste drama's uit de Nederlandse misdaadgeschiedenis. Daar, in de badkamer, kwam mijn vader tot zijn schrik tot de ontdekking dat het kind dat hij had meegenomen, geen jongen maar een meisje was. En dat, terwijl mijn vader absoluut een jongens-pedofiel was. Heleen was nog maar een meisje van tien jaar en had natuurlijk nog niet de uiterlijke kenmerken van een vrouw. Heleentjes haar was toevallig vrij kort geknipt in die tijd en ze droeg een spijkerbroek. In de haast en overheerst door z'n verlangens had mijn vader zich in haar geslacht vergist. Z'n seksuele verwachtingen waren op dat moment echter al zo opgeschroefd dat hij die teleurstelling niet kon verwerken, te meer ook omdat hij wist dat zich niet snel weer zo'n gelegenheid zou voordoen.

Normaalgesproken had een meisje absoluut niets van hem te duchten, een vrouw kon hem seksueel niet bekoren, zo is later komen vast te staan. Het uitblijven van de verwachte seksuele bevrediging maakte nu echter een tomeloze drift in hem los die Heleentje noodlottig werd. Hij greep haar beet en wurgde haar met zijn overhemd dat hij al had uitgetrokken en dat naast hem lag. Om er zeker van te zijn dat het meisje dood was, en niet schijndood, zoals hij tijdens de recherche-verhoren verklaarde, had hij haar ook nog enkele minuten in het lavet van de badkamer met haar hoofdje onder water gehouden. Heleentje Isaac, een schattig meisje, nog maar tien jaar oud, stierf omdat ze een beetje op een jongetje leek. De Amsterdamse politie heeft dit feit destijds buiten de publiciteit gehouden en alleen verklaard dat mijn vader haar 'uit drift' had vermoord. Een moord op een kind is natuurlijk altijd afschuwelijk en zinloos, maar het gegeven dat het ook nog een 'vergissing' betrof, maakte het extra tragisch. De ouders van Heleentje Isaac zijn hier later wel van op de hoogte gesteld.

Direct na zijn gruwelijke daad stopte mijn vader Heleentje in de blauwe wasmand die in de badkamer stond, vandaar de afdrukken in de huid van haar rug die de politie later aantrof. Daarna haastte hij zich terug naar Amsterdam-Zuid, waar hij zo snel mogelijk zijn wijk afmaakte, in de hoop dat zijn afwezigheid niet was opgevallen. Dit lukte hem niet helemaal. Tijdens de verhoren werd er tussen twaalf uur en twee uur een 'gat' in zijn verklaring ontdekt, dat hij niet kon verklaren. En enkele klanten in Zuid verklaarden bovendien dat hij die dag, tegen zijn stipte gewoonte in, enkele uren later aan de deur was geweest dan normaal.

Tegen zeven uur die avond was hij tenslotte met zijn wijk klaar geweest en was weer naar huis gegaan, waar het stoffelijk overschot van Heleentje nog in de wasmand lag. Eerst probeerde hij een opvallende plek uit het vloerkleed te schrobben, waar hij per ongeluk een stukje kauwgom van Heleentje in had getrapt. Vervolgens laadde m'n vader de wasmand met het lijkje in de auto en reed er mee naar het sportpark in Amsterdam-Noord, waar hij het in de struiken legde. Op de terugweg naar huis had hij zich ineens gerealiseerd dat hij de kleren van het meisje nog in de auto had, en was hij bij de brug over het Zijkanaal gestopt en had het pakketje kleding naar beneden gegooid, maar tot zijn schrik bleef het op die pijler liggen.

Daarna was hij naar Willem M., de echtgenoot van mijn zuster Brigit, gereden, aan de A. van Nassaustraat in Amsterdam-West, en had daar tijdens het televisiekijken met hem een paar biertjes gedronken om zo tegen elf uur weer naar huis te gaan. Ook tijdens deze onaangekondigde visite had mijn vader zich normaal gedragen en Willem was niets bijzonders opgevallen. Ook de dagen daarna had hij gewoon zijn wijk gedraaid en was hij op donderdagmiddag naar ons in Epe gekomen om het slotweekeinde van het campingseizoen mee te maken.

Bij de huiszoeking die direct na zijn aanhouding was gevolgd, werd natuurlijk ook de wasmand gevonden en het profiel daarvan paste precies in het patroon dat in Heleentjes huid was gedrukt. Ook kwamen de kauwgomsporen in het vloerkleed overeen met een stukje van dit snoepgoed dat de recherche in de palm van haar hand had aangetroffen. En in onze garage vond de politie bovendien twee verstopte kranten die betrekking hadden op de moordzaak van Heleen en... van Basje Bloemena.

Na deze eerste bekentenis kostte het de Amsterdamse politie niet veel moeite om mijn vader ook de inmiddels drie jaar oude moord op Basje Bloemena te laten opbiechten. Volgens mijn vader had hij de jongen op de hoek Gerrit van der Veenstraat/Minervalaan meegelokt onder het voorwendsel dat hij hem nog wat oude Donald Ducks kon geven. Kennelijk hadden die blaadjes een haast magische aantrekkingskracht op kinderen, waardoor ze alle waakzaamheid verloren.

Mijn vader reed bij de 'kidnap' van Basje overigens niet op zijn motor-carrier, maar met een Volkswagen 1600, die hij toen in bezit had. Ook bij dit misdrijf was hij direct naar huis gereden, had de deur op slot gedraaid en de gordijnen dichtgetrokken. Daarna had hij in de badkamer ontuchtige handelingen met Basje gepleegd, die zich daar behoorlijk tegen had verzet. De jongen was – terecht natuurlijk – bang geworden, maar mijn vader had zich daar niets van aangetrokken en was fysiek de meerdere van het nog maar negenjarige knulletje. Na afloop was hij naar zijn zeggen van plan geweest om Bastiaan terug te brengen en had hem opgedragen zich aan te kleden. Op dat moment was Bastiaan volgens mijn vader echter begonnen te schreeuwen: 'Ik zeg het allemaal toch tegen mijn vader en moeder! Ik zeg het allemaal toch!' Mijn vader verklaarde bij de recherche dat hij toen in paniek was geraakt en bang was dat de buren het geschreeuw zouden horen. Hij had Bastiaan daarom bij zijn keel gepakt en net zolang gedrukt totdat het geschreeuw volkomen gesmoord was. Toen het er naar uitzag dat Bastiaan dood was, heeft hij ook dit kind in het lavet nog een paar minuten onder water gehouden om zeker te zijn dat het niet bewusteloos of schijndood was.

Die avond rolde hij het lichaam en de kleren van Bastiaan in een oud kleed dat in de kelderbox lag, ja HET kleed. Het korte kakibroekje dat op de vindplaats van het lijkje ontbrak, had mijn vader in de haast vergeten; later heeft hij het stukgescheurd en door het toilet gespoeld. Toen het donker was heeft hij het in het kleed gewikkelde stoffelijk overschot in z'n auto gelegd. Dat viel niemand op, want mijn vader liep natuurlijk dagelijks met pakken tijdschriften te sjouwen. Vervolgens is hij lukraak gaan rondrijden, op zoek naar een 'geschikte' plek om het lichaam achter te laten. Uiteindelijk was hij zo bij het recreatieterrein in het Utrechtse Wilnis, vlakbij Mijdrecht, uitgekomen.

Mijn vader beweerde tegen de politie dat hij zelf volkomen overstuur van de moord was geweest en dat dit nooit de bedoeling was geweest. Het was een paniekreactie, zei hij, hij had de jongen absoluut geen kwaad willen doen. Om die reden had hij kort na de moord twee brieven aan de ouders van Bastiaan geschreven waarin hij op nogal hulpeloze wijze zijn spijt betuigde. Hij had de brieven met zijn linkerhand geschreven, terwijl hij rechtshandig was, om zijn handschrift zoveel mogelijk te verdraaien. Hij had niet ingezien dat deze brieven de ouders in feite alleen maar meer van streek hadden gemaakt.

Toen in de kranten de eerste berichten over het kleed waren verschenen, begreep mijn vader dat hij daarmee een kapitale fout had gemaakt en daar heeft hij lange tijd over in de piepzak gezeten. Hij rekende er op dat wij, of iemand anders, het kleed zouden herkennen, toen de politie dat aanhoudend onder de aandacht van het publiek bracht. Dat kon ook heel goed, want later hoorde ik dat het kleed door mijn moeder regelmatig als een soort windscherm op de camping in Bakkum was gebruikt en dat het dikwijls over de rand van ons balkon thuis had gehangen. Niemand sloeg er echter acht op, ook de agent van de Amsterdamse politie niet, die boven onze woning op Sonderbuur woonde en die het kleed menigmaal – onbewust – moet hebben zien hangen.

Wie het dus wel herkend had was mijn moeder. Nee, zij had het niet direct gezien, want ten tijde van de moord op Basje zat zij met mij op de camping in Bakkum. Maar later, toen de politie in de pers op de zaak terugkwam, had zij wel tegen mijn vader gezegd: 'Hé, Gerard, dat is toch ons kleed? Kijk eens goed...' De oplossing van de moordzaak op Basje Bloemena heeft toen onder handbereik gelegen, met als onlosmakelijk gevolg dat Heleentje Isaac nu nog geleefd zou hebben, maar het mocht niet zo zijn. Met alle koelbloedigheid die mijn vader in zich had, reageerde hij ogenschijnlijk ongeïnteresseerd op de opmerkingen van mijn moeder. 'Ach Gré, dat lijkt me sterk, dat kleed heb ik al zo lang geleden weggegooid. Volgens mij zag het er ook iets anders uit. En anders heeft iemand het waarschijnlijk bij de vuilnis weggepikt.'

En toen mijn moeder toch voorstelde om de politie maar even te bellen, had hij gezegd: 'Welnee, Gré, dat heeft geen zin, laat zitten. Voor je het weet, haal je je een hoop ellende op de hals. Wij hebben er niks mee te maken, laat de politie dat maar uitzoeken.'

Achteraf dringt de gedachte zich natuurlijk op dat mijn moeder haar voornemen gewoon had moeten doorzetten, desnoods zonder goedvinden van mijn vader. Maar wie dat meent heeft mijn vader niet gekend. Als hij zei: 'Doe dat maar niet', dan was dat niet zozeer een voorstel, maar een in redelijke woorden geformuleerd bevel. Mijn vader was een hardwerkende man, die mij en mijn moeder goed verzorgde, maar tegelijkertijd was hij extreem veeleisend en dominant. Wat hij zei moest ook gebeuren – stipt en zonder tegenspraak. Mijn vader was een man van regeltjes en vaste gewoonten. Om klokslag zes uur eten. En dus niet drie minuten over zes. Wie tegen dat soort ongeschreven wetten zondigde, kon rekenen op een driftaanval, waarvan de hevigheid en de duur niet te voorspellen waren. In feite is de dood van Heleentje er het treurige bewijs van hoe mijn vader tekeer kon gaan als zijn verlangens niet werden ingewilligd. Wij waren allemaal beducht voor zijn temperament en mijn moeder was in de loop der jaren natuurlijk ook wijs geworden. Als het niet echt noodzakelijk was, schikte zij zich naar zijn wensen en dan was er goed met hem te leven. Bovendien, en dat is toch wel heel belangrijk, had mijn moeder in die tijd geen enkele reden om te veronderstellen dat mijn vader ook maar iets met die misdrijven te maken had. Zijn werkelijke gevoelens had hij immers altijd perfect verborgen gehouden en naar buiten toe was hij zelfs een man van orde en gezag. Als er bij ons thuis eens gesproken werd over misdadigers, was hij meestal resoluut en vergaand in zijn oordeel over de wijze waarop zij bestreden moesten worden. Ik heb hem menigmaal horen zeggen: 'Ophangen allemaal, dan is het zo afgelopen!' Hoe wrang en onbevredigend het achteraf dus ook allemaal is dat mijn moeder heeft verzuimd de politie in te lichten: ik begrijp wel dat het zo is gelopen.

III. Pubers zijn hard, buren ook

Mijn moeder had het goed aangevoeld. Toen ik een paar dagen na het einde van de schoolvakantie met mijn fiets het schoolplein op reed van de Dominicus Savio LTS aan de Jan Evertsenstraat, in de Amsterdamse Slotermeer, leek het wel alsof ze op me hadden staan wachten. 'Hé, jouw vader is gepakt, hé... Je vader is een moordenaar!' werd er door een paar knapen uit de vierde klas geroepen. Omdat de arrestatie van mijn vader nagenoeg samenviel met het begin van het nieuwe schooljaar, had ik de eerste dagen verzuimd en mijn afwezigheid had ook de twijfelaars van de juistheid van de verhalen overtuigd en het 'nieuws' had zich zodoende snel over de andere klassen verspreid.

Ik deed alsof ik hun geroep niet hoorde, maar kon niet verhinderen dat mijn gezicht rood kleurde. Mijn moeder had me al gewaarschuwd voor dit soort reacties en gezegd dat ik er vooral niet op in moest gaan. Ik had me dat ook voorgenomen, maar ik voelde natuurlijk wel de ogen van alle leerlingen in mijn rug en hoewel ik veel gefluister niet kon verstaan, wist ik dat de daden van mijn vader het gesprek van de dag, of liever gezegd van de hele maand vormden. Er waren echter ook een paar klasgenoten die naar me toekwamen en zeiden: 'Paul, we vinden het verschrikkelijk voor je wat er is gebeurd. Luister maar niet naar die idioten! Maak je geen zorgen, we blijven achter je staan.' De leerkrachten wisten zich nauwelijks een houding tegen mij te geven. De meesten negeerden me eigenlijk en wilden een confrontatie kennelijk liever vermijden. Want ja, wat moet je zeggen in zo'n situatie? Weer anderen deden overdreven vriendelijk, maar ze hadden met elkaar gemeen dat ze er allemaal over zwegen.

Mijn moeder was eerst op school wezen praten met de directeur en die had betwijfeld of ik onder deze omstandigheden wel op deze LTS kon blijven. Kinderen, pubers vooral, zijn onnoemlijk hard onder elkaar en hij vroeg zich af of ik dat wel kon verdragen en of het niet beter was om op een andere school in betrekkelijke anonimiteit opnieuw te beginnen. Mijn moeder was daar tegen geweest en ik was daar blij mee. Ons leven was al zo verschrikkelijk op z'n kop gezet, ik was al zoveel geconfronteerd met zaken waarvan ik kort daarvoor niet eens het bestaan vermoedde, dat ik nu juist behoefte had aan een beetje vastigheid, aan een bekende omgeving.

Bovendien zag het er naar uit dat we op korte termijn ook zouden gaan verhuizen. De recherche had ons dat geadviseerd en mijn moeder wilde dat ook het liefst. In deze buurt, Osdorp, zouden we altijd besmet zijn. Een maatschappelijk werker zou proberen of wij door middel van een spoedprocedure een woning in een andere buurt konden krijgen. Onze woning aan de Sonderbuur was een soort bezienswaardigheid geworden en de agressie tegen ons was soms angstaanjagend. Er werden regelmatig woeste dreigementen geuit, per brief, telefoon, maar ook gewoon voor de deur. En altijd anoniem natuurlijk. In de brievenbus werd bijna elke dag hondenpoep of andere rotzooi gestopt. Maar ook kennissen, vrienden, familieleden en buurtgenoten keerden zich van ons af. Ik werd daarin, als zestienjarige jongen, soms nog wel ontzien en als dat niet het geval was deed mijn moeder haar uiterste best om mij die afwijzende reacties zoveel mogelijk te besparen. Zij moest het zelf echter zwaar ontgelden en ze maakte een hele moeilijke tijd door. Buurtbewoners met wie zij jarenlang goed was omgegaan, keken haar niet meer aan, of juist wel, maar dan op een manier alsof *zij* die kinderen had vermoord. Bij afwezigheid van mijn vader, zochten de mensen kennelijk naar personen die het dichtst bij hem hadden gestaan om lucht te geven aan hun woede en emoties. Op zich was dat natuurlijk niet onbegrijpelijk. Ik heb zelf ook wel eens gedacht: hoe zou je nou hebben gereageerd als het je buurman was in plaats van je vader? Maar ja, wat moesten mijn moeder en ik met die emotionele reacties van andere mensen? Wij wisten ons met onze eigen gevoelens al geen raad.

Steeds vaker werden de emoties mijn moeder te veel. Zij was bijna twintig jaar met mijn vader getrouwd en ze vroeg zich vertwijfeld af of en waar zij in het huwelijk had gefaald, waardoor mijn vader tot deze onbegrijpelijke daden was gekomen. Zo was mijn moeder, ze zocht de fouten eerst bij zichzelf, ook als anderen ze maakten. Daar kwam bij dat veel familieleden en kennissen zich niet konden voorstellen dat mijn moeder nooit iets had gemerkt en daar ook hun verbazing over uitspraken: 'Maar Gré, dat moet je toch in de gaten hebben gehad??? Nou, mijn man zou zoiets niet kunnen flikken zonder dat ik het merkte hoor…' Het was stom achterafgeklets, maar het zorgde er wel voor dat het schuldgevoel van mijn moeder groter werd in plaats van kleiner.

Overigens waren er natuurlijk ook wel mensen die dit inzagen en ons tot steun probeerden te zijn. Mijn zus Brigit kwam veel bij ons thuis en praatte langdurig met mijn moeder. Voor haar lag het gevoelsmatig net allemaal een beetje anders. Zij kon alles iets afstandelijker benaderen. Om te beginnen woonde ze niet meer thuis en bovendien was mijn vader niet haar echte vader. Het ging om haar stiefvader. Voor mijn stiefbroers Johan en Gerard gold eigenlijk hetzelfde. Tuurlijk, ook zij waren geschokt en verbijsterd, maar zij zaten er niet zo middenin als mijn moeder en ik. Gerard junior, de zoon uit mijn vaders eerste huwelijk, was het huis al uit en had nooit een goede relatie met mijn vader gehad, waardoor het contact in feite al eerder verbroken was.

Toen eenmaal goed tot mijn moeder was doorgedrongen wat mijn vader had gedaan, was haar eerste reactie dat zij nooit meer iets met hem te maken wilde hebben. Ze walgde van hem. In feite was ze met een heel andere man getrouwd dan ze altijd had gedacht. Mijn vader had zich bij de moord op Heleentje Isaac in een flits van een paar seconden op haar uiterlijk verkeken, maar voor mijn moeder voelde het alsof ze zich twintig jaar lang in haar echtgenoot had vergist. Ze was gewoon bedrogen en verraden en ze vroeg zich constant af of er momenten in hun leven waren geweest dat ze dit had moeten merken. Had ze bepaalde signalen gemist? Was ze zelf ergens tekortgeschoten? En ja, achteraf voelde ze zich natuurlijk ook schuldig over die geschiedenis met het kleed. 'Als ik de politie wél gebeld had, was dat meisje nooit vermoord,' zei ze me wel eens. 'Ik had niet naar hem moeten luisteren en het gewoon moeten doen.' Daarmee voorbijgaand aan de werkelijkheid van toen. Haar astma verergerde in die tijd. Ze had dikke wallen onder haar ogen en ondanks een flinke dosis kalmeringspillen sliep ze 's nachts nauwelijks. De ochtend begon meestal direct met een astma-aanval en het duurde dan enige tijd eer ze aanspreekbaar was. De krant werd door mijn moeder elke dag met angst en beven uit de bus gehaald. De beide moordzaken beheersten dagenlang de voorpagina's en mijn moeder vreesde elke dag onthullingen over nieuwe misdrijven en nieuwe vermeldingen over ons woonadres. 'Wat staat ons nog te wachten? Alleen God weet wat hij misschien allemaal nog meer heeft gedaan,' vroeg ze zich dikwijls hardop af.

Die vrees was niet ten onrechte. Naast de zaken van Basje en Heleen, die mijn vader had bekend, werd zijn naam ook genoemd bij andere onopgeloste misdrijven. Volgens de kranten werd mijn vader ook verhoord over de moord op Cora Mantel, een vijftienjarig meisje uit Uithoorn, dat op zondag 21 juni 1971, een week of zes voor de moord op Basje Bloemena, was vermoord na een bezoek aan een dancing in Amsterdam. Ze zou met de bus terug naar huis gaan, maar had die waarschijnlijk gemist en werd de volgende dag gewurgd en naakt in een sloot bij Uithoorn teruggevonden. Achteraf gezien was het niet waarschijnlijk dat mijn vader iets met dat delict te maken zou hebben gehad. Zoals gezegd: hij viel absoluut op jongetjes, zo jong mogelijk. En Cora was een meisje van vijftien jaar dat er ouder uitzag en bovendien erg lang blond haar had. Hier was geen vergissing mogelijk, zoals bij Heleentje. Maar goed, in die eerste dagen na zijn arrestatie waren dat soort aspecten van zijn seksuele voorkeuren natuurlijk allemaal nog niet duidelijk geworden in de verhoren. Bovendien trok men bepaalde beweringen van mijn vader in twijfel en dus werd hij ook in deze moordzaak als een mogelijke dader beschouwd. Frappant was overigens wel dat de dood van Cora Mantel vlak voor de moord op Bastiaan Bloemena plaatsvond, maar dat de zaak toevallig óók in dezelfde maand van mijn vaders arrestatie werd opgelost. Er werd een man gearresteerd, die bekende dat hij Cora die bewuste avond ter hoogte van het Olympisch Stadion in Amsterdam een lift had gegeven en dat hij haar met een sjaal had gewurgd toen zij niet op zijn seksuele avances wilde ingaan. De man had haar vervolgens uitgekleed en misbruikt. In het feit dat het meisje was gewurgd en naakt was achtergelaten op een afgelegen weggetje, had de recherche aanvankelijk gelijkenis gezien met de zaken van Bastiaan en Heleen. Ook anderszins was er sprake van een wrange overeenkomst: net als mijn vader had de wurger van Cora Mantel tijdens de verhoren een tweede moord bekend: in Gorinchem had hij de vierenveertigjarige Aaltje van der Plaat verkracht en doodgestoken. Ook hier zat tussen beide moorden een periode van drie jaar, net als bij Bastiaan en Heleen.

Daar bleef het echter niet bij. In de kranten verschenen nog berichten dat de politie onderzocht of mijn vader iets te maken kon hebben met de moord op Rinie Wielheesen, een twaalfjarig meisje uit Doetinchem, dat daar in 1970 in de bossen was gewurgd. De Amsterdamse recherche en die van Doetinchem hadden volgens de kranten de dossiers van alle zaken naast elkaar gelegd, op zoek naar aanknopingspunten. Later meldde men dat het onderzoek niets had opgeleverd.

De aandacht voor de zaak van mijn vader ebde later in die maand augustus een beetje weg, toen een nieuw spectaculair misdrijf in Nederland de voorpagina's haalde. In het plaatsje Waalre, vlakbij Eindhoven, was het vijfjarig meisje Carolientje Pessers, dochter van de directeur van de bekende Hofnar-sigarenfabrieken, ontvoerd toen ze voor haar ouderlijk huis aan het spelen was. Een nog maar twintigjarige jongen bleek de dader te zijn en hij had al vrij snel na de kidnap het kleine meisje met een touw gewurgd en begraven. De ietwat labiele jongeman werd gearresteerd voor het tot een losgeldoverdracht kon komen. Omdat het de eerste criminele ontvoering in Nederland was en het slachtoffer een klein kind was, verlegden de journalisten snel hun werkterrein en kregen wij het in de publiciteit iets minder te verduren.

Ook de moordenaar van Carolientje Pessers bekende tijdens de verhoren tot verrassing van de rechercheurs dat hij nog een tweede moord had gepleegd. In maart 1974 had hij in het Brabantse Best de negenenvijftigjarige winkelierster Petronella van den Biggelaar tijdens een overval doodgestoken toen zij hem geen geld wilde geven. In één maand tijd werden in Nederland dus drie mensen gearresteerd die een dubbele moord op hun geweten hadden, een grillige speling van het lot, die zowel voor als na die tijd nooit meer is voorgekomen.

De vrees dat mijn vader zich aan meer zedendelicten had schuldig gemaakt, was natuurlijk gerechtvaardigd. Het zou wel erg stug zijn geweest als dit zijn eerste misstappen waren geweest en hij zich alleen tot deze twee kinderen aangetrokken had gevoeld. Nee, dit waren waarschijnlijk twee gevallen uit een reeks van veel meer incidenten, waarbij dan in het gunstigste geval geen doden waren te betreuren. Uit de krantenberichten bleek ook wel dat mijn vader geen blanco strafblad had. De pers maakte er melding van dat mijn vader in het verleden, nog voor het huwelijk met mijn moeder, al eens wegens zedendelicten was veroordeeld. De politie, met wie mijn moeder natuurlijk dagelijks contact had, bevestigde dit toen zij daar naar informeerde, overigens zonder op de details van die zaken in te gaan.

Het maakte haar verdriet, maar vooral ook haar woede alleen maar groter. 'Waarom heeft er nooit iemand gewaarschuwd toen ik met die man trouwde, dat hij niet van kinderen kon afblijven?' vroeg ze zich verbitterd af. 'Waarom heeft niemand iets gezegd, dan hadden we maatregelen kunnen nemen. Zo stort je mensen toch in het ongeluk?' M'n moeder had niet ongelijk, ze werd geconfronteerd met een verleden waarvan ze helemaal niets wist en dat mijn vader altijd angstvallig voor haar geheim had gehouden, maar dat haar leven nu wel volkomen ruïneerde. Eén woord, één aanwijzing, één hint en ze was nooit met hem getrouwd. Maar iedereen die wat wist had gezwegen, mijn vader in de eerste plaats.

Ja, wat dat betreft had mijn moeder, Margaretha Maria Teunissen, weinig geluk gekend in de keuze van haar mannen. Als jonge vrouw had ze eruitgezien alsof ze de kerels maar voor het uitkiezen had, maar het lot koppelde haar telkens aan de verkeerde man en dat maakte haar uiteindelijk tot een ongelukkig mens die buitengewoon veel leed te verwerken kreeg.

Mijn moeder was in oktober 1921 geboren en kwam uit een eenvoudige familie uit de Amsterdamse Jordaan. Het was een harmonieus gezin, met aardige, zorgzame ouders: ze hadden het niet rijk, maar er was ook niets te kort. Na de huishoudschool had ze een opleiding tot naaister en coupeuse gevolgd, waarmee ze goed haar brood kon verdienen. Ze werd een zelfstandige vrouw, met een van nature opgewekt karakter en ze was populair bij mannen. Ze stond als het moest haar mannetje. Op weg naar een naai-atelier in de binnenstad was zij eens door twee mannen overvallen, die de portemonnee uit haar handtas wilden hebben. Ze deed alsof ze gehoorzaamde, maar pakte tot schrik van die kerels geen geld, maar een lange, scherpe stofschaar uit haar tas en dreef die overvallers daarmee zo de gracht in.

In de oorlog leerde mijn moeder haar eerste man kennen: Henk Frankot, die ruim zes jaar jonger was dan zij. Hij was geboren in Hoogeveen, getogen in Groningen, maar via een duister antiekhandeltje, dat hij samen met een vriend dreef, was hij in Amsterdam verzeild geraakt en daar blijven hangen. Toen mijn moeder in 1946 met hem trouwde, was zij vierentwintig jaar en hij nog maar achttien, wat doet vermoeden dat het allemaal niet langdurig was overdacht, maar het had er ook mee te maken dat Frankot als dienstplichtig militair naar Nederlands-Indië moest. Hoe het ook zij, het huwelijk was de eerste tijd best goed. Frankot lustte een flinke borrel, zeker voor iemand van zijn leeftijd, maar ach, dat hoorde een beetje bij zijn 'antiekhandel'.

In april 1948 werd Brigit geboren en drie jaar later, in mei 1951, Johan. Op dat moment was het beste van het huwelijk echter al voorbij. Henk Frankot was naar Indië geweest en mijn moeder had het in die tijd alleen moeten rooien met twee kleine kinderen, de soldij van Henk – althans wat er van overbleef – was natuurlijk nauwelijks toereikend. Het was bovendien geen gemakkelijke tijd. In Nederland was de oorlog nog maar net afgelopen en alles verkeerde in een opbouwfase. Met hulp van haar familie en invalwerk op ateliers heeft m'n moeder het echter weten te redden.

Toen Henk Frankot uit Indië terugkwam, was er veel veranderd en hij zelf het meest. Maar ook mijn moeder had zich in die periode behoorlijk ontwikkeld en daardoor waren ze nogal uit elkaar gegroeid. Frankot was van een jongen in een man veranderd en bovendien nogal in zichzelf gekeerd geraakt. Hij had in Indië mentaal een zware tik gehad. Frankot zei dat hij er veel geweld had gezien, waaronder rituele moorden en slachtpartijen. Hij zat daar als gewoon soldaat en kreeg er met een veel wilder leven te maken dan als geboren plattelandsjongen in zijn stoffige antiekhandeltje. In feite is hij in Indië volkomen ontspoord en kon hij bij terugkeer in Nederland niet meer aarden in het normale burgermansleventje. Daar kwam bij dat hij nog veel meer was gaan drinken dan hij voor zijn vertrek al deed en dat was voor zijn gedrag niet bepaald een positieve impuls. Frankot werkte zeer onregelmatig en hing eigenlijk constant in de kroeg, terwijl mijn moeder thuis de kinderen opvoedde en de eindjes aan elkaar probeerde te knopen.

De relatie tussen hem en mijn moeder kwam onder grote druk te staan, toen haar duidelijk werd dat Frankot naast hun huwelijk ook homoseksuele contacten onderhield. Anno 1950 was dat een absolute schande en voor mijn moeder, die in een keurig middenstandsmilieu was opgegroeid, was deze ontdekking een schok, waar ze echter discreet over zweeg. Het huwelijk modderde daardoor nog een poosje door, waarbij Frankot zich steeds grotere vrijheden, meer afwezigheid en nog meer drank permitteerde. In 1952 maakte mijn moeder abrupt een einde aan hun huwelijk toen zij Henk Frankot er in de kinderslaapkamer op betrapte dat hij met Brigit aan het rommelen was. Brigit was op dat moment net vier jaar oud en mijn moeder was laaiend. Na een allesbehalve discrete ruzie heeft ze hem zo op straat gegooid. Later mocht hij er nog een keer in om zijn spullen op te halen, maar daarna bleef de deur voor hem gesloten. En na de officiële scheiding, in datzelfde jaar, was er zelfs geen sprake van een bezoekregeling, althans niet eentje waar Frankot gebruik van maakte. Alimentatie betalen voor de kinderen deed hij echter ook niet, of zeer onregelmatig, waardoor mijn moeder opnieuw een moeilijke periode tegemoet ging.

Via een contactadvertentie in de krant leerde mijn moeder enige tijd daarna Gerardus Cornelis Spruit kennen. Hij woonde sinds kort in Amsterdam en was banketbakker van beroep. Hij was een grote sterke kerel, met donker haar en een bril. Ook hij was al getrouwd geweest, hij was vader van twee kinderen: Gerard junior en Wilhelmus.

Ik heb later van mijn moeder wel eens gehoord dat het niet echt liefde op het eerste gezicht was tussen hen. Beiden hadden een teleurstellend eerste huwelijk achter de rug, al was het voor mijn moeder niet helemaal duidelijk waarom dat van mijn vader was gestrand. Maar goed, daar vraag je natuurlijk ook niet te nadrukkelijk naar als je elkaar net hebt leren kennen en je bovendien met twee kinderen niet meer in de positie bent dat je eerste keus hebt. Gerard Spruit leek voor mijn moeder niettemin een goede partij. Hij was wat verlegen, op het schuwe af, maar verder was het een serieuze, hardwerkende man, die altijd bezig was en een hekel had aan nietsdoen. In ieder geval zou ze met hem weer goed voor haar kinderen kunnen zorgen en voor hem gold min of meer hetzelfde. Zijn zoontje Gerard, die na de scheiding aan hem was toegewezen, was in een kindertehuis ondergebracht omdat zijn vader als kostwinner geen gelegenheid had om hem op te voeden. Zo werden die twee als het ware in elkaars armen gedreven, waarbij het wrange was dat mijn moeder haar eerste man, Henk Frankot, de deur had uitgezet omdat hij niet van hun dochtertje kon afblijven en zij nu een relatie kreeg met iemand die zojuist een gevangenisstraf voor dat soort delicten had uitgezeten. Gerard Spruit kon dan misschien wel van zijn eigen kinderen afblijven, maar zijn probleem was juist weer de kinderen van anderen. Maar dat had hij mijn moeder allemaal niet verteld toen zij na een korte kennismakingsperiode op 20 april 1955 in Amsterdam in het huwelijk traden. En ook degenen die het wél wisten deden er het zwijgen toe.

Ruim twee jaar later, op 31 augustus 1957, werd ik in het Onze Lieve Vrouwe Gasthuis in Amsterdam geboren. Mijn vader was toen 35 jaar en mijn moeder een paar maanden ouder. Ik was het enige kind van hen samen, een nakomertje, dat door iedereen heel origineel 'de jongste Spruit' werd genoemd. Volgens mijn moeder was ik eigenlijk een 'ongelukje'. Ze hadden min of meer besloten geen kleintje meer te nemen, vooral ook omdat de kinderen uit hun beider eerste huwelijk zo'n stuk ouder zouden zijn. Maar toen mijn moeder, bijna als een reactie op dat besluit, onverwachts toch zwanger was geworden, was ze daar buitengewoon blij mee geweest. Zij zag mijn geboorte als de bezegeling van hun relatie. Later heeft ze me wel eens verteld dat ze toen, zo rond 1957-58 echt gelukkig was en dacht dat het met haar leven, zij het in tweede instantie, allemaal toch nog goed zou komen.

In die eerste weken na mijn vaders arrestatie, kwam mijn moeder meer over zijn voorgeschiedenis te weten dan in de twintig jaar daarvoor, waarin hij niet of maar heel fragmentarisch over zijn jeugd en verleden had verteld. Mijn vader was opgesloten in het hoofdbureau van politie aan de Elandsgracht in Amsterdam en werkte volledig aan het onderzoek mee. Mijn moeder had bijna dagelijks contact met een vriendelijke adjudant van de moordbrigade, die vertelde dat mijn vader er psychisch weliswaar slecht aan toe was, maar dat er wel een zware last van hem was afgevallen. Mijn vader legde gedetailleerde bekentenissen af en had aan de verhorende rechercheurs geschetst hoe hij zijn ware gevoelens tientallen jaren voor de buitenwereld verborgen had gehouden en stelselmatig had onderdrukt, maar dat ze twee keer tot een fatale uitbarsting waren gekomen.

Mijn vader kreeg ook een advocaat toegewezen. Het was mr. R.J.G. Abeln, een nog tamelijk jonge Amsterdamse pleiter, die zich nauwgezet en alert toonde in een voor een advocaat toch allesbehalve benijdenswaardige zaak, waarbij de publieke emoties hoog waren opgelopen. Iedereen die zich op enigerlei wijze met een tweevoudige kindermoordenaar als mijn vader associeerde, kreeg kritiek en dreigementen te verduren. Mr. Abeln liet zich daar echter niet door leiden en begreep dat hij niet alleen mijn vader bijstand moest bieden, maar dat er ook nog een thuisfront was dat volkomen in verwarring was en met veel onbeantwoorde vragen zat. Mr. Abeln had mijn vader al een flink aantal keren bezocht en bevestigde aan mijn moeder dat hij een opgeluchte indruk maakte nu de zaak was uitgekomen. De laatste jaren had hij onder grote spanning geleefd, zo had hij zijn advocaat verteld. Mr. Abeln zei ook dat mijn vader zich grote zorgen om onze veiligheid maakte en dat hij niet wist hoe hij ons ooit nog onder ogen moest komen. Als dat er al van zou komen tenminste.

Tijdens het recherche-onderzoek kwamen alle justitiële gegevens over mijn vader boven water. Oude veroordelingen, psychiatrische rapporten, plus uitvoerige verslagen van de reclassering en het maatschappelijk werk. Deze vormden, gevoegd bij de gedetailleerde bekentenissen van mijn vader, een enorme bron van informatie over het leven waar wij niets, althans vrijwel niets, van af wisten. Het bleek dat Gerard Cornelis Spruit al een bewogen leven achter de rug had voor hij met mijn moeder was getrouwd.

Mijn vader werd op 12 januari 1922 in Rotterdam geboren, maar groeide op in Utrecht. Hij was genoemd naar zijn vader, die Gerardus heette, en naar zijn moeder: Cornelia Baljet. Mijn vader was de oudste van vier kinderen, allemaal zonen, en kreeg een opvoeding die gerust Spartaans genoemd mag worden. Zijn vader was timmerman en verdiende als kleine zelfstandige een aardige boterham in de Domstad, maar voor de omgeving was hij een heethoofd, die zichzelf niet of nauwelijks onder controle had. Gerard en zijn broers werden regelmatig met een stok, of wat maar voorhanden was, tot bloedens toe afgeranseld en als z'n vader slechte zin had, kreeg ook z'n vrouw een fiks pak slaag. Mijn vaders moeder, Cornelia (mijn oma dus), kwam uit de rapporten overigens niet veel beter naar voren. Ik had haar als jongetje leren kennen toen zij al in een bejaardentehuis in het Friese Wognum zat en ik herinner mij haar als best een aardige, grijze oma. Toen zij nog jong was, moet zij echter een harde, zelfzuchtige vrouw zijn geweest, die het huishouden aardig wist te regelen, maar bepaald geen bindende factor was in het timmermansgezin of een bron van troost voor de kinderen. Het was dan ook bepaald geen geheim dat het huwelijk tussen Gerard senior en Cornelia nog minder dan matig was. Vader was als man en kostwinner absoluut de baas en verlangde dat moeder alles voor hem klaarzette. In dat opzicht had mijn vader dat dominante gedrag niet helemaal van een vreemde. Liefde of genegenheid hebben mijn vader en z'n broers nooit tussen hun ouders gezien: zij waren afhankelijk van elkaar, maar daar hield het ook mee op. Het enige waar die twee eensgezind in waren, was dat zij uitermate streng katholiek waren.

De relatie tussen mijn vader en zijn vader was buitengewoon slecht, getuigden broers en andere familieleden. Op een of andere manier werd mijn vader, als oudste zoon, voor alles verantwoordelijk gesteld wat er mis ging, ook als hij er helemaal niets aan kon doen of er zelfs niets mee te maken had. Met stokslagen werd hem ingepeperd dat hij voor niets deugde en eigenlijk alleen maar last veroorzaakte. Mijn vader kreeg zodoende een minderwaardigheidscomplex, dat werd versterkt door het feit dat hij op de lagere school in de vierde klas bleef zitten. Hij voelde zich bovendien onzeker omdat hij als kleine jongen al een bril moest dragen en op school constant werd uitgescholden voor 'stomme brillenjood'. Naarmate mijn vader ouder werd, groeide zijn verzet tegen de hardhandige en onheuse zondebok-behandeling van zijn vader. Mijn vader kreeg last van woedeuitbarstingen en driftaanvallen, spijbelde veelvuldig, liep een paar keer weg, pleegde kleine diefstallen, ontpopte zich tot een ongecontroleerde vechtersbaas en heeft ook een keer brand gesticht. Uiteraard werd dat gedrag alleen maar gehonoreerd met nog meer slaag door zijn vader.

In die situatie kwam onverwachts verandering toen Gerard senior in januari 1936 op nog maar negenendertigjarige leeftijd aan vermoedelijk TBC overleed en moeder Cornelia er alleen voor kwam te staan. Mijn vader heeft over het gemis van zijn vader niet erg lang getreurd en was blij dat hij van dat onrechtvaardige juk was verlost. Hij probeerde in het gezin als oudste zoon min of meer de rol van zijn vader over te nemen, maar als jongen van veertien jaar ging dat natuurlijk niet en er ontstond in huis een onleefbare situatie, die moeder Cornelia niet meer de baas kon. Zij riep in juni 1936 de hulp van de voogdijraad in, die er voor zorgde dat mijn vader op zijn vijftiende jaar voor acht maanden in een observatietehuis voor jongens in Den Haag werd geplaatst. Daar werd vervolgens besloten mijn vader over te plaatsen naar het St.Vincentiusgesticht in Harreveld, een plaatsje in de Achterhoek bij Doetinchem. Het was een rooms-katholiek gesticht voor moeilijk opvoedbare jongens, dat werd geleid door paters, die vooral zichzelf waren toegewijd. Ik kan me herinneren dat mijn vader mij hierover wel eens iets heeft verteld, zonder overigens al te veel in details te treden. Hij zei wel altijd dat zijn jeugd niet echt plezierig was geweest en hij had er ook wel eens op gezinspeeld dat die paters hun handen niet thuis hielden, maar dan weer op een andere manier dan bij zijn vader het geval was. Omdat er geen vrouwen in dat gesticht werden toegelaten, had mijn vader later altijd moeite gehad om zich een houding naar het andere geslacht aan te meten. Omdat hij altijd was uitgescholden en uitgelachen om zijn uiterlijk, meende mijn vader dat vrouwen niets in hem zagen en dat maakte hem extra verlegen. Ik heb hem wel eens gevraagd wat meer over dat gesticht te vertellen, maar dat wimpelde hij altijd af met: 'Ach jongen, dat is al zo lang geleden...'

Uit de reclasseringsrapporten van mijn vader bleek nu dat het in Harreveld voor een puber van vijftien jaar een soort Sodom en Gomorra moet zijn geweest. De jongens sliepen op grote slaapzalen bij elkaar, en tussen de paters en de jongens onderling bestonden veelvuldig seksuele contacten. Het behoorde onder meer tot de gewoonten dat er gemeenschappelijk werd gemasturbeerd op de slaapzaal, waarbij de jongens elkaar behulpzaam waren.

Mijn vader heeft in dat gesticht ruim tweeëneenhalf jaar doorgebracht en leerde er het bakkersvak. Uit de oude rapportages van het St.Vincentius kwam hij naar voren als een moeilijke jongen, nogal contactgestoord en onaangepast, die behoorlijk vaak 'disciplinair gestraft' werd. Mijn vader schamperde echter altijd dat de meest 'contactgestoorde' bewoners van Harreveld de paters zelf waren.

In de periode dat mijn vader in Harreveld zat was zijn moeder Cornelia hertrouwd met ene Carel Logger, bij wie ze nog een vijfde kind kreeg, Carel junior. Met zijn stiefvader kon mijn vader het aardig vinden. Hij was niet zo overheersend en hardvochtig als zijn echte vader, waardoor er minder conflicten waren en al sowieso geen karakterbotsingen meer. Op grond van deze gunstige ontwikkeling werd mijn vader in 1939 uit het gesticht ontslagen en mocht hij terug naar huis in Utrecht.

Mijn vader was inmiddels een flinke jongeman van zeventien jaar en maakte in die periode als koksknecht in dienst van de Stoomvaart Maatschappij Nederland twee zeereizen, onder meer op de Jan Pietersz. Goen. Daar kwam een einde aan toen de oorlog uitbrak en mijn vader weer aan de wal in bakkerijen ging werken. In die tijd kreeg zijn seksuele geaardheid vaste vorm, zo stellen de rapporten over hem. Hij was gewend geraakt aan de dagelijkse masturbatie-seances in Harreveld en zette deze in het geheim voort met jongetjes uit de buurt. Voor de buitenwacht flirtte hij echter ook wat met meisjes, waardoor niemand enig vermoeden van zijn werkelijke bezigheden kreeg. Enige seksuele aantrekkingskracht hebben vrouwen evenwel nooit op hem uitgeoefend.

Die maskerade viel in het eerste oorlogsjaar in duigen. Mijn vader werd in 1941 plotseling gearresteerd omdat hij ontucht had gepleegd met een nog maar tienjarig jongetje, dat hij daarna op een door hem gehuurde zolder, bestemd voor opslag van zwarte handel, met een prop in z'n mond op een stoel had vastgebonden om er zeker van te zijn dat hij ook de volgende dag 'gebruik' van hem kon maken. Het jongetje had echter de prop weten uit te spugen en had daarna met geschreeuw de aandacht van buurtbewoners getrokken. Toen mijn vader de volgende dag naar de zolder terugkeerde met de bedoeling nieuwe 'spelletjes' te gaan spelen, wachtte de politie hem op.

Voor de rechtbank in Amsterdam werd mijn vader op 30 december 1941 wegens 'feitelijke aanranding der eerbaarheid' tot één jaar en drie maanden gevangenisstraf veroordeeld met een proeftijd van drie jaar en een voorwaardelijke terbeschikkingstelling van de regering (TBR), zoals dat toen nog werd genoemd. In een destijds opgemaakt psychiatrisch rapport van de 'Roomsch-Katholieke Reclasseeringsvereeniging' werd mijn vader een 'verongelijkte jongen' genoemd, met 'een wrok- en protestinstelling, zeer driftig en agressief, egocentrisch en uiterst kwetsbaar, licht verdrietig, met zichzelf in onvrede en weinig inzicht hebbende in zijn fouten en verstandelijk matig ontwikkeld'. Hij werd echter ook als 'niet lui en initiatiefrijk' omschreven. Ook werd mijn vader voor de eerste keer onderzocht door een psychiater, dr. S.P. Tammenoms, die aan het licht bracht dat mijn vader in zijn jeugd 'geleden' had aan bedwateren en angstdromen, 'hoewel dit noch door de moeder noch door hem zelf bekend werd.'

Toen reeds – eind 1941 – werd door de rechtbank geoordeeld dat de persoonsstructuur van mijn vader beslist psychiatrische begeleiding nodig had, maar het was oorlog toen dit vonnis werd uitgesproken en in de praktijk kwam daar helemaal niets van terecht. Integendeel, een groot gedeelte van zijn straf zat mijn vader uit in het beruchte kamp Erika in Amersfoort, dat onder Duitse leiding stond. De Duitsers wisten in die tijd wel raad met 'dat soort jongens': hij onderging maandenlang vernederingen en een terreur van willekeur. Ze hebben hem letterlijk door het stof laten kruipen en alle denkbare smerige karweitjes laten doen, begeleid door schimpscheuten en beledigingen. Over zijn ervaringen in dit kamp heeft mijn vader thuis nooit met een woord gesproken. In feite hoorden we er pas van na zijn arrestatie voor de moorden op Basje en Heleentje. Na Kamp Erika werd hij door de Duitsers twee jaar lang tewerkgesteld in een bakkerij in het Duitse Bochtrop. Volgens de reclasseringsrapporten had hij ook daar een seksuele relatie aangeknoopt met een andere bakkersknecht. Toen de geallieerde bombardementen in Duitsland toenamen, was mijn vader naar Nederland gevlucht en dook hij tot de bevrijding onder bij een boer in Delden, bij Hengelo, bij wie hij – volgens de justitiële rapporten – als drieëntwintigjarige jongeman weer homoseksuele contacten had gehad, ditmaal met een twaalfjarig joods onderduikertje.

Na de oorlog plaatste mijn vader op aandringen van zijn familie een contactadvertentie in de krant – een man hoort getrouwd te zijn – en in nauw overleg met zijn stiefvader, Carel Logger, viel uiteindelijk de keuze op Petronella N., een viereneenhalf jaar jongere vrouw. Petronella stond na de dood van haar moeder aan het hoofd van een groot gezin en zag het huwelijk als een mooie gelegenheid aan die sleur te ontkomen. Ze was van eenvoudige komaf en wist van aanpakken: een prima aanbeveling, meende stiefvader Carel Logger, en mijn vader volgde het advies gedwee op. Mijn vader had tot op dat moment nog nooit echt contact met een meisje of een vrouw gehad en had daar in feite ook absoluut geen behoefte aan. Hij zocht een vrouw omdat zijn streng katholieke omgeving dat van hem verwachtte, omdat het zo hoorde. En zijn vader en moeder, die wél wisten van zijn veroordeling, dachten waarschijnlijk dat het 'dan allemaal wel goed zou komen'.

Op 13 augustus 1948 trouwde mijn vader met Petronella N., maar het huwelijk was niet echt een succes, of beter gezegd, echt niet. Mijn vader was niet in staat aan zijn 'huwelijkse plichten' te voldoen en dat leidde tot spanningen. Volgens een oud reclasseringsrapport kwam het tussen hen slechts tot seksueel contact als mijn vader zich sterk concentreerde op heimelijke fantasieën over jonge jongens en zich aldus inbeeldde dat hij niet met zijn echtgenote, maar met een jongen in bed lag. In november 1948 werd uit die relatie de eerste zoon geboren, die net als zijn vader, Gerardus Cornelis werd genoemd. Een jaar later werd een tweede zoon geboren, Wilhelmus.

Ondertussen bleef mijn vader, inmiddels 27 jaar oud, seksueel contact zoeken met jongetjes. Van een 'jeugdzondaar' was hij in de loop der jaren een recidivist geworden. Hij werkte op dat moment als bakkersknecht bij Verkade in Zaandam, maar ook een poosje bij de Bruynzeel-fabrieken in die plaats, omdat hij op die manier aan een behoorlijke woning kon komen.

In 1952, ruim tien jaar na zijn eerste zedenzaak, werd mijn vader opnieuw gearresteerd 'wegens ontucht, meermalen gepleegd'. Hij woonde toen in de Zuiderkerkstraat in Zaandam en had in die tijd een oude vrachtauto op de kop getikt, waarvan hij de laadruimte met matrassen had bekleed. Hij zei jongetjes uit de buurt dat ze daarin mochten spelen, wat ze graag deden, en bij velen leidde dat, in het donker, tot intimiteiten of handtastelijkheden. Meestal, zo was gebleken, ging dat eigenlijk zonder problemen. Mijn vader voelde vrij goed aan welke jongetjes wel en welke jongetjes geen problemen zouden geven. Zo had hij in de loop der jaren seksueel contact – voornamelijk strelingen en andere handtastelijkheden – met tientallen, ja waarschijnlijk wel honderden kinderen, zonder dat er in die tien jaar ooit aangifte tegen hem werd gedaan. Toen een en ander in 1952 echter uit kwam, werd hij door de rechtbank in Haarlem veroordeeld en dit keer tot een straf van zeven maanden, waarvan vier voorwaardelijk, met als bijkomende voorwaarde dat hij zich drie jaar lang moest onderwerpen aan psychiatrische behandeling. Later bleek dat die therapie helemaal niets had voorgesteld en dat geen enkele gerechtelijke instantie er ook maar enig toezicht op had gehouden. Mijn vader was één keer per twee maanden door een psychiater opgeroepen geweest voor een gesprekje van hooguit vijf minuten.

In 1952 werd er op verzoek van de rechtbank ook een officieel psychiatrisch rapport over mijn vader opgemaakt en het bleek dat de situatie in die tien verstreken jaren in feite alleen maar was verergerd. Volgens de Overveense zenuwarts F.G.H. Münnich, die mijn vader in het huis van bewaring De Koepel van Haarlem onderzocht, was er bij hem sprake van een 'stoornis in de ontwikkeling van het primitieve driftleven'. De psychiater stelde voorts dat mijn vader zowel homoseksuele als heteroseksuele 'componenten' in zich had en dat zolang de heteroseksuele kant maar 'voldoende werd aangesproken', de homofiele kant 'zich niet zou uiten'. Maar, zodra dit niet meer het geval was, zou hij op seksueel gebied een terugval vertonen naar 'voorvallen in de jeugd'. In feite zei de psychiater – in 1952 dus – dat als mijn vader maar genoeg seksueel contact met andere vrouwen zou hebben, de lust tot relaties met jonge jongens hem vanzelf wel zou vergaan.

Als dat soort theorieën al waar zou zijn, was er echter een probleem: zijn echtgenote Petronella N. was door zijn arrestatie op de hoogte geraakt van zijn geaardheid en had aangekondigd dat zij wilde scheiden. Mijn vader beweerde dat hij tegen zijn vrouw bij tijd en wijle zinspelingen over zijn verlangens en fantasieën had gemaakt, maar Petronella zei daar niets van te weten en van zijn daden te gruwelen. Kortom, met haar zou er in de toekomst geen seksueel verkeer meer plaatsvinden, nog afgezien van de vraag of dit met enige frequentie had plaatsgevonden en of mijn vader dat ook maar enigszins ambieerde. Over wat dat voor de toekomst betekende, schreef zenuwarts dr. Münnich duidelijke taal:

'Nu zijn vrouw wil gaan scheiden en de heteroseksuele zijde geheel niet meer in het spel wordt betrokken, is weinig goeds voor de toekomst te verwachten. De driftuiting zal in de homoseksuele richting worden gedreven en dus ook weer tot homoseksuele delicten komen. Geen gevangenisstraf zal zwaar genoeg wezen om hem hier vanaf te houden…'

De conclusie van de psychiater was dat de zedendelicten mijn vader 'slechts gedeeltelijk konden worden toegerekend' en hij voegde er nog eens aan toe dat 'een toezichthoudende vereniging alleen dan succes zou kunnen boeken, wanneer het haar zou gelukken hem zover te krijgen een nieuw contact met een vrouw te zoeken, speciaal op seksueel gebied'.

Het waren niet mis te verstane conclusies, maar wederom werd er niet echt veel mee gedaan en bleven de bezoeken aan de psychiater beperkt tot nietszeggende tweemaandelijkse visites van vijf minuten: houd uw jas maar aan. Toen mijn vader na het uitzitten van een paar maanden gevangenisstraf weer thuiskwam, bleek bovendien dat zijn vrouw zich had laten troosten door een kostganger en dat zij niet van plan was deze relatie te verbreken. Na een ruzie hierover zette mijn vader de man op straat, maar dit had slechts tot gevolg dat ook Petronella haar koffers pakte en hem achterna ging. Ze nam Wilhelmus, de jongste zoon, mee en liet mijn vader met Gerard junior achter.

Mijn vader verhuisde daarop naar Amsterdam en ging weer in een banketbakkerij werken. Om zijn goede wil te tonen, plaatste hij een advertentie in de krant, waarin hij contact zocht met een vrouw om 'samen aan een nieuwe toekomst te bouwen'. In Amsterdam leek in eerste instantie echter vooral het verleden zich te herhalen, want mijn vader bleek absoluut niet met zijn oudste zoon Gerard over weg te kunnen en hij was nodeloos streng en hard voor de jongen. Uiteindelijk wendde hij zich, net als zijn eigen moeder vroeger had gedaan, tot de Voogdijraad en Gerard junior werd in een kindertehuis geplaatst.

Van dit verleden had mijn moeder, die op de bewuste advertentie had gereageerd, niets geweten. Nooit had mijn vader verteld dat hij veroordeeld was geweest, nooit had hij de ware reden van zijn scheiding opgegeven, nooit had hij iets losgelaten over zijn seksuele voorkeuren. Hij was handig en geslepen geworden in het ontwijken van bepaalde gespreksonderwerpen, veinsde vergeetachtigheid op andere gebieden of deed alsof het niet van belang was. Voor mijn moeder vormden de rapportages dan ook een schok. Ze vond het onvoorstelbaar dat niemand haar ooit over mijn vaders verleden had ingelicht. Uit de stukken bleek zonneklaar dat mijn vader in feite een onverbeterlijke recidivist was, waarvoor de specialisten in 1941 al hun hart vasthielden, maar er was niemand die ooit nog naar hem had omgekeken. En toen mijn vader eind december 1954 officieel was gescheiden van Petronella N., was er voor haar dan ook geen enkel beletsel om, reeds vier maanden later, met hem te trouwen: om samen een nieuwe toekomst op te bouwen…

IV. Nooit eens lekker zoenen

Na de verhoren op het hoofdbureau van politie, werd mijn vader overgeplaatst naar het Huis van Bewaring I aan het Kleine Gartmanplantsoen in het centrum van Amsterdam, vlak naast het Leidseplein. En hoewel mijn moeder in een eerste opwelling had geroepen dat ze hem nooit meer wilde zien, ging ze toch bij hem op bezoek. Eerder had ze op verzoek van de recherche op het politiebureau al wat toiletartikelen en kleding afgegeven toen ze zelf over de zaak gehoord moest worden, maar het was daarbij niet tot een echte confrontatie tussen hen gekomen. Het bezoek in het huis van bewaring had voor mijn moeder vooral een praktische noodzaak. Er moesten allerlei zakelijke dingen geregeld worden. Mijn vader had altijd de financiële kant van het huishouden geregeld en dat moest nu worden overgedragen aan mijn moeder. Ook als je man in de gevangenis zit, moeten huur, gas en licht betaald worden en mijn moeder had natuurlijk ook huishoudgeld nodig. Mijn vader moest uitleggen waar hij alles had opgeborgen, wat de laatste stand van zaken was en hij moest wat handtekeningen zetten. Aan de andere kant geloof ik wel dat mijn moeder ook een bepaalde emotionele behoefte had om hem te zien. Ze worstelde sinds zijn aanhouding met vele vragen en de enige die daar antwoord op kon geven was mijn vader.

Ik weet nog dat mijn moeder 's middags met mijn zus Brigit naar het huis van bewaring vertrok en een paar uur later aangeslagen terugkwam. Ik kon zien dat ze veel had gehuild, haar ademhaling ging, door een opkomende astma-aanval, moeizaam. Het bezoek had haar aangegrepen, maar tegen mij wilde ze er niet veel over vertellen. Pas 's avonds, toen ze zich een beetje had hersteld, zei ze dat mijn vader er slecht had uitgezien, dat hij in die paar weken ineens een stuk ouder was geworden. Hij had constant gezegd dat hij zo verschrikkelijk veel spijt had. Op de vraag van mijn moeder waarom hij alles meer dan twintig jaar verborgen had gehouden, waarom hij haar toch zo had bedrogen, had hij alleen geantwoord: 'Ik kon het niet vertellen, Gré. Ik kon het gewoon niet. Ik was bang dat je ook van mij zou scheiden. Ik durfde dat risico niet te nemen.' Verder had hij benadrukt dat hij de kinderen in een vlaag van paniek had omgebracht, omdat hij bang was dat de buren iets zouden horen en zijn dubbelleven zou worden ontdekt. Het zat hem volgens mijn moeder erg hoog dat hij in bepaalde kranten een lustmoordenaar was genoemd en dat er in berichten zelfs werd beweerd dat hij de kinderen na hun dood nog seksueel had misbruikt.

Volgens mijn moeder had hij veel naar mij gevraagd en geïnformeerd hoe ik er aan toe was. Hij wilde dolgraag dat ik bij hem op bezoek zou komen, hoewel hij daar tegelijkertijd ook als een berg tegen op zag. Mijn moeder had hem toegezegd dit aan mij te zullen overbrengen. 'Maar,' voegde ze er direct aan toe, 'als je niet wilt hoefje niet, Paul. Je moet het zelf weten. Van mij mag je, je bent bijna zeventien jaar. Het is jouw vader en dus ook jouw beslissing.' Gek genoeg had ik tot op dat moment nog helemaal niet over die mogelijkheid nagedacht en nu ik voor die keuze werd gesteld, bracht hij me in verwarring. Aan de ene kant was het mijn vader die daar in een cel zat, een vader waar ik altijd tegen op had gekeken, waar ik trots op was geweest, waar ik ontzag voor had, ja, waar ik van gehouden had, zonder meer. Aan de andere kant vond ik het zo verschrikkelijk wat hij met die kinderen had gedaan, dat ik deze man onmogelijk nog als mijn vader kon zien, wilde zien. Hij had mij, mijn moeder, mijn zus en broers in het ongeluk gestort, om over die vermoorde kinderen en hun ouders maar niet te praten. De gedachten aan wat hij had gedaan, maakten me nog steeds misselijk, woedend. Wat moest ik hem in hemelsnaam zeggen bij zo'n bezoek? 'Hallo pa, hoe gaat het ermee...?' Ik zou niet eens weten waar ik moest kijken. Ik stelde de beslissing daarom uit en zei dat ik er de komende tijd over na moest denken.

Nu de seksuele geaardheid van mijn vader duidelijk was geworden, vroeg mijn moeder mij ook een paar keer nadrukkelijk of er tussen mij en mijn vader nooit iets was voorgevallen. De recherche had haar gevraagd daar eens voorzichtig naar te informeren. Men hield er rekening mee dat hij ook met zijn eigen kinderen iets had uitgespookt. Mijn vader had dat zelf tijdens de politieverhoren verontwaardigd van de hand gewezen en gezegd: 'Nee, natuurlijk niet, dat doe je niet met je eigen kinderen.' Uit de oude justitie-rapporten en proces-verbalen was naar voren gekomen dat Petronella N., de ex-vrouw van mijn vader, bij zijn veroordeling in 1952 hierover wel haar twijfels had geuit, maar dat daar nooit iets over vast was komen te staan. En ook mijn zus Brigit, die uiteraard ook door de politie was gehoord, had verklaard dat ze als kind van een jaar of tien wel eens spelletjes met hem had gedaan, waarvan ze achteraf had beseft dat ze seksueel getint waren.

Ik kon echter met de hand op mijn hart verklaren dat mijn vader op die manier nooit een vinger naar me had uitgestoken. Ik kon me absoluut geen voorval herinneren waar je wat achter had kunnen zoeken. Ik zou bijna zeggen, integendeel zelfs. Mijn vader was in feite een nogal afstandelijke man, die weinig knuffelde of stoeide. Hij was tamelijk veeleisend en kon behoorlijk streng zijn. Hij kwam nooit in de badkamer als ik in het lavet zat, droogde me nooit af en kwam nooit in mijn slaapkamertje, helemaal niet toen ik in onze woning op een gegeven moment van boven naar beneden verhuisde. Later ben ik er meer en meer van overtuigd geraakt dat mijn vader dat soort situaties willens en wetens heeft gemeden en daarom ook stoeipartijtjes en dergelijke uit de weg ging, om niet in de verleiding te worden gebracht. Mijn vader kon nogal krampachtig reageren in onderlinge verhoudingen en wij wisten niet beter of hij was van nature zo, maar na zijn arrestatie drong gaandeweg het besef tot ons door dat bepaalde alledaagse gebeurtenissen en voorvallen voor hem misschien wel altijd een erotische lading hebben gehad en dat hij zich daarom bewust van bepaalde activiteiten – stoeien, douchen – afzijdig heeft gehouden.

Ik heb later ook nooit gehoord dat mijn stiefbroers Gerard junior en Johan andere ervaringen met hem hadden opgedaan. Ja, junior en senior waren water en vuur met elkaar en daarbij werd mijn vader ook beslist wel eens hardhandig, maar dat had niets met erotiek of seksualiteit te maken. Bovendien was Gerard junior kort na het huwelijk tussen mijn vader en moeder weer in een kindertehuis geplaatst, omdat die twee absoluut niet onder één dak konden leven en dus was er nauwelijks gelegenheid voor dat soort dingen geweest. Gerard junior kwam pas weer bij ons in huis toen ik drie jaar was en hij twaalf. Hoewel er tussen ons een fiks leeftijdsverschil zat en ik daarom niet echt goed contact met mijn halfbroer had, heb ik nooit begrepen wat mijn vader bezielde om hem zo te behandelen. Ik heb wel eens gehoord dat hij junior in diens kleutertijd uit kwaadheid eens aan een been heeft rondgeslingerd en vervolgens heeft losgelaten, waardoor hij tegen de brandende kachel belandde en in het ziekenhuis moest worden behandeld. Zomaar, om niets. Met de kennis die ik nu heb, kan ik alleen maar zeggen dat mijn vader waarschijnlijk zijn eigen slechte jeugdervaringen op zijn oudste kind heeft geprojecteerd en daarmee in feite heeft gedaan waarvoor hij zijn eigen vader zo verfoeide.

Van de agressie waar Gerard junior onder te leiden heeft gehad, heb ik nooit iets te duchten gehad, tenminste niet meer dan de andere kinderen. Mijn jeugd was in feite tamelijk ongecompliceerd, en omdat ik een nakomertje was, werd ik ook nogal verwend, te meer omdat mijn vader zich inmiddels financieel wat meer kon permitteren.

De eerste jaren woonden Brigit, Johan en Gerard ook nog in onze woning aan de Sonderbuur 11. Ik kan me van het gezinsleven van destijds niet echt veel meer herinneren. Het leeftijdsverschil was te groot. Toen ik acht jaar was, was Brigit al een meid van achttien en die had meer interesse voor andere jongens. In het begin sliep ik met mijn twee stiefbroers op een kamer, maar omdat ik altijd veel vroeger naar bed moest dan zij, heb ik daar nooit veel van gemerkt. Ik heb dat overigens ook nooit als een last of een gemis ervaren: de situatie was gewoon zo.

Heel erg veel is over mijn eerste vijftien jaar niet te vertellen, in feite waren ze nogal saai of in ieder geval kleurloos. Ik ging gewoon naar school, bleef net als mijn vader in de vierde klas een keer zitten en werd behoorlijk streng katholiek opgevoed. Ook dat aspect had mijn vader vanuit zijn eigen opvoeding doorgetrokken. Bij ons stond overal altijd RK voor. De scholen, de voetbalclub, de kerk, de klaverjasclub, noem maar op, in feite was Osdorp een tamelijk katholieke buurt.

Ik was wat mijn moeder in die tijd een ‘gezeggelijke’ jongen noemde: gehoorzaam, volgzaam. Ik ben jarenlang misdienaartje in de St. Lucaskerk geweest, niet omdat het moest, maar omdat ik het zelf wel leuk vond. Ik was als kind nogal huiselijk. Ik hing graag aan de rokken van mijn moeder en af en toe moest ze me echt naar buiten sturen, anders zat ik de hele dag binnen te spelen. De politie is voor mij nooit aan de deur geweest in m’n jeugd. Het klinkt voor een Amsterdamse jongen misschien erg braaf, maar ik was gewoon niet baldadig en al helemaal geen vechtersbaas. Alleen toen ik vijf of zes jaar was is de brandweer een keer uitgerukt omdat ik ’s morgens vroeg, terwijl iedereen nog sliep, op de benedenverdieping met lucifers heb zitten spelen, waardoor de gordijnen in de fik vlogen. In paniek had ik mijn zus Brigit wakker gemaakt, die zich echter ook geen raad wist. Een buurman, die net naar zijn werk ging, had de vlammen gezien en greep gelukkig kordaat in. Hij gooide het raam in en mijn zuster werkte de brandende gordijnen naar buiten, zodat de schade beperkt bleef tot wat roetaanslag en een paar vernielde gordijnen. De brandweer kwam er nog wel bij, maar dat was niet meer nodig. Ik heb er goed voor op mijn kop gehad, maar er had natuurlijk geen opzet bij gezeten. Het ergste vond ik nog – en dat is eigenlijk het enige dat ik me er goed van herinner – dat mijn moeder, die in paniek was komen aanrennen, met haar blote voet in een stuk vensterglas was gestapt en een stevig bloedende snijwond had opgelopen.

Op de lagere school zat ik op de voetbalclub SLTO aan de Ookmeerweg, op een steenworp afstand van onze woning. Daar lagen ook de velden van andere bekende Amsterdamse clubs als DCG, ZSGO en DWG. Ik was keeper en we hadden een aardig elftal dat in de competitie goed meedraaide. Voor zover mij bijstaat had mijn vader nauwelijks belangstelling voor mijn sportactiviteiten. Soms reed hij ons naar een uitwedstrijd in de regio, maar dat deed hij meer omdat hij aan de beurt was, dan dat hij dat leuk vond. Hij vond het vervelend dat het voetballen de mogelijkheid om naar de camping te gaan in het voor- en naseizoen belemmerde. Of, zo heb ik later wel eens gedacht, moest hij zichzelf ook hier beschermen tegen de bekoring die voor hem van een jongetjes-elftal uitging?

Na de lagere school ging ik naar de St. Michael MAVO in Osdorp. Het eerste jaar ging redelijk, maar werd lelijk doorkruist toen ik een vrij ernstig ongeluk kreeg, waardoor ik maanden in het ziekenhuis heb gelegen. Het gebeurde toen ik vanuit school op de Ookmeerweg, vlak bij huis dus, fietste en op een rotonde met behoorlijke snelheid op een Mercedes klapte, die daar voorrang had. Mijn fiets bleef in het autospatbord staan, maar ik vloog zelf over de auto heen. In het ziekenhuis bleek dat ik een gescheurde nier had, waardoor ik een tijdje bloed in mijn urine had. Erger was echter dat mijn heupgewrichten allebei diverse haarscheurtjes vertoonden en dat was heel pijnlijk. Ik moest daarvoor diverse keren geopereerd worden. Om een goed resultaat te krijgen hebben de chirurgen de gewrichtskommen in mijn heupen gebroken en met pennen weer vastgezet. Ik moest daarna weer echt opnieuw leren lopen en moest het voetballen bij SLTO vaarwel zeggen.

Wat me goed is bijgebleven, is dat mijn vader en moeder, maar ook mijn broers en zus, in die tijd elke dag op bezoek kwamen in het Lucasziekenhuis en zich zeer bezorgd toonden of het allemaal wel goed zou komen. In die periode is besloten dat ik van de MAVO zou overstappen naar de Dominicus Savio LTS aan de Jan Evertsenstraat in Amsterdam-West. Men had op de MAVO geconstateerd dat ik in mijn talen wat minder was, maar in handenarbeid uitblonk en dat ik belangstelling voor techniek had. Ondanks al die maanden in het ziekenhuis, kon ik zo overstappen naar de tweede klas van de LTS en dat heb ik toen maar gedaan, met als keuzerichting de fijnmetaal.

Mijn moeder hield altijd scherp in de gaten of ik mijn huiswerk wel af had. Eerder mocht ik niet buitenspelen. Mijn moeder gaf via de bladen KNIP en Margriet bij ons thuis, in de achterkamer, naailessen aan allerlei dames. Ik vond dat wel leuk, het waren vaak jonge en mooie vrouwen en ik scharrelde daar graag, als vijftien-, zestienjarige jongen, wat omheen. Mijn moeder had van haar hobby een inkomstenbron gemaakt. Naaien, en dan vooral kleren maken, kon ze heel goed. Ze ontwierp ze zelf, kocht stof en zette een ontwerp in een avond in elkaar. Zoals een ander altijd een sigaret of een pen in zijn mond heeft, had zij bijna altijd wel een paar spelden tussen haar lippen geklemd. Gevolg was wel dat wij er altijd netjes en volgens de laatste mode bijliepen en dan niet op zo'n manier dat iedereen van ver af al kon zeggen: 'O, dat heeft je moeder zeker gemaakt…'

Naast de Margriet-naaicursussen kreeg mijn moeder ook speciale opdrachten. Voor de Olympische Spelen moest ze bijvoorbeeld extra grote trainingspakken maken voor de 'zware jongens' van de Nederlandse equipe, zoals Anton Geesink en Wim Ruska. Als de Nederlandse ploeg dan op tv was, keek mijn moeder of de door haar opgenaaide emblemen, de Nederlandse leeuw, er wel recht op zaten en als ze dan zo iemand als Ruska zag, riep ze: 'Kijk, kijk, da's mijn trainingspak!'

Mijn vader had enige tijd na mijn geboorte het bakkerswerk vaarwel gezegd. Hij had het vak in het jongensgesticht in Harreveld geleerd, maar het nooit echt met hart en ziel uitgeoefend. In de loop der tijd was hij bij heel wat fabrieken en bakkerijen met conflicten vertrokken, hoewel ze allemaal zijn harde werken hadden geprezen. Zijn eigenzinnigheid en dominantie hadden na verloop van tijd echter altijd tot een vertroebelde werksfeer geleid. Na ruim twintig jaar in het bakkersvak te hebben gezeten, was mijn vader het bovendien zat om altijd 's morgens vroeg en op feestdagen te moeten werken en was hij daarom overgestapt naar de Geïllustreerde Pers om daar als 'bladenman' te gaan werken. Dat beviel hem goed, het was beslist werk dat hem lag, vooral ook omdat hij niet in teamverband hoefde te opereren. Mijn vader bouwde binnen een mum van tijd de grootste wijk van Amsterdam op en verdiende daar zeer goed mee. Bij speciale acties, de verkoop van overjarige omnibussen, vakantiepakketten en dergelijke, viel hij altijd in de prijzen en won dan een tuinameublement, een vakantiereis, sportfietsen enzovoort. Ik ben in schoolvakanties wel eens een paar keer met hem meegeweest, achterop de carrier, en was er dan getuige van dat mijn vader inderdaad als een bezetene werkte. Zijn wijk besloeg voornamelijk Amsterdam-Zuid en dat is een buurt met allemaal portiekwoningen. Mijn vader liep die hoge trappen in vier stappen naar boven en nog sneller weer naar beneden. Hup, naar de volgende! Voor een ander echt niet bij te houden.

Ik had een speciale band met mijn moeder. Al van jongs af aan. We begrepen elkaar zonder iets te zeggen. Ik leek ook het meest op haar en niemand zal bestrijden dat ik ook haar lievelingetje was. Met mijn vader had ik ook wel een goed contact, maar hij was afstandelijker, iets minder betrokken bij wat ik deed. Het was mijn moeder die naar ouderavonden op school ging en mij complimenteerde met een werkstuk of een prestatie, terwijl mijn vader meer iemand was die zei dat ik beter mijn best moest doen.

Bovendien had mijn vader een temperament waar je nooit goed staat op kon maken, maar waar je beter wel goed voor kon uitkijken. Hij kon om ogenschijnlijk kleine onbenulligheden van het ene op het andere moment razend worden. Wij waren daar allemaal benauwd voor, want als het echt mis was, dan had hij het schuim op zijn mond staan en dan kon zijn getier volgens ons ook drie huizenblokken verder worden gehoord. Ik weet nog goed dat we het gevoel hadden van: doe niks verkeerd en als je het toch doet, zorg dan dat vader het niet merkt. Zo plotseling als z'n drift opstak, kon hij echter ook weer kalmeren en voorstellen een spelletje schaak te spelen.

Omdat mijn vader zo onberekenbaar was in zijn humeur, maar tevens nogal veeleisend, hadden mijn vader en moeder tamelijk veel woordenwisselingen. Meestal gingen die ruzies over geld. Mijn vader verdiende goed, maar kwam toch vaak geld te kort, vooral omdat hij zich weinig wilde ontzeggen en een bepaalde status wilde ophouden. Mijn vader wilde graag boven anderen, met name zijn buurtgenoten, uitsteken. Hij reed auto, een Borgward zelfs, toen nog weinig mensen een auto hadden en in mijn jeugd gingen we minstens een keer per jaar op vakantie naar landen als Italië, Spanje, Oostenrijk en Zwitserland, en later ook naar Afrika. En dan hadden we natuurlijk nog een grote stacaravan op de camping.

Uitgaan deden mijn ouders vrijwel nooit, of het was naar de camping en het verenigingswezen, om de hoek in Osdorp. Mijn vader was in dat opzicht echt huiselijk. Het liefst zat hij 's avonds aan de grote tafel in de kamer met een goede sigaar zijn hobby's bij te werken, of de administratie van zijn wijk te doen. Hij verzamelde sigarenbandjes, maar had ook een enorme collectie krabbers en spatels, die in bakkerijen voor het leegschrapen van beslagkommen werden gebruikt. Een niet veel voorkomende hobby, maar onder banketbakkers niet ongewoon. Mijn vader maakte er veel werk van en hij had er ook heel wat voor over om een bepaalde spatel in handen te krijgen en bezocht daarvoor bijvoorbeeld bakkersbeurzen, ook toen hij al 'bladenman' was. Hij ging steevast om half elf naar bed en stond vroeg weer op. Hij was sowieso een man van de klok, haast op het maniakale af. Alles moest op een bepaalde tijd en met een bepaalde snelheid gebeuren en o wee als je daar in je onbenul van afweek.

Echt slaan deed hij niet veel, althans niet bij mij. Misschien wel bij Gerard junior, maar daar ben ik me niet bewust van geweest. Bij mij was het meer de dreiging dat het zou kunnen gebeuren die me enige angst gaf. In feite gaf hij echter normale straffen als vroeger naar bed, geen zakgeld of geen tv-kijken.

Als mijn vader weer eens begon te schelden en te tieren, ging mijn moeder daar nooit op in. Waarschijnlijk had ze dat in het begin van hun huwelijk wel gedaan, maar na verloop van tijd had ze gemerkt dat hij beter even kon uitrazen en dat het dan over was. Als het weer eens zover was, zei mjn moeder meestal tegen mij: 'Kom, we gaan een ommetje maken', en dan lieten we samen onze kooikertjes Teddy en Bambi een uurtje in de buurt uit. Als we terugkwamen, was mijn vader meestal weer afgekoeld en was het weer een poosje rustig. Een keer had hij tijdens onze afwezigheid echter uit kwaadheid een poot van een voetenbankje afgerukt en die vervolgens in blinde woede door de huiskamerdeur geslagen. Mijn moeder heeft dat gat altijd laten zitten, als een permanent bewijs van zijn ongecontroleerde drift. En als hij weer eens agressief dreigde te worden, hoefde mijn moeder alleen maar even veelbetekenend naar het gat in de deur te kijken en dan bond mijn vader al een beetje in.

Toch kon hij ook heel gezellig zijn. In Osdorp was hij actief in het – rooms-katholieke – verenigingswezen. Hij organiseerde bingo's, klaverjasavonden en andere activiteiten. En ook op de campings in Bakkum en Epe was hij dikwijls de gangmaker op allerlei avondjes. Soms moest hij daarin echter ook wel afgeremd worden, dan was hij in zijn enthousiasme te overheersend en te dwingend. Ik weet nog wel dat de beheerder van camping De Veldkamp in Epe mijn vader een keer heeft moeten zeggen dat deelname aan de door mijn vader georganiseerde klaverjas-drive toch echt op vrijwillige basis diende te geschieden en het niet de bedoeling was dat de gasten tegen heug en meug meededen om maar van het gedram van mijn vader voor hun tent of caravan af te zijn.

Sinterklaasavonden waren bij ons thuis altijd gezellig. Brigit, Gerard en Johan kwamen dan meestal ook. Mijn vader maakte dan veel werk van de cadeaus en surprises, en sleepte die in dozen en manden aan. Jaren later, toen mijn vader al lang veroordeeld was, kwam ik stomtoevallig nog een foto tegen van zo'n pakjesavond. Mijn vader droeg lachend een mand propvol met cadeaus de kamer in. Ik wist direct dat er iets bijzonders met die foto was, maar toch duurde het nog een paar seconden eer ik besefte dat het de blauwe wasmand met het gatenprofiel betrof, die mijn vader had gebruikt om het stoffelijk overschot van Heleentje Isaac weg te werken.

In de Osdorpse periode had ik geen echte boezemvrienden. Ik was meer een allemansvriend. Ik voetbalde veel met een groepje jongens uit de buurt, zonder speciaal met een van hen dik bevriend te zijn. Op school was dat precies zo. Ik viel er niet buiten, maar was ook niet het middelpunt van de klas. Ik had aan de Sonderbuur wel een vriendinnetje waar ik veel mee om ging, Karin van de Kamp. Haar ouders en die van mij waren daar tegelijk komen wonen en we groeiden dus van jongs af aan met elkaar op. We deden veel samen en hadden een soort broer-zusrelatie. Samen huiswerk maken, muziek luisteren, tv-kijken en een beetje in de buurt rondhangen.

Toen ik wat ouder werd, gingen mijn zus en broers een voor een het huis uit en kreeg ik het rijk alleen. Johan had de LTS gedaan en later de MTS. Hij was getrouwd met een aardig meisje uit Geuzenveld, dat hij op de camping in Bakkum had leren kennen. Johan droeg de naam van zijn vader, de eerste man van mijn moeder: Frankot. Op een bepaalde manier was hij mijn 'grote broer'. Ik keek tegen hem op, hij was mijn voorbeeld: zo wilde ik ook worden. Johan was groot en sterk. Ik zal nooit vergeten dat hij mij ooit zijn kracht demonstreerde door zo hard in een stalen tang te knijpen, dat deze brak. Ik weet nog steeds niet of het een truc was, maar het maakte enorme indruk op me. Gerard junior heeft een grafische opleiding gevolgd en is getrouwd met een meisje dat aan de overkant van de straat woonde. Later is hij via een tussenstop in Zaandijk in het oosten van het land gaan wonen, ver uit de buurt van mijn vader.

Brigit had MAVO gedaan en werkte als administratief medewerkster bij allerlei bedrijven. Ze was getrouwd met Willem M., die op de avond van mijn vaders arrestatie ook op de camping aanwezig was. Willem was drukker van beroep en speelde in een vrij populaire muziekband. Op Willem was ik zeer gesteld. Hij was een moderne, goed uitziende vent en ik ging graag naar hem toe, vooral omdat hij nog een paar knappe zusjes had. Gevolg van die vele bezoeken was dat ik langzamerhand ook een hechtere band met mijn zuster Brigit kreeg, eentje die later nooit meer verloren is gegaan.

Over seksualiteit werd vroeger bij ons thuis, toen mijn vader er nog was, nooit gesproken. Na zijn arrestatie was het onderwerp zelfs lange tijd taboe en na de ervaringen die mijn moeder had opgedaan – eerst met haar eerste echtgenoot Henk Frankot en later met mijn vader – was dat ook niet onbegrijpelijk. Ik herinner me wel dat mijn ouders altijd gescheiden sliepen, omdat mijn moeder met haar astma-aanvallen anders mijn vader wakker hield. Dat zei mijn vader vroeger althans, nu vermoed ik echter dat hij van die nood een deugd voor zichzelf heeft gemaakt. Achteraf heb ik me wel gerealiseerd dat mijn ouders nooit veel genegenheid of verliefdheid naar elkaar toonden. Nooit zaten ze bij elkaar op schoot, nooit heb ik gezien dat ze elkaar eens zoenden of zaten te flikflooien. Ik vond dat toen overigens heel normaal. Pas toen ik later meer bij andere mensen over de vloer kwam, merkte ik dat ze vrijer, intiemer, met elkaar omgingen. Jaren na de veroordeling van mijn vader heb ik mijn moeder wel eens voorzichtig gevraagd hoe haar liefdesleven met mijn vader was geweest. Ik merkte echter dat ze het onderwerp ook toen nog liever wilde mijden. Ze geneerde zich ervoor. Ze zei zoiets van: 'Ach jongen, het waren andere tijden. Ik wist niet veel beter. We hadden bovendien allebei al een teleurstellend huwelijk achter de rug, dan weet je dat je niet alles krijgt wat je verlangt. Ik was in feite al blij dat je vader een serieuze werker was die goed voor de kinderen en voor mij zorgde. Hij heeft altijd hard gewerkt om ons alles te kunnen geven. De rest neem je dan maar voor lief.'

Toen ik nog een beetje doorvroeg, zei mijn moeder dat ze aanvankeiijk had gedacht dat mijn vader last van impotentie-stoornissen had, waardoor het liefdesleven op een laag pitje stond. Maar ja, dat had het bij de homofiele Frankot ook al gestaan, dus in dat opzicht was het geen verandering en seksualiteit was toen in de hele samenleving nog geen onderwerp dat openlijk bespreekbaar was. Weer later heb ik nog gehoord dat uit de politieverhoren van mijn vader naar voren was gekomen dat hij het ontbreken van seksuele verlangens in zijn huwelijk lange tijd had weten te camoufleren, door juist aanhalig te doen als zich bij mijn moeder een astma-aanval aankondigde en hij zeker wist dat zij daardoor niet in de stemming zou zijn. Hij speelde dit zo goed, dat mijn moeder daar nota bene lange tijd een schuldcomplex van heeft gehad en meende dat zij niet aan haar 'huwelijkse plichten' kon voldoen.

Ondanks de ietwat bekrompen opvoeding die ik op seksueel gebied kreeg, mede omdat mijn ouders tamelijk streng katholiek waren, had ik al vroeg mijn eerste seksuele ervaringen met een vrouw. Toen mijn zuster en broers uit huis waren, had mijn vader een van de benedenkamers verhuurd aan een danseres van het beroemde Scapino Ballet. Ze was een jaar of zesentwintig en echt een hele mooie meid: superslank en gespierd. Hoewel ik bijna de helft jonger was dan zij, kregen we toch een heel aardig contact. Voor ik naar bed ging, praatte ik meestal nog even met haar over van alles en nog wat. Na een paar maanden deed ze zelf haar kamerdeur al open als ze me naar beneden hoorde komen en wenkte me dan naar binnen. Ze verveelde zich waarschijnlijk 's avonds een beetje, want mijn ouders hadden haar de kamer verhuurd op voorwaarde dat er 's avonds geen bezoek zou komen. Dat vond mijn vader te druk. Ze moest zich daarom alleen zien te vermaken en deed vaak urenlang bepaalde balletoefeningen op haar kamer. Ze had dan zo'n prachtig strak pakje aan. Als ik binnenkwam, stopte ze daar mee en verkleedde zich achter een kamerscherm. Ze trok dan meestal een badjas aan. Ik kon niks zien, maar de gedachte alleen al was voor mij opwindend, vooral ook omdat ik uit de verkleedpartij wel kon opmaken dat ze onder die badjas niets aan had.

We werden steeds vertrouwelijker met elkaar. Meestal zaten we op het bed een beetje te kletsen, te lachen en moppen te vertellen. Na verloop van tijd raakte ze me steeds vaker aan, kwam dichter bij me zitten en streelde me ook wel eens over mijn gezicht als ik weer naar mijn eigen kamer ging. En op een avond, toen ze nogal aangeslagen was omdat ze die middag bij een repetitie van een uitvoering een slechte beurt had gemaakt, omhelsde ze me en dat was het begin van mijn eerste verliefdheid. Vanaf dat moment sloop ik elke avond naar haar kamer en lagen we een uurtje te rollebollen op bed. Het bleef altijd speels en wat dubbelzinnig, maar het was voor beiden onmiskenbaar erotisch. Mijn vader en moeder lagen een etage hoger pal boven ons te slapen, maar ze hebben er nooit iets van gemerkt en er zelfs ook nooit een toespeling op gemaakt. Omdat mijn vader zelf niet door vrouwen werd aangetrokken, heeft hij er waarschijnlijk niet bij stil gestaan dat dit voor zijn zoon wel eens anders zou kunnen liggen. Of ze zagen me er gewoon nog niet voor aan. Hoe dan ook, ik profiteerde ervan en vond het uitermate spannend. Ik was nog maar veertien of vijftien jaar en smoorverliefd op haar. Terwijl ik op school altijd te boek stond als jong-voor-mijn-leeftijd, verlegen en naïef, was ik op dit punt verder dan al mijn klasgenootjes, die het nog moesten hebben van een schuchter kusje in de fietsenstalling bij school. Het geluk duurde echter niet lang. Enige tijd voor mijn vaders arrestatie verhuisde ze naar een eigen etagewoning in Amsterdam. Ze beloofde dat ze contact met me zou houden, maar ik heb nooit meer iets van haar gehoord. Ik vrees dat ik maar een speeltje voor haar ben geweest. Nou ja, er zijn ergere straffen denkbaar voor een jongen van vijftien.

V. 'Vader, waarom heb je dat gedaan?!'

Van de ene op de andere dag verhuisden mijn moeder en ik van de Sonderbuur in Osdorp, naar een etagewoning aan de Woestduinstraat 117 in het Overtoomse Veld, vlak bij het Andreas Ziekenhuis. Het gebeurde allemaal nogal stiekem, want de buurtbewoners mochten absoluut niet weten waar wij naar toe gingen. Om die reden had mijn moeder ook van tevoren niets tegen mij gezegd, zodat ik het ook niet door kon vertellen. De reacties in de buurt waren nog steeds vijandig en agressief. Als zou uitlekken waar wij gingen wonen, zou die stemming onherroepelijk naar de nieuwe woonomgeving overwaaien, zo had de politie gewaarschuwd. Mijn moeder nam daarom geen enkel risico, ook al was ik nogal onaangenaam verrast, want ik had nu niet eens de kans gehad om afscheid te nemen van mijn vriendinnetje Karin van de Kamp. Mijn moeder was echter opgelucht dat ze het huis, de 'plaats delict' in politietermen, definitief kon verlaten. De laatste weken waren voor haar een hel geweest. Ze was blij dat we in een andere buurt, waar niemand ons kende, een nieuwe start konden maken.

Het was een aardige woning, op één hoog, in een keurige buurt, waar veel PTT-ambtenaren woonden. Ik had ook hier een eigen slaapkamertje, aan de straatkant, en bovendien op de bovenste etage nog een zolderkamer. Mijn moeder sliep zelf in een opklapbed in de woonkamer. Hemelsbreed was het natuurlijk helemaal niet zo ver weg van onze woning, maar toch ben ik later nooit meer teruggegaan naar de Sonderbuur, ook niet om Karin op te zoeken. We wilden in de Woestduinstraat een nieuw leven proberen op te bouwen en kennelijk hoorden daar geen confrontaties uit een ander tijdperk bij. Al blijf ik het tot op de dag van vandaag jammer vinden dat ik Karin nooit meer heb gezien.

Onze oude huurwoning aan de Sonderbuur bleef trouwens maandenlang leegstaan. Gegadigden waren er in eerste instantie genoeg, maar zodra mensen hoorden wat er was voorgevallen, wilden ze de woning nog niet met geld toe hebben. Het gegeven dat er in de badkamer twee kinderen waren misbruikt en vermoord, was voor iedere mogelijke nieuwe huurder reden om rechtsomkeert te maken. Uiteindelijk heeft de gemeente de woning in een soort van spoedgeval toegewezen aan mensen die niet in de positie waren dat te weigeren. Ik heb later gehoord dat zij de badkamer er direct uit hebben laten slopen en dat deze van onder tot boven opnieuw is betegeld, in een poging de herinnering aan die misdrijven enigszins uit te wissen.

Er deden zich nog meer ingrijpende veranderingen voor in die tijd. Op school ging het niet goed met mij, althans dat vonden de leerkrachten. Het bleek dat de meeste leerlingen en leraren zich geen houding naar mij wisten te geven en omgekeerd was dat natuurlijk ook wel het geval. De meesten hadden het idee dat ze enorm op hun woorden moesten letten en waren bij het minste of geringste in verlegenheid gebracht. Klasgenoten durfden televisiemisdaadseries niet meer in mijn bijzijn te bespreken en ik kan me herinneren dat een leraar mij na de les met een vuurrood hoofd excuses aanbood omdat hij toen ik een beetje zat te klieren, had geroepen: 'Hé Spruit, hou daar eens mee op, je lijkt wel een klein kind'. Zelf had ik op dat moment geen enkele associatie met de daden van mijn vader gevoeld, in feite waren de leerkrachten er gevoeliger voor dan ik zelf.

De schoolleiding adviseerde mijn moeder na een paar weken daarom dat het toch maar beter was als ik naar een andere school zou gaan. Ik kon overstappen naar de rooms-katholieke Don Boscoschool aan de Polderweg in Amsterdam-Oost, wat een zusterschool was van de Dominicus Savio LTS waar ik op dat moment op zat. De verandering van omgeving zou goed kunnen werken, meende men, vooral omdat de leerlingen niet zouden weten wie ik was, of liever gezegd: wie mijn vader was. Om het risico van ontdekking zo klein mogelijk te houden, besloot mijn moeder bovendien dat wij ons voortaan niet meer Spruit zouden noemen, maar onder haar meisjesnaam door het leven zouden gaan: Teunissen. De naam Spruit was te beladen, te veel mensen wisten er inmiddels van. Het was alsof ik afscheid nam van mijn eerste leven, zonder dat ik er zelf enige zeggenschap over had gehad. Als een dief in de nacht verhuisden we naar een andere woning, ik werd overgeplaatst naar een andere school, waar ik niet over ons verleden mocht praten, en ineens was ik Paul Teunissen, in plaats van Paul Spruit.

Ik voelde me er ongelukkig onder. Het is in het begin een paar keer voorgekomen dat een leraar bij een overhoring zei dat 'Teunissen' naar voren moest komen en ik gewoon bleef zitten, totdat ik me, onder de nodige hilariteit van mijn klasgenootjes, realiseerde dat ik dat was. De verandering van school was in mijn ogen geen verbetering. Op een bepaalde manier had ik me toch wel thuis gevoeld op de Dominicus Savio LTS en er waren, naast een paar etterbakken, genoeg jongens die normaal tegen mij deden. Het was meer een probleem voor de leraren geweest dan voor mij. Op de zusterschool in Amsterdam-Oost kende ik echt helemaal niemand en in het begin dacht ik wel eens dat ik voor mezelf ook een vreemde was geworden, als ik mij voorstelde als Paul Teunissen. Het gaf overigens ook veel verwarring, want bij allerlei officiële kwesties kwam natuurlijk naar voren dat ik eigenlijk Spruit heette en dat gegeven leidde dan dikwijls alleen maar tot extra aandacht en een hoop gedraai om daar weer een geloofwaardige verklaring voor te geven.

Misschien hebben al die veranderingen, in korte tijd, er wel toe geleid dat ik op een avond tegen mijn moeder zei dat ik in het huis van bewaring op bezoek wilde bij mijn vader. De situatie was voor mij zo onwerkelijk geworden, dat mijn behoefte om hem te zien groter werd. Het klinkt misschien vreemd, maar in feite wilde ik zien of het écht mijn vader was die daar zat. Dat was natuurlijk onzin, het leed geen twijfel dat hij daar gedetineerd was, maar ik voelde me door alle toestanden onzeker en zocht naar houvast en bevestigingen uit mijn oude leven. Tegelijkertijd had ik het gevoel dat ik mijn vader moest laten weten dat ik hem en zijn daden verafschuwde, dat hij ons in het ongeluk had gestort. In de voorafgaande weken had ik een bepaald haatgevoel opgebouwd tegen hem, wat ik echter niet helemaal kon beredeneren. Natuurlijk, hij had die onschuldige kinderen vermoord, maar dat verklaarde mijn haatgevoelens niet helemaal, want dat feit zorgde in de eerste plaats vooral voor afschuw en verbijstering en niet zozeer haat. Wat, denk ik, echter ook meespeelde was dat ik langzaam tot de ontdekking kwam dat mijn vader een andere persoon moest zijn geweest dan ik altijd gedacht had en dàt gegeven was moeilijk te verwerken. De man die je zo scherp terecht kon wijzen als je een minuutje te laat voor het eten kwam, die zo fanatiek, dwingend en punctueel kon zijn, was in werkelijkheid een man die zichzelf niet in de hand had en zich vergreep aan kinderen. Jongetjes, die net een paar jaar jonger waren dan ik. Knapen, die net zo goed mijn vriendjes hadden kunnen zijn. Kinderen waarmee je op school zat of op straat voetbalde. Hij had mij dan wel nooit iets gedaan, maar ik vroeg me wel steeds meer af met wat voor ogen hij mij eigenlijk altijd had gezien.

In mijn gevoelens werd ik wild heen en weer geslingerd. Tot die noodlottige augustusavond had ik van mijn vader gehouden, zoals volgens mij elke zoon van zijn vader houdt. En dat gevoel kon niet zomaar in een paar weken verdwijnen, maar ik dacht ook: deze man is mijn vader niet. Niet meer in ieder geval. Een vader doet zoiets niet, zeker niet met kinderen die zijn eigen kinderen hadden kunnen zijn. Zo iemand heeft geen recht op leven. Op een bepaalde manier, die ik toen moeilijk kon benoemen, vond ik dat zijn verblijf in het huis van bewaring helemaal geen recht deed aan de situatie. Hij zit daar rustig, maar wij hebben de ellende, dacht ik. Wij worden met alles geconfronteerd, wij moeten verhuizen, wij moeten van naam veranderen, wij worden pas echt gestraft en de ouders van die kinderen... ja, die komen hier helemaal nooit overheen.

Op een naïeve, jongensachtige manier vormde zich bij mij de gedachte dat ik een daad wilde stellen tegen mijn vader. Hem betaald wilde zetten wat hij ons en anderen had aangedaan. Ik was uit op genoegdoening, wraak. Ik moest lucht geven aan mijn emoties. Maar ergens had ik ook de behoefte om hem te zien en uit zijn eigen mond te horen of het wel echt waar was allemaal. Het was verwarrend, nogal dubbel ook, maar misschien was een bezoek aan mijn vader daarom juist wel goed. Als ik eenmaal tegenover hem zat, kon ik mijn gedachten, mijn mening, mijn gevoelens, voor of juist tegen hem, misschien beter bepalen.

Mijn moeder stemde direct in met een bezoek aan het huis van bewaring: 'Jongen, als je dat wil, moet je dat doen. Het was immers je vader.' Het was immers je vader, zei ze. Dat zinnetje zal ik nooit vergeten. Mijn moeder sprak in de verleden tijd, zo kort na zijn arrestatie. Of het een simpele verspreking was of opzet, weet ik niet, heb ik ook niet gevraagd, maar het trof me wel. Vooral omdat ik zelf steeds dacht: dit kàn mijn vader niet zijn. Ergens kon ik het gewoon niet geloven, niet bevatten, wat ons allemaal was overkomen.

Het bezoek vond in september 1974 plaats. M'n moeder ging niet mee. Brigit zou me met de auto afzetten op het Kleine Gartman-plantsoen en dan zou ik alleen naar binnen gaan. Ik wilde dat zelf zo en mijn moeder vond het ook beter dat er niemand bij zou zijn. Ik was zenuwachtig, voelde me opgelaten en gedroeg me de hele dag ongedurig. Ik probeerde m'n gedachten te bepalen. Vroeg me af wat ik zou zeggen, hoe ik zou reageren op het weerzien. Wat ik moest doen, of juist niet. En vlak voor we zouden vertrekken, gebeurde er iets raars. Ik had mijn jas al aan en Brigit had juist gezegd dat we moesten gaan, toen ik ineens zei: 'Wacht even, ik moet nog iets doen.' Ik liep snel naar mijn slaapkamer en pakte uit m'n bureaulaatje een knipmes, dat ik ooit van mijn vader had gekregen. Ik stopte het in de binnenzak van mijn jas. Gek, het was alsof ik een plotselinge ingeving had gekregen. Geen moment had ik zoiets overwogen, maar een paar tellen voordat we naar hem toe zouden gaan, dacht ik ineens: Als het 'm is, als hij het echt heeft gedaan, steek ik 'm dood. Met z'n eigen mes. Dan kan hij mijn vader niet zijn...

Achteraf gezien is het misschien een absurde, nogal wanhopige en puberale gedachte geweest, die mijn warrige gemoedstoestand op dat moment goed illustreert, maar toen zag ik het als de oplossing, waar ik eigenlijk weken onbewust op had zitten broeden.

Het bezoek in het huis van bewaring gaf me een beklemmend gevoel. Ik was nog nooit op een politiebureau geweest, laat staan in een echt cellencomplex. Het maakte indruk op me. Hoge, donkere gangen en ontzettend veel deuren, die door mannen in grijze of blauwe uniformen hard open en dicht werden geslagen. Gek genoeg werd ik niet gefouilleerd toen ik naar binnen ging. Mijn bezoek was van tevoren geregeld en de bewaarder knikte me geruststellend toe. Hij wist kennelijk precies wie ik was en voor wie ik kwam. Waarschijnlijk zag ik er zo jong en bedeesd uit dat ze controle niet noodzakelijk vonden.

Ik werd een lange gang door geleid en kwam toen in een bezoekerszaaltje terecht. Mijn vader zat er al. Ik zag hem in de uiterste hoek zitten. Hij had tamelijk lang haar gekregen, viel me als eerste op, terwijl hij normaalgesproken op dit soort uiterlijkheden nogal punctueel was. Hij zag er getekend uit en scheen even te twijfelen wat hij moest doen toen ik binnen kwam. Opstaan? Of blijven zitten? Ik liep schoorvoetend naar zijn tafeltje toe, ondertussen even naar de gedetineerden links en rechts van mij spiedend en ik voelde hoe het knipmes in mijn binnenzak bij elke stap even tegen mijn borst aan kwam.

Mijn vader stond op, maar nam een afwachtende, haast behoedzame houding aan. Het gekke was dat ik vooraf de behoefte, de wens, had gehad om hem te zien, maar toen het eenmaal zover was durfde ik nauwelijks naar hem te kijken. Zonder hem een hand te geven gleed ik op m'n stoel. Mijn vader ging ook weer zitten en sloeg zijn ogen neer. Zo zaten we zwijgend even tegenover elkaar. 'Fijn datje gekomen bent, Paul...' zei mijn vader toen en ik hoorde een emotie in zijn stem die ik van hem niet gewend was. Zijn handen trilden een beetje en hij klemde ze om de rand van de tafel in een poging dat te camoufleren. Hij keek me door zijn dikke brilleglazen onzeker aan. Was dit nu de man die met vier stappen de trapportieken oprende, die altijd zijn wil aan anderen oplegde? Die mij met een strenge blik tot stilte of juist tot meer activiteit kon manen? Ik knikte, omdat ik voelde dat ik geen geluid kon voortbrengen. Er viel weer even een stilte. Ik voelde de tranen branden achter mijn ogen, maar wilde dit onderdrukken. Er was feitelijk nog niets gezegd, maar ik had door zijn gezichtsuitdrukking en houding al antwoord op mijn vraag gehad: of hij, mijn vader, écht die kindermoordenaar was.

Mijn vader nam zijn bril af en veegde met zijn mouw en de palm van zijn hand langs zijn gezicht. Ik zag dat hij huilde. 'Sorry Paul, sorry...' snikte hij. 'Het spijt me zo verschrikkelijk... wat ik jou heb aangedaan. Het is een nachtmerrie voor me geweest. Ik heb al die jaren in spanning geleefd... verschrikkelijk... Ik wilde het vertellen, maar het kon niet... ik kon er niet meer tegenop op het laatst.' Hij maakte een loos gebaar met zijn handen en keek me bijna hulpeloos aan. Hier zat mijn vader, tweeënvijftig jaar oud, en hij legde nederig verantwoording af aan zijn zoon van net zeventien jaar. Mijn keel kneep dicht en vrijwel onhoorbaar fluisterde ik: 'Waarom heb je het gedaan? Waarom? Die kinderen...' Mijn vader sloeg zijn ogen weer neer en zocht even een moment naar woorden, eer hij zei: 'Ik was in paniek, Paul, echt, ik werd gek van paniek. Die jongen schreeuwde... Ik wilde het niet, maar het gebeurde toch. En dat meisje... Je moet me geloven, ik hou van jou, ik hou van kinderen, ik wilde ze helemaal geen kwaad doen... ik wilde ze niet vermoorden...'

Op dat moment sprongen mijn tranen tevoorschijn. Met een ruk schoof ik mijn stoel naar achteren en schreeuwde: 'Waarom heb je het dan gedaan??? Zeg op! Waarom dan, waarom?? Zeg het dan!' Ik werd helemaal hysterisch en riep maar steeds: 'Die kinderen... die kinderen!' Ik was volkomen overstuur. Ineens kwamen alle emoties eruit. Tot dat moment was ik geschokt geweest, verbijsterd, woedend en verdrietig, maar echt gehuild had ik nog niet. Mijn vader keek me geschrokken aan, maar hij was niet in staat iets te zeggen. Ik draaide me om en liep weg, terwijl ik door mijn tranen nauwelijks nog iets kon zien. Ik trok woest aan de deur van de bezoekersruimte: ik wilde zo snel mogelijk weg, naar buiten. Maar die deur zat natuurlijk op slot en ik moest wachten tot een bewaarder deze open kwam doen, wat een eeuwigheid leek te duren. Mijn vader was aanvankelijk ook opgestaan, maar deed geen poging me tegen te houden. Vertwijfeld ging hij even later weer zitten. Toen de deur openging en ik naar buiten liep zag ik in een flits nog dat hij huilde. Schokschouderend zat hij aan het tafeltje met zijn hoofd in zijn handen, en alle andere bezoekers staarden hem verbaasd aan.

Even later stond ik weer buiten, met een rood en betraand gezicht, en ademde frisse lucht. Ik keek om me heen, maar Brigit was nergens te bekennen. Zij had er natuurlijk niet op gerekend dat ik na een kwartier alweer buiten zou staan en was kennelijk een boodschap of zo gaan doen. Ik ging op de stoeprand zitten en legde, net als mijn vader, mijn hoofd in mijn handen. Ik huilde echter niet meer. Ik moest even bijkomen. De uitbarsting in de bezoekersruimte had me op een bepaalde manier opgelucht, de ergste spanning en opgekropte emoties uit mijn lichaam gehaald. Toen ik na een poosje weer opstond, voelde ik het knipmes in mijn binnenzak ineens weer tegen mijn borst bungelen. Op dat moment zag ik het absurde van mijn voornemen in en schoot even in de lach. Door alle opwinding tijdens het bezoek was ik het hele mes vergeten. Maar ach, ook als ik er wel aan had gedacht, was ik zo krachteloos geweest dat ik er nog geen ballon mee had kunnen lek prikken.

Dat gevoel van: ik moet weten of het mijn vader is, was ik nu kwijt. Ik had hem nu zelf gezien en ik kon mezelf op dat punt niet langer voor de gek houden. Hij was het. Natuurlijk was hij het! Toch zei ik, toen mijn moeder me bij thuiskomst vroeg hoe het bezoek was geweest: 'Die man is mijn vader niet.' Mijn moeder knikte en ging er verder niet op in. Ze begreep waarschijnlijk wel dat ik geëmotioneerd was en er nog niet over kon praten. Ik liep snel naar mijn kamer beneden en legde schielijk het knipmes terug in de la. Het was een krankzinnige impuls geweest om het mee te nemen naar het huis van bewaring en eigenlijk schaamde ik me er nu voor. Ik durfde er nauwelijks aan te denken wat mijn moeder en Brigit zouden hebben gezegd als ze het hadden ontdekt.

Van de politie en de advocaat van mijn vader, mr. Abeln, hoorden wij dat mijn vader het psychisch buitengewoon moeilijk had en dat men vreesde voor een poging tot zelfmoord. Mijn vader had een zware tijd in het huis van bewaring. Het was een bekend gegeven dat niemand er in lager aanzien stond dan kindermoordenaars en zedendelinquenten. Mijn vader was allebei.

Medegedetineerden hadden al een keer een zelfgemaakt grafkruis boven zijn celdeur opgehangen, en anderen hadden hem een paar flinke optaters gegeven en gedreigd dat ze hem nog wel een keer beter te grazen zouden nemen. Niemand wilde met hem praten, iedereen meed hem, ook de meeste bewaarders.

Mijn vader realiseerde zich dat hij met deze delicten en op zijn – middelbare – leeftijd bij de laatste halte van zijn leven was gekomen en hij twijfelde of hij daar moest blijven wachten. En waarop? Van de advocaat en de psychiater die mijn vader onderzocht, hoorde mijn moeder dat mijn vader een serieuze afweging had gemaakt of het zin had om onder deze omstandigheden door te leven en het naderende rechtbankproces af te wachten. De publiciteit was inmiddels gestopt, maar zou dan ongetwijfeld opnieuw beginnen. Op een briefje had mijn vader de belangrijkste punten gekrabbeld en omdat het in verband met het onderzoek naar zijn gemoedstoestand bewaard is gebleven, heb ik, weliswaar twintig jaar later, kunnen lezen wat zijn afwegingen toen precies waren.

Onder het kopje TEGEN HET LEVEN stond in zijn bekende schuine handschrift, dat ik zo goed kende van zijn wijk-administratie:

1 Gevangenisstraf: zes of meer jaren
2 Dood Bastiaan
3 Dood Helene
4 Verdriet ouders
5 Altijd rondlopen met de gedachte ik ben een moordenaar
6 Publieke opinie
7 Alles komt weer in de krant – Paul en Gré veel verdriet

En onder het kopje VOOR HET LEVEN, had hij gezet:

1+2 Paul! En veel verdriet
3 Ik kom eens uit de gevangenis
4+5 Gré! En ook veel verdriet
6 Mij verantwoorden voor God
7 Mijn moeder
8 Ik moet boete doen

Uit zijn afwegingen bleek duidelijk dat ik – Paul! – het belangrijkste was in zijn leven en dat raakte me eerlijk gezegd wel. Ook toen ik dat twintig jaar later zwart op wit terugzag. Uit het briefje kwam ook naar voren hoe katholiek mijn vader altijd was gebleven, ondanks dat hij zich heus wel bewust was geweest van zijn 'zonden' en het feit dat die op geen enkele manier met zijn geloof in overeenstemming waren te brengen. En niet alleen daarmee trouwens. Zijn voors en tegens waren op bepaalde punten ook tegenstrijdig. Enerzijds pleitte 'tegen het leven' de gevangenisstraf, maar anderzijds vond hij een reden om geen zelfmoord te plegen dat hij boete moest doen. Opmerkelijk was ook dat mijn vader dacht dat hij er met een jaar of zes gevangenisstraf vanaf zou komen, terwijl in de kranten al volop op levenslange gevangenisstraf was gespeculeerd. Wat hij met de omschrijving 'en veel verdriet' bedoelde, snapte ik overigens niet zo goed. Betekende het dat wij anders veel verdriet zouden hebben als hij zelfmoord zou plegen?

Zijn zelfmoordbalans was trouwens niet alleen veelzeggend over de zaken en personen die hij wel noemde, maar vooral ook over de personen die hij *niet* memoreerde. Want waarom stonden Gerard junior, Johan en Brigit er niet op? Hadden zij soms geen verdriet over wat er was gebeurd? Speelden zij geen rol in zijn leven? Of betekenden zij soms niets voor zijn afweging door te leven of er een einde aan te maken?

Zijn moeder, Cornelia, die hij onder punt zeven wel had genoemd, heeft trouwens nooit iets van zijn daden geweten. Het dubbelleven dat mijn vader altijd had geleid, werd na zijn arrestatie door zijn familieleden tegenover haar nog een poosje voortgezet. Zij was 77 jaar toen mijn vader werd aangehouden en de familie was tot de slotsom gekomen dat men haar deze tragedie beter kon besparen, omdat zij dit op haar leeftijd niet meer zou kunnen verwerken. Oma Logger, zoals wij haar noemden, naar de achternaam van haar tweede echtgenoot, zat op dat moment in een bejaardentehuis in het Westfriese plaatsje Wognum en zij heeft tot haar dood, twee jaar later, nooit iets van zijn misdaden en latere veroordeling geweten. Dat mijn vader niet meer op bezoek kwam is haar niet opgevallen. Door de jaren heen kwam mijn vader sowieso maar hoogst zelden op bezoek, aangezien de relatie met zijn moeder al op jonge leeftijd was ontspoord en in feite later nooit meer is verbeterd. Carel Logger, haar tweede echtgenoot, heeft evenmin iets van de misdaden van zijn stiefzoon geweten. Hij was al een half jaar voor zijn aanhouding overleden.

De balans was uiteindelijk kennelijk doorgeslagen naar het blijven leven, want mijn vader blééf in leven. Hij putte moed uit het feit dat ik bij hem op bezoek was geweest, hoe dramatisch dat ook was afgelopen, maar hij zei tegen anderen dat hij mijn emotionele reactie had ingecalculeerd en dat dit logisch was voor een jongen die net een paar weken zeventien jaar was. Bovendien was er in de houding van mijn moeder ook sprake van een bepaalde kentering naar hem toe. Mijn moeder is in de maanden voor het proces nog een paar keer bij hem op bezoek geweest en dat gaf hem wat hoop voor de toekomst. Nu we in de Woestduinstraat woonden en niet meer telkens beducht hoefden te zijn voor ingegooide ramen en scheldpartijen, en ook niet meer met die afschuwelijke badkamer werden geconfronteerd, was mijn moeder weer een beetje opgeknapt. De ergste schok was nu achter de rug en langzaam, heel langzaam was er sprake van een bepaalde bezinning. We kwamen weer een klein beetje op adem. Het besef drong door dat bepaalde gebeurtenissen niet zijn terug te draaien en dat je daarmee moest zien te leven. Dat gold natuurlijk voor die afschuwelijke moorden van mijn vader, maar ook voor de twintig jaar dat hij met mijn moeder had samengeleefd.

Mijn moeder kreeg steeds meer informatie van politie en deskundigen en begreep daaruit ook dat zij zich niet schuldig hoefde te voelen aan de misdaden van mijn vader en dat zijn seksuele voorkeuren al lang voor hun huwelijk waren gevormd. Deskundigen legden haar uit dat mijn vader voor alles een afwijking had en dat de door hem gepleegde moorden daar een gevolg van waren en niet, zoals veel mensen dachten, de oorzaak. Het was een langzaam bewustwordingsproces wat mijn moeder doormaakte, wat zich ook eigenlijk niet in woorden laat navertellen. Woede en verbittering ruimden na verloop van tijd een beetje plaats in voor inzicht en mededogen.

Mijn vader vertelde haar tijdens de bezoekuren bij stukjes en beetjes hoe hij vanaf zijn zeventiende met zijn dubbelleven had geworsteld, wat er in het gesticht Harreveld allemaal was gebeurd. Hoezeer hij zelf onder zijn geaardheid gebukt was gegaan, hoe hij altijd als een bezetene had gewerkt om die pedofiele gevoelens te onderdrukken, maar ook, ja, ook hoe hij dikwijls geen weerstand tegen zijn verlangens had kunnen bieden, waardoor deze misdrijven hadden plaatsgevonden. Daarbij werd duidelijk dat er méér omstandigheden en achtergronden waren die voor deze gebeurtenissen enigszins verantwoordelijk gesteld konden worden. Want waarom was er nooit behoorlijk toezicht geweest op de psychiatrische behandelingen die mijn vader bij eerdere delicten waren opgelegd? Als er één instantie was die wist wat voor potentieel gevaar mijn vader was, dan was het wel Justitie. Maar juist daar had men altijd gezwegen en de zedelijke ontsporing van mijn vader op z'n beloop gelaten. Laat er echter geen misverstand over bestaan: begrip hebben mijn moeder en ik nooit gehad voor de misdaden van mijn vader, en nooit hebben we geprobeerd deze goed te praten of de schuld op anderen af te wentelen. Voor alles bleef hij zelf verantwoordelijk. Het waren zijn daden. Misdaden.

Na het eerste bezoek aan het Kleine Gartmanplantsoen, ging ik voorlopig niet meer bij mijn vader op bezoek. Wel heb ik hem een paar keer aan de telefoon gehad en ondanks de lange stiltes die er vaak vielen en ik absoluut niet wist wat ik moest zeggen, verliepen die contacten redelijk. In ieder geval niet meer zo emotioneel. Soms stuurde hij ook een kaartje of een kort briefje. 'Lieve Paul' stond er altijd boven en daarna volgden dan wat oppervlakkige vragen of opmerkingen. Meestal informeerde hij hoe het op school ging en hoe de nieuwe buurt me beviel. Wat hij precies met mijn moeder besprak wist ik niet. Zij kreeg ook langere brieven van hem, maar die liet ze mij nooit lezen. Meestal vatte ze de boodschap voor me samen. Het kwam er doorgaans op neer dat hij blij was dat zijn dubbelleven was afgelopen en dat hij hoopte op vergiffenis door God, want meer dan ooit zocht hij zijn toevlucht in het geloof.

Toen mijn vader een poosje later vanuit Amsterdam was overgeplaatst naar het Selectiecentrum in Den Haag, heb ik mijn moeder nog een keer vergezeld, maar ben ik op het laatste moment niet de gevangenis binnen gegaan. Ik voelde dezelfde spanning en emoties weer opkomen als bij het eerste bezoek in het huis van bewaring in Amsterdam en zei daarom dat ik wel buiten bleef wachten, dit tot teleurstelling van mijn vader.

Mijn moeder had overigens ook een vreselijke hekel aan die gevangenisbezoeken. Ze schaamde zich er voor dat ze bij de portier moest zeggen: Ik kom voor Spruit.' Dat vond ze vernederend. Dat leidde er steevast toe dat de betrokken bewaarder mijn moeder een seconde langer observeerde dan bij anderen het geval was en zij op haar beurt weer zijn gedachten probeerde te lezen: wat moet zo'n vrouw op leeftijd bij zo'n vuile kindermoordenaar? En als de bewaarder dan vroeg: 'Wie bent u dan?' antwoordde ze altijd zo luchtig mogelijk: 'Mevrouw Teunissen,' alsof ze slechts zijdelings iets met hem te maken had en ook van de reclassering of het maatschappelijk werk kon zijn.

Mijn vader kreeg door de bezoekjes en de telefonische contacten wat meer moed en zelfvertrouwen en hij drong er na verloop van tijd op aan dat we vaker op bezoek zouden komen. Heel langzaam, en heel voorzichtig, stak weer die dwingende trek in zijn karakter de kop op, zoals hij vroeger op de camping ook mensen 'overreedde' om vooral aan de klaverjasavond mee te doen. Op een gegeven moment belde hij zo'n beetje om de dag. Ik merkte aan mezelf echter dat ik nog niet bestand was tegen zijn overredingskracht en steeds moeizamer uitvluchten verzon om niet te gaan. Mijn moeder was er echter veel beter tegen opgewassen en op een gegeven moment heeft ze hem gezegd dat hij hooguit één keer per week mocht bellen, omdat hij anders ons leven, en met name dat van mij, te veel ontregelde.

Verder ging het redelijk goed in onze nieuwe woning. De ellende van de voorgaande maanden hadden mij en mijn moeder nog dichter bij elkaar gebracht. Ik probeerde haar te troosten, op te vrolijken en zoveel mogelijk dingen uit handen te nemen. Omgekeerd probeerde zij mij te beschermen tegen vervelende invloeden van buitenaf. Ook deed ze er van alles aan om te zorgen dat ik in ieder geval materieel niets te kort kwam. Haar naaicursussen via het weekblad Margriet waren na de arrestatie van mijn vader abrupt stop gezet, maar onder de naam Teunissen was ze er toch in geslaagd om bij enkele grote kledingzaken met verstelwerk wat bij te verdienen, waardoor we het in combinatie met haar uitkering financieel redelijk konden redden. Bovendien stopten Brigit en haar man Willem mij ook wel eens wat toe.

Op de nieuwe LTS aan de Polderweg ging het ondertussen helemaal niet goed. Ik ging er met tegenzin heen en de resultaten waren slechter dan ooit tevoren. Het was ook een gekke situatie, dat ik helemaal in Amsterdam-Oost naar school ging, terwijl mijn oude LTS bijna naast de deur lag. Het riep vragen op bij medeleerlingen en omdat ik natuurlijk geen zin had om die te beantwoorden, onttrok ik me maar zoveel mogelijk aan allerlei gesprekken en activiteiten. Wat ik ook vervelend vond was dat ik altijd alleen van en naar school fietste, omdat er niemand bij mij in de buurt woonde, want die leerlingen zaten uiteraard gewoon op de Dominicus Savio aan de Jan Evertsenstraat. Ik vroeg mijn moeder daarom of ik niet terug kon naar deze LTS. Ik had de leerkrachten van de Don Bosco LTS in Amsterdam-Oost achter me staan. Zij hadden wel gemerkt dat ik vereenzaamde en zagen niet veel mogelijkheden om die vicieuze cirkel te doorbreken. De conclusie was dat de zogenaamde 'heilzame verandering van omgeving' een averechts effect had. Resultaat van alle gesprekken was dat ik terug mocht komen in de derde klas van de Dominicus Savio LTS en dat zorgde voor een gunstige ommekeer in mijn gedrag en prestaties. De publiciteit over de moorden van mijn vader was stilgevallen en ik werd nu goed opgevangen. Kennelijk inspireerde me dit wel, want mijn cijfers waren van de ene dag op de andere beter.

Ook in de nieuwe buurt, het Overtoomse Veld, raakte ik aardig ingeburgerd. Ik kreeg er een aardig vriendinnetje, Pamela. Het was een leuke, spontane meid, net als ik een nakomertje in haar gezin. Haar vader was een gepensioneerde goudsmid of zoiets, die nogal veel dronk en dan behoorlijk grof en hardhandig kon worden. Pamela werd er dan op uitgestuurd om nog meer drank te halen, en ik zou niet meer weten hoe vaak ik met haar naar de slijterij aan het Hoofddorpplein ben gelopen, waar je zelf wijn kon tappen. Onderweg vertelde Pamela me dan wat er thuis allemaal voorviel. Ze maakte zich er nogal zorgen over. Ik hoorde het allemaal aan, vond het nog wel meevallen en dacht bij mezelf: ach, beter een dronkelap dan een moordenaar.

Op een dag, toen we weer eens naar de wijntapperij waren geweest en Pamela mij kleurrijk een of ander huiselijk incident uit de doeken had gedaan, vroeg ze me ineens: 'We praten altijd maar over mijn vader, maar hoe zit het eigenlijk met die van jou, Paul? Zijn je ouders gescheiden of zo?' Ik had niet op de vraag gerekend en was een moment uit mijn evenwicht, maar ik herstelde me snel en antwoordde: 'Nee hoor, mijn vader is overleden. Hij is al een paar jaar dood.'

VI. Moord of een vlaag van waanzin?

Het proces tegen mijn vader vond plaats op 20 maart 1975 voor de rechtbank aan de Prinsengracht in Amsterdam, een dik half jaar na zijn arrestatie. In de tussentijd was mijn vader onderzocht door een zenuwarts en een psycholoog, die de rechtbank moesten inlichten over zijn persoonlijkheid en geestestoestand. Zij moesten bovendien aangeven in welke mate mijn vader toerekeningsvatbaar was geweest bij het plegen van zijn misdaden.

In overleg met advocaat mr. Abeln had mijn moeder besloten dat wij de zitting niet zouden bijwonen. Mr. Abeln voorspelde dat de rechtszaak een emotionele kwestie zou zijn, waarbij veel huiveringwekkende details besproken zouden worden. Bovendien waarschuwde hij ook voor de aanwezigheid van de pers, die ongetwijfeld massaal op de behandeling van deze zaak zou afkomen. De kans dat er opnieuw bijzonderheden over ons doen en laten in de krant zouden komen, mogelijk zelfs met foto's of tekeningen, was bijzonder groot en mijn moeder wilde dat tegen elke prijs voorkomen, vooral ook omdat nog niemand in onze nieuwe buurt van onze achtergronden wist. Ook mijn vader had haar geadviseerd om niet te komen. 'Dat is te pijnlijk, Gré,' had hij gezegd, waarbij het mij niet helemaal duidelijk was voor wie. Hoe dan ook, we gingen dus niet, maar zaten die donderdag 20 maart best in spanning. Ik bleef thuis van school, om bij mijn moeder te zijn en de berichten af te wachten. Mr. Abeln had ons gezegd dat er ongetwijfeld een zware straf tegen mijn vader zou worden geëist, waarschijnlijk twintig jaar, maar mogelijk ook levenslang.

De officier van Justitie in deze zaak, mr. F.H. von Meyenfeldt, genoot de reputatie een strenge magistraat te zijn, die bij rechtszaken verbaal behoorlijk tekeer kon gaan. Hij had mijn vader in de zaak van Basje Bloemena officieel 'moord' ten laste gelegd. Dat leek op het eerste gezicht logisch. Juridisch bleek dat echter anders te liggen. De term moord wilde zeggen dat mijn vader Bastiaan 'met voorbedachten rade' en 'in kalm overleg en na rijp beraad' om het leven had gebracht. Dat hij reeds van plan was hem te doden op het moment dat hij hem mee naar onze woning had gelokt. In de kwestie van Helene Isaac had de officier van Justitie mijn vader 'gekwalificeerde doodslag' ten laste gelegd. Dit betekende dat aan haar dood een strafbaar feit vooraf was gegaan – ontucht – en dat mijn vader haar om zich van 'straffeloosheid' te verzekeren daarna had gewurgd, maar dat hij dit niet met voorbedachten rade had gedaan.

Mr. Abeln had mijn moeder echter uitgelegd dat hij deze voorstelling van zaken zou aanvechten. Mijn vader had de kinderen gedood, dat gaf hij bovendien zelf ook toe, maar mijn vader had van het begin af aan ontkend dat hij dit vooraf al van plan was geweest. Volgens mr. Abeln was er sprake van ongekwalificeerde doodslag. Mijn vader had toen het in de badkamer bij het plegen van ontucht misliep, wel de opzet gehad de kinderen te doden, maar dit was in een opwelling gebeurd, onder druk van omstandigheden, zonder kalm overleg en rijp beraad. En Helene had hij niet gedood om er zeker van te zijn dat hij ongestraft zou blijven, maar omdat hij zo teleurgesteld was dat het geen jongen was, dat hij zijn drift daarover niet meer in de hand had. Die uitleg stemde overeen met wat mijn vader mij zelf tijdens mijn bezoek in het huis van bewaring had gezegd:'... Ik was in paniek, Paul, echt, ik werd gek van paniek. Die jongen schreeuwde... Ik wilde het niet, maar het gebeurde toch...' Ik begreep toen, als knul van zeventien jaar, overigens weinig van die juridische haarkloverij. Gekwalificeerd, ongekwalificeerd, moord, doodslag, kalm overleg, rijp beraad; het waren voor mij nietszeggende termen, waar ik me ook niet in wilde verdiepen. Wat maakte het ook feitelijk uit? Veranderde het ook maar iets aan de afloop?

Bij de zitting zelf zouden wij dus niet aanwezig zijn, maar mijn moeder had er met behulp van mijn vaders advocaat voor gezorgd dat haar mening toch naar voren werd gebracht. Na lang wikken en wegen had mijn moeder besloten de president van de rechtbank, mr. B. van der Waerden, een persoonlijke brief te schrijven, waarin ze nog eens bepaalde achtergronden van hun huwelijk en hun verleden schetste. Het was een moedige brief, vond ik, en op een bepaalde manier ook wel ontroerend. Mijn moeder kon helemaal niet met een schrijfmachine overweg, maar omdat ze haar handschrift slecht en onleesbaar vond, had ze een poosje voor de rechtszitting een hele avond op een oude schrijfmachine met één vinger zitten tikken. En na een avond van diepe zuchten en veel verfrommelde en mislukte pogingen in de prullenbak, stond er:

Edelachtbare heer,

Ik hoop dat u het niet vreemd vindt dat ik u schrijf. Op 20 maart gaat u een van de schokkendste misdaden berechten, die ooit heeft plaatsgehad. Het is vooral voor de ouders ontzettend en onherstelbaar. Ik leef en lijd met die mensen mee, omdat ik moeder van vier kinderen en vijf kleinkinderen ben. De man die voor u staat is mijn man: 'n typisch voorbeeld van een stijve, bekrompen opvoeding, mijn kinderen zoals ik zelf, konden het dan ook niet geloven. Als ik er dan ook maar een vermoeden van gehad zou hebben, zou het nooit gebeurd zijn. Wij hadden zo'n harmonieus gezin en hij was zo gek op zijn kinderen en kleinkinderen. Als hij maar over zijn sexproblemen had kunnen praten; de grote kinderen en ik waren daar juist zo vrij en eerlijk in.

Maar hij durfde het niet. Als hij het wel gedaan had, had ik de huisarts in vertrouwen genomen, want uit zijn eigen was hij er toch nooit heengegaan, daar was hij te eigenwijs voor.

Nu wij de ontzettende schok, die het voor ons allen was een beetje de baas zijn (eerst wou ik hem nooit meer zien) zagen wij wat een rotleven en opvoeding hij heeft gehad. Zijn moeder is erg harteloos, toen zijn vader op sterven lag, dacht ze nog dat het aanstellerij was.

Mijn getrouwde kinderen en onze jongste zoon Paul en ik zelf, laten hem dan ook niet in de steek. Hij moet het in een vlaag van waanzin hebben gedaan. Daar in het huis van bewaring zien wij hem veranderen. Aangezien wij beiden niet veel aan ons leven hebben gehad (ik heb astma) en wij al 53 jaar zijn, hoop ik dan ook dat u de straf omzet in TBR, een psychologische behandeling. Zodat als God het toestaat, wij nog iets aan onze oude dag mogen hebben. Ik bid dagelijks voor de ouders van de kinderen om hen te sterken, in hun leed, dat nu ook het mijne is (want als ik het geweten had, was het nooit gebeurd, zoveel overwicht heb ik wel op hem).

Mijnheer de president, ik wens u ook sterkte met de zware taak die op uw schouders rust.

Mevrouw Teunissen

Dat mijn vader in het huis van bewaring was veranderd, klopte wel. Hij toonde zich schuldbewust en durfde meer en openlijker over zijn verleden en zijn seksuele geaardheid te praten. Hij was bovendien niet meer zo overheersend en allesbepalend als thuis. Dat is natuurlijk logisch als je in de gevangenis zit, helemaal voor zulke delicten, maar mijn moeder had hem twintig jaar meegemaakt als een man die weliswaar hard werkte en goed voor ons zorgde, maar die zijn eigen persoon en welzijn toch altijd op de eerste plaats stelde. Nu bleek dat hij ook dingen kon vragen in plaats van te gebieden, dat hij zaken kon uitleggen in plaats van te dicteren, dat hij aandacht kon geven in plaats van die van anderen op te eisen.

Dat van dat 'rotleven' was ook waar. Uit de stukken was wel gebleken dat mijn vader een zeer moeilijke jeugd had gehad, waarbij hij stelselmatig onrechtvaardig was behandeld en mishandeld. Voor zover daar nog enige twijfel over kon bestaan, hadden familieleden dat beeld na zijn arrestatie bevestigd en aangevuld met tal van andere afschrikwekkende feiten en voorbeelden die zijn persoonlijkheid zo negatief hadden gevormd.

Of mijn ouders samen ooit nog een 'oude dag' zouden beleven, was aan meer twijfel onderhevig. Mijn moeder was wel zover dat ze hem niet zonder meer aan zijn lot wilde overlaten, maar te zijner tijd weer met hem onder één dak wonen was toch wel een ander uiterste, zo begreep ik altijd van haar. 'Ik geloof dat ik dan altijd aan die kinderen moet denken als ik hem zie,' zei ze wel eens tegen me. Mijn vader daarentegen had aan die zinsnede in de brief de meest denkbare positieve uitleg gegeven en ging er vanuit dat mijn moeder bereid en in staat was om hem te vergeven.

De rechtszaal was die twintigste maart 1975 inderdaad afgeladen met journalisten en tekenaars. De publieke tribune was echter nagenoeg leeg, omdat rechtbankpresident mr. Van der Waerden al van tevoren bekend had gemaakt dat deze zaak voor het grootste gedeelte achter gesloten deuren – ook voor de pers – zou worden behandeld. Hij had voor deze nogal ongebruikelijke beslissing drie redenen aangegeven. Ten eerste was de rechtbank bevreesd dat mijn vader onder het toeziend oog van zoveel publiek zou dichtklappen en dat dit de procesgang en de waarheidsvinding op de zitting zou belemmeren. Ten tweede zouden bij de ondervraging van mijn vader ongetwijfeld 'aanstootgevende details' naar voren komen, waardoor het leed van betrokkenen en nabestaanden zou worden vergroot en ten derde hield de rechtbank er rekening mee dat 'ziekelijke geesten tot imitatie kunnen worden gebracht bij lezing van een dergelijk geruchtmakend en pervers misdrijf', een nogal opmerkelijke formulering die aangaf dat de rechtbank niet geheel onbevooroordeeld tegenover de zaak stond, maar dit paste waarschijnlijk in de geest van die tijd.

Nadat president mr. Van der Waerden de zitting formeel had geopend, droeg officier van Justitie mr. Von Meyenfeldt voor waar mijn vader precies van werd verdacht: het meelokken, het seksueel misbruiken en vervolgens het met geweld ombrengen van Bastiaan Bloemena en Helene Isaac, door hen te wurgen en tenslotte enige minuten met hun hoofd onder water in het badkamerlavet te houden.

Na het voorlezen van de tenlastelegging en het aanbrengen van enkele kleine wijzigingen daarin door de officier van Justitie, werd de zaal ontruimd voor het gedeelte dat achter gesloten deuren zou plaatsvinden. Van het publiek mocht alleen pater Rooyakkers, een geestelijke die mijn vader in het huis van bewaring dikwijls had opgezocht en in wie hij veel vertrouwen had, blijven zitten. In het daaropvolgend persoonlijk verhoor ondervroeg de president mijn vader nog eens over de loop van de gebeurtenissen en stelde feitelijke vragen over de toedracht: het meelokken van de kinderen, het schreeuwen van Basje in de badkamer, de razernij van mijn vader toen hij zijn vergissing met Heleentje bemerkte, en het op verschillende plaatsen neerleggen van de stoffelijke overschotten van de kinderen, in een poging om 'zich van straffeloosheid te verzekeren', zoals de officier van Justitie dat ten laste had gelegd.

Mijn vader bekende alles, maar sprak tegen dat hij het vooropgezette plan had om de kinderen te doden. 'Het was niet mijn bedoeling om Bastiaan dood te maken. Ik wilde alleen maar met hem spelen,' verklaarde hij tegen de rechtbankpresident. 'Hij raakte echter in paniek en begon te gillen dat hij alles aan zijn vader en moeder zou vertellen. Niemand wist toen van mijn geaardheid. Dat had ik voor mijn vrouw en de rest van mijn omgeving verborgen weten te houden. Door dat gillen zou alles uitkomen en dat maakte me bang, enorm bang. Ik moet toen in een toestand geraakt zijn, waarin ik niet meer wist wat ik deed. Ik kwam pas weer tot bewustzijn toen het kind al dood was. Toen realiseerde ik mij wat ik gedaan had en ik wist dat dit onvergeeflijk was.'

En op vragen van de president of hij wel eens vaker agresssief gedrag vertoonde als hij seksuele contacten met kinderen had, zei mijn vader bijna het zelfde als wat hij mij al eerder had verteld: 'Ik heb met heel veel jongetjes seksuele spelletjes gespeeld en nooit had ik de aanvechting om ze iets te doen. En helemaal niet om ze dood te maken. Ik houd juist erg veel van kinderen. Ik vind ze lief en aardig en ik organiseerde altijd kinderfeesten. Ik kan me nu nog niet voorstellen dat ik het gedaan heb. Ik gaf die jongens altijd geld, snoep of weekbladen. Ze zeiden dan nooit iets thuis.'

Mijn vader verklaarde dat hij na de dood van Basje eigenlijk nooit meer kinderen mee naar huis had willen nemen. 'Ik dacht, zoiets mag me niet meer gebeuren. Ik nam dan ook geen kinderen meer mee naar huis als mijn gezin er niet was. Wel had ik nog regelmatig contacten met jongens in portieken. Toen ik Helene Isaac echter zag kon ik de verleiding niet weerstaan. Het was de laatste kans om een kind mee naar huis te nemen, want binnen een week zou mijn vrouw thuiskomen.'

Tijdens de zitting bleek dat mijn vader vanuit het huis van bewaring de ouders van de kinderen een brief had gestuurd, waarin hij zijn spijt betuigde. Opvallend was dat hij in die brieven de namen van de kinderen niet durfde te noemen en het alleen over 'hem' en 'haar' had. Hij beloofde erin dagelijks voor hen te bidden en sloot de brieven niet met zijn naam af, maar met: 'De berouwvolle man'.

Ook tijdens het proces betuigde hij nogmaals zijn spijt en met een verwijzing naar zijn geloof zei hij: 'Ik kan achteraf niet begrijpen hoe ik het heb gedaan, het is onmogelijk. Voor de ouders vind ik het 't ergste. Die kinderen zijn bij God in de hemel. Ik ben zelf vader van vier kinderen, dus ik weet wat het betekent. Ik heb altijd met een "tweede ik" rondgelopen en dat wilde ik tot elke prijs geheimhouden. Vooral nadat mijn eerste vrouw er achter kwam en van mij scheidde. Ik ben blij dat alles er nu uit is. Anders was het misschien nog eens of meerdere keren gebeurd wat nu gebeurd is...'

Na de feitelijke behandeling van de zaak werden de getuigen-deskundigen gehoord door de rechtbank. Als eerste kwam dr. J. Scholten aan het woord, een Amsterdamse zenuwarts, die mijn vader had onderzocht. Het merkwaardige was dat mijn vader bij deze getuigenverklaring zelf niet aanwezig mocht zijn. 'In zijn eigen belang,' stelde dr. Scholten. De rechtbank honoreerde deze niet alledaagse aanbeveling en mijn vader werd dan ook voor de duur van deze verklaring naar het arrestantenverblijf teruggebracht.

Dr. Scholten, een man van mijn vaders leeftijd, verklaarde in zijn getuigenis dat 'de verdachte gevaarlijk is voor de maatschappij en dat een langdurige verwijdering daaruit absoluut noodzakelijk is'. Omdat mijn vader al drieënvijftig jaar was, zag de psychiater weinig heil in psychiatrische behandeling. 'Er is sprake van een diepgaande stoornis in verdachtes persoonlijkheid. De verschillende eigenschappen vormen geen geheel, het is allemaal nogal brokkelig,' aldus dr. Scholten, 'en ik zie niet echt een mogelijkheid die brokken door een therapie te integreren.'

Volgens de deskundige kon nog wel geprobeerd worden iets van de 'pieken' van mijn vaders gedragspatroon af te zwakken, maar ook dat bleef een moeilijke zaak, meende hij. 'Wij hopen dat die pieken – het driftmatige, het impulsieve en de seksuele impulsen – met het stijgen der jaren zullen afnemen. Een operatieve ingreep acht ik niet mogelijk.'

Vrij vertaald zei de psychiater dat als mijn vader nog wat ouder zou worden zijn lusten en potentie waarschijnlijk wel zouden verminderen, waardoor een groot gedeelte van het gevaar al zou zijn bezworen. Met die operatieve ingreep doelde dr. Scholten op een suggestie die mijn vader, via advocaat mr. Abeln, had gedaan om een hersenoperatie, een zogenaamde orchidectomie, te ondergaan. Mijn vader had daar in het huis van bewaring een artikel over gelezen en beweerde dat deze ingreep, 'het doorsnijden of wegnemen van één of andere zenuw', in het Landes Krankenhaus in Hamburg met succes bij seksuele delinquenten was uitgevoerd. De operatie zorgde ervoor dat het 'lustgevoel' bij de patiënt verdween. Mijn vader was bereid om zo'n operatie te ondergaan en motiveerde dat tegen de rechtbankpresident als volgt: 'Ik begrijp wel dat er iets aan die driftexplosies van mij gedaan moet worden, maar ik wil niet dat er psychisch aan mij gesleuteld wordt. Wel zou ik via een operatie van mijn gevaarlijke neigingen willen afkomen.'

Deze suggestie werd door psychiater dr. Scholten echter verworpen. De Amsterdamse psycholoog H. in 't Veld, ook een vijftiger, die in het huis van bewaring lange gesprekken met mijn vader had gevoerd, schetste zo mogelijk een nog uitzichtlozer perspectief voor mijn vader. 'De verdachte is bang voor zijn eigen drift, omdat hij zichzelf zo slecht in de hand heeft. Voor een succesvolle therapie ontbreken bij hem echter motivatie, ziekte-inzicht en intelligentie.' De psycholoog bekritiseerde mijn vader omdat hij weinig kracht en doorzettingsvermogen toonde om in therapie te gaan, maar kennelijk in één operatieve ingreep overal van af wilde zijn. 'Er is geen bereidheid aanwezig, verdachte zegt zelf dat hij niet wil dat er aan hem wordt gesleuteld. Hij zegt: "Jullie moeten me maar veranderen." Maar hoe dan? Zo kan dat natuurlijk niet,' aldus psycholoog In 't Veld tegen de rechtbankpresident.

Psychiater dr. Scholten concludeerde dat mijn vader tijdens zijn daden 'verminderd toerekenbaar' was geweest. 'Verdachte heeft zijn hele leven een schaduwachtig dubbelleven geleid. De doodslag is geënt op zijn hele persoonlijkheidsstructuur. Een ander zou in zo'n situatie waarschijnlijk wat anders hebben gedaan.' De psychiater bedoelde hiermee dat mijn vader direct naar het meest extreme geweld had gegrepen toen de gebeurtenissen in de badkamer niet zo liepen als hij zich dat gewenst en voorgesteld had. Een meer evenwichtige persoon had waarschijnlijk anders gereageerd en geprobeerd of hij bijvoorbeeld Bastiaan op andere wijze had kunnen laten stoppen met schreeuwen.

Beide getuigen-deskundigen meenden dat mijn vader zelfmoordneigingen had, wat ook wel bleek uit het briefje waarin hij voor zichzelf de balans opmaakte, maar geloofden ook dat hij uiteindelijk 'niet de kracht zou hebben' om het daadwerkelijk te doen.

Na het relaas van de psychiater en de psycholoog mocht mijn vader weer binnenkomen en werden ook voor de pers de deuren weer geopend. De rechtbankpresident vertelde hen vervolgens beknopt wat er allemaal aan de orde was geweest.

Tijdens de zitting bleek verder dat de pedofiele activiteiten van mijn vader nog zeer kort voor de moord op Heleentje Isaac ter kennis van de recherche waren gekomen. In november 1973 was er door de politie proces-verbaal tegen hem opgemaakt, omdat hij ontucht met een minderjarige jongen had gepleegd. In die jaren was in ons land echter de seksuele revolutie begonnen en was men in vergelijking tot de jaren 1941 en 1952, toen mijn vader voor vergelijkbare zedenzaken voor de rechter stond, toleranter geworden. Deze nieuwe zaak kwam nooit voor de rechtbank en er volgde dus ook geen gevangenisstraf, wat er in resulteerde dat mijn vader voor de zoveelste keer zijn dubbele leven voor mijn moeder geheim kon houden.

Merkwaardig was echter dat niemand van de politie bij die aangifte in november 1973 kennelijk enig mogelijk verband heeft gezien met de onopgeloste moord op Bastiaan Bloemena, in augustus 1971, terwijl toch duidelijk geworden moest zijn dat mijn vader zijn wijk had in de buurt van Bastiaans woonhuis en bovendien uit zijn dossier bleek dat hij op dit punt een weinig geruststellend verleden had.

Wat bij die justitiële beslissing tot niet verdere vervolging waarschijnlijk heeft meegespeeld, is dat de bewuste jongen 'vrijwillig' had meegedaan aan de sex-spelletjes van mijn vader en ook geen rancune tegen hem koesterde.

Zoals de honderden jongetjes met wie mijn vader in de loop der jaren seksueel of erotisch contact heeft gehad, daar niet of nauwelijks ruchtbaarheid aan gaven. Sommige 'relaties' duurden zelfs jarenlang en werden soms pas afgebroken als de jongen vanaf een jaar of veertien, vijftien te 'oud' werd en zijn aantrekkelijkheid voor mijn vader verloor.

Mijn vader bekende voor de rechtbank dat hij in de jaren tussen de moord op Basje en Helene – van 1971 tot 1974 – ook langdurig contact met een jongetje heeft gehad en dat het stopzetten van deze relatie zijns inziens, indirect, ruim een half jaar later, tot het meelokken van Helene Isaac had geleid. Zoals gezegd had mijn vader na de moord op Basje niet opnieuw kinderen mee naar huis durven nemen, uit angst dat er weer iets mis zou gaan. Contacten met jongens onderhield hij in de jaren daarna alleen buitenshuis en hij maakte daarbij handig gebruik van zijn beroep als bladenman. Als hij ergens met zijn opvallende motor-carrier de straat in kwam rijden, waren er altijd wel een paar kinderen die vroegen of ze mijn vader mochten helpen rondbrengen. Hij keek dan, zo verklaardde hij tegen de rechtbank, of het jongetjes waren en als dat het geval was, mochten ze hem helpen. In de donkere trapportieken kwam het dan regelmatig tot ontuchtige handelingen, soms zonder dat de kinderen het zelf in de gaten hadden. Mijn vader deed net alsof hij op de bel drukte en terwijl zij dan – tevergeefs – stonden te wachten tot er open werd gedaan, streelde hij zijn helpertje een beetje in de nek of onder zijn shirt, wat hem naar zijn zeggen erg opwond. Er waren jongetjes bij die dit wel spannend vonden en in ruil voor een paar Donald Ducks of wat kleingeld meer toelieten van mijn vader.

Op die manier had hij ook contact gekregen met een jongetje van een jaar of dertien, met wie hij een min of meer 'vaste relatie' opbouwde, die enkele jaren heeft geduurd. Het gaf mijn vader een bepaalde rust in die tijd, zo verklaarde hij voor de rechtbank. Hij hoefde geen ingewikkelde en krampachtige toeren uit te halen om in contact met jongens te komen en de kans op ontdekking was door de 'medewerking' van de jongen tamelijk gering.

Toen de relatie na een paar jaar eindigde omdat het jongetje verhuisde, werd mijn vader echter weer ongedurig en moest zijn toevlucht zoeken in de vluchtige, onvoorspelbare en riskante contacten met jongetjes die hij op straat tegenkwam. Het was in die situatie dat hij begin augustus 1974 de kortgeknipte en broekdragende Helene Isaac in zijn wijk was tegengekomen, haar aanzag voor een jongetje en zich eigenlijk geen tijd had gegund om enige aandacht aan haar te besteden. Er had zich slechts één gedachte van hem meester gemaakt: hoe krijg ik dit kind bij mij thuis? Met alle fatale gevolgen van dien.

Na het persoonlijk verhoor en de verklaringen van de getuigen, volgde het requisitoir – de eis – van officier van Justitie mr. F. H. von Meyenfeldt. Het leek er aanvankelijk even op dat de magistraat enig begrip voor mijn vader had, toen hij uiteenzette hoe hij bijna dertig jaar een zwaar dubbelleven had geleid en na een pijnlijke scheiding zijn tweede huwelijk niet op het spel wilde zetten door iets van zijn afwijkende seksuele voorkeuren te laten blijken. 'Hij schaamde zich voor zijn neigingen en geaardheid en vreesde de reacties van zijn omgeving hierop,' zo zei de officier van Justitie, om er direct, maar dan grimmiger, op te laten volgen: 'Maar toch deed de verdachte in al die jaren niets om te pogen van deze gevaarlijke afwijkingen af te komen. Integendeel! Hij gaf zich helemaal over aan deze ziekelijke driften, die hij na de bevrediging ervan op geslepen wijze wist te verbergen door de kinderen boekjes of geld te beloven, of in de waan te brengen dat dit "gewoon" was.'

Mr. Von Meyenfeldt bleef er ook aan vasthouden dat mijn vader het vooropgezette plan had gehad om Bastiaan te vermoorden, dat hij dus reeds op het moment dat hij hem meelokte had besloten deze nog maar negenjarige getuige definitief het zwijgen op te leggen. En ook in de zaak van Helene bleef de officier op het standpunt staan dat mijn vader haar bewust had gewurgd om zich van straffeloosheid te verzekeren, nadat hij haar eerst seksueel had misbruikt. En dus niet, zoals mijn vader steeds beweerde: in een vlaag van woede en drift omdat hij zich in haar vergist had en daardoor zijn begeerten juist niet kon bevredigen.

Over wat er met mijn vader moest gebeuren, liet mr. Von Meyenfeldt zich in niet mis te verstane bewoordingen uit. Daar waar de psychiater nog enigszins een slag om de arm hield voor wat betreft de behandelingskansen voor mijn vader, zei de officier dat hij hier 'helemaal niets in zag' en dat dit van hem dan ook absoluut niet behoefde plaats te vinden.

Het requisitoir van de officier eindigde met de zogenaamde strafeis tegen mijn vader en, zoals zo'n beetje iedereen behalve mijn vader al had verwacht, ging hij daarbij tot het maximum. Mr. Von Meyenfeldt weersprak de conclusie van de deskundigen dat mijn vader op het moment van de misdrijven verminderd toerekenbaar moet zijn geweest. Hij noemde de gewelddaden een gevolg van mijn vaders 'gevoelsarme egoïsme en zijn grote Ik-zucht', die volgens hem los stonden van zijn pedofiele neigingen en gewoon een onderdeel van zijn totale persoonlijkheid vormden. 'Bij mij staat de bescherming van de maatschappij tegenover deze verdachte dan ook voorop,' stelde de officier van Justitie. 'De afschuwelijkheid van zijn daden is slechts te rijmen met de zwaarste straf: levenslang.'

Daarna was het de beurt aan mr. Abeln, de advocaat van mijn vader, die zijn pleidooi begon met zijn deelneming aan de ouders van de vermoorde kinderen te betuigen. In principe was dit natuurlijk een hopeloze zaak om als advocaat in te pleiten. De feiten waren afschuwelijk en mijn vader had volledig bekend, dus wat moet je dan nog als advocaat? Ondanks dat had mr. Abeln toch heel wat te zeggen en hij had in zijn pleidooi de nodige kritiek verwerkt op personen, instanties en de maatschappij die het zover met mijn vader hadden laten komen.

Mr. Abeln schilderde nog eens de levensloop van mijn vader en dan met name de zedenzaken, waarvoor hij in 1941 en 1952 al voor de rechtbank had gestaan. De advocaat refereerde aan de psychiatrische rapporten die destijds waren opgemaakt – waarin mijn vader al als gevaarlijk werd omschreven – en zei: 'Als je die verslagen leest heb je het gevoel dat je er getuige van bent hoe iemand zich in psychisch opzicht gedurende bijna een heel mensenleven in een steeds verder afwijkende richting ontwikkelt zonder dat – het moet gezegd worden – daarbij noemenswaardige remmingen in de weg worden gelegd en zonder dat door de buitenwereld in die ontwikkeling adequaat wordt ingegrepen.' De raadsman hekelde hier, zij het nogal diplomatiek geformuleerd, het feit dat men bij Justitie haarfijn van de gevaarlijke geaardheid van mijn vader had afgeweten, maar dat men nooit echt iets had gedaan om hem te genezen, te verplegen en/of te begeleiden. En over de bizarre ervaringen die mijn vader in het jongensgesticht in Harreveld had opgedaan, merkte mr. Abeln met enig understatement op: 'Men kan zich voorstellen dat wat hem in seksueel opzicht in dit door broeders geleide katholieke gesticht werd bijgebracht, niet optimaal heeft bijgedragen tot wat als een normale evenwichtige ontwikkeling van de seksualiteit wordt beschouwd.'

De advocaat stelde voorts dat mijn vader door zijn pedofiele geaardheid in feite een gehandicapt mens was, die niet in staat was geweest om evenwichtige relaties met volwassenen op te bouwen. Hij had dit volgens mr. Abeln wel lang krampachtig geprobeerd, maar had tenslotte moeten ervaren dat hij 'nooit welkom is, maar slechts wordt geduld'. Het was een gang van zaken die zijn persoonlijkheid op den duur volledig uit balans had gebracht, zo zei de advocaat. Uit literatuur over dit onderwerp was volgens mr. Abeln gebleken dat pedofielen over het algemeen geïsoleerde mensen zijn, vereenzaamd door het taboe dat op hun geaardheid rust en die zodoende alleen nog contact en aansluiting vinden bij het jonge, onbevangen kind.

Mr. Abeln beklemtoonde dat de voor zedendelicten terechtstaande pedofielen weliswaar om begrijpelijke redenen als vuige crimineel worden afgeschilderd, maar dat dit feitelijk ten onrechte is: 'Hun gedragingen vloeien voort uit hun psychische gesteldheid en op de ontwikkeling daarvan hebben zij zelf in beginsel geen invloed gehad.'

Dit, in combinatie met de geforceerde en langdurige wijze waarop mijn vader zijn geaardheid verborgen heeft gehouden, had er volgens mr. Abeln in geresulteerd dat hij in de loop der jaren steeds verder was uitgegroeid tot een eenzame, psychisch geheel scheefgegroeide figuur. 'In wezen een zielige, zo niet tragische man. Een zonderling, die met zichzelf geen raad wist, die zichzelf, mede onder morele druk van de maatschappij, niet mocht en kon aanvaarden zoals hij was,' aldus mr. Abeln in zijn pleidooi.

De raadsman betoogde dat de spanningen die voortvloeiden uit zijn tekortkomingen en de 'verpletterende angst voor ontdekking en represailles' – weer een scheiding? – in 1971 hadden geleid tot een eerste fatale explosie in de zaak van Bastiaan Bloemena. Volgens mr. Abeln was mijn vader onder die daad vreselijk gebukt gegaan: 'Het voortleven dat hij daarna heeft gedaan, is waarschijnlijk die naam nog nauwelijks waardig. Er is niets dat er op wijst dat mijn cliënt niet het afschuwelijke van zijn daad heeft ingezien en daarover niet de onvoorstelbare wroeging van een normaal mens heeft gehad.'

En over de dood van Helene merkte hij op: 'Voortlevend op de verbrokkelde puinhopen van zijn gemoed kwam het in 1974 tot een nieuwe climax. Hiermee was de zaak bekeken. Toen de verdenking op hem was gevallen, heeft cliënt nog korte tijd een starre, afwerende houding aangenomen, doch daarna heeft hij, nog voordat het bewijs rond was, vlot zijn daderschap bekend, ook in de zaak van Basje Bloemena.'

Over het feit dat de officier van Justitie mijn vader 'moord' ten laste had gelegd, zei mr. Abeln dat mijn vader Bastiaan en Helene niet bewust heeft vermoord om hen het zwijgen op te leggen en zodoende vrijuit te kunnen gaan. 'Nee, dit is gebeurd in een haast mechanische angstreactie van mijn cliënt, in een situatie waarin hij zichzelf niet meer meester was. De deskundigen hebben het duidelijk vastgesteld in hun rapporten: mijn cliënt is geen misdadiger die bewust anderen kwaad doet, maar iemand die, grotendeels buiten zijn eigen toedoen, is geworden tot een mens die in situaties raakt, waarin hij als een automaat reageert, maar dan als een doorgedraaide, op hol geslagen automaat.'

Op de vraag wat er nu met mijn vader moest gebeuren, uiteraard ook in het licht van de levenslange gevangenisstraf die de officier van Justitie even daarvoor had geëist, stelde mr. Abeln dat de Amsterdamse rechtbank niet zozeer moest beoordelen 'hoeveel straf' mijn vader verdiende en hoe de maatschappij in deze kwestie haar genoegdoening kreeg, maar vooral: 'Wat staat ons te doen ten aanzien van deze zonderlinge, geïsoleerde man, die alleen maar kan worden gezien als een psychisch wrak? Daarbij moet men onder ogen zien dat wellicht in het verleden door de bevoegde instanties niet de juiste beslissingen zijn genomen voor hem. Men zal zich, hoe pijnlijk dit ook is, moeten realiseren dat er in 1941, toen mijn cliënt negentien jaar was, reeds duidelijk psychische tekortkomingen zijn geconstateerd en dat men wist dat deze een gevaar voor de maatschappij opleverden en zouden blijven opleveren, tenzij er wat aan zou worden gedaan. Waarna verder niemand zich iets van hem aantrok, laat staan zich met hem bemoeide...'

De conclusie van mr. Abeln op dit Justitiële gebrek aan zorg en begeleiding luidde dan ook: 'Het is misgegaan. Het moet helaas worden geconstateerd, dat de wijze waarop de maatschappij in de loop van ruim dertig jaar mijn cliënt heeft opgevangen – alhoewel, teruggestoten is een juister woord – er misschien voor een gering, misschien voor een groot gedeelte schuld aan is, dat ongelukken niet zijn voorkomen toen het nog kon. Cliënt heeft in feite zijn moeilijkheden gedurende zijn hele leven helemaal in zijn eentje moeten oplossen.'

Tot slot bepleitte de advocaat dat een langdurige gevangenisstraf mijn vader niet zou genezen van zijn afwijkingen en dat uit het relaas van de psychiater toch duidelijk naar voren was gekomen dat uitgebreide psychische hulp noodzakelijk was, wat in een gevangenis nu eenmaal niet kon worden geboden. Hij vroeg de rechtbank dan ook mijn vader ter beschikking van de regering te stellen en daarom een zo kort mogelijke gevangenisstraf op te leggen, ongeveer gelijk aan het voorarrest van zo'n zeven maanden. In dat geval kon men direct in een TBS-kliniek[1] met een langdurige behandeling beginnen.

Na het pleidooi kreeg mijn vader de gelegenheid voor een laatste woord, waarin hij nogmaals benadrukte dat het hem vreselijk speet wat er met de kinderen was gebeurd. Hij zei verder te hopen dat de rechtbank hem nog enig uitzicht wilde bieden om ooit nog terug te keren in de maatschappij, bij zijn familie. 'Ondanks alles blijven ze me trouw. Ze zoeken me op en zullen me met open armen ontvangen als ik terugkom,' verklaarde hij tegen de rechtbank.

Wij lazen deze uitspraak van hem pas de volgende dag in de uitvoerige krantenverslagen die aan de zitting werden gewijd. Het was, net als na zijn arrestatie, een harde confrontatie met de werkelijkheid en mijn moeder kon het maar nauwelijks aan. Na een aanvankelijke verbetering waren haar astma-aanvallen de weken voor het proces met steeds kortere tussenpozen teruggekeerd, wat altijd een veeg teken voor haar gesteldheid was. Er stonden weer net zulke grote koppen in de krant als direct na mijn vaders bekentenissen in augustus 1974:

LEVENSLANG GEËIST TEGEN KINDERMOORDENAAR,
KINDERLOKKER LEIDDE 30 JAAR DUBBELLEVEN en
PANIEK KOSTTE BASJE EN HELEENTJE HET LEVEN, OFFICIER EIST
LEVENSLANG EN GÉÉN VERPLEGING.

Alles werd natuurlijk weer opnieuw uitgemeten, ditmaal met portrettekeningen van mijn vader erbij. In sommige kranten stond vermeld dat wij inmiddels op een geheim adres in Amsterdam woonden en de schrik sloeg mijn moeder alweer om het hart, dat men in onze buurt, ondanks het feit dat wij als Teunissen door het leven gingen, alsnog zouden ontdekken wie wij waren.

Volgens de rechtbankverslagen had mijn vader de zitting terneergeslagen gevolgd, zijn hoofd vrijwel constant gebogen, de handen over elkaar, slechts

1 Pas vanaf september 1988 is het begrip TBS ingevoerd. Voor die tijd heette dit TBR.

af en toe even onzeker opkijkend of luisterend naar wat er werd gezegd. Zijn laatste woord had hij echter goed en zonder haperen uitgesproken: 'Ze zullen me met open armen ontvangen als ik terugkom'. De uitspraak leidde tot nogal verontwaardigde en smalende reacties bij mijn moeder en andere familieleden, zoals mijn zuster Brigit. Het was typisch mijn vader. Heel voorzichtig waren we weer begonnen met hem te bezoeken en het contact enigszins te herstellen. En wat concludeert hij dan direct: dat we hem met open armen ontvangen. Mijn moeder, en dat gold voor mij ook, was helemaal niet blij met die uitspraak. Hij riep bij veel mensen – terecht – vragen op en leidde tot nieuwe schimpscheuten in onze toch al zo klein geworden vriendenkring. Hoe kun je een dubbele kindermoordenaar nu met open armen ontvangen? Het was net alsof wij niet beseften wat hij had gedaan, terwijl de waarheid was dat we dat maar al te goed wisten, veel beter dan ons lief was. Ons leven stond er al maandenlang van op z'n kop.

VII. Niet welkom bij de politie

De uitspraak van de Amsterdamse rechtbank, twee weken later, op 3 april 1975, was iets milder dan de straf die de officier van Justitie had geëist. In plaats van levenslang werd mijn vader twintig jaar gevangenisstraf opgelegd. Voor een man van 53 jaar maakte dat misschien feitelijk niet zo heel veel verschil meer, maar in theorie hield het in ieder geval de mogelijkheid in dat mijn vader ooit weer zou vrijkomen.

President mr. B. van der Waerden las het vonnis voor en het bleek dat de rechtbank, zoals mijn vaders advocaat mr. Abeln in zijn betoog al had bepleit, tot de slotsom was gekomen dat er hier geen sprake was van moord, maar van doodslag. De rechtbank nam dus aan dat mijn vader Bastiaan inderdaad in een opwelling van angst en paniek had gedood en dit delict niet 'in kalm overleg en na rijp beraad' had beraamd.

De rechtbank oordeelde dat zij met de gehoorde deskundigen – de psychiater en de psycholoog – van mening was dat mijn vader 'gevaarlijk is voor de maatschappelijke veiligheid en dat een langdurige verwijdering uit de maatschappij noodzakelijk is'. De rechters volgden ook de redenering dat psychotherapie bij mijn vader 'voorshands weinig kans van slagen heeft' en achtte daarom – ondanks de verminderde toerekenbaarheid – een 'zeer lange gevangenisstraf op haar plaats en noodzakelijk'. De rechtbank voegde daar in haar vonnis echter aan toe dat het altijd mogelijk was dat mijn vader 'te zijner tijd' alsnog kon worden overgeplaatst naar 'een meer op verpleging gerichte inrichting, indien zulks geboden blijkt'.

Mijn moeder en ik hoorden het vonnis van de advocaat van mijn vader, die direct na de uitspraak opbelde. Het was een eenzijdig, kort gesprek, omdat mijn moeder nauwelijks in staat bleek wat terug te zeggen en alleen af en toe door middel van wat keelgeluiden kenbaar maakte dat ze zijn uitleg snapte of instemde met wat de advocaat zei. Toen ze de hoorn neerlegde, zag ik dat haar ogen vol tranen stonden. Haar ademhaling ging moeizaam. Ze zweeg even, om haar emoties onder controle te krijgen en zei toen zachtjes: 'Twintig jaar, Paul... twintig jaar...' Natuurlijk, we hadden eigenlijk niet anders verwacht, maar nu het zover was, kwam de klap bij mijn moeder hard aan. De veroordeling was de formele bevestiging van het feit dat de man met wie zij zo lang had samengeleefd en van wie zij een kind had gebaard, iets verschrikkelijks had gedaan en dat hij waarschijnlijk nooit meer thuis zou komen.

Die avond belde mijn vader vanuit het huis van bewaring op en omdat mijn moeder in de keuken bezig was, nam ik de telefoon op. Ik had verwacht dat hij terneergeslagen zou zijn, maar hij klonk tamelijk monter, haast een beetje opgelucht. Hij vroeg of ik het nieuws al had gehoord en zei dat hij blij was dat de rechtbank nu had vastgesteld dat het geen moord, maar doodslag was geweest. In bijna elk gesprek dat wij voor de rechtszitting met hem hadden, had hij dit element van de zaak met een zekere wanhoop naar voren gebracht. Hij vond dat vreselijk belangrijk. En ook na de rechtszitting op 20 maart had hij tegen mijn moeder gezegd dat het hem vreselijk had gestoord dat de officier van Justitie maar aan zijn lezing, dat het hier moord betrof, was blijven vasthouden. De rechtszaak zelf had hij trouwens ervaren als een van de moeilijkste dagen in zijn leven, zo had hij haar toevertrouwd. Het feit dat alles van zijn gedrag en misdaden gedetailleerd aan de orde was gekomen, had hem nogal aangegrepen. Bij terugkeer in het huis van bewaring hadden de medegedetineerden hem bovendien uitgejouwd en gezongen: 'Lang zal hij zitten, lang zal hij zitten'.

Mijn vader kon zich met dit vonnis echter redelijk verenigen, zei hij, hoewel hij in zijn hart op een 'wat lagere straf' had gehoopt. Het feit dat het geen levenslang was geworden en de rechtbank van moord naar doodslag was gegaan, had echter aan een positieve gedachtevorming bijgedragen. Een vaststaande mening had mijn vader er echter nog niet over, want hij zei mij ook dat het 'toch wel' een hele zware straf was. En hoewel het vonnis nog maar net geveld was, was hij toch al in gedachten bezig geweest met zijn vrijlating. Ik dacht dat twintig jaar gewoon twintig jaar was en dat er aan het einde misschien wegens goed gedrag iets van af ging, maar mijn vader beweerde dat dit anders lag. Hij legde mij uit dat een derde deel van de opgelegde straf in Nederland normaal gesproken niet hoefde te worden uitgezeten en in de gauwigheid had hij al precies uitgerekend wat dat voor hem betekende. 'Ik kom vrij op 7 december 1987,' zei hij. En na een kleine stilte: 'Dan ben ik op een maand na vijfenzestig jaar.' Kennelijk werd z'n straf met dit rekensommetje meer tastbaar voor hem, want hij voegde er een beetje bedrukt aan toe:

'Dat duurt nog wel afschuwelijk lang, vind je niet, Paul?' Ik had er eigenlijk op gerekend dat mijn vader twintig jaar had moeten zitten en was verrast door die dertien jaar, maar voelde aan dat ik niet tegen mijn vader kon zeggen dat het dan wel meeviel. 'Eh... ik ben dan dertig,' zei ik daarom, wat goed beschouwd geen antwoord op zijn vraag was.

Na een paar dagen bedenktijd neigde mijn vader er toch toe om tegen het vonnis in hoger beroep te gaan. Hij vond dat de rechtbank hem ter beschikking van de regering had moeten stellen en vreesde dat de opgelegde celstraf op zijn gevorderde leeftijd in de praktijk toch levenslang inhield. Mijn moeder was met dat voornemen niet gelukkig en stelde hem in het vooruitzicht dat de zaak op die manier in de publiciteit zou blijven en wij – maar zeker ook de ouders van de vermoorde kinderen – daar telkens mee geconfronteerd zouden worden. Wij waren aan rust toe. Bovendien, een hoger beroep hield ook als risico in dat men toch voor de moord-constructie zou kiezen en er een echt levenslang vonnis zou worden geveld. En de kans dat men de straf echt zou verminderen, was werkelijk minimaal. Mr. Abeln, de advocaat van mijn vader, zag dat precies zo. Mijn vader was van dat soort argumenten echter moeilijk te overtuigen. Hij wilde als het ware een nieuwe kans wagen. Nu was het natuurlijk ook zijn leven en hij moest die straf uitzitten, maar hij moest zich daarbij realiseren dat alles wat hij deed of naliet ook voor ons directe gevolgen had. Pas toen hem door Justitie informeel werd medegedeeld dat hij een grote kans maakte om spoedig in een TBS-kliniek te worden opgenomen en dus niet jarenlang in een gevangenis de vijandigheid van zijn medegedetineerden hoefde te trotseren, veranderde hij van mening en trok het formeel reeds aangetekende hoger beroep in.

Nu de zaak juridisch was afgerond en de zaak ook geen publiciteit meer trok, konden we eindelijk ons leven weer een beetje op poten gaan zetten, zonder dat elke dag in het teken stond van mijn vader en zijn daden, hoewel we ons er terdege van bewust waren dat de echte verwerking daarvan nog jarenlang in beslag zou nemen, voor zover je van zoiets al ooit los zou komen.

Op school ging het heel redelijk met me. Ik haalde het derde jaar en koos voor het laatste jaar de richting fijnmetaal, veel werken op een draaibank. Je moest er precies voor zijn en je goed kunnen concentreren en dat ging me heel aardig af. Ik vond het ook echt leuk om mooie dingen te maken. De sfeer op school was goed. Ik kon eigenlijk nooit meer merken dat er over mij of mijn vader werd gesproken. Na de rechtszitting was de belangstelling even opgeleefd, maar daarna volledig verstomd. Ik had het ook erg naar mijn zin op school, niet in de laatste plaats omdat ik er een heel aardig contact had opgebouwd met Leroy Leisner, mijn gymleraar. Leroy was een hele goede basketbal-eredivisionist en bracht mij ook aan het basketballen. Ik vond het een geweldige sport en hoewel ik eigenlijk met 1,80 meter een beetje aan de kleine kant ben, blonk ik er toch in uit. Door training en aanmoedigingen van Leroy ging ik later ook in clubverband basketballen. Ik zat bij het toenmalige Delta LLoyd/AMVJ, een gerenommeerde club, en haalde er later uiteindelijk als 'guard' het tweede herenteam.

Ook ging ik op karateles. Van nature was ik tamelijk onzeker en die hele zaak rondom mijn vader had dat gevoel aangewakkerd. De onverwachte gebeurtenissen hadden me bovendien een nogal kwetsbaar gevoel gegeven. Van het ene op het andere moment was mijn vader uit mijn leven verdwenen en bleek dingen te hebben gedaan die ik op dat moment gewoon niet voor mogelijk hield. Karateles zou mij wat meer zelfvertrouwen geven, meer geloof in eigen kunnen, had mijn zus geadviseerd. Zij had een paar vrienden die deze sport beoefenden en was er nogal opgetogen over. Ik begon er eerlijk gezegd nogal sceptisch aan, want ik was helemaal geen vechtersbaas, maar gaandeweg ging ik het steeds leuker vinden. Ik merkte ook dat het juist een sport is voor mensen die er niet zomaar op los meppen. Het brengt je namelijk vooral beheersing bij en niet te vergeten zelfvertrouwen. Het is een soort ongeschreven verzekeringspolis. Je weet: ik hoef niet bang te zijn en daardoor straal je kracht en zelfvertrouwen uit, wat een conflict dikwijls al in de kiem smoort.

Met mijn moeder ging het fysiek niet zo heel goed. In het jaar dat achter ons lag, had zij een paar jaar ingeleverd. Ze was in snel tempo grijs geworden. De astma-aanvallen waren niet meer weg te denken en omdat ze inmiddels ook dik in de vijftig was, bewoog ze moeizamer en was sneller moe dan voorheen. Ook haar ogen waren achteruitgegaan, wat voor haar naaiwerk een handicap vormde. Toch was haar niets te veel om mij een goede opvoeding te geven. Ik kreeg autorijlessen en ging op dansles. Het was duur, te duur in feite, maar volgens mijn moeder hoorde het bij de opvoeding. De stacaravan in Epe, waar we zoveel plezierige vakanties hadden beleefd, werd door haar en Brigit verkocht. Op camping De Veldkamp, waar mijn vader was gearresteerd, konden we ons niet meer vertonen. Iedereen kende ons daar en wist wat er was gebeurd. Na een poosje vond mijn moeder echter een andere aardige camping in het plaatsje Wekerom, vlakbij Barneveld, waar we vanaf dat moment in de weekenden regelmatig naar toe gingen, al kwam die gezellige, ongedwongen campingsfeer van vroeger nooit meer terug. Daarvoor was er met ons allemaal te veel gebeurd.

Met mijn straatgenootje Pamela kreeg ik ondertussen een beetje verkering. We zaten dikwijls samen op de zolderkamer aan de Woestduinstraat en hoewel mijn moeder heus wel wist dat we daar niet altijd zaten te ganzenborden, liet ze dat oogluikend toe.

Langzaam kwamen we op adem en er waren momenten dat ik alle ellende van het jaar daarvoor even vergat. Pamela wist overigens nog steeds niet beter dan dat mijn vader was overleden en ze had er ook nooit meer naar gevraagd. Ik merkte ook bij anderen, onder meer op de basketbalclub, dat ze nooit durfden door te vragen als je vertelde dat je vader dood was. Een gevoel van verlegenheid en de angst een gevoelig onderwerp aan te snijden, weerhield iedereen van verdere vragen en daar ging het mij om.

Het contact met mijn vader beperkte zich in die tijd tot af en toe een telefoontje of een briefje. Nogal oppervlakkig. Ik had het met school, een vriendin, sporten en rijles gewoon erg druk gekregen. Mijn moeder ging wel bij hem langs, maar ook niet echt vaak, vooral omdat ze er meestal gedeprimeerd van terugkwam. Na verloop van tijd werd thuis ook steeds minder over hem gesproken, omdat we daar niet vrolijker van werden. In feite hadden we het alleen over hem als hij zelf belde of brieven schreef. En verder probeerde iedereen er op zijn eigen manier mee om te gaan. Mijn zus Brigit was in het begin een aantal keren naar mijn vader geweest, maar na de rechtszitting hield ze dat een beetje voor gezien. Voor haar hadden de bezoeken vooral een functioneel karakter gehad. Zij had mijn moeder veel uit handen proberen te nemen en na de arrestatie van mijn vader had ze ontzettend veel praktische dingen geregeld. Zij had gesprekken en onderhandelingen met de advocaat gevoerd, de reclassering, de recherche, de woningbouwvereniging en ze had ook mijn moeder en mij zoveel mogelijk geestelijk opgevangen. Ze had brieven geschreven, financiële zaken geregeld en contacten met andere familieleden onderhouden. Om die reden was ze ook een paar keer bij mijn vader op bezoek geweest. Niet zozeer omdat ze heel erg met hem te doen had, ik zou haast zeggen integendeel: ze projecteerde wat er met Bastiaan en Helene was gebeurd dikwijls op haar eigen kinderen, Michel en Marcella.

Het was dan ook extra triest dat haar huwelijk met Willem M. geen stand hield. Tijdens een vakantiereis naar Spanje had Willem een relatie met een hostess van een reisbureau gekregen. Bij terugkeer in Nederland had hij voor zichzelf de knoop doorgehakt en gezegd dat hij liever met z'n vakantievriendin doorging. Ineens was de situatie omgedraaid en nu moesten mijn moeder en ik Brigit aan alle kanten helpen en begeleiden. Zij kwam met haar dochtertje Marcella – Michel bleef bij Willem – bij ons op die kleine etagewoning aan de Woestduinstraat inwonen. Ik verhuisde definitief naar de zolderkamer, mijn moeder sliep in het voorkamertje en Brigit sliep samen met de kleine Marcella in het achterkamertje. Het was allemaal veel te benauwd, maar toch wel gezellig. Door alle toestanden had ik met mijn zus al een veel betere band gekregen en die verstevigde zich nu alleen maar. Het was eigenlijk een rare situatie: ik zat als jongeman met twee vrouwen op een woning, die allebei op nogal abrupte en vreemde wijze hun man waren kwijtgeraakt en dit probeerden te verwerken.

Doordat we zo dicht op elkaar zaten, merkte ik wel dat alle problemen mijn zus niet onberoerd hadden gelaten, hoe flink ze zich ook altijd had getoond. Geestelijk had ze er een behoorlijke opdoffer van gekregen. Ze dronk veel en ging bijna elke dag naar de kroeg. In feite verwaarloosde ze zichzelf een beetje en gaf daardoor ook Marcella te weinig aandacht. Ik heb haar dikwijls 's avonds uit zo'n tent opgehaald omdat ze anders niet zou eten en dan liepen we arm in arm, en door haar beschonkenheid een beetje zwalkend, over straat. Dat was best lachen, maar het gebeurde ook wel eens dat ze dan van het ene op het andere moment spontaan begon te huilen en instortte. Ze dronk om te vergeten, zo bleek mij na verloop van tijd. Ze trok zich alle gebeurtenissen en het noodlot van mijn moeder erg aan. 'Hoe kan het toch dat ze twee keer zo'n klootzak treft...' huilde ze dan, refererend aan haar eigen vader Henk Frankot en haar stiefvader Gerard Spruit. Brigit vertelde me dat ze een paar keer op het punt had gestaan om contact op te nemen met de ouders van de vermoorde kinderen, omdat ze vond dat ze iets van zich moest laten horen, maar dat ze dit voornemen telkens op het laatste moment niet had uitgevoerd. Het bleef haar echter dwars zitten.

De tijd ging snel voor mij in die periode en voor de onwetende buitenwacht ontstond het beeld van een jonge knaap van ruim achttien jaar voor wie het leven nog volop kansen en uitdagingen in petto had. Ik had mijn rijbewijs, was een zeer behoorlijke basketballer en haalde bij karate de ene band na de andere. Zonder noemenswaardige problemen slaagde ik ook voor mijn LTS-diploma en stapte over naar de MTS, net als mijn stiefbroer Gerard had gedaan.

Mijn vader werd in september 1976 vanuit het Penitentiair Selectie Centrum in Den Haag overgeplaatst naar de zogenoemde Rijks Inrichting Veldzicht in de gemeente Avereest, bij Dedemsvaart in Overijssel. Men was tot de conclusie gekomen dat mijn vader niet in een gewone gevangenis thuishoorde, maar in een TBS-kliniek, zonder overigens tot terbeschikkingstelling te zijn veroordeeld. Een wettelijke bepaling, waar de Amsterdamse rechtbank in haar vonnis al op had gewezen, liet echter toe dat een veroordeelde op basis van vrijwilligheid zijn opgelegde straf ook in een kliniek kon uitzitten, als daar tenminste medische of psychische indicaties voor waren. En die waren er bij mijn vader voldoende. In het Penitentiair Selectie Centrum hadden de specialisten hem omschreven als iemand met een kinderlijke persoonsstructuur, een geringe frustratietolerantie en impulscontrole. Bovendien vond men daar dat hij erg egocentrisch was ingesteld.

Ondanks deze diagnose reageerde de rechterlijke macht in Amsterdam zeer gepikeerd op de overplaatsing van mijn vader. De officier van Justitie, mr. Von Meyenfeldt, had in zijn requisitoir immers betoogd dat er wat hem betrof absoluut geen behandeling had hoeven plaatsvinden en dat de beveiliging van de maatschappij voorop stond. En nu moest hij concluderen dat mijn vader nauwelijks een jaar later toch al in een kliniek terecht was gekomen. Mijn moeder en ik waren er echter bepaald niet rouwig om. Wij vonden ook dat hij eerder in een kliniek hoorde dan in een gevangenis, waar hij geen leven had. Medegedetineerden zagen het als een vorm van afleiding en vermaak om hem te treiteren en te mishandelen wanneer ze maar de kans kregen. Bij een kindermoordenaar was alles geoorloofd. Gevolg was dat mijn vader niet of nauwelijks uit z'n celletje kwam. De medische, hospitaalachtige uitstraling van een TBS-kliniek bevestigde bovendien onze overtuiging dat mijn vader ziek was.

Mijn overstap naar de MTS was een verkeerde gok geweest. Ik vond het er niet echt leuk en de lessen borduurden ook te weinig voort op de vaardigheden die ik op de LTS had opgedaan. Daardoor was ik niet geïnteresseerd en dat was aan mijn cijfers af te lezen. Na een half jaar hield ik het voor gezien en besloot te gaan werken. Tot verbazing van mijn moeder en zus kondigde ik aan dat ik bij de politie wilde. Ze hadden min of meer gedacht dat ik daar na alle toestanden een afkeer van had gekregen, maar het tegenovergestelde was eigenlijk het geval. Ik had bewondering voor de wijze waarop ze de zaak van mijn vader uiteindelijk hadden opgelost, ook al had Justitie daarbij in het verleden misschien wat steken laten vallen. Het werk trok me aan, niet alleen vanwege de actie, maar ook vanuit een soort rechtvaardigheidsgevoel. Ik solliciteerde bij de Amsterdamse politie en werd met nog een stuk of vierhonderd kandidaten opgeroepen in het gebouw De Eenhoorn, vlakbij het Amstelstation in Amsterdam. We moesten twee dagen lang bepaalde testen doen, zowel psychisch als fysiek, wat mij door de basketbal- en karatetraining prima afging. Het gros van de gegadigden viel in dat weekend af, maar ik bleef met nog enkele tientallen over en ging er vanuit dat ik de eerste ronde gehaald had. Er moest alleen nog een individueel gesprek plaatsvinden met een of andere politiefunctionaris. Na de geslaagde tests voorzag ik geen problemen, maar het gesprek bleek voor mij toch het eindpunt te zijn. De interviewer voelde zich er niet gemakkelijk onder en draaide er aanvankelijk wat omheen, maar zei uiteindelijk toch waar het op stond: 'Het spijt me, maar er is iets niet goed verlopen, want je had nooit tot deze sollicitatieprocedure toegelaten mogen worden...' Ik keek hem verwonderd aan. Hoezo niet? 'Nou,' antwoordde de man voorzichtig, 'er zitten in het korps heel wat mensen voor wie de naam Spruit zeer beladen is. Het verleden van je vader speelt bij ons nog steeds een belangrijke rol. Het lijkt ons niet geslaagd als de veroordeelde Spruit en de politieman Spruit bij ons door elkaar lopen.' Ik was verbaasd. Als ik nu van één instantie de stelregel 'zo vader-zo zoon' niet had verwacht, was het de politie wel. Ik werd nu afgewezen, zeg maar veroordeeld, op de daden van mijn vader. Ik vond het onredelijk. Het was zo'n beetje de eerste keer dat dit zo duidelijk gebeurde. En naar ik later zou ervaren: ook niet de laatste keer.

Ik vond kort daarna gelukkig een ander baantje, dat bovendien meer aansloot bij mijn vooropleiding. Ik werd leerling instrumentmaker bij Briljant Plastics Amersfoort (BPA), in hun filiaal aan de Lijnbaansgracht in Amsterdam. Het bedrijf maakte mallen en matrijzen voor bijvoorbeeld eierdopjes, plastic lepeltjes en bekers. Het was best een leuke job. Ik verdiende aardig, had inmiddels mijn rijbewijs en reed in een autootje rond, wat mijn gevoel van vrijheid vergrootte.

Deze voorspoed duurde echter niet zo heel lang. Na een half jaar verhuisde het bedrijf naar het zuiden van het land en ik werd voor de keus gesteld: meegaan of afvloeien. Ik zag er niets in om te verhuizen en wilde dat ook mijn moeder niet aandoen. Zij had mijn steun nodig en die zou grotendeels wegvallen als ik ergens in Brabant zou wonen. Ik pakte daarom maar een paar maanden salaris mee en nam vrijwillig ontslag, in de veronderstelling dat ik weer snel nieuw werk zou hebben. Mijn relatie met mijn vriendinnetje Pamela liep in die tijd ook op de klippen. Haar vader, voor wie we altijd drank hadden gehaald, overleed plotseling. De afwikkeling daarvan zorgde ervoor dat we elkaar een poosje niet zagen en het contact verwaterde daarna snel. Kennelijk hielden we het allebei wel een beetje voor gezien, zonder dat met zoveel woorden te zeggen. Zij had in ieder geval kort daarna weer een andere vriend bij ons in de buurt en dat zei natuurlijk genoeg.

Het contact met mijn vader bleef op een laag pitje staan. Mijn moeder was inmiddels zo slecht ter been dat zij de reis naar Avereest niet goed meer kon maken, haar astma stond al te veel inspanningen, vooral lang reizen, in de weg. In de kliniek waar mijn vader zat, vond men contact met het thuisfront echter van groot belang voor het genezingsproces van mijn vader. En toen mijn moeder aankondigde dat zij niet meer kon komen, had men vanuit de kliniek contact opgenomen met het ministerie van Justitie in Den Haag en gevraagd of mijn vader in het belang van zijn therapie periodiek begeleid verlof kon krijgen om naar Amsterdam te komen. Op het ministerie werd dit verzoek met de grootste omzichtigheid en geheimhouding behandeld. Als zou uitlekken dat mijn vader zo kort na zijn veroordeling alweer verlof kreeg, zouden de kranten ongetwijfeld bol staan, want dit was nu juist de reden geweest dat officier van Justitie mr. Von Meyenfeldt zich met hand en tand had verzet tegen een TBS-vonnis.

Na veel vijven en zessen werd op hoog niveau besloten dat mijn vader driemaal per jaar in een dienstauto met minimaal twee begeleiders bij ons een paar uur op bezoek zou mogen, met als bijzondere bijkomende bepaling dat deze regeling tenminste drie jaar niet verruimd mocht worden. Toen mijn moeder van al deze voorwaarden hoorde, heeft ze het bezoek geweigerd, dit tot teleurstelling van mijn vader uiteraard. Mijn moeder was echter bang dat alle veiligheidsmaatregelen en de zichtbare aanwezigheid van de begeleiders onze anonimiteit in de buurt zouden opheffen. Als iemand in de straat mijn vader toevallig zou herkennen, of de pers van deze regeling lucht zou krijgen, dan was het op slag met onze rust gedaan. Het was geen makkelijke beslissing voor mijn moeder, vooral omdat ze van mijn vader had begrepen dat hij erg naar dit bezoek verlangde. Ze was er echter vastbesloten in. 'Ik kan het niet meer aan als de stenen hier weer door de ruiten vliegen, of dat we opnieuw gedwongen moeten verhuizen,' zei ze.

Het was echter meer dan een risico-afweging over onze anonimiteit die mijn moeder in die periode maakte. Haar beslissing niet mee te werken aan een dergelijk bezoek hield in feite in dat ze definitief afstand nam van mijn vader. Dat ze geen geloof meer had in een toekomst waarin hij nog een rol kon spelen. Ik ben er van overtuigd dat als ze daar nog een sprankje hoop voor had, ze op een of andere manier wel aan het bezoek zou hebben meegewerkt. Mijn moeder was in de achterliggende maanden echter steeds meer tot bezinning gekomen en het verblijf van mijn vader in de gevangenis en de kliniek had niet alleen geografisch voor verwijdering tussen hen gezorgd. Mijn moeder was zich er steeds meer bewust van geworden dat zij met deze man nooit meer zou kunnen samenleven, dat haar en zijn leven daarvoor in ieder geval niet lang genoeg zouden duren om de opgelopen psychische schade met bijbehorende vertrouwensbreuk te kunnen herstellen. Daar moet bij vermeld worden dat het er ook niet naar uit zag dat mijn vader spoedig zou 'genezen'. Zijn persoonlijkheid was vanaf zijn veertiende jaar tot aan zijn arrestatie scheefgegroeid en dat probleem werd natuurlijk niet met een paar bezoekjes aan de psychiater opgelost. In de kliniek kreeg mijn vader libido-dempende middelen toegediend en dan was hij redelijk rustig en ontspannen, maar zodra hij die medicijnen niet nam, werd hij onrustiger en dan bleek ook dat zijn seksuele fantasieën en voorkeuren bepaald niet verminderd waren. Integendeel, zijn gedachten werden er vaak door beheerst. Later hebben wij zelfs nog eens gehoord dat mijn vader een tijd lang ernstig van slag is geweest, toen er in de kliniek een kerstkoor kwam waar een jongetje van een jaar of twaalf in zong. Min of meer tot zijn eigen schrik had mijn vader toen geconstateerd dat zijn begeerten nog even sterk waren als in de jaren voor zijn arrestatie.

Ook Johan, mijn halfbroer, ging na een poosje niet meer bij mijn vader op bezoek. Johan vond het gedrag van mijn vader in de kliniek egoïstisch en onsympathiek en het stoorde hem steeds meer dat mijn vader het telkens had over z'n eventuele vrijlating in 1987 en de toekomstplannen die hij allemaal had, terwijl hij nimmer oprecht enige interesse toonde in het doen en laten van Johan zelf. Hij vroeg zich volgens Johan ook onvoldoende af hoe anderen tegen de gebeurtenissen en het verleden aankeken en hoe zij dit probeerden te verwerken. Nee, het was steeds meer ikke, ikke, ikke bij mijn vader. Na een periode van inkeer en schuldbewustheid was hij weer een beetje dezelfde kant als vroeger op gegaan. Na zijn arrestatie had hij zijn eigen dominante karaktertrekken waarschijnlijk een poosje onderdrukt, maar deze kwamen nu weer langzaam tevoorschijn. Ik merkte het ook in de contacten die ik met hem had. Hij werd betweteriger en bemoeizuchtiger en bracht ieder gespreksonderwerp binnen een mum van tijd op zichzelf. De frustratie hierover werd op een gegeven moment zo groot dat Johan het niet meer op kon brengen op bezoek te gaan. Hij verkondigde dat zijn stiefvader wat hem betrof had opgehouden te bestaan en dat hij niet langer met hem en zijn verleden geconfronteerd wilde worden. Mijn moeder nam dit soort berichten voor kennisgeving aan en deed geen moeite familieleden op andere gedachten te brengen. Ze had er begrip voor en had zich voorgenomen dat ze iedereen volkomen vrij zou laten in de beslissing wel of geen contact te onderhouden. Maar duidelijk werd wel dat gaandeweg de een na de ander afviel. En dan heb ik het nog maar niet over Gerard junior, die in feite in een veel vroeger stadium al had afgehaakt en niets meer met z'n vader te maken wilde hebben.

Ik rommelde ondertussen wat met baantjes bij een uitzendbureau en deed koeriersdiensten voor bedrijven. Een vaste job was in die tijd niet echt makkelijk te vinden. Daar kwam verandering in toen Carel Logger, de halfbroer van mijn vader, eens bij mijn moeder op bezoek kwam. Hij was een van de weinigen die altijd contact met mijn moeder heeft gehouden en zich ons lot aantrok. Voor de rest van de familie van mijn vaders kant was de zaak volledig onbespreekbaar. Zij hadden hem, net als ik eigenlijk voor de buitenwacht had gedaan, doodverklaard. Bij familiefeestjes en andere gelegenheden werd mijn vaders naam nooit genoemd en als iemand het waagde hardop aan zijn bestaan te memoreren, viel er op slag een pijnlijke stilte.

Carel Logger was het enige kind geweest uit het tweede huwelijk van mijn vaders moeder, nadat Gerard Spruit sr., de hardhandige timmerman, aan

TBC was overleden. Oom Carel was een aardige vent en toen hij hoorde dat ik zonder werk zat, bood hij me direct een baan aan in zijn radio- en tv-zaak in Amsterdam-Zuid. Ik kon leerling-tv-monteur worden en met mijn LTS-opleiding was het geen probleem om de beginselen van dat vak snel onder de knie te krijgen.

Ik volgde een korte opleiding en werd daarna in de buitendienst geplaatst. Daar bleek al snel dat ik in feite meer een verkoper was dan een reparateur. In principe kon ik simpele dingetjes zelf herstellen, maar bij grotere defecten moest ik alleen een diagnose stellen van wat er aan de hand was. Ik keek dan een beetje ingewikkeld, rommelde met wat spanningsmetertjes, fronste mijn wenkbrauwen een paar keer en zei dan: 'Nou mevrouw, volgens mij kunt u beter een nieuwe kopen, want reparatie van dit kassie wordt volgens mij een dure kwestie...' Ik speelde dit kennelijk goed, want het gevolg was meestal dat de mensen inderdaad een nieuwe tv bij mijn oom kochten.

Al met al zag de toekomst er zo weer goed uit, dacht ik, na een wat rommelig jaar, waarin ik van school was gegaan, weggestuurd was bij de politie, m'n verkering was kwijtgeraakt, mijn eerste baantje had opgezegd en de nodige toestanden had gehad om mijn zus Brigit in het gareel te houden. Wat ik op dat moment echter niet wist, was dat dit ongerief volkomen in het niet zou vallen bij wat zich kort daarna in ons gezin zou aandienen.

Het was de onverwachte terugkeer van Hendrik Frankot.

VIII. Dronkaard mishandelt moeder

Mijn moeder liep haar ex-man Henk Frankot letterlijk tegen het lijf toen zij op een zomeravond in 1978 met onze hondjes Teddy en Bambi een wandelingetje maakte langs de Westlandgracht. Frankot beweerde dat het puur toeval was geweest, maar ik heb daar altijd mijn twijfels over gehad en verdacht hem er van dat hij deze ontmoeting handig in elkaar had gedraaid. Frankot woonde zelf in de buurt van de Ferdinand Bolstraat en had 's avonds aan de Westlandgracht, vlak achter onze woning, helemaal niets te zoeken en hij heeft er ook nooit een afdoende verklaring voor gegeven. Maar goed, wel of geen toeval, hij was er en hij zou voorlopig ook blijven.

M'n moeder was met hem aan de praat geraakt en ze hadden het over vroeger gehad, maar natuurlijk ook over het meer recente verleden en de gebeurtenissen rondom mijn vader. Henk Frankot had zelf alweer twee huwelijken achter de rug. Een echtgenote was twee jaar na hun trouwdag overleden en van de andere was hij na negentien jaar huwelijk en drie kinderen gescheiden. In feite liep zijn levensloop verrassend parallel met die van mijn moeder, want zij was ook negentien jaar met mijn vader getrouwd geweest, toen hun huwelijk door zijn arrestatie als het ware werd ontbonden. Frankot was de wettige vader van Brigit en Johan, maar had zich na alle scheidingsperikelen met mijn moeder bitter weinig van hen aangetrokken.

Dit alles belette mijn moeder niet om hem na die onverwachte ontmoeting bij ons thuis op de koffie te vragen: 'Om eens bij te praten'. Het was maar voor een keer, zei ze tegen ons, maar toen Frankot eenmaal een voet tussen de deur had, kwam hij vaker. Brigit en ik vonden dat niet echt geslaagd. Zij had me inmiddels verteld dat zij als kind door hem was misbruikt en hoewel ze dat feit nooit bewust heeft ervaren, er zich althans niets van kon herinneren, heeft ze altijd een bepaalde wrok tegen hem gekoesterd. Als hij binnenkwam, stond zij direct op en ging weg. Ik vond Frankot een beetje een bluffer, een patserig type. De gesprongen adertjes in zijn ogen en zijn altijd opgezette, klamme huid verraadden dat hij zelden nuchter was. Zijn gezicht was pafferig. De drankfles was nog steeds zijn beste partner. Hij zat nog altijd in de antiekhandel, naar zijn zeggen althans, waardoor hij zich een onregelmatige levenswandel kon permitteren. Frankot had overigens wel gevoel voor humor, je kon met hem lachen, als hij tenminste nuchter was. Zo zei hij tegen kennissen en familieleden die hem bij ons thuis troffen en vroegen wat hij de afgelopen negentien jaar had gedaan, altijd: 'Ik ben even sigaretten wezen halen'. Zodra hij een slok op had, werd hij cynisch en grof. Voor zijn plotselinge rentree kende ik hem alleen van horen zeggen en ik stond daarom redelijk neutraal tegenover hem. Hij deed in het begin bovendien aardig tegen mijn moeder en dat vond ik belangrijk. Ik zag dat zij weer wat opfleurde. En wat er in het verleden precies tussen hen was voorgevallen, deed niet af aan het feit dat Frankot haar eerste en waarschijnlijk ook enige liefde was geweest. Met mijn vader had mijn moeder immers in feite een soort van verstandshuwelijk gesloten.

Het contact tussen Henk Frankot en mijn moeder rommelde op deze manier een paar maanden door. Op het laatst ging er echter geen dag meer voorbij, of hij kwam 'effe een bakkie doen', zoals hij een kopje koffie drinken noemde. Dat resulteerde er overigens altijd in dat hij ook bleef eten en televisiekijken en pas 's avonds laat, als het bier op was, naar de kroeg ging. En op een gegeven moment gebeurde het haast onvermijdelijke: mijn moeder en Frankot begonnen te praten over samenwonen. Althans, Frankot kleedde dat weer slim in en stelde dat het onder deze omstandigheden toch wel 'onhandig en duur' was om twee woningen aan te houden. Er zou heel wat geld overschieten – voor wie, vroeg ik me argwanend af – als een van hen geen huur meer hoefde te betalen.

Het probleem was echter dat Brigit ook nog steeds op de Woestduinstraat woonde en dat de woning echt te klein was om er nog een volwassen man bij te nemen. Maar alsof Frankot er zelf de hand in had gehad, kreeg zij in die periode juist een woning in de Pretoriusstraat aangeboden, in de Afrikanerbuurt bij het Amstelstation, en maakte zodoende letterlijk plaats voor haar vader. Frankot trok bij ons in en mijn aanvankelijk gematigde mening over hem veranderde bijna nog dezelfde dag. Nu hij voet aan de grond had bleek hij een bemoeizuchtige, raaskallende alcoholist. De stemming tussen ons werd al snel ijzig. Dat maakte de situatie er thuis niet makkelijker op, want ik had met mijn moeder een hechte vertrouwensrelatie. Ik besprak altijd alles met haar, maar juist dat aspect van ons contact zinde Frankot allerminst, omdat hem dit een soort tweederangsgevoel gaf. Hij probeerde mijn rol, als een soort 'heer des huizes', over te nemen en wilde mij voorschrijven wat ik wel en niet moest doen, terwijl ik dat inmiddels een paar jaar zelf uitmaakte. Als hij mij iets probeerde op te leggen, vroeg ik altijd: 'En wie ben jij dan wel?'

Frankot was naar zijn zeggen al een tijd gestopt met drinken, maar bij ons thuis was daar niets van te merken. Hij begon het in ieder geval in hoog tempo weer te doen. En als hij gedronken had, werd hij snel onbeheerst en brutaal. Dan werd hij lastig en verloor alle verhoudingen uit het oog. Hij was nog maar kort bij ons in huis, toen hij met een slok op mijn moeder commandeerde iets voor hem te pakken of te regelen. Omdat mijn moeder slecht ter been was, ging het hem waarschijnlijk niet snel genoeg en hij snauwde: 'Nou, komt er nog wat van!?' Ik hoorde dat toevallig en zei tegen hem: 'Hé hé, zo praat je niet tegen mijn moeder...' Frankot stond direct op, liep op mij af en vroeg provocerend: 'Sinds wanneer heb jij daar wat over te zeggen?' We werden nog van elkaar gescheiden door een ronde salontafel, die in het midden van de kamer stond. Frankot maakte een beweging alsof hij me daarover heen wilde slaan. Hij was een grote, zware man. Ik was zelf maar 1,80 meter en met ruim zeventig kilo was ik allesbehalve een zwaargewicht. Mijn moeder zag wat er gebeurde en wilde tussenbeide komen, maar dat was niet nodig. Ik was misschien klein, maar ik had inmiddels wel de zwarte band karate en mijn reflexen waren in orde. Precies op het moment dat mijn moeder mij bij de tafel wilde wegtrekken, haalde ik boven haar hoofd plotseling uit en raakte Frankot onder op z'n kin. Pats, in één keer raak! Hij keek me een moment glazig aan en tolde toen over de salontafel heen op de vloer en bleef daar, mede onder invloed van de nodige drank, knock-out liggen. Toen mijn moeder na een paar minuten een dokter wilde bellen, kwam hij kreunend weer tot bewustzijn. Ik wilde de zaak voor eens en altijd met hem uitpraten, in die zin dat ik even van hem wilde horen dat hij mijn moeder voortaan met meer respect zou behandelen, maar zij duwde me in de richting van de deur. 'Ga gauw weg, Paul,' smeekte ze, 'ga even een stukje wandelen, een boodschap doen. Dan trekt hij wel weer bij.' Het was dezelfde tactiek die mijn moeder altijd bij mijn vader had gehanteerd: even wandelen, totdat hij was afgekoeld. Maar ik wist gevoelsmatig dat het probleem daarmee niet was opgelost.

Mijn moeder probeerde Frankots gedrag te vergoelijken. 'Ach, hij heeft ook zijn spanningen, hij heeft veel meegemaakt,' zei ze. Later hoorde ik echter dat zijn andere huwelijken ook door overvloedig drankgebruik en daarop volgende mishandelingen waren stukgelopen. In dat opzicht waren het dus vooral zijn partners die veel hadden meegemaakt.

Met Brigit praatte ik veel over de situatie. Aan een kant begrepen we er niets van. Hoe kon mijn moeder nou weer met zo'n stuk ongeluk gaan samenwonen na wat zij allemaal met hem en mijn vader had meegemaakt? De een was pedofiel en zat voor kindermoord in de gevangenis, maar zijn plaats was geruisloos ingenomen door iemand die homofiel was en ooit zijn eigen kind had misbruikt. Krankzinnig gewoon. Je zou zeggen, het is te veel voor een mensenleven, maar ja, anderzijds waren al die bizarre ervaringen misschien wel juist de reden dat dit kon. Ik heb er met mijn moeder wel eens voorzichtig over gesproken en dan knikte ze begrijpend. 'Ach jongen,' zei ze, 'ik snap heus wel wat je bedoelt, maar ik ben inmiddels 56 jaar, wat moet ik nou nog? Jij gaat binnenkort je eigen weg en ik wil niet alleen achterblijven, ik kan ook niet alleen blijven. Ik heb iemand nodig.'

Het misbruik dat Frankot van Brigit had gemaakt, zag mijn moeder nu als een ongelukkig incident en zijn homofiele relaties, ach, het ging er nu meer om een partner te hebben, een levensgezel, dan een minnaar. De tijd dat ze daar naar verlangde was nu wel voorbij. Een ander voordeel van Frankot was dat mijn moeder hem niets over het verleden van mijn vader hoefde uit te leggen. Hij wist overal van. En dat zou natuurlijk altijd een gevoelig punt blijven als mijn moeder nog eens een vreemde man zou ontmoeten. Dan kwam onherroepelijk het moment dat ze zou moeten zeggen: 'Ik moet je nog iets vertellen...' De vraag was dan maar hoe zo iemand zou reageren. Mijn moeder kon en durfde dat soort confrontaties niet meer aan. En daarbij, zij was slecht ter been, hoe moest zij op haar leeftijd nog ooit iemand ontmoeten? In feite had ze geen keus meer en was Frankot, net als mijn vader destijds, precies op het goede moment weer in haar leven gekomen. Het was misschien allemaal begrijpelijk, of in ieder geval verklaarbaar, maar voor Brigit en mij was het daarom niet minder onverdraaglijk.

In de weekenden ging ik nog regelmatig met mijn moeder naar de camping in Wekerom. M'n zus Brigit en haar dochtertje Marcella kwamen meestal ook. Het was een aardige camping, maar ik ging vooral mee vanwege het uitgaansleven dat er in de omgeving was. Het was dan ook niet geheel toevallig dat ik er mijn nieuwe vriendin leerde kennen. Het was Marieke S., een op dat moment zeventienjarig meisje uit Ouderkerk aan de Amstel, dat met haar ouders ook op de camping stond. Ze was blond en mooi slank. Marieke was gezinshulp van beroep en werkte bij een of andere Kruisvereniging. Het begon als een soort campingliefde, maar omdat Ouderkerk aan de Amstel natuurlijk onder de rook van Amsterdam ligt, werd het algauw meer dan dat. Haar ouders waren daar overigens niet zo blij mee. Zij vonden mij al wat te volwassen voor hun dochter, maar er ontwikkelde zich toch een vaste verkering.

Na een poosje gingen we samenwonen op de zolderkamer in de Woestduinstraat. Het was klein, maar romantisch en avontuurlijk. Alleen als Henk Frankot er was, kwamen we zo min mogelijk beneden, want dat leidde alleen maar tot spanningen. Het leek wel alsof hij steeds vaker dronken was en daarbij ook agressiever werd. Soms konden we zijn getier op zolder horen. Mijn zuster Brigit kon daar slecht tegen. Toen Frankot tijdens een bezoek van haar weer eens een keer luidruchtig de stemming bedierf, had ze tegen hem gezegd: 'Houd jij je grote bek nou eens een keer, drankorgel!' Hij was toen woest geworden, had direct uitgehaald en daarbij mijn zus een tand uit haar mond geslagen. Tegen haar durfde hij wel. Ik was op dat moment niet thuis en daar had hij geluk mee, want ik was des duivels toen ik het hoorde. Mijn moeder bezwoer me echter dat ik me er niet mee moest bemoeien, dat het alleen maar meer ellende zou geven. In dat opzicht was ze geen schim meer van de strijdvaardige vrouw die ze vroeger was geweest. De vrouw die overvallers met een schaar de gracht in dreef, die haar man de deur uitzette toen hij haar dochter had aangeraakt. Nee, die weerbaarheid was weg, gesloopt door de voortdurende aanslagen daarop. En zo kon het dus gebeuren dat haar eigen dochter in haar eigen huis werd mishandeld, zonder dat ze in kon grijpen. In plaats daarvan probeerde mijn moeder alles te sussen en ze legde daarbij een vreemd soort optimisme aan de dag: 'Misschien gaat het morgen beter,' zei ze telkens. En dat, terwijl iedereen kon voorspellen dat het morgen alleen maar slechter zou gaan.

Frankot was overigens niet de enige met een drankprobleem. In dat opzicht was Brigit aardig aan hem gewaagd geraakt. Ze zat bijna elke avond in haar stamkroeg in de Pretoriusstraat. Als ik bij haar op bezoek ging, reed ik altijd eerst langs dat café, want de kans dat ze daar was was groter dan thuis. Haar huishouden en haar werk verwaarloosde ze. En Marcella zag er steeds slechter uit. Zij was inmiddels een meid van zeven jaar geworden en zat in de tweede klas. Ze had op school echter wat probleempjes, wat geen wonder was, omdat ze elke dag veel te laat naar bed ging. Ik nam die kleine meid daarom vaak mee naar de Woestduinstraat, waar ze tenminste goed te eten kreeg en onder de douche ging. Ik hield van haar, het was een parmantig schatje, heel gevat ook, en het ging me aan het hart dat haar leven op deze manier verliep. En zoals Brigit zich na de arrestatie van mijn vader over mij had ontfermd, nam ik nu zoveel mogelijk haar dochtertje onder mijn hoede. Het vervelende was alleen dat Frankot altijd begon te zeuren als ik met Marcella thuis kwam. 'Kan ze dat kind weer niet zelf verzorgen?' schimpte hij dan. Waarop ik altijd terugkaatste: 'Was je zelf zo'n goede vader dan?'

Het was duidelijk dat Marieke en ik niet meer al te lang op die zolderkamer konden blijven. Het was te klein en we moesten te veel rekening houden met de dronkemansluimen van Frankot. Marieke en ik hadden besloten om te gaan trouwen, maar voorwaarde was voor ons wel dat we dan een eigen woning moesten hebben. Omdat ik bij mijn oom Carel in de radio- en tv-zaak aardig verdiende en ook Marieke een volledige baan had, wilden we het liefst een huis kopen. Mijn broer Johan had in 1977 in Almere een woning gekocht en ik vond die huizen mooi en groot voor het geld dat hij er voor had betaald en dus gingen we daar ook op zoek. We kwamen terecht in Almere-Haven en vonden een mooie benedenwoning voor 119.000 gulden aan de Achterwerf, toevallig in de buurt van de woning van mijn halfbroer Johan.

Nu kwam natuurlijk ook het moment dat ik Marieke moest inlichten over mijn vader. Ik had dit al een paar keer uitgesteld, omdat het toch maar de vraag was hoe iemand op zoiets zou reageren. De meeste bruiden horen natuurlijk liever iets anders over hun aanstaande schoonvader. Marieke schrok ook behoorlijk toen ik het haar vertelde. Ze kende 'de zaak' overigens niet, omdat ze in 1974, toen mijn vader werd gearresteerd, nog maar een kind was. Na de eerste schok relativeerde ze het echter snel. We hebben er behoorlijk intensief over gesproken, wat voor mij in feite ook nieuw was, want buiten mijn moeder en zus om had ik het er nooit met iemand over gehad. Marieke vroeg me hoe ik zelf tegenover mijn vader stond en ik zei haar dat ik de laatste paar jaar eigenlijk geen contact meer met hem had, op een ansichtkaart of een telefoontje na. Ik vertelde haar een beetje over de ellende die we hadden meegemaakt, de bedreigingen, de gedwongen verhuizing, de naamsverandering, de klap die we er allemaal van hadden gekregen. Ik legde haar uit dat ik door het leed dat mijn vader ons had berokkend nogal haatdragend tegen hem was geworden. Maar ook dat ik hem ergens wel zielig vond en dat ik in mijn jeugd best een goed contact met hem had gehad. Marieke hoorde het allemaal aan en oordeelde tamelijk mild: 'Ik begrijp wel dat je misschien liever niets meer met hem te maken wilt hebben, maar het blijft toch je vader, wat hij ook gedaan heeft. Die man moet ziek zijn, hij kan er niets aan doen.' Ze stelde voor dat we voor ons huwelijk bij mijn vader op bezoek zouden gaan, zodat ze met hem kennis kon maken. Ik had er gemengde gevoelens over en vroeg me af of het wel verstandig was, maar stemde na enige aarzeling wel toe. Ik was al blij dat Marieke het zo opnam.

Kort na onze verhuizing naar de Achterwerf in Almere, ging het op mijn werk wat minder. Er speelden zich een paar vervelende akkefietjes af, waar ik niet goed uit naar voren kwam. Er was een paar keer geld verdwenen uit de zaak en er waren ook klachten binnengekomen van klanten. Onder meer van Xaviera Hollander, bij wie ik een reparatie aan de televisie had moeten verrichten toen zij niet thuis was. Ik was er samen met een hulpje naar toe gegaan en had het huis een beetje bekeken, terwijl hij wat dingetjes in de televisie controleerde. Kort daarna beklaagde Xaviera Hollander zich erover dat er een of ander beeldje was verdwenen en omdat mijn werkpartner zei dat ik in het huis had 'gesnuffeld', ontstond er een vertrouwensbreuk met mijn oom. Ik had met dat verdwenen geld niets te maken gehad en met dat beeldje evenmin, maar het had geen zin meer dat te bestrijden. Ik besloot op te stappen, ook al had dat heel vervelende consequenties, want er hing inmiddels wel een hypothecaire lening van 119.000 gulden om mijn nek.

Gelukkig vond ik via een uitzendbureau snel een nieuw baantje, als chauffeur/koerier bij de Onderlinge Pharmaceutische Groothandel (OPG) in Amsterdam, waar ook een bevriende buurman van mij werkte. Het was gevarieerd en schoon werk. Ik moest met een Mercedesbusje allerlei bestellingen naar apotheken brengen en dat lag me wel. Ik was geen type dat de hele dag achter een bureau of loket kon zitten. Ik had wat actie nodig en bovendien kon ik er slecht tegen als mensen me de hele dag op mijn vingers zaten te kijken. Het aardige van deze baan was dat we af en toe ook nog wat konden bijverdienen, als we in de Amsterdamse binnenstad moesten bezorgen. Je parkeerde je auto dan bij de Zeedijk, ter hoogte van de Nieuwmarkt, en na een paar minuten kwamen de junks dan op je af. We verkochten ze dan wat doosjes met injectienaalden, die we in het magazijn makkelijk met een paar dozijn tegelijk achterover konden drukken. Er werd daar niet goed op gelet en voor ons was het een aardige bijverdienste.

Als ik zo kriskras door de stad reed, wipte ik ook altijd even bij mijn moeder langs in de Woestduinstraat. Onze band bleef heel sterk en mijn vertrek van de zolderkamer was voor haar en mij ook niet zonder emoties geweest. Nu ze alleen met Frankot was, ging het snel bergafwaarts met haar. Hij was hopeloos aan de drank. En de eerste sporen van fysieke mishandelingen werden ook zichtbaar. Toen ik nog thuis woonde had Frankot nooit een vinger naar haar durven uitsteken, maar nu ik er niet meer was, vreesde ik dat hij zijn commando's af en toe ook kracht bijzette. Mijn moeder ontkende dat wel steeds, maar ze had zo vaak blauwe plekken, een dikke lip of een pijnlijke arm, dat dit niet uit een huishoudelijk ongelukje kon worden verklaard. Frankot zag mij met mijn gevraag en geïnformeer als een vervelende indringer. Als ik op bezoek kwam, fronste hij, zuchtte opzettelijk diep en vroeg dan, alsof ik een nieuwsgierige voorbijganger was: 'Wat kom je doen?'

Brigit en ik zeiden vaak tegen mijn moeder: 'Gooi die vent er toch direct uit. Da's toch geen leven zo? Waarom blijf je nog bij die zuipschuit?' Ze reageerde er echter niet echt op, of suggereerde dat het allemaal wel meeviel en dat we ons geen zorgden hoefden te maken. Ze vond kennelijk alles beter dan alleen achterblijven.

In mei 1981 kregen we bericht dat mijn vader van Rijks Inrichting Veldzicht in Avereest, was overgeplaatst naar de Prof. W.P.J. Pompekliniek in Nijmegen. Uit de nogal summiere mededelingen die hierover werden gedaan, maakten we op dat de behandeling van mijn vader in Avereest na bijna vijf jaar was vastgelopen. Hij had de afgelopen jaren veelvuldig psychotherapie, creatieve therapie en arbeidstherapie ondergaan, maar de resultaten waren nogal wisselend geweest, om niet te zeggen mager. Positieve veranderingen werden afgewisseld met een terugval, zoals toen hij in het kerkkoor onverwachts werd geconfronteerd met een jongetje van een jaar of twaalf. Van de ene op de andere dag kon mijn vader echter ook weer resoluut verklaren dat hij was genezen en dat hij geen pedofiele verlangens meer had en daaraan koppelde hij dan weer optimistische verhalen over zijn mogelijke vrijlating. In de kliniek bekeek men het gedrag van mijn vader echter met het nodige wantrouwen. Door zijn wisselende stemmingen vreesde men dat hij een rol speelde en alleen maar het gedrag vertoonde waarvan hij aannam dat de specialisten dat graag zagen. In feite was hij dan bezig om, net als vroeger thuis, weer een dubbelleven op te bouwen. De therapeuten vonden hem egocentrisch, bazig en star in zijn gedrag.

Kort na zijn overplaatsing belde ik naar de Prof. Pompekliniek of ik een keer langs kon komen bij mijn vader. Ik had hem nu een aantal jaren niet meer gezien en door de gesprekken met Marieke was er toch weer iets van een bepaalde nieuwsgierigheid naar hem gegroeid. Het vaderbeeld dat ik van hem had was in die jaren vervaagd en ik vroeg me af hoe hij er nu uit zou zien. Was hij nog de vader die ik me herinnerde? Of was de man die ik naar de buitenwereld toe al jaren geleden dood had verklaard, inmiddels echt een vreemde voor me geworden?

In de kliniek werd eerst overlegd of mijn komst wenselijk was, omdat er jarenlang geen contact had plaatsgevonden en het de therapie kon verstoren. Het was echter in orde, ze veronderstelden juist dat er een positieve impuls vanuit kon gaan en ook mijn vader had direct, zoals ik wel had verwacht, in een bezoek toegestemd. Op een zaterdag in het najaar van 1981 reed ik naar de kliniek in Nijmegen toe. Ik had besloten om, als een soort verkenner, eerst alleen te gaan en dan later Marieke een keer mee te nemen. Ik werd er opgevangen door een begeleider, die mij wat instructies gaf en wetenswaardigheden over de regels in de kliniek vertelde. Het gesprek met mijn vader vond in zijn eigen verblijf plaats, in aanwezigheid van die begeleider. Net als bij mijn eerste bezoek in het huis van bewaring aan het Kleine Gartmanplantsoen in Amsterdam, ontstond er bij binnenkomst een situatie waarin we ons even geen houding wisten te geven. Dit keer had ik alleen geen mes bij me.

Mijn vader zat al achter een tafeltje te wachten en vroeg zich af of hij moest opstaan of niet, terwijl ik overwoog of ik hem al dan niet een hand moest geven. Toen ik hem zag, schrok ik wel even. Ik had hem een jaar of wat niet gezien, maar hij leek wel twintig jaar ouder geworden. Zijn haar was grijs, zijn schouders rond en afhangend. Ik herinnerde mij hem als een forse, sterke man, met grote handen, maar daar was niet veel van overgebleven. Of misschien was ik zelf gewoon groter geworden, dat kon natuurlijk ook. Zijn donkere, zware brilmontuur had hij ingeruild voor een lichter, waardoor zijn gezichtsuitdrukking wat vriendelijker werd.

Zijn verblijf in de kliniek was eenvoudig. Een houten opklapbed en een bureautje vol paperassen en een stereotoren sprongen het meest in het oog. Het zag er netjes en verzorgd uit. Aan de muur hingen een paar door hem geknoopte wandkleden van voornamelijk Disney-figuurtjes. Ook in de TBS-kliniek bleef mijn vader op een bepaalde manier de Donald Duck-colporteur. Het knopen van die kleden was een soort monnikenwerk, maar in de kliniek werd het beschouwd als een vorm van arbeidstherapie en mijn vader deed het graag. Vol trots liet hij me later ook zien dat hij kinderspeelgoed maakte voor tehuizen en ziekenhuizen: in felle kleuren – rood, geel en blauw – geschilderde houten takelwagens en vrachtauto's. Ik vond dat, afgezet tegen de delicten die mijn vader had gepleegd, eerlijk gezegd een beetje wrang, maar mijn vader was de dubbelzinnigheid daarvan in de loop der jaren kennelijk ontgroeid en kon er enthousiast over praten.

Met behulp van de kliniek-medewerker kwam het gesprek langzaam een beetje op gang, hoewel het onwennig en aftastend bleef. Mijn vader informeerde hoe het met mij ging, waar ik werkte, hoe ik woonde. Ik vertelde hem dat ik lange tijd de naam van mijn moeder – Teunissen – had gedragen en me sinds kort pas weer Spruit liet noemen, mede omdat ik voor werk en andere zaken steeds vaker officiële papieren moest invullen en die twee namen dan te verwarrend werkten. Hij keek me even verschrikt aan toen ik hem dit vertelde en was een ogenblikje stil, alsof hij zich nu pas realiseerde wat voor langdurige nawerking zijn daden hadden gehad. 'Ja ja, ik begrijp het,' mompelde hij toen. 'Ik begrijp het.' Vervolgens informeerde hij hoe het met moeder thuis ging. 'Ik hoop dat Gré het redt,' zei hij en ik deed er daarop maar het zwijgen toe. Hoewel ik van de kliniek-medewerker had gehoord dat mijn vader er van op de hoogte was dat zij sinds enige tijd weer met Henk Frankot samenleefde, leek het me niet verstandig om tijdens dit bezoek over zijn bestaan, laat staan over zijn terugkeer, te reppen. Gevolg was dat er regelmatig lange, ongemakkelijke stiltes vielen en mijn vader fleurde pas weer wat op toen ik hem vertelde dat Marieke te kennen had gegeven dat ze bij hem op bezoek wilde komen.

Daarna kwam het gesprek meer op hem zelf en dat ging hem, van nature zou ik haast zeggen, beter af. Mijn vader zei dat het erg goed met hem ging. Hij had het in de kliniek redelijk naar zijn zin en ook hier was hij de grote organisator achter kaart- en bingoavonden. Toen ik voorzichtig over de behandeling begon die hij in de kliniek onderging, beweerde mijn vader met stelligheid dat hij van zijn pedofiele afwijkingen was genezen en dat hij nu eindelijk zijn bestemming had gevonden. Hij was homofiel geworden en het gaf hem heel veel innerlijke rust dat hij daar nu gewoon voor uit kon komen en zijn geaardheid niet meer hoefde te verbergen. Nu hij dat zo zei, realiseerde ik me ineens dat mijn vader inderdaad was veranderd. Het gejaagde, het nerveuze gedrag van vroeger had plaatsgemaakt voor een bepaalde rust, een beheersing, die ik nooit eerder bij hem had gezien. Mijn vader vertelde verder dat hij veel steun vond in het geloof en dat hij elke dag veel in de bijbel las. 'Ik hoop dat Onze Lieve Heer mij zal kunnen vergeven,' zei hij wel een paar keer als een soort vage verwijzing naar zijn delicten. Later heb ik dit soort gedrag in gevangenissen vaker gezien: gedetineerden die zich aan het geloof vastklampen en de hele dag met de bijbel lopen en alles godsdienstig proberen te verklaren. Ik heb dat altijd gewantrouwd en gezien als een poging om de verantwoordelijkheid voor hun daden elders te leggen, zo van: ik kon het niet helpen, het is nu eenmaal God die beschikt.

Het bezoek in de Pompekliniek had een vreemde uitwerking op me. Ik had, na een aantal jaren, mijn vader weer gezien. Maar aan die vaststelling werd heftig geknaagd door de vraag of deze man mijn vader nog wel was. Ik tastte bij mezelf in de dagen daarna af of ik dat vader-zoon-gevoel nog ergens had, maar ik kwam er niet goed uit. Ik meende dat er niet echt meer iets was dat ons bond, maar kon niet goed verklaren waarom ik dan toch een paar dagen duidelijk van slag was na mijn visite aan hem. Mijn moeder en zuster informeerden wel hoe het bezoek geweest was, maar waren niet wezenlijk geïnteresseerd hoe het met hem ging. Ze waren eigenlijk nog het meest getroffen door mijn verhaal dat hij daar kinderspeelgoed maakte en konden zich niet goed voorstellen dat dit onderdeel van de therapie uitmaakte.

Een poosje later ging ik samen met Marieke naar de Prof. Pompekliniek. Het was toevallig een open dag met een aansluitende barbecue. Marieke pakte het gesprek met mijn vader heel goed op. Ze scheen zich geen moment ongemakkelijk te voelen. Ze gaf hem een hand, stelde zichzelf voor en brak het ijs door te zeggen: 'Ik ben van alles op de hoogte, meneer Spruit, ik weet waarom u hier zit...' Mijn vader knikte vriendelijk, deze aanpak beviel hem wel. Vervolgens ontspon er zich een gesprek tussen die twee, waarin mijn vader haar vertelde over zijn jeugd, het verblijf in het patersgesticht, zijn opvoeding thuis en de conflicten die hij met zijn vader en moeder had gehad. In feite vertelde hij haar meer over zichzelf tijdens de eerste kennismaking, dan hij mij in de eerste vijftien jaar van mijn leven had gedaan. Hij beklemtoonde ook nu weer een paar keer dat hij die kinderen niet doelbewust om het leven had gebracht: 'Ik heb een angstaanval gehad toen het gebeurde,' zei hij. 'Ik heb die kinderen nooit kwaad willen doen.'

Het klikte wel tussen Marieke en mijn vader. Zij was het door haar opleiding en werk gewend om snel een leuk contact met mensen op te bouwen en op mijn vader had haar open benadering een positieve uitwerking. Halverwege het gesprek zei hij tenminste al tegen haar: 'Hou maar op met dat ge-meneer, zeg maar gewoon Gerard, zo noemt iedereen me hier.' Het was een voorstel dat ik ook graag overnam. Ik was al een paar keer in de situatie gekomen dat ik me afvroeg hoe ik hem moest aanspreken. 'Pa' vond ik gevoelsmatig niet echt prettig. Hij was wel mijn vader, maar het was niet zo dat ik dat telkens hardop wilde beklemtonen. Gerard klonk informeel, maar gaf tevens een bepaalde afstandelijkheid aan. Ik kon een kennis van hem zijn, een relatie of oude buurman.

Marieke zei me op de terugweg dat het bezoek haar was meegevallen. Ze vond mijn vader niet onaardig, een beetje zielig eigenlijk. Ik vond dat wel prettig, maar ook een beetje verontrustend. Ik had er naast gezeten en begreep wel dat mijn vader in zo'n bezoek als een aardige man van middelbare leeftijd overkwam, maar ik wist inmiddels ook dat dit maar een kant van zijn persoonlijkheid was. Oppervlakkig gezien zag hij eruit als een gezellige schoonvader, maar onder dat laagje zat ook nog iemand anders.

In de maanden daarna gingen we nog een aantal malen bij hem op bezoek. Mijn vader waardeerde dat zeer en liet merken dat hij op Marieke was gesteld. Hij kreeg vrijwel geen ander bezoek en keek dus altijd naar onze komst uit. Ik voelde me nog altijd niet echt op mijn gemak bij hem. Ik had een gevoel alsof ik op zoek was naar iets dat ik niet kon vinden. Maar iets in mij zette me ook telkens aan om het weer te proberen, om opnieuw te gaan. Mijn vader schreef ons vanaf dat moment vaker een kaartje en belde ook zo nu en dan weer eens op. Na verloop van tijd viel overigens wel op dat de gesprekken oppervlakig bleven en op een bepaalde manier gingen ze ook langs elkaar heen. Ik begreep nu beter waarom mijn halfbroer Johan daar zo'n afkeer van had gekregen. Als ik tegen mijn vader zei dat ik een nieuwe baan had, dan vroeg hij niet wat voor baan en hoe het mij beviel, maar betrok hij dat eerst op zichzelf en antwoordde dat hij zelf de afgelopen week ook weer lekker aan het werk was geweest en dat hij een paar mooie wandkleden had gemaakt. Om die reden werd mijn vader in rapporten van de kliniek ook steevast als egocentrisch omschreven.

Merkwaardig was ook dat we in die gesprekken nooit over vroeger konden praten. In het begin begon ik nog wel eens over de camping, het vissen, biljarten of schaken dat we vroeger samen hadden gedaan, maar daar werd mijn vader altijd onrustig van. Het herinnerde hem kennelijk aan een periode die hij wilde uitbannen, waarin hij werd geconfronteerd met zijn dubbele leven. Voor mij was het echter juist de fase in mijn leven waar ik nog goede herinneringen aan bewaarde. Het was de periode dat mijn vader nog mijn vader was. Als hij zo'n gesprek dan weer krampachtig de andere kant op probeerde te sturen, vroeg ik me wel eens af of hij werkelijk veranderd was, of dat hij ook nu zijn ware gevoelens weer onderdrukte. Ik probeerde over zijn gedrag en zijn vorderingen in de therapie wel eens wat meer te weten te komen bij z'n begeleiders, maar zij lieten niet veel los, omdat elke loslippigheid daarover de relatie met mijn vader kon verstoren.

In januari 1982 zijn Marieke en ik in Ouderkerk getrouwd. Ik was vierentwintig jaar en zij negentien. Ze zag er prachtig uit in een schitterende jurk, die – uiteraard – door mijn moeder was gemaakt. Op het stadhuis hield ik nog even mijn adem in toen de ambtenaar van de burgerlijke stand de namen van mijn ouders voorlas, maar niemand van de gasten realiseerde zich kennelijk dat mijn 'overleden' vader dus nog moest leven. De ouders van Marieke wisten overigens inmiddels wel van zijn verleden. Marieke vond dat ze het voor ons huwelijk moesten weten. Ze waren er van onder de indruk en ook wel een beetje ontdaan, maar ze reageerden er verder heel volwassen op, al weet ik natuurlijk niet wat ze hebben gezegd toen wij vertrokken waren.

Pal voor onze trouwdag kwam het nog tot een definitieve breuk met mijn halfbroer Johan. Doordat we dicht bij elkaar woonden had ik een redelijk contact met hem opgebouwd. Het was zelfs de bedoeling dat hij getuige zou zijn op ons huwelijk. De dag ervoor zei hij ons echter ineens dat hij besloten had om alle contacten met de familie te verbreken. Hij zag het niet meer zitten. Johan haatte de dranklust en de agressiviteit van zijn vader Henk Frankot, maar hij was het ook zat dat mijn moeder hem regelmatig vroeg om financieel bij te springen als Frankot weer eens alles had opgezopen. Ik heb al eerder verteld dat hij ook de relatie met mijn vader had verbroken en hij was nu tot de slotsom gekomen dat hij alleen 'los' van de familie zou komen als hij rigoureus elk contact uit de weg zou gaan. Hij was het gezeur en de nasleep van mijn vaders daden spuugzat, de familieverwikkelingen belemmerden hem in zijn functioneren, vond hij. Ik vond het niet leuk, zo kort voor ons huwelijk, maar achteraf gezien moet ik gewoon toegeven dat het misschien wel de verstandigste beslissing is geweest die hij ooit heeft genomen. Ik heb hem om deze stap wel eens benijd, maar er was bij mij één reden waarom ik zijn voorbeeld nooit had kunnen en willen volgen. Mijn moeder.

IX. Henk Frankot moet dood

In feite was ik de enige hulp die mijn moeder nog had. Henk Frankot was weliswaar haar huisgenoot en levensgezel, maar verder eerder een last en een bedreiging dan een steun en toeverlaat. En ik was ook de enige die haar nog enigszins kon beschermen, ook al kwam ik niet meer elke dag in de Woestduinstraat. Ik probeerde er echter zo vaak mogelijk langs te gaan en ik was er van overtuigd dat mijn onregelmatige en onaangekondigde bezoekjes Frankot nog een beetje in toom hielden. Na die ene klap had hij toch een bepaald ontzag voor me gekregen en hij durfde mij niet meer, zoals hij die bewuste dag had gedaan, openlijk uit te dagen. Voor mijn astmatische moeder had hij echter geen enkel respect. Nooit toonde hij enig mededogen voor wat zij allemaal had meegemaakt. Integendeel, Frankot gebruikte haar als een sloof voor zijn eigen gemak en voelde intuïtief aan dat zij in zijn macht was en hem in alles ter wille zou zijn. En als ze dat niet was, wel, dan bracht hij haar dat wel bij.

Kort na mijn huwelijk met Marieke reed ik op een doordeweekse dag na mijn werk weer eens langs bij mijn moeder. Ik had voor de apothekersgroothandel de route Alkmaar-Den Helder gereden en op weg naar huis in Almere, was dat een aardige tussenstop. Toen ik binnenkwam voelde ik direct dat er iets mis was. Frankot stond hijgend en blazend in de gang. Hij had, zoals gewoonlijk, lodderige drankogen en scheen mijn binnenkomst niet eens te hebben opgemerkt. Hij had een fles bier in zijn hand, waar hij met ongecontroleerde bewegingen mee op de vloerbedekking morste. Mijn moeder zat op de bank, haar gezicht afgewend. Hij had haar weer geslagen, dat was duidelijk. Mijn moeders gezicht was blauw, haar onderbeen lag open en bloedde een beetje. Haar ademhaling was wild en maakte door haar astma een piepend geluid. Hoewel het volstrekt duidelijk was wat er was gebeurd, vroeg ik: 'Wat is er, ma? Wat is er aan de hand?' Ze keek me even schichtig en verrast aan, aarzelde even en zei toen moeizaam: 'Ik ben gevallen, Paul.' Ik voelde mijn bloeddruk stijgen. 'Maak dat de kat wijs!' antwoordde ik en terwijl ik me naar Frankot toe draaide, beet ik hem woedend toe: 'Kon je je klauwen weer niet thuishouden, hufter?' Frankot keek me een ogenblik aan, maar reageerde niet en deed net alsof hij zijn kleren ordende. Mijn moeder hees zich van de bank en schuifelde naar me toe. Ze pakte me bij mijn schouder en zei: 'Jongen, alsjeblieft bemoei je er niet mee, het gaat alweer. Echt waar.' Nou, het ging helemaal niet, dat kon een kind zien. Mijn moeder werd door die alcoholist gewoon bruut mishandeld, maar zij nam hem nog in bescherming ook. Ik had hem op dat moment het liefst alle hoeken van de kamer laten zien, ik trilde van woede. Hij moest met zijn poten van mijn moeder afblijven! Dat goeie mens had nog nooit iemand kwaad gedaan en was met haar kortademigheid ook geen enkele partij voor zo'n dronken bullebak. Waarschijnlijk keek ik hem aan alsof ik hem ieder moment kon aanvliegen, want mijn moeder dirigeerde me zachtjes naar de deur. 'Maak het niet erger dan het is, Paul,' fluisterde zij. 'Het was goed dat je kwam, maar ik red me wel weer. Toe nou maar, het is al voorbij.'

Met tegenzin reed ik even later naar huis en besprak met Marieke wat we aan deze situatie konden doen. We konden toch moeilijk afwachten totdat het een keer helemaal uit de hand zou lopen. We besloten daarom nog vaker bij haar langs te gaan en bij de eerstvolgende mishandeling ook de politie in te schakelen, of mijn moeder dat nu wel of niet goed vond. Zij hoefde bovendien ook niet te weten dat wij de politie hadden gebeld. Frankot maakte doorgaans zoveel keet, dat het ook best iemand uit de straat kon zijn geweest. Er moest nu gewoon iets gebeuren. Gelukkig had mijn moeder ook een paar attente buren, die mijn zuster belden als Frankot het weer te bont maakte. Brigit belde mij dan weer en het is regelmatig voorgekomen dat ik in het holst van de nacht met mijn bezorgbus van de OPG naar Amsterdam scheurde om mijn moeder te helpen. De politie van het buurtbureau Lodewijk van Deysselstraat kwam vanaf dat moment regelmatig aan de deur. Dat leek een goede zet, want hoe dronken Frankot ook was, hij bond altijd in zodra hij die blauwe uniformen zag. Op het laatst had men in de meldkamer bij de politie nog maar een half woord nodig als er voor assistentie aan de Woestduinstraat 117 werd gebeld: 'Is het weer zover? We komen er zo aan…'

Het probleem was echter dat men niet echt kon optreden tegen Frankot. Soms werd hij meegenomen naar het bureau en dan had mijn moeder een nacht rust, maar de volgende dag stond hij weer gewoon voor de deur. Volgens de politie konden ze pas echt iets doen als mijn moeder officieel aangifte van mishandeling of huisvredebreuk tegen hem zou doen. Ik ben er een paar keer bij geweest dat ze dat plechtig beloofde als Henk Frankot weer eens werd afgevoerd, maar telkens hoorde ik de dag daarna weer dat ze zich had bedacht en dat Frankot haar even plechtig beterschap had beloofd. Maar het resultaat was uiteindelijk natuurlijk dat mijn moeder constant onder de blauwe plekken zat, zich een hondse behandeling moest laten welgevallen, vrijwel geen geld meer had en diep ongelukkig was.

Alsof dit allemaal nog niet genoeg was, kreeg ik er in die periode nog een grote zorg bij. Mijn zus Brigit zat geestelijk behoorlijk met zichzelf in de knoop en verwaarloosde zich enorm. De Kinderbescherming was een procedure gestart om haar de ouderlijke macht over haar dochtertje Marcella te ontzeggen. Het was niet onopgemerkt gebleven dat Marcella veel verzuimde op school en dat zij veel te laat naar bed ging. Dat de problemen echt een behoorlijke omvang hadden aangenomen, ontdekte ik min of meer bij toeval toen Marieke en ik op een zondagmiddag besloten om eens op visite te gaan bij Brigit. Op ons bellen werd niet opengedaan, maar ik wist waar ik haar kon vinden: in haar stamcafé in de Pretoriusstraat. Toen we binnenkwamen zag ik dat Marcella, inmiddels negen of tien jaar oud, er aan het spelen was. Die was er letterlijk kind aan huis. Hoewel het nog vroeg in de middag was, had Brigit al een behoorlijke slok op en ze zei dat ons bezoek eigenlijk niet goed uitkwam: 'Ik heb nog niet opgeruimd'. Ik dacht dat het een smoesje was om in de kroeg te kunnen blijven en antwoordde dat dit helemaal geen punt was. Vervolgens vroeg ze of we niet liever in de kroeg wat dronken, maar ik hield voet bij stuk. Marieke had haar woning nog nooit gezien en ik vond dat café ook geen goede omgeving voor Marcella.

We liepen met z'n allen naar boven en wat we daar te zien kregen, tart elke beschrijving. Haar hele woning lag propvol met stinkend, rottend vuilnis. We konden de deur niet eens goed open krijgen. Huizenhoog lag de troep opgestapeld. Drie keer erger dan een uitgewoond kraakpand. Haar hond Beertje had ze kennelijk de laatste weken niet meer uitgelaten en die had zijn behoefte dus maar al die tijd op een berg oude kranten gedaan. Hetzelfde gold voor haar drie katten. De adem werd je bijna afgesneden. Het stonk er verschrikkelijk naar een mengeling van kattepis, oude koffiefilters en verrotting. Op het fornuis stonden een paar aangekoekte pannen, waar weken geleden voor het laatst in was gekookt en waar een blauwgroene schimmellaag over was gegroeid. Ik schrok me te pletter. 'O, o Git, wat is er met je gebeurd?' stamelde ik verbijsterd, maar het drong niet echt tot haar door. Ze keek me verdwaasd aan: 'Ik zei toch dat het niet netjes was thuis…'

We wilden het opruimen, maar er was bijna geen beginnen aan. Alles zat onder de bagger en de prut. Het vloerkleed hebben we losgemaakt en met alle troep zo opgerold, maar zelfs daaronder was alles vies en nat. In de slaapkamer van Marcella, die een beetje beteuterd stond toe te kijken, was het precies zo. Er stond een vuil bed, waar een muur van allerlei rotzooi omheen was gestapeld. Toen we binnenkwamen sprongen de vlooien op de benen van Marieke, die een rokje droeg.

Ik bracht Marcella die avond naar mijn moeder, zodat ze tenminste goed verzorgd zou worden. En Brigit namen wij mee naar huis. Ze was in de war en het drong allemaal nauwelijks tot haar door wat er gebeurde. De ontsmettingsdienst moest er uiteindelijk aan te pas komen om haar woning echt schoon te krijgen. En het duurde ook een poosje eer Brigit zelf geestelijk weer helemaal helder was en begreep dat dit niet kon. Vanaf dat moment maakte ik vanuit mijn werk dus twee ommetjes: eerst naar mijn moeder in de Woestduinstraat en dan naar Brigit in de Pretoriusstraat. Het was al snel weer een behoorlijke rommel in haar woning, maar door ons toezicht bleef het nu binnen de perken. Brigit werd kort na deze gebeurtenis inderdaad de ouderlijke macht over Marcella ontzegd. Marcella werd aan haar vader Willem toegewezen, die in Zaandam woonde en ook haar vier jaar oudere broertje Michel verzorgde. Deze maatregel greep mijn zus erg aan. Ze voelde dat ze als moeder tekort was geschoten, dat ze Marcella niet had kunnen geven wat ze nodig had. En dat was uitermate triest, want als ik voor één ding mijn hand in het vuur durfde te steken, was het wel dat Brigit ontzettend veel van haar dochtertje hield.

Het getrouwd zijn viel mij niet mee. We waren op de Woestduinstraat romantisch gestart, maar in de dagelijkse praktijk van Almere, waarin we een heel huishouden en een behoorlijke hypotheek moesten financieren, bleek de werkelijkheid toch wel wat harder. We hadden onze woning fraai ingericht, maar het had ons ook letterlijk de laatste cent gekost en de beperkingen die dit met zich meebracht drukten de stemming. En daarnaast stond ons doen en laten natuurlijk in het teken van de sores binnen mijn familie, die veel tijd, te veel tijd, van mij vroeg. Dit zorgde ervoor dat ik de spanningen die in onze eigen relatie rezen, onvoldoende kon hanteren. Marieke was nog erg jong en tamelijk beschermd opgevoed, maar ze was getrouwd met iemand die een traumatische, onverwerkte jeugd achter de rug had en dat was geen ideale combinatie. Ja, misschien als er verder geen problemen en zorgen waren geweest, maar die waren er nu juist wel. Ik hield veel van Marieke, maar ik kon niet alle problemen tegelijk opvangen. Ik had meer met haar moeten praten, meer aandacht aan haar moeten besteden, maar na alles wat er gebeurd was, kon ik dat niet goed aan. Ik kon mijn eigen zorgen en problemen niet eens goed verwerken, laat staan die van een ander. In die tijd begon ik ook wel eens aan mezelf te twijfelen. Lag het soms allemaal aan mij? Zag ik de dingen misschien verkeerd? Alles wat ik aanpakte mislukte, of liep anders dan ik had gepland. Trok ik moeilijkheden soms zelf aan? Waarom ging er nooit eens iets goed, of gewoon normaal? Ik wist het af en toe gewoon niet meer.

Hetzelfde gold voor de verhouding met mijn schoonouders. Het contact was van het begin af aan matig, maar zakte na een kleine opleving weer snel naar een dieptepunt toen ik een auto, een Ford Escort, die ik met hulp van mijn schoonpa had opgeknapt en gespoten, naar zijn smaak te snel verkocht. Hij vond mij geen geschikte echtgenoot voor zijn dochter en liet dat ook steeds meer merken. Ik kreeg het gevoel dat ik overal in faalde. Eind van het liedje was dat ik niet meer welkom was bij hun in Ouderkerk aan de Amstel en Marieke tussen twee vuren kwam te zitten, wat onze relatie natuurlijk ook niet ten goede kwam.

Ondanks deze problemen werd Marieke in februari 1983 zwanger en ik verheugde me enorm op een kind. Financieel konden we het net aan, hadden we berekend. Ik veronderstelde, hoopte, dat de blijdschap over de komst van de baby onze andere problemen en verschillen van inzicht zou doen verdwijnen, maar dat bleek achteraf een naïeve gedachte. We waren al met het opknappen van de babykamer begonnen, toen Marieke op een dag met een vriendin thuiskwam. Ze was op dat moment een maand of vier zwanger en op een bepaalde manier hing er een onheilspellende sfeer in huis. Er broeide iets, maar ik kon niet verklaren wat. Over en weer vielen er wat woorden, ik weet eigenlijk niet eens meer precies waarover, maar echt ernstig was het niet. Ik deed wat klusjes in huis en zag dat Marieke een uurtje later op het punt stond om met een tas naar buiten te gaan. Ze beweerde dat ze die vriendin even naar de bushalte zou brengen en ik zocht er niets achter. 'Oké, tot zo,' zei ik bij wijze van groet. Ze is nooit meer teruggekomen. Net als mijn vader verdween ze van het ene op het andere moment uit mijn leven. Het waarom hiervan is mij altijd onduidelijk gebleven, zelfs nu nog. Het enige wat ze later heeft gezegd, is dat ze het met mij 'niet meer zag zitten'. En tegen haar ouders zei ze dat ze zich niet veilig voelde bij mij en dat ze soms bang voor me was. Ik heb dat echter altijd meer als een excuus van haar gezien om zonder te veel gezichtsverlies weer bij haar ouders binnen te kunnen komen, dan dat die vrees echt ergens op was gestoeld. Ik geef toe dat we wel eens flink heibel met elkaar hebben gehad, maar bang hoefde ze niet te zijn. Of was het misschien de schaduw van mijn vaders verleden die over de aanstaande geboorte van haar kind viel? Ik heb het antwoord nooit gehoord.

Het abrupte vertrek van Marieke gaf mijn zelfvertrouwen een behoorlijke knauw. Ik had het niet verwacht en ik hield veel van haar. Dat ze me op deze manier in de steek liet, deed pijn. Vooral ook omdat ze zwanger was van mijn kind en ik me afvroeg hoe dat nu verder moest. De scheiding bleek echter onherroepelijk. Marieke is slechts één keer terug geweest in onze woning en dat was om 'm helemaal leeg te halen, tot en met het tuinhek en de siertegels toe. Het enige dat voor mij achter bleef was de hypotheek.

Nou, daar stond ik dan. Na een vliegende start met een mooie huwelijksdag en een eigen woning, moest ik nu weer helemaal opnieuw beginnen in een kaal en leeg huis. In arren moede ging ik terug naar mijn oude zolderkamer in de woning van mijn moeder aan de Woestduinstraat. Daar werd ik weer met mijn neus op het drankmisbruik en de daarmee gepaard gaande terreur van Henk Frankot gedrukt. Ik hoorde van mijn moeder dat hij steeds vaker total loss thuiskwam, en wel in twee opzichten. Ten eerste natuurlijk door de drank, die hij in werkelijk onwaarschijnlijke hoeveelheden tot zich nam. En ten tweede omdat hij in de kroegen waar hij kwam door zijn liederlijke gedrag steeds vaker knokpartijen kreeg. Een paar keer was hij vreselijk afgetuigd en onder het bloed thuisgekomen, maar het leek wel alsof het hem allemaal niet deerde en dat de drank alles verdoofde. Tegen mijn moeder deed hij met name agressief als hij geld nodig had en zij dit niet wilde geven. Frankot werkte niet of nauwelijks meer, voor zover hij dat al ooit echt had gedaan, en hij had voor zijn cafébezoeken veel geld nodig.

Mijn moeder had echter ook maar een klein WAO-uitkerinkje en was al een paar keer in de knoei gekomen met betalingen van gas, licht, huur en telefoon, omdat Frankot het letterlijk had opgezopen. Brigit, Johan en ik waren de eerste tijd regelmatig financieel bijgesprongen, maar die bron was een beetje opgedroogd. Johan had alle contacten verbroken, Brigit had het zelf moeilijk en ik had m'n huis opnieuw moeten inrichten en moest sinds mijn scheiding de hypotheek in mijn eentje opbrengen. Mijn moeder verstopte haar huishoudgeld steeds, maar als de nood, of liever gezegd de dorst, bij Frankot weer eens hoog gestegen was, mishandelde hij mijn moeder net zolang totdat ze hem weer een paar tientjes gaf en hij naar de bierpomp kon. Mijn handen jeukten bij dit soort verhalen en ik vroeg mijn moeder dikwijls of ik niet moest ingrijpen, maar ze hield me er telkens van af. 'Nee Paul, bemoei je er maar niet mee, daar komen alleen maar meer moeilijkheden van,' zei ze steevast. En elke keer zag ze er weer iets slechter uit.

Het duurde dan ook niet lang of op het zolderkamertje kwamen de muren op me af. Ik kon dat geruzie en het gelal van die man niet langer aanhoren en ik ben 'teruggevlucht' naar mijn lege woning in Almere, die ik met wat tweedehands spulletjes zo goed en zo kwaad als dat ging weer heb ingericht. De situatie van mijn moeder bleef me echter ongelooflijk dwarszitten. Ik voelde me machteloos en vond haar situatie vernederend. Ik hield van mijn moeder en de band tussen ons was in de loop der jaren alleen maar sterker geworden en nu moest ik toezien hoe zij onder de drankzucht en het geweld van Henk Frankot wegkwijnde. Ik had medelijden met haar en vroeg me af hoe zij de rest van haar leven nu verder moest. Dat kon toch niet op deze manier? Ik zou het liefst die man van de trap af het huis uit hebben gegooid. Tegen het onheil dat mijn vader over ons gebracht had, had ik niets kunnen ondernemen, maar nu was ik een jonge vent, met de zwarte band karate, die er min of meer ooggetuige van was hoe zijn moeder werd afgeranseld door een alcoholist, die me ook nog uitlachte, omdat mijn moeder niet alleen zijn slachtoffer was, maar ook zijn beschermengel. Ik wilde alles doen om mijn moeder te helpen, om haar van deze man te verlossen en haar een rustige oude dag te bezorgen, maar jammer genoeg was zij het juist die me daarvan weerhield.

Er zat echter een grens aan mijn beheersing en Frankot naderde die akelig dicht, toen ik in een weekend van een basketbaltournooi met onze club Almaar-Meer uit België terugkeerde en even bij mijn moeder langs ging. Omdat zij slecht ter been was, had ze me ooit een sleutel gegeven en dus kon ik zo de woning binnen. Normaal gesproken vlogen onze hondjes Teddy en

Bambi dan vrolijk op me af zodra ik een voet over de drempel zette, maar nu bleef het op een merkwaardige manier stil. Ik liep de huiskamer in en zag dat mijn moeder op de grond lag. Haar gezicht en jurk zaten onder het bloed. Haar bril lag kapot naast haar. Ze had zich aan de scherven gesneden. De kamer zelf was een chaos, alsof er een bom was ontploft. Mijn moeder was op een verschrikkelijke manier in elkaar getrapt en de twee kooikertjes zaten zachtjes bij haar te piepen. Mijn moeder trilde over haar hele lijf en haalde moeizaam adem. De tranen schoten in mijn ogen en als Hendrik Frankot op dat moment thuis was geweest, dan had ik hem door het raam heen naar buiten geslagen, maar hij zat zich ongetwijfeld onbekommerd in een of andere kroeg te bezatten.

Ik pakte mijn moeder voorzichtig op, bracht haar naar de slaapkamer en legde haar op bed. Ik verschoonde haar wonden, aan gezicht, benen en handen. Ze zag er werkelijk niet uit. Overal kneuzingen, blauwe plekken en schaafwonden. Hij moest als een gek tekeer zijn gegaan. 'Heeft hij dat gedaan?' vroeg ik, geheel overbodig. Eigenlijk voor het eerst gaf mijn moeder nu direct toe dat dit het geval was. 'Hij wilde weer geld,' kreunde ze. 'Maar ik had niet meer.' Uit woede had hij haar geschopt en geslagen waar hij haar maar raken kon. 'Waar is hij nu?' informeerde ik. Mijn moeder begon weer te huilen. Zachtjes voelde ze met haar vingertoppen aan de zwellingen in haar gezicht. 'Hij is naar de kroeg, met mijn laatste cheques. Ik moest hem die wel geven, anders… anders had hij me vermoord.'

Voor mij was dit het sein dat er absoluut iets moest gebeuren. Wie weet hoe lang ze daar nog op de grond gelegen zou hebben als ik niet toevallig langs was gekomen. 'Nu is het afgelopen, ma,' zei ik vastbesloten. 'Hij is nu te ver gegaan…' Mijn moeder zweeg, daar waar ze anders steeds zei: 'Bemoei je er maar niet mee, jongen.' Ze berustte nu. Eindelijk, eindelijk. Haar laatste restje verzet had Frankot er kennelijk zelf uitgeslagen, want ditmaal fluisterde ze alleen: 'Jongen, wees alsjeblieft voorzichtig, hij is zo sterk.'

Ik reed daarna naar Brigit toe en vertelde haar wat er was gebeurd. Zij had zelf de laatste maanden ook regelmatig een optater van Frankot gehad als ze naar zijn smaak te brutaal was, of het had opgenomen voor mijn moeder. Ik zei Brigit dat er nu echt wat moest gebeuren, aan deze situatie moest een eind komen. Goedschiks was niet gelukt, die man was een bloedzuiger die in mijn moeder een weerloze prooi had gevonden en hij zou steeds weer terugkomen.

De politie was er inmiddels een keer of acht bij geweest, maar dat had ook niet geholpen. Moesten we bepaalde hulpinstanties inschakelen dan? Nee, dat had ook geen zin. Alles wat zij zouden bedenken zou Frankot met geweld weer terugdraaien, nog afgezien van het feit dat het allemaal te veel tijd zou kosten om dat in werking te stellen. Er moest nu iets gebeuren, voordat het te laat was. In feite werden we gedwongen het maar zelf op te lossen. Goedschiks is het niet gelukt, dus dan maar kwaadschiks, concludeerde ik tegen Brigit, die hier volmondig mee instemde. 'Als we nu niet iets doen, slaat die gek haar nog dood. En dat wil ik niet op mijn geweten hebben,' zei mijn zus over de man die haar eigen vader was. Maar net als ik haatte zij hem en was zij enorm gesteld op onze moeder. 'Dan zit er maar één ding op...' vervolgde ik, 'dat wij hem eerst om zeep brengen.'

Het doet misschien ongeloofwaardig aan dat wij, zittend aan de gammele keukentafel van mijn zuster, op deze manier over leven en dood beslisten, maar zo is het destijds wel gegaan. Henk Frankot was een bedreiging voor het dierbaarste wat ik op deze wereld had. Als jongen was mij de afgelopen jaren ontzettend veel afgenomen. Ik had al heel jong veel verdriet en ellende moeten verwerken en op een of andere manier had zich dat omgezet in een gevoel dat ik wat er nog over was tot het uiterste zou verdedigen. Niemand zou mij nog zomaar iets afpakken, mij van mijn weinige hoop en illusies beroven. Ik voelde het als een noodzaak, een plicht om me daar tegen te verzetten. Desnoods met geweld. De consequenties daarvan konden me ook niet schelen. Ik had dit niet opgezocht, ik had er niet om gevraagd, het was Frankot zelf die dat deed.

De beslissing hem te vermoorden was hiermee genomen, maar de vraag op welke manier dan, bleef die avond nog even onbeantwoord. Met een mes, of een pistool? Frankot was een grote, sterke vent. Hij was weliswaar al 56 jaar, maar we wisten inmiddels wel dat als hij gedronken had, hij bovenmenselijke krachten kreeg. Bij de diverse kroeggevechten waren zijn tegenstanders ronduit verbijsterd geweest over zijn incasseringsvermogen. Hoe hard hij ook geslagen werd, hoe vaak hij ook neerging, altijd stond hij weer op. Wat dat betreft moest mijn ene klap over de salontafel destijds een absolute lucky punch zijn geweest, want dat heeft niemand mij ooit nagedaan en ik durfde er zelf ook niet voor een tweede keer op te gokken. Een mes vond ik nogal link. Eén verkeerde beweging, één ongecontroleerde uithaal van Frankot en je was zelf slachtoffer. Nee, het moest in één keer goed. De keuze viel daarom op een vuurwapen. Als je hem neerschoot, hoefde je ook niet binnen zijn bereik te komen. Dat was het doeltreffendste en het veiligste.

Git zei dat ze wel iemand kende die een pistool kon leveren. Zo wierp haar frequente kroegbezoek toch nog vruchten af. Het merkwaardige aan de hele operatie was dat we van plan waren om een alcoholist te vermoorden, terwijl Brigit zelf ook een flink drankprobleem had. Toch lag dit heel anders dan bij Frankot. Ik heb ook Brigit vaak op haar verslaving aangesproken, want ik vond het vervelend dat ze zoveel dronk, maar een belangrijk verschil was toch wel dat Brigit nooit agressief werd van drank en ook nooit de portemonnee van een ander nodig had.

Brigit had niet overdreven. Twee dagen later belde ze me al dat een kennis voor zeshonderd piek een wapen kon leveren. Diezelfde avond heb ik 'm samen met haar op een parkeerterrein aan de Jan van Galenstraat in Amsterdam-West opgehaald. Het was een 7.65 mm revolver, glimmend zwart. Nadat de leverancier met mijn laatste biljetten van honderd was vertrokken, vroeg Brigit direct aan mij: 'Wanneer doe je het?'

Ik zei haar echter dat ik het wapen eerst wilde proberen. Ik had nog nooit een vuurwapen in handen gehad en het leek me nogal riskant om er dan maar direct op los te knallen. Ik besloot het wapen mee te nemen als ik voor mijn werk de route Den Helder moest rijden. Ik had onderweg vele verlaten plaatsen gezien, waar ik met het wapen ongestoord kon oefenen. Een paar dagen later stopte ik bij een terrein in de buurt van Schagen. Ik zette een blikje neer, met de bedoeling daar op te schieten. Ik richtte het wapen en haalde de trekker over, maar er gebeurde niets. Het wapen ketste. Nou, dacht ik, maar goed dat ik eerst ben gaan oefenen, want dat zal je maar gebeuren als je tegenover Frankot staat…

Ik keek alles even na en probeerde het nog eens. Er klonk een enorme knal en ik voelde een ruk aan mijn rechterarm alsof iemand er met een stuk hout tegen sloeg. Het blikje stond echter zonder een krasje op dezelfde plaats. Dit was niet normaal, er klopte iets niet. Ik inspecteerde het wapen opnieuw en constateerde dat de ronddraaiende cilinder met kogels niet helemaal recht voor de loop uitkwam, met als gevolg dat de afgevuurde kogel zich er als het ware met grof geweld doorheen moest wringen. Dat had ook de pijn in mijn arm veroorzaakt.

Ik durfde niet nog eens met dit wapen te schieten. Ik was bang dat het uit elkaar zou klappen. Die avond legde ik daarom een bankschroef in de auto en de volgende dag zette ik die op een hek en draaide de kolf van de revolver ertussen. Ik bond een touwtje aan de trekker en wikkelde dat een meter of tien af. Toen ik daaraan trok, spatte het wapen opnieuw met een enorme knal bijna uit elkaar. In het stalen revolverhuis zaten diverse scheuren en barsten. De kogel kwam er van opzij uit, in plaats van uit de loop. Het had mij wel een hand of een arm kunnen kosten en geschrokken gooide ik alles weer in de auto. Dit was heel vervelend. We waren opgezadeld met een even waardeloos als gevaarlijk wapen. Ik was zeshonderd piek kwijt en bovendien hadden we geen oplossing voor ons probleem: Hendrik Frankot.

Tot overmaat van ramp raakte ik in die tijd door een onbenullig toeval ook nog mijn koerierswerk bij de farmaceutische groothandel kwijt. Tijdens een ritje door de stad had ik onderweg ruzie gekregen met een voorganger, die plotseling hard had geremd, waardoor ik bijna bovenop hem was geknald. Ik draaide het raampje open en zei in goed Amsterdams dat hij zijn rijbewijs eens moest halen. Enfin, er werd wat gescholden en ik was het hele voorval alweer vergeten, toen ik de volgende dag bij mijn baas werd geroepen. Die automobilist bleek een vriend van de directeur te zijn en hij had zich over mijn gedrag beklaagd. Voor straf werd ik van de wagen gehaald en in het magazijn geplaatst. Ik vond dat belachelijk en meldde me na een paar dagen ziek. Ik was chauffeur en dat wilde ik blijven.

De bezoeken aan mijn eigen vader waren na het vertrek van Marieke ook afgelopen. Ik had er geen zin meer in. We waren steeds met z'n tweeën geweest en dat vond ik nog wel gezellig, vooral omdat mijn vader het goed met Marieke kon vinden, maar om daar nu alleen te gaan zitten, nee, daar zag ik niets in. Mijn vader belde en schreef nog wel en vroeg me waarom ik niet meer kwam. Hij kon daar trouwens behoorlijk dwingend in zijn, in die zin dat ik merkte dat hij me daar een schuldgevoel over probeerde aan te praten, door in bijna ieder gesprek te memoreren wanneer ik voor het laatst was geweest en er dan met een zucht aan toe te voegen: 'Ja, de tijd vliegt hè… als je tenminste vrij bent, want hier duurt elke minuut lang hoor.' Nu moet ik daar bij vertellen dat mijn vader in de Prof. Pompekliniek een redelijke mate van vrijheid kreeg, zolang hij maar dagelijks medicijnen slikte die zijn libido onderdrukten. Hij mocht met enige regelmaat alleen op 'boodschappenverlof in Nijmegen en in gezelschap van therapeuten mocht hij ook fietstochten maken, naar de bioscoop of de sauna. En dat, terwijl hij nog maar een jaar of zes van zijn twintig jaar had uitgezeten. In de gevangenis was hij absoluut nog niet voor enig verlof in aanmerking gekomen, dus in de kliniek had hij het in dat opzicht in ieder geval niet zo slecht getroffen.

Ik was zelf dan misschien vrij, maar in feite stond ik er niet veel beter voor. Eigenlijk was ik in die tijd behoorlijk overspannen, zonder het zelf te beseffen. Ik was mijn vrouw kwijt, zat in een huis dat ik niet meer kon betalen, was gestresst door de onhoudbare situatie bij mijn moeder thuis, had zorgen over Brigit en had nu ook nog problemen op mijn werk die zich zo één-twee-drie niet lieten oplossen. Om te beginnen trof ik daarom een regeling met de bank voor de hypotheek. Ik had een flinke achterstand met betalen en het zag er niet naar uit dat ik die ooit kon inlopen. Misschien als ik een jaar lang op een houtje zou hebben gebeten, maar ik moet eerlijk zeggen dat ik dat gewoon niet kon en kan. De praktijk was eigenlijk altijd dat ik financieel net iets verder sprong dan mijn polsstok lang was. Dat zit gewoon in me, mijn zuster was eigenlijk net zo. Maar goed, die woning aan de Achterwerf kon ik dus niet langer aanhouden en heb ik toen – met een behoorlijke schuld – verruild voor een eenvoudige huurwoning aan Langshof, ook in Almere Haven, die maandelijks meer dan de helft goedkoper was.

Om toch wat financiële armslag te hebben, reageerde ik op een advertentie in de krant, waarin een 'chauffeur voor onregelmatige diensten' werd gevraagd. De wijze waarop de advertentie was opgesteld deed me vermoeden dat het om een 'zwart' baantje ging en dat moest ik juist hebben. Ik zat in de ziektewet en officieel kon ik dus niets doen. Ik had de aard van de advertentie goed aangevoeld. Ik werd uitgenodigd op een obscuur kantoortje aan de Hobbemastraat in Amsterdam en het bleek om een escortbureau te gaan. Het was de bedoeling dat de chauffeur de 'meisjes' zou vervoeren naar allerlei adressen, zoals hotels, clubs en privé-woningen van klanten. In die tijd reed ik toevallig in een oude Chevrolet Malibu-classic, die voor deze job de juiste uitstraling had. Het escortbureau was van een of andere halve penoze-jongen, die me 'een meier per dag', honderd gulden dus, bood. Ik was vrije jongen, het werk leek me wel spannend en dus nam ik het baantje aan.

Het was inderdaad een hele ervaring. Het escortbureau opereerde in het hele land en zolang de klant maar betaalde, moest ik de 'dames' er naar toe brengen. Dat was best leuk. Er zaten draken van wijven tussen, maar ook hele aardige meiden, met wie ik veel heb gelachen. Het is dikwijls gebeurd dat ik er twee of drie ergens moest oppikken en ze dan naar een besloten party ergens in het land bracht. Ze stapten dan vaak onopgemaakt en slechts gekleed in een soort niemendalletje in de auto en begonnen zich dan onderweg een beetje op te kalefateren. Ik had van mijn handschoenenkastje een soort kaptafeltje met spiegel gemaakt en daar maakten ze dankbaar gebruik van. Die meiden zaten echt nergens mee. Ze kleedden zich gewoon onderweg in de auto om. Dan zaten er ineens twee poedelnaakte vrouwen op je achterbank. Dat was wel lachen, vooral als andere automobilisten het zagen. Het was overigens een ongeschreven wet dat je als chauffeur nooit iets met die meiden uithaalde. 'Denk erom,' zo had mijn baas in het begin gewaarschuwd, 'het zijn de spullen van een ander en daar moet jij vanaf blijven.'

Ook heb ik een keer een prostituee in Duitsland moeten ophalen voor mijn baas en daar zit nog een aardige anekdote aan vast. Het was een blonde vrouw en ik moest haar op het station in Bremen oppikken voor een speciale klant, die daar grof voor betaalde. Nou, ik ernaartoe. Ik was aan de vroege kant, parkeerde mijn auto en kuierde wat rond. Op een gegeven moment zag ik dat er bij mijn auto een vrouw stond, echt een stuk. Ik dacht: dat is 'r en liep op haar af. Het viel me wel op dat ze er keurig uitzag en een zeer beschaafd mantelpakje droeg dat ik bij andere prostituees nog nooit had gezien. Die droegen meestal uitdagende rokjes met netkousen. Maar goed, misschien werkte dat in Duitsland allemaal anders, wist ik veel. Dus ik zei in mijn steenkolenduits tegen die vrouw: 'Wie zoekt u?' Daarop vroeg ze aan mij: 'Is dit uw auto??? Dan zoek ik u.' Ik dacht, nou prima, dus ik deed direct het portier open en zei: 'Stapt u maar in, dan gaan we.' Op dat moment keek ze me echter verbaasd aan en antwoordde: 'Instappen??? U kunt gewoon zelf op het bureau gaan betalen,' en vervolgens overhandigde ze me een bon voor verkeerd parkeren!

Uiteindelijk kreeg ik toch heibel met mijn escortbaas en kwam daardoor nog behoorlijk in moeilijkheden. Een van de oudere prostituees, met wie ik een aardig contact had, was een eigen bureautje begonnen en de baas verdacht mij er van dat ik haar daartoe had aangezet. Gevolg was geweest dat een paar andere meisjes waren overgelopen en hij stelde mij daarvoor verantwoordelijk. Dat was volkomen onterecht, maar hij zocht gewoon een zondebok om zijn ergernis en gezichtsverlies op af te reageren. Hij ontbood me op een avond in een suite in het Hiltonhotel aan de Apollolaan in Amsterdam-Zuid, waar een paar stoeipoezen en bodyguards om hem heen hingen, op wie hij kennelijk indruk wilde maken. Hij was een jaar of 32, schat ik, donker haar, hard gezicht. Hoewel ik altijd goed voor hem had gewerkt, behandelde hij me arrogant en rekende me voor dat hij aan dat ene hoertje veel geld was kwijtgeraakt. 'Ik heb in haar geïnvesteerd,' zei hij. En door haar vertrek had hij nu 'verlies' gemaakt en dat moest ik 'terugbetalen'. 'Begrijp je wel, Paul?' zei hij kalm maar dreigend. Tja, met twee van die bodyguards naast hem begreep je natuurlijk alles en dus knikte ik bevestigend. Ik moest 1800 piek 'terugbetalen' en ik mocht niet meer voor hem werken, want 'het vertrouwen was geschonden'. In feite was het pure afpersing, maar wat moest ik? Ik kon moeilijk naar de politie lopen terwijl ik zwart aan het werk was. Ik zat in de tang en die bodyguards zijn nog twee keer bij mij thuis geweest om dat geld op te halen, dat ik slechts met heel veel moeite bij elkaar kon krijgen.

En de politie kreeg ik nota bene evengoed op mijn dak, in dat opzicht zat alles weer eens tegen. In augustus 1983 was het stoffelijk overschot van een van die hoertjes die ik wel eens in de auto had gehad, ene Brigit Veit, in een afwateringskanaal in Zuidelijk Flevoland, ter hoogte van Zeewolde, gevonden. Het meisje was vermoord en tijdens het onderzoek kwam de recherche ook mij als getuige horen. Het bleek dat Brigit Veit een van de prostituees was die zich bij dat andere bureautje hadden aangesloten, waarvan mijn baas dacht dat ik daarvan de aanstichter was. Ik had Brigit inderdaad wel eens gezien, maar kende haar niet goed. Ze was me voornamelijk opgevallen omdat ze toevallig net als mijn zus Brigit heette. Ik heb haar dat ook nog eens verteld, maar echt contact had ik niet met haar. Ze was een jaar of 23 en afkomstig uit Duitsland en ze sprak niet goed Nederlands. Volgens mij was ze verslaafd aan heroïne. Ik kon de politie niet verder helpen, maar vond het wel vervelend dat ik op deze manier bij hen in beeld kwam. Toen ik werd gehoord bleek ook wel dat ze precies wisten wie ik was: 'Jouw vader is toch die... eh... Donald Duck-colporteur?' Het feit dat mijn vader voor de moord op twee kinderen was veroordeeld, vonden ze kennelijk in deze zaak een belangrijk gegeven, ook al zat hij inmiddels al negen jaar vast.

Gelukkig had ik een waterdicht alibi, want ik had ten tijde van de moord op Brigit Veit in onze caravan op de camping in Wekerom gezeten en daar waren ontelbare getuigen van. Het werk voor het escortbureau was best leuk geweest, maar achteraf gezien had ik het nooit moeten doen. Het is besmet werk, dat je lang blijft achtervolgen en dat je altijd wordt nagedragen op momenten dat je het net niet kan gebruiken.

Op 3 oktober 1983 beviel Marieke in het ziekenhuis van een dochtertje, dat Joyce werd genoemd. Ik mocht er echter niet bij zijn. Na haar vertrek had ik Marieke nooit meer gezien en via-via hoorde ik dat als het aan haar lag dat ook zo bleef. Ik vond dat jammer, want Joyce was toch ook mijn kind, ik had me op haar komst verheugd. Ik ben nog naar het ziekenhuis gegaan met een bos rode rozen en een grote teddybeer, maar de hoofdverpleegster kwam zenuwachtig naar me toe en smeekte me bijna om niet naar binnen te gaan, omdat dit onherroepelijk tot taferelen zou leiden. Ik heb even getwijfeld. Ik vond dat ik het recht had om mijn dochtertje even te zien, een moment vast te houden misschien. Ik heb echter niet doorgezet. Ik heb de bloemen en de teddybeer achtergelaten en ben weggegaan. En hoewel ik inmiddels heel wat gewend was, heb ik me nog nooit zo ongewenst gevoeld als op dat moment dat ik mijn eigen dochtertje niet mocht zien.

Later heb ik via de burgerlijke stand precies uitgezocht wanneer ze nu precies was geboren en wat haar volledige naam was, want een geboortekaartje heb ik nooit gekregen. Ik heb haar ook nog nooit van mijn leven gezien. Na lang aandringen heb ik alleen een paar foto's van haar gekregen, maar zelfs daar heb ik procedures voor de rechtbank voor moeten voeren. Het feit dat ik Joyce nooit heb mogen zien, heb ik altijd als een groot onrecht ervaren. Ik heb alle schulden bij onze scheiding op me genomen, ik ben blijven zitten met dat te dure huis, terwijl Marieke een nieuw leven begon. Ik vond dat ik dit niet verdiend had, maar ik wilde haar ook niet de oorlog verklaren. Marieke had een nieuwe man en ik heb er uiteindelijk voor gekozen om de zaak met rust te laten – in het belang van Joyce. Natuurlijk had ik via de rechter een bezoekregeling kunnen afdwingen, maar wat had ik dan gehad? Dan mocht ik een keer in de twee weken aan de deur staan voor een zaterdagmiddagje. Ik vond dat niks, dat brengt zo'n kind alleen maar in verwarring. Ik heb altijd gedacht: misschien zoekt ze me later als ze groot is eens op, als ze die keuze eenmaal zelf kan maken. En dan zal ik haar mijn kant van het verhaal vertellen. Eerder niet.

X. Een waas voor ogen, een mes in de hand

Juist toen mijn zus en ik ons afvroegen hoe het nu verder moest met onze plannen om mijn moeder te bevrijden van Henk Frankot, gebeurde er iets waardoor we misschien van dit voornemen konden afzien. Mijn moeder kreeg begin 1984 tamelijk onverwachts een huurwoning toegewezen aan de Schoolwerf in Almere-Haven en dat veranderde de situatie radicaal. Om te beginnen had ik haar daar bijna letterlijk onder handbereik, waardoor ik nog meer toezicht kon houden, en ten tweede waren er in Almere nauwelijks kroegen en we veronderstelden dan ook dat Frankot liever dicht bij de bron in Amsterdam zou blijven en mijn moeder meer met rust zou laten.

Mijn moeder was zeer gelukkig met de woning. Het was een fraai appartement op één hoog, vlak naast een kinderboerderij, in een rustig gedeelte van Almere. Tot ieders verrassing ging het met haar astma ook iets beter, omdat ze nu uit de stadsdampen was. Ik kon vanaf mijn woning makkelijk naar die van haar wandelen en deed dat dan ook elke dag even. Mijn zus Brigit had na de verhuizing haar intrek genomen in de woning in de Woestduinstraat en ook zij was er daardoor aanzienlijk op vooruitgegaan. De woning was groter en mooier dan haar etage in de Pretoriusstraat en mijn moeder had een gedeelte van de stoffering achtergelaten.

Een tegenvaller was echter dat Henk Frankot toch bij mijn moeder ging inwonen en er in dat opzicht dus niet veel veranderde. Een voordeel was wel dat hij in Almere niet zo makkelijk aan drank kon komen en als hij zich in Amsterdam liet vollopen, dan was hij in ieder geval niet binnen een paar stappen thuis, zoals in de Woestduinstraat. Gevolg was de eerste tijd inderdaad dat hij minder vaak dronken was.

Ik kreeg het zelf steeds beter naar mijn zin in Almere. Financieel gezien stond ik er beroerd voor en ook het arbeidsconflict met de farmaceutische groothandel was nog niet opgelost – ik zat in de ziektewet – maar dat had me wel in de gelegenheid gesteld om een aardig druk sociaal leven op te bouwen. Ik was voorzitter geworden van de basketbalclub Almaar-Meer en ons herenteam, waar ik zelf ook in speelde, deed het heel verdienstelijk in de competitie.

Een paar avonden per week was ik hiermee bezig, vooral omdat ik ook nog scheidsrechter was bij basketbalwedstrijden. Verder was ik lid van een biljartvereniging en daar had ik ook een aantal leuke mensen ontmoet, onder wie twee vrouwen, Annemarie en Laura, respectievelijk een secretaresse en een studente psychologie.

Via mijn zus had ik bovendien een vriendschap opgebouwd met Jos K., een toen dertigjarige onderhoudsmonteur en ex-marinier, die toevallig vlak achter mij woonde. En het belangrijkste was misschien wel dat ik via Jos weer verkering had gekregen met een kennisje van hem, Connie van der T. Zij was een paar jaar ouder dan ik, had een kind en was officieel nog steeds getrouwd. Aanvankelijk was ze voor mij alleen een prettig 'praatcontact' geweest, maar later hadden we toch een verhouding met elkaar gekregen. Ik was zelf inmiddels officieel gescheiden – op initiatief van Marieke – maar ik voelde er nog niet veel voor om weer te gaan samenwonen en daarom beviel deze los-vaste relatie me wel. Connie had bovendien in haar leven ook het een en ander meegemaakt en vormde door die ervaring een prettig tegenwicht voor mij.

In dat eerste halfjaar van 1984 had ik ook het contact met mijn vader weer enigszins hersteld. Na de breuk met Marieke was ik een poos niet geweest, maar nu ging ik weer af en toe bij hem langs. Mijn vader verbleef alweer een jaar of drie in de Prof. Pompekliniek en zat in totaal bijna tien jaar vast. Hij kreeg nu meer onbegeleid verlof in de omgeving van Nijmegen en zag dat als een voorbode van zijn vrijlatingsdatum eind 1987. Hij ging veel naar de kerk, kwam ook vaak in een gastgezin in Nijmegen dat zich voor de opvang van TBS-verlofgangers had aangemeld en was lid van een postzegelclubje.

Mijn vader was inmiddels 62 jaar, maar maakte een vitale indruk en tot verwondering van zijn behandelaars was hij seksueel nog altijd zeer snel geprikkeld. Hij slikte nog altijd Androcur, een libido-onderdrukkend middel, dat hem een bepaalde rust gaf. Mijn vader vertelde mij trots dat hij een relatie had met een andere man in de kliniek en dat het buitengewoon goed met hem ging. Hij beweerde geen last meer te hebben van pedofiele lusten en fantasieën. Hij keek al vooruit naar zijn 'V.I.', wat een afkorting is voor Vervroegde Invrijheidstelling, en die dus al behoorlijk naderbij kwam.

Wat er ook in mijn vader veranderde, in ieder geval niet zijn optimisme en zelfoverschatting. Hij kleurde verhalen zoals het hem van pas kwam. Later hoorde ik dat die 'relatie' van mijn vader niet homoseksueel was en dat de liefde in feite dus maar van één kant kwam. En de staf van de kliniek was van zijn genezing ook bepaald niet overtuigd. Sterker nog, men achtte mijn vader wel degelijk nog tot recidive – herhaling – van zijn delicten in staat en dat baarde grote zorgen voor de toekomst. Te meer ook omdat mijn vader steeds moeilijker te behandelen werd. Hij werd niet alleen ouder, maar kreeg ook steeds meer inzicht hoe het in de kliniek toeging en kon zich steeds beter aanpassen aan het gedrag dat van hem gewenst was. In feite was hij zelf een halve therapeut geworden, die zich het medisch jargon meester had gemaakt en met alle mogelijke soorten van therapie had kennisgemaakt. Daarnaast toonde hij zich in de omgang moeilijk en star. Ik merkte dat zelf ook. Mijn vader was altijd een man van vaste gewoonten geweest, en dit gedrag had zich in de kliniek alleen maar versterkt. Een groot deel van de dag was hij alleen maar bezig om op een boekhoudkundige manier letterlijk van minuut tot minuut te noteren wat hij had gedaan, met wie hij had gesproken, van hoe laat tot hoe laat en wat er was afgesproken. In principe was natuurlijk elke dag zo'n beetje hetzelfde, maar als mijn vader een dag zijn 'administratie' niet had kunnen bijwerken, werd hij ongedurig van de 'achterstand' die hij had opgelopen en een ieder die er verantwoordelijk voor was dat hij van zijn vaste patronen moest afwijken, kreeg dat langdurig te horen. Als een therapeut een afspraak met hem moest afzeggen, of zelfs alleen maar iets verzetten, kon mijn vader daar lang over zeuren. 'Wat willen ze nou…' mopperde hij dan boos. 'Ze willen mij zogenaamd heropvoeden, maar zelf kunnen ze nog niet eens een afspraak nakomen.'

Het komt misschien onschuldig over allemaal, maar dit gedrag werd door de staf van de kliniek toch als tamelijk zorgwekkend gezien. Het hield voor hen in dat mijn vader zich alleen kon handhaven als het leven voor hem volgens vaste en duidelijke regels en patronen verliep en dat hij uit evenwicht was zodra daar onverwachte wijzigingen in kwamen. In de kliniek kon men aan zijn dwanggedachten redelijk tegemoetkomen, maar hoe was dat in de buitenwereld? Daar liep immers alles anders dan je verwachtte en daar waren de mensen niet zo meegaand en geduldig als in de kliniek. Kon hij de frustratie en de stress die dat ongetwijfeld bij hem zouden oproepen wel hanteren? Overigens, ook bij de meest begripvolle therapeuten werd mijn vader doorgaans ervaren als een moeilijke, onaangename man, die louter met zichzelf bezig was en snel conflicten opriep.

Met mijn bezoeken toonde 'Gerard' zich echter altijd blij, zelfs als ik iets later kwam dan ik had aangekondigd. Hij was helemaal trots als ik hem tijdens een verlof vergezelde met boodschappen doen of gewoon een stukje met hem ging fietsen. Ik vond dat zelf trouwens ook niet onplezierig, want het kostte mij wel eens moeite om de bezoekuren in zijn verblijf vol te praten. Of er vielen stiltes, of we spraken over zulke oppervlakkige dingen dat het geen naam mocht hebben. Echte gespreksonderwerpen hadden we eigenlijk niet, vooral ook omdat zijn leven natuurlijk beperkt was en hij niet echt uitblonk in het tonen van interesse in andermans bestaan.

Mijn vader vroeg me in die periode of ik met hem en nog een paar patiënten en begeleiders uit de kliniek wilde meedoen aan de fietsvierdaagse, die in de eerste week van augustus werd gehouden. Ik twijfelde even, want ik vond vier dagen in mijn vaders aanwezigheid eigenlijk wel wat veel van het goede, maar stemde toch toe. Ik besloot er maar een uitje van te maken en nodigde Jos K. en Connie uit om ook mee te doen. We kampeerden met zijn drieën op een camping in het dorpje Alverna, vlak onder Nijmegen, en hadden het daar best gezellig. De eerste avond dat we daar waren, kwam mijn vader, vergezeld door twee begeleiders, op de fiets ook even langs. Dat was wel even een moeilijk moment. Ik had Jos en Connie wel eens voorzichtig iets over hem verteld, maar lang niet alles. Ze wisten dat mijn vader in een kliniek zat in verband met een ernstig misdrijf, maar niet dat het twee kindermoorden betrof. Ik voelde me er ook niet helemaal gemakkelijk onder, omdat ik er niet helemaal zeker van was hoe mijn vader zich tegen hen zou gedragen. Ik was bang dat hij zich betweterig en overheersend zou opstellen. Het was goed beschouwd de eerste keer dat ik mijn vader echt aan buitenstaanders moest voorstellen. En tja, dan zeg je natuurlijk niet graag. 'Nou jongens, dit is dus mijn vader en dat zijn z'n begeleiders uit de kliniek...' Mijn vader gedroeg zich echter voorkomend en stelde zich verder bescheiden op. Jos en Connie zeiden later dat ze het 'een aardige vent' vonden en ze zeiden juist dat ze mijn gedrag onnodig stug en gereserveerd vonden. Het was waarschijnlijk het bewijs dat ik me voor mijn vader schaamde en dat ik ontmoetingen met anderen daardoor liever uit de weg ging.

De vierdaagse zelf was leuk. We fietsten in een grote groep en de vrees dat mijn vader constant op mijn lip zou zitten, was misplaatst. Hij had in feite meer aandacht voor een van de andere meefietsers, de medepatiënt op wie hij in de kliniek 'verliefd' was geworden, dan voor mij. Ik kon me zodoende vooral met Jos en Connie bezighouden. Aan de andere kant moet ik ook toegeven dat mijn vader blij was dat ik er was en dat hij ook moeite deed om dat op een leuke manier tot uitdrukking te brengen. Hij was gewoon aardig en had tijdens de vierdaagse niets van die obstinate, zeurderige man die hij in de kliniek kon zijn. Het waren dat soort momenten dat ik bij me zelf wel een gevoel van medelijden bespeurde en zag dat hij een oudere, eenzame man was geworden, die in feite door iedereen was verlaten en voor wie het leven niet veel meer te bieden had. Zijn enige houvast met vroeger was ik, want verder kwam er helemaal nooit meer iemand bij hem op bezoek en kon er zelfs met feestdagen en verjaardagen geen kaartje meer af.

Zo'n dag of tien na die fietsvierdaagse, op donderdag 16 augustus 1984, werd ik 's avonds, om een uurtje of zeven, thuis door Brigit gebeld. Ze vertelde me dat het die middag weer 'foute boel' was geweest met Henk Frankot. Mijn moeder en hij waren die middag bij Brigit in de Woestduinstraat op visite gegaan en Frankot had zich na binnenkomst aan de biervoorraad gezet. Hij had zich grof gedragen en de twee vrouwen voortdurend afgesnauwd en gecommandeerd. Brigit had voor hem en mijn moeder gekookt, maar toen dit op tafel klaar stond, had Frankot alleen maar gebromd: 'Dat hoef ik niet, geef mij maar bier'. Vervolgens was er een woordenwisseling ontstaan en had Frankot mijn zus een klap in haar gezicht gegeven. Vervolgens was hij boos naar een café in de buurt gegaan om zich verder te bezatten. Brigit zei mij dat zij moeder om een uur of tien naar haar huis aan de Schoolwerf zou brengen en vroeg of ik dan ook even langskwam om te controleren of alles in orde was. Henk Frankot zou later wel op eigen houtje komen.

Git en ik hadden ons plan om Frankot te vermoorden na de zeperd met die revolver stilzwijgend laten varen, maar op dit soort momenten kreeg ik daar spijt van. Helemaal als ik hoorde dat die ellendeling mijn moeder of mijn zus had geslagen, daar werd ik hels om. Na de verhuizing van mijn moeder naar Almere had ik tegen mezelf gezegd: kijk het nog maar even aan. Maar ik realiseerde me dat ik hiermee de zaak net als mijn moeder gewoon op zijn beloop had gelaten. Want één ding was duidelijk: Henk Frankot zou pas stoppen met drinken als hij dood was en niet eerder.

Tegen tien uur ging ik even bij mijn moeder langs en Brigit vertelde nog eens uitgebreid wat er was voorgevallen en hoe hij hun avondje eigenlijk had verpest. Ik maakte een wegwerpgebaar en zei: 'Ach, maak je niet druk om die hufter... wees blij dat hij in de kroeg zit, dan hebben wij hier tenminste geen last van hem'. Dat was echter te veel gezegd, want om even na twaalf uur werd ik wakker gebeld door mijn moeder, die me vertelde dat Frankot haar zojuist uit de kroeg had opgebeld. Hij was woedend geweest dat zij 'zomaar' zonder hem uit Amsterdam was vertrokken. Frankot had gezegd dat hij er met een taxi aankwam en dat zij die bij aankomst moest betalen, omdat hij anders de boel kort en klein zou slaan. Ik hoorde aan mijn moeder dat ze bang was en na wat er die middag al was voorgevallen, begreep ik zelf ook dat Frankot inmiddels een wagonlading drank in zich moest hebben, die hem gevaarlijk maakte. Ik beloofde haar dat ik zo snel mogelijk zou komen en zei dat ze niet bang hoefde te zijn. Ik sprong uit bed en nam contact op met mijn vriend Jos K. Ik legde hem in een paar woorden uit wat er aan de hand was en hij zegde toe te komen posten bij de woning van mijn moeder, om Frankot daar tijdig op te vangen.

Al wie er kwam: geen Frankot. Het was inmiddels al twee uur geweest en Jos en ik keken elkaar al vragend aan of we nog veel langer moesten wachten, toen Brigit weer belde. Zij was weer naar haar woning in de Woestduinstraat teruggegaan, waar haar vader in de buurt z'n stamkroeg had. Zij was door een vriendin van haar telefonisch gewaarschuwd dat Frankot er weer eens behoorlijk bonje had gehad, en dat er bij de daaropvolgende knokpartij bloed was gevloeid. Brigit was er naar toe gegaan en had geprobeerd haar vader mee te nemen, maar hij had haar voor alles wat mooi en lelijk was uitgescholden en gedreigd dat hij iedereen die in z'n buurt kwam te grazen zou nemen. Git vroeg nu of ik hem alsjeblieft wilde komen halen, voordat de toestand helemaal uit de hand zou lopen.

Ik had in die periode niet de beschikking over een auto, maar Jos K. was bereid mij te brengen. We hadden de deur al bijna achter ons dichtgetrokken, toen ik me plotseling bedacht. Ik liep mijn moeders woning weer binnen en haalde van de slaapkamer een zware tafelpoot, die ik daar enige tijd eerder had neergezet. Het was een zwaar stuk hout, van een centimeter of tachtig lang, een mooie knuppel. 'Die ga je toch zeker niet meenemen?' vroeg Jos verbaasd. Ik schudde mijn hoofd en liep de trap van mijn moeders woning af en verstopte de tafelpoot daar tussen de bosschages. 'Misschien heb ik die straks nodig,' zei ik. Op dat moment was ik nog niet echt iets van plan. Het was een soort veiligheidsmaatregel uit de categorie van je-weet-maar-nooit.

In Overtoomse Veld aangekomen, bleek dat Frankot zo dronken was als een Maleier en onder het bloed zat. Hij zag er verschrikkelijk uit. Zijn haar hing in woeste slierten rond zijn gezicht. Zijn kleren waren besmeurd en gescheurd en zijn hemd hing helemaal uit zijn broek. 'Wat kom jij doen!?' wauwelde hij en het verbaasde me dat hij me überhaupt herkende met zoveel drank op. Ik bleef echter rustig en zei streng: 'Jou halen! Kom op… ga mee naar huis. Het is al hartstikke laat.' Wonder boven wonder deed Frankot ook nog wat ik zei en stapte mopperend in de lelijke eend van Jos K. Onderweg naar Almere stak Frankot een lange scheldkanonnade af, waarbij hij iedereen de vreselijkste ziekten toewenste. Het waren allemaal klootzakken en hij zou ze nog wel krijgen, bralde hij, terwijl het interieur van de auto zich snel met een zware alcolhollucht vulde. Er bleek geen zinnig woord met hem te wisselen en Jos en ik deden het zwijgen er dan ook maar toe.

Ter hoogte van Weesp en Muiden, op de A1, werd Frankot echter opstandig. Hij schreeuwde dat hij niet meer met ons mee wilde en dat we hem moesten laten uitstappen. 'Laat me gaan, laat me eruit, klootzakken! Ik heb met jullie helemaal niets te maken,' schold hij. Jos, die reed, keek mij vragend aan en ik zei: 'Nou, als meneer niet mee wil, dan stapt hij toch uit, tegen de tijd dat hij dan thuiskomt is hij wel nuchter.' Eerlijk gezegd vond ik het vooruitzicht dat hij midden in de nacht langs de snelweg stond, niet eens zo verkeerd. Dan moest hij maar zien hoe hij thuis zou komen. Jos stuurde de eend naar de kant van de weg. Frankot stapte uit en sloeg de deur met een harde klap achter zich dicht. 'Stelletje klootzakken!' riep hij nog een keer en liep vervolgens, in het schijnsel van de koplampen, een paar meter voor de auto uit. Pas op dat moment kwam de gedachte om definitief met Frankot af te rekenen ineens weer bij me boven. Dit is een mogelijkheid, flitste door me heen. 'Geef gas, rij 'm plat!' commandeerde ik Jos. Het zou op een ongeluk lijken. Frankot was zelf uitgestapt en daarna voor de auto gesprongen. Het alcoholpromillage in zijn bloed zou ons verhaal alleen maar bevestigen. Jos keek me aan alsof hij me niet goed verstaan had en toen ik opnieuw zei: 'Rij 'm omver!' schoot hij in de lach. 'Heb je soms ook wat op, Paul? Ben je gek geworden?' En terwijl hij met zijn hand een gebaar naar zijn auto maakte, zei hij: 'Frankot blijft staan en de eend valt uit elkaar.' Ik moest nu ook lachen. Vermoedelijk had hij gelijk, het was inderdaad een krakkemikkig ding.

Frankot had zich inmiddels kennelijk gerealiseerd dat hij op deze wijze letterlijk ver van huis zou zijn, want hij liep op de auto af en stapte opnieuw achterin, onverstaanbaar brommend en rochelend. Zonder tussenstops reden we daarna door naar het woonerf van mijn moeder in Almere-Haven. Dit herinnerde Frankot waarschijnlijk aan haar bestaan en in zijn scheldtirades schakelde hij moeiteloos op haar over, alsof ik er niet bij zat. 'Dat kolerewijf krijg ik ook nog wel,' dreigde hij, 'ze is zomaar zonder mij weggegaan... en altijd dat gezeik over geld...' Ik voelde de woede weer bij me opkomen en bitste dat hij zijn grote bek moest dichthouden, omdat wij hem anders alsnog op de snelweg zouden dumpen. Het deerde hem echter niet. Jos had de auto voor het huizenblok van mijn moeder gestopt en Frankot liet zich er min of meer uitrollen. Langzaam wankelde hij naar de stenen buitentrap met open ijzeren leuningen die naar de woning van mijn moeder leidde. Ik stapte ook uit en Jos reed de auto naar een parkeerplaats, een meter of vijftig verder. Henk Frankot was ondertussen niet stil te krijgen: 'Ik sla dat wijf nog een keer dood met d'r geouwehoer, ze zal er van lusten.' Het was bedoeld als provocatie, want op dat moment draaide hij zich naar mij toe en keek mij met z'n benevelde gezicht met een triomfantelijke grijns aan. Hij verwachtte kennelijk dat ik hem onder het raam van mijn moeders woning niets zou durven doen, omdat zij dat nu eenmaal altijd had tegengehouden.

Ditmaal vergiste hij zich. Ik wilde hem in een eerste opwelling een karatetrap in zijn nek geven, maar herinnerde me toen ineens de tafelpoot in de struiken. En vanaf dat moment ging alles vanzelf. Ik pakte ongezien het stuk hout en maakte een paar grote stappen om Frankot in te halen. Ik zag dat hij juist wilde omkijken wat er achter hem gebeurde, toen ik hem vol met die tafelpoot op zijn achterhoofd sloeg. Het klonk alsof ik op een kartonnen doos had geslagen – plok! – en door de klap vloog het stuk hout uit mijn hand. Frankot zakte ogenblikkelijk door zijn knieën en ik dacht: het is gebeurd, hier is niemand tegen bestand. Maar tot mijn verbijstering krabbelde hij toch weer langzaam overeind, vloekend en tierend nu. Hij maaide wild met zijn armen door de lucht. Ik aarzelde geen moment en was niet van plan hem nog maar een kans te geven. Ik pakte het mes dat ik altijd bij me had om de verpakkingen van bezorgzendingen los te snijden. Alle woede, frustratie en opgekropte spanningen van de voorgaande jaren ontlaadden zich in een niet te stoppen aanval. Ik stortte me werkelijk bovenop Frankot en stak hem met het mes. Een keer, twee keer, drie keer... Ik zag niets meer, ik deed alleen maar en schreeuwde: 'Nou is het afgelopen, nou is het afgelopen, vuil sekreet!' In 1974 in het huis van bewaring had ik het bij mijn eigen vader niet gedurfd, maar nu, bij mijn stiefvader, stak ik toe. Vier keer... vijf keer. Ik was door het dolle heen.

Ik voelde ineens hoe er iemand wild aan me trok en riep: 'Hou op, Paul, hou op! Doe niet!' Het was Jos K., die op het moment dat ik Frankot aanvloog zijn auto parkeerde en van een afstand had gezien wat er gebeurde. Hij was echter te ver af geweest om me tegen te kunnen houden. Het waas voor mijn ogen trok langzaam weg en ik zag dat ik boven op de buik van Henk Frankot zat. Zijn hoofd lag naar opzij. Een steeds groter wordende plas bloed vloeide er naast hem op straat. Hij bewoog niet meer. Het was inmiddels vrijdag 17 augustus, even over half vier in de ochtend.

Of hij dood was, wist ik niet, maar ik voelde onbewust dat het heel ernstig met hem moest zijn. Ik stond op, keek een ogenblik naar de roerloze gestalte op straat en liep toen de trap op naar de woning van mijn moeder. Ze lag wel in bed, maar was nog steeds wakker. Ze wist immers dat ik Frankot zou gaan ophalen in Amsterdam en rekende dus op onze thuiskomst.

Het was een zeer emotioneel moment. Ik had het mes nog in mijn handen en mijn kleren zaten onder het bloed. Ik moet een verwilderde indruk hebben gemaakt. Mijn moeder keek me geschrokken aan. Ik voelde hoe ik helemaal slap werd, mijn knieën knikten en mijn handen begonnen te trillen. En terwijl ik heel veel moeite moest doen om me goed te houden, zei ik: 'Nou, ma, hij zal je nooit meer lastig vallen, hij zal je nooit meer slaan...'

Mijn moeder begon te huilen: 'Maar jongen, wat heb je gedaan, wat is er gebeurd?' Toen kon ik mezelf ook niet meer inhouden. Alle emoties kwamen er in lange halen uit en de tranen liepen over mijn gezicht. Mijn moeder en ik hebben toen in elkaars armen een poosje zitten huilen op de rand van haar bed. Het was op een bepaalde manier onontkoombaar geweest wat er was gebeurd en ik had Frankot al dikwijls dood gewenst, maar nu het zover was, was ik helemaal de kluts kwijt.

We konden natuurlijk niet de hele nacht zo blijven zitten. Frankot lag nog op straat in een plas bloed. Misschien had er wel iemand iets gehoord en inmiddels de politie gebeld. In dat eerste stadium dacht ik er nog aan om alles te verbergen en de politie er buiten te laten. Wie zou Frankot immers missen, behalve een paar kroegbazen? Niemand. Ik draaide daarom het nummer van mijn zus Brigit in Amsterdam. 'Het is gebeurd, Git... Ik heb het gedaan,' zei ik en uit mijn trillende stem begreep ze direct dat er iets ernstigs aan de hand was. Ik vroeg haar of zij meteen naar Almere wilde komen om mijn moeder op te halen en haar mee te nemen naar de Woestduinstraat. Voor alles moest zij hier weg. Dit kon ze niet meer aan.

Toen moest natuurlijk zo snel mogelijk het lichaam van Frankot worden weggehaald. Ik pakte een laken uit de kast, legde dat op straat naast Frankot neer en wilde hem er op draaien. Op het moment dat ik hem bewoog, ontsnapte hem echter een diepe zucht en ik schrok me wild. Leefde hij toch nog?? Die man leek wel onverwoestbaar. Ik had het mes al die tijd bij me gehouden en haast instinctief stak ik nog tweemaal toe: Frankot mocht nooit meer opstaan. Jos K. greep onmiddellijk in en zei geschokt: 'Stop daarmee, man! Hij is allang dood. Dat kwam omdat je hem bewoog.'

Ik rolde het lichaam van Frankot op het laken en trok het een beetje naar de kant, in de richting van de struiken waar ik de tafelpoot had gepakt. In de buurt bleef het ondertussen stil en donker. Niemand had er kennelijk iets van gehoord of gemerkt. Ik had geluk dat mijn moeder op de hoek van een rustig straatje woonde, dat ook nog eens grensde aan bosschages en een kinderboerderij. Het was bovendien ook allemaal heel snel gegaan en Frankot had nauwelijks een kik gegeven. Met een beetje geluk konden we alles opruimen zonder dat iemand iets zou zien.

Jos haalde zijn auto weer van de parkeerplaats en terwijl hij een paar uur daarvoor nog had gelachen om mijn suggestie Frankot op de snelweg dood te rijden, kreeg hij nu toch diens lijk in de auto. Ik dacht koortsachtig na wat ik er mee moest doen. Het moest in ieder geval weg van deze plek, dat was duidelijk, maar de vraag waar we dan naar toe moesten, was moeilijker te beantwoorden. Gek genoeg kreeg ik toen een ingeving, die weliswaar zeer voor de hand lag, maar tegelijkertijd ook bizar was. 'Rijd ons naar de begraafplaats aan de Gooimeerdijk,' droeg ik Jos op. 'Daar leggen we 'm neer.' Jos stond met een krijtwit gezicht naast de auto en wilde er het liefst helemaal niets meer mee te maken hebben. 'Wat heb je gedaan, man? Hier krijgen we ellende mee,' zei hij. 'Niet als je doet wat ik zeg,' stelde ik en tilde het zware lichaam van Frankot met moeite in de auto.

De algemene begraafplaats van Almere-Haven lag op een afgelegen plek en grensde aan een kant aan een stuk braakliggend land, schuin tegenover het havenhoofd langs de dijk. Daar zou niemand ons zien. Het was maar een paar minuten rijden en het was er inderdaad pikdonker en verlaten. We pakten het laken bij de punten beet, tilden het lichaam uit de auto en sleepten het over het grasland naar de rand van de begraafplaats. Daar rolden we het stoffelijk overschot uit het zicht onder een heg. Op dat moment werd ik me er van bewust dat ik nog steeds het bebloede mes bij me had en gooide dat vanaf de dijk in het water van het Gooimeer. Vervolgens maakten we dat we wegkwamen.

Terug aan de Schoolwerf, bij de woning van mijn moeder, zei ik tegen Jos dat hij naar huis moest gaan en dat ik de volgende dag wel bij hem langs zou komen om alles te bespreken. Zelf heb ik nog snel een emmer met zeepsop gepakt om de straat schoon te boenen, waar nog een plas bloed van Henk Frankot lag, als laatste bewijs van het drama dat zich op die plek had afgespeeld.

Het was inmiddels al dik vier uur geweest eer ik in mijn eigen woning aan het Langshof kwam. Mijn gedachten waren verward. Je hebt iemand vermoord, schoot er door me heen, maar ik had geen gevoel van spijt. Nee, echt niet. Ik was opgewonden en overstuur, maar had niet het idee dat ik iets verschrikkelijks had gedaan. Integendeel eigenlijk, ik had het gevoel dat ik mijn moeder van een bruut had bevrijd en daar had ik alles voor over. Ze was mishandeld, financieel geplunderd en geterroriseerd door die man. Jaren achter elkaar zonder dat iemand iets deed. Niemand had haar kunnen helpen. Iedereen was altijd weg. Iedereen had zich bij moeilijkheden teruggetrokken of achter smoesjes verscholen. Iedereen had gefaald. Je had gewoon geen andere keus, Paul, zo hield ik mezelf voor, voordat ik uitgeput, met mijn kleren nog aan, in slaap viel.

Een paar uur later stond ik op en zag aan de donkerbruin verkleurde bloedresten op mijn handen en kleren dat ik niet had gedroomd. Ik dook snel onder de douche en trok schone kleren aan. Daarna ging ik bij Jos K. langs en heb een poosje zwijgend bij hem koffie zitten drinken. Ik besefte dat ik hem, tegen zijn wil, in een lastig parket had gebracht. Dit gedoe kon hem, zoals hij zelf al had voorspeld, heel wat problemen opleveren. Ik had hem gevraagd mij even een lift te geven en als gevolg van die bereidwilligheid was hij getuige geweest van, sterker nog, betrokken geraakt bij een heuse moord. Ik zei daarom tegen hem: ‘Jos, het spijt me enorm dat ik je hierbij gehaald heb, dat was nooit de bedoeling. Jij stond hier helemaal buiten. Ik weet echter niet hoe het allemaal gaat lopen, maar ik zal mijn uiterste best doen om je er buiten te houden. Zorg dat je auto geen sporen meer vertoont, zeg desnoods dat hij gestolen is, en wacht verder gewoon maar af. Ik ga naar Amsterdam, naar mijn zuster en moeder.'

Met de bus vertrok ik daarna naar de Woestduinstraat, waar mijn moeder en Brigit in spanning op me zaten te wachten. Bij binnenkomst vloog Brigit me huilend om de hals en drukte me dicht tegen zich aan. Ze gaf me een paar zoenen en zei: 'Paul, ik had het zelf willen doen… Hij verdiende het.' Haar reactie deed me goed. Het waren geen loze woorden. Brigit stond onvoorwaardelijk achter me en dat zou ik nodig hebben. Mijn moeder was nog behoorlijk overstuur. Niet zozeer omdat Frankot dood was, maar vanwege het feit dat IK dat had gedaan. Ze begreep echter ook heel goed dat ik het niet voor mezelf had gedaan. Nee, het was voor haar geweest, om haar te verlossen van die man.

We overlegden wat ons nu te doen stond. Aanvankelijk had ik gedacht dat niemand mijn daderschap hoefde te ontdekken, maar daar kwam ik snel op terug. Het had geen zin om hiervoor op de loop te gaan. Frankot zou ongetwijfeld worden gevonden en de politie kende de hele voorgeschiedenis. Mijn moeder, mijn zus en ik zouden beslist verhoord worden en dat wilde ik met name mijn moeder niet aandoen. En bovendien, heel wat mensen waren er getuige van geweest dat wij Frankot hadden opgehaald in Amsterdam. Dat viel allemaal niet te ontkennen. Binnen een mum van tijd zouden ze er achter komen dat wij er meer van wisten. Er zat niets anders op dan te staan voor wat ik had gedaan.

We besloten echter wel dat ik me nog niet direct zou melden, maar eerst nog wat zaken zou regelen. Ik haalde die vrijdagmiddag daarom mijn laatste geld van de bank en liet dat overschrijven op de rekening van mijn moeder. Daarna ging ik naar een juwelier en kocht daar een gouden kettinkje met een hangertje, een kruisje, voor haar. Het was bedoeld als een aandenken waarbij ze steun kon zoeken als ik er niet meer was, want het was natuurlijk duidelijk dat ik voorlopig niet terug zou komen. M'n moeder was ontroerd toen ik haar 's middags het kettinkje gaf en begreep de bedoeling van dit geschenk: ze heeft het kettinkje sindsdien nooit meer afgedaan.

Tegen de avond zijn we teruggereden naar Almere. Elk uur luisterden we naar het nieuws om te horen of het lichaam van Frankot al was gevonden, maar dit werd niet gemeld. Omdat ik niet wilde wachten totdat het lijk toevallig werd gevonden – dat kon wel tot na het weekend duren – besloot ik de politie zelf te bellen vanuit mijn moeders woning. Toevallig zou de volgende dag de jaarlijkse triatlon in Almere worden gehouden en de voorbereidingen daarvoor waren al in volle gang. Een van de sporthallen die daarbij zou worden gebruikt, lag vlak bij mijn moeders woning en ik zag dat er een politiewagen voorstond. Ik draaide het nummer van de politie en zei, zonder me bekend te maken: 'U moet eens gaan kijken onder de heg op de algemene begraafplaats, want daar ligt een lijk.'

Een minuut na mijn melding zag ik uit het keukenraam van mijn moeders woning dat de surveillanceauto wegreed. Tien minuten later was hij echter alweer terug en dat vond ik wel wat erg snel. Ze hadden kennelijk niets gevonden, of gedacht dat het om een grap ging. Misschien kwam dat ook wel zo over als iemand meldde dat er op een kerkhof een lijk lag… Ik pakte daarom opnieuw de telefoon en zei: 'Luister, ik maak geen grap, er ligt echt een lijk.' Ditmaal kwam de politieauto niet meer terug. Ik heb een halfuurtje gewacht en heb toen de fiets gepakt en ben de kant van de haven uit gereden. Van een afstand zag ik dat er diverse politieauto's bij de begraafplaats stonden, dat deze werd afgezet met linten en dat er speciale schijnwerpers werden opgesteld.

Hendrik Frankot, mijn stiefvader, was gevonden. De eerste moord van Almere was op 17 augustus 1984 een feit.

XI. Een bekennende verdachte

Nu het lijk van Frankot gevonden was, naderde het tijdstip om mezelf te gaan aanmelden. Ik belde opnieuw met het politiebureau en zei: 'Ik heb gezien dat jullie hem hebben gevonden. Ik ben de dader en ik wil me aangeven.' Mooier kon de politie van Almere het bijna niet krijgen. Er had zich in deze jonge gemeente nog nooit eerder een halsmisdrijf afgespeeld en nu dat wel het geval was, bood de dader zich op een presenteerblaadje aan. 'Kom maar naar het politiebureau, dan praten we daar verder,' stelde de stem aan de andere kant van de lijn. Daar voelde ik echter niet veel voor. Ik wilde me het liefst op neutraal terrein overgeven. Op dat moment wist de politie nog niet wie ik was en dus kon ik nog enigszins de regie bepalen. Ik antwoordde daarom dat ik om acht uur die avond bij het theater op het Marktplein in het centrum van Almere-Haven zou verschijnen en dat ze me daar konden inrekenen. Toen de andere kant nog wat tegensputterde, gooide ik de hoorn op de haak. Einde discussie.

Ik nam afscheid van mijn moeder, zonder te weten voor hoe lang. Ik hield haar even dicht tegen mij aan en kuste haar op haar betraande wangen. We stonden allebei op het standpunt dat de gebeurtenissen onvermijdelijk waren geweest, al vond mijn moeder dat ik daar nooit mijn eigen bestaan voor had mogen opofferen. De gedachte dat na haar man nu ook haar zoon voor een moord de gevangenis in ging, maakte mijn moeder verdrietig. Ik probeerde haar een beetje op te beuren. 'Het kan een paar jaar duren, ma, maar daarna ben ik weer thuis en kunnen we een normaal leven leiden, zonder die gluiperd, zonder geweld.' Ik voelde me gek genoeg redelijk ontspannen. Direct na de moord was ik even ingeklapt, maar nu was ik vooral opgelucht dat het eindelijk afgelopen was. De ergste stress had ik in feite al gehad in de maanden voor de steekpartij. Het feit dat ik Frankot had doodgemaakt raakte mij eerlijk gezegd niet echt. Dat was op het eerste gezicht wel vreemd, vooral omdat ik de daden van mijn vader altijd scherp heb veroordeeld. En nu zaten we in feite allebei vast voor het doden van een medemens. Ik vond mijn daad echter van een hele andere categorie dan die van mijn vader en daarom ook niet met elkaar te vergelijken. Er zijn wel mensen geweest die hebben gezegd: zo vader zo zoon, maar daar kon ik me over opwinden. Die mensen hebben er naar mijn mening helemaal niets van begrepen. Die vermoorde kinderen waren volkomen onschuldig en waren geheel buiten hun schuld een soort prooi van mijn vader geworden. Bij Frankot lag dat natuurlijk heel anders, ik zou haast zeggen zelfs andersom. Mijn moeder zat gevangen in de klauwen van zijn drankzucht en mijn aanval had haar daar uit bevrijd. Frankot had zelf zijn vonnis uitgesproken door te zeggen: 'Ik sla dat wijf nog een keer dood...' Dat was voor mij – en voor hem – het eindpunt geweest.

Mijn moeder en ik hadden een verbintenis met elkaar die je doorgaans alleen in zuidelijke culturen tegenkomt, waar vrouwen een speciale, beschermde positie in het gezin innemen. Het klinkt misschien zwaar, maar mijn moeder was heilig voor me. Als het moest was ik bereid om mijn eigen leven voor haar te geven, dus dat betekende dat ik er zeker toe in staat was om het leven te nemen van de man die haar anders de dood zou injagen. In dat opzicht had ik een enorme verdedigingsdrang opgebouwd, die overigens ook voor mijn zuster Brigit en mijn nichtje Marcella gold. Wie aan hen kwam, kwam aan mij.

Git stond erop dat ze met me mee zou gaan. Ze wilde niet dat ik alleen naar het Marktplein ging. 'Jij hebt het gedaan, maar we hebben het samen gewild en dus ga ik nu met je mee,' zei ze. Ik stemde toe. Langzaam wandelden we samen de paar honderd meter van mijn moeders woning naar het Marktplein, zonder veel te zeggen. Wat viel er ook nog te zeggen? Brigit beloofde dat ze me zo snel mogelijk zou komen opzoeken en als ik iets nodig had hoefde ik maar te kikken. Verder wist ik ook niet wat me precies te wachten stond, dus had het ook geen zin daar veel woorden aan vuil te maken. Vlak voor het Marktplein zei ik haar dat ik het laatste stukje alleen wilde gaan. Brigit hoefde niet te zien hoe ik in de boeien werd geslagen. Bovendien liep ze dan de kans dat ze ook werd meegenomen, alleen vanwege het feit dat ze in mijn gezelschap verkeerde en dat was de bedoeling niet. Ik pakte haar hoofd en drukte er twee zoenen op. 'Dag Git...' zei ik. 'Bedankt voor alles... zorg je alsjeblieft goed voor ma?' Brigit knikte en was niet in staat nog wat te zeggen. En terwijl ik me omdraaide en wegliep, voelde ik hoe nu ook de emoties mij weer bij de keel grepen.

Toen ik een paar minuten voor acht uur het Marktplein op kwam lopen, was het zo goed als verlaten. Op een muurtje bij het theater zaten twee mannen quasi nonchalant een sigaretje te roken. Naast hen stond een gewone personenauto. Ik vermoedde dat het twee rechercheurs waren en riep, toen ik hen op een meter of tien was genaderd: 'Hallo... zijn jullie van de politie? Ik kom me aangeven.' Deze eenvoudige boodschap had een schrikreactie tot gevolg. Als commando's doken ze achter het muurtje en richtten twee vuurwapens op me. Tegelijkertijd doken er uit allerlei hoeken en gaten op het plein andere mannen op mij af met eveneens getrokken pistolen. Twee tellen later kon ik geen vin meer verroeren. Ze draaiden mijn armen op mijn rug, drukten mijn neus op het dak van de auto en fouilleerden me hardhandig. Ik schrok ervan, want onbewust had ik een andere behandeling verwacht. Ik kwam me toch zeker vrijwillig melden, maar dat maakte kennelijk niets uit. Ik werd tussen twee rechercheurs op de achterbank gezet en afgevoerd naar het hoofdbureau. Onderweg werd er nauwelijks gesproken. Een van de mannen vroeg alleen hoe ik heette en waar ik woonde en gaf dat per mobilofoon door aan de meldkamer.

In het politiebureau van Almere-Stad moest ik mijn veters uit mijn schoenen halen, mijn broekriem afdoen en later ook mijn kleren uittrekken. Ik kreeg een kaki-groene overall aan die mij veel te wijd zat, maar er was volgens de politieman maar één maat voorradig: te groot. Daarna werd ik naar het cellenblok gebracht en in een cel gemieterd, een ander woord heb ik er niet voor. Het was een betonnen hok van een paar vierkante meter, met een wel zeer sobere inrichting. Een betonnen bed, zonder matras. Links naast de deur bevond zich een roestvrijstalen pot met kraantje en een intercom, waarmee je de wachtcommandant kon waarschuwen als je iets nodig had. Een tafel, met een aan de muur gegoten betonnen zitje vormde het meubilair. Verder kale grijze muren, waarop vorige arrestanten wat namen, vunzigheden en noodkreten hadden gekliederd. Op tafel stond een rol toiletpapier – ja, aan alles was gedacht – en verder was er niks. Helemaal niks. Geen boek, geen tijdschrift. Er was geen raam en roken was niet toegestaan. 'Je wordt zo opgehaald,' werd mij toegevoegd en daarna klapte de celdeur dicht. Daar zat ik dan. Op het koude beton van wat een bed moest voorstellen. Ik was nog nooit echt met de politie in aanraking geweest en had nog nooit in de cel gezeten, maar nu het zover was betrof het ook direct het zwaarste delict dat er was. Ik vond dat ik nogal slecht werd behandeld. Ik kreeg weinig toelichting en men deed nogal lomp. Het duurde even eer ik door kreeg dat men mij hier gewoon als een gevaarlijke crimineel beschouwde, een moordenaar, en het probleem was natuurlijk dat ik dat zelf heel anders aanvoelde. Ik was geen crimineel, welnee, ik had iets gedaan dat moest gebeuren, dat onvermijdelijk was. Maar ja, wat wisten die politiemensen op dat moment nu af van de achtergronden? Voor mij was Henk Frankot een gewelddadige zuiplap die eindelijk eens met gelijke munt was terugbetaald, maar voor de politie was hij in dit stadium nog een slachtoffer van middelbare leeftijd dat bruut was vermoord en ik was de – jonge – dader.

Ik keek onwennig om me heen. Zou deze cel, althans zo'n soort cel, de komende jaren mijn verblijf zijn? Ik had er nog geen idee van dat een politiecel heel wat anders was dan een gevangeniscel. Een cel was voor mij een cel. Na een uurtje duimendraaien ging het luikje open en kreeg ik een plastic bekertje koffie aangereikt. 'Wat gaat er gebeuren?' vroeg ik. 'Dat merk je vanzelf wel,' bromde het luikje voordat het weer werd dichtgeklapt. Ik was blij met de koffie en omklemde het bekertje met beide handen. Ik had het koud gekregen en dronk met kleine slokjes, om er zo lang mogelijk van te genieten, terwijl ik koffie van deze kwaliteit thuis zo door de gootsteen zou hebben gespoeld. Merkwaardig, hoe snel je ineens gelukkig kunt zijn met kleine dingen.

Even later werd de deur weer opengemaakt. Twee rechercheurs namen me mee naar een verhoorkamertje. Ik zat aan de ene kant van de tafel en zij aan de andere en tussen ons in stond een schrijfmachine. 'Nou, vertel het maar eens, waarom geef je jezelf aan?' openden zij het verhoor. Ik was blij dat ik eindelijk kon vertellen wat er allemaal was gebeurd. Bij stukjes en beetjes beschreef ik wat er de afgelopen jaren en maanden allemaal was voorgevallen en welke rol Frankot in ons leven had gespeeld. Ik weet nog goed dat ik mijn verhaal afrondde met de formulering dat ik Henk Frankot die avond had 'aangepakt' omdat hij mijn moeder weer had bedreigd. De ene rechercheur trok een wenkbrauw op en terwijl hij een blik van verstandhouding wisselde met zijn collega, vroeg hij: 'Aangepakt?' Ik begreep niet helemaal waar hij naar toe wilde en bevestigde: 'Ja, aangepakt.' Wat anders?

Ik moest vervolgens beschrijven hoe Frankot eruitzag en verdere bijzonderheden over zijn persoon en verleden vertellen.

Daarna werd ik weer teruggebracht naar mijn cel. Het verhoor had nauwelijks een uurtje geduurd en dat viel me eigenlijk een beetje tegen. Ik had nog zoveel willen vertellen, toelichten, maar het leek wel alsof er geen belangstelling voor was. De rechercheurs zeiden dat ze deze informatie eerst wilden controleren eer ze verder met me gingen en later begreep ik pas dat ze zodoende wilden vaststellen dat ik geen gestoorde zelfmelder was, die alleen maar aandacht wilde hebben, want dat schijnt nogal eens voor te komen bij de politie.

Om 11.00 uur die avond kreeg ik een schuimrubber matras, papieren lakens – daarmee kon je jezelf niet ophangen en evenmin op de 'klassieke' manier ontsnappen – en een deken uitgereikt. Ik legde het op de betonnen brits en ging direct liggen. Tot mijn eigen verbazing viel ik snel in slaap. Het voelde alsof er een last van me was afgevallen. Mmmm, had mijn vader dat ook niet gezegd toen hij was gearresteerd? Nou ja, hoe dan ook, ik zou verder wel zien wat er ging gebeuren, het had geen zin om daar wakker van te liggen.

Om 7.00 uur 's morgens werd ik weer wakker gemaakt. En om tien over zeven moest ik matras, lakens en deken weer inleveren. Een bespottelijke maatregel, vond ik. Waarom mocht dat niet wat langer blijven liggen? Ik kon me niet voorstellen dat ze om half acht of acht uur alweer met een verhoor zouden beginnen. Ik vermoedde dat het een vorm van tactiek was, waarbij ze wilden voorkomen dat een verdachte zich op zijn gemak ging voelen. De filosofie daarachter was waarschijnlijk dat 'onzekere arrestanten' de snelst bekennende arrestanten zijn.

Daarna mocht ik me even wassen en tandenpoetsen. Brigit had inmiddels een toilettasje met spullen op het bureau afgegeven. Na een 'plastic' ontbijt met koffie kwamen die twee rechercheurs me om een uurtje of half tien halen, tamelijk jonge kerels nog. We gingen weer naar het verhoorkamertje en ik moest alles nog eens opnieuw vertellen. En nog een keer. En nog een keer. Er ontstond een raar sfeertje, zoals je ook vaak in tv-series ziet. De ene rechercheur was een wat chagrijnige kerel, die me constant misprijzend en ongelovig zat aan te kijken, terwijl de ander me koffie aanbood en me af en toe bemoedigend toeknikte.

Op een gegeven moment kreeg ik een beetje genoeg van deze vertoning en zei: 'Doe nou eens normaal. Ik heb mezelf vrijwillig gemeld en beken alles, wat willen jullie nou nog meer? Als ik niet had gebeld, hadden jullie nu dat lijk nog niet eens gevonden.' Het maakte echter geen indruk en telkens moest ik mijn verhaal opnieuw afdraaien. Wat ze graag wilden weten was wat de rol van Brigit was geweest. En wat mijn moeder op het tijdstip van de fatale steken precies had gedaan. Ze hadden het idee dat er sprake was van een soort familiekomplot en dat mijn moeder en zus medeplichtig aan de moord waren geweest. De rechercheurs vertelden mij dat mijn moeder om die reden ook was gearresteerd, wat bij mij tot een stevige vloek leidde. Dat had ik nu juist willen voorkomen door mezelf te melden en nu gebeurde het toch nog. Ik had haar deze vernedering willen besparen. Wat had mijn moeder, die zwaar astma-patiënte was en bovendien zeer slecht ter been, nu moeten doen die noodlottige avond? Wat een onzin allemaal! Zij had in bed gelegen en ze was bang geweest, meer niet. En als er de afgelopen jaren iemand was geweest die me er van had weerhouden om Frankot eens mores te leren, dan was het mijn moeder wel. Gelukkig zag de recherche dat zelf ook vrij snel in en werd mijn moeder weer op vrije voeten gesteld. Ook haar arrestatie hoorde waarschijnlijk bij een soort intimidatie-spel.

Daarna kwam het onderwerp op mijn zus Brigit. Zij had die nacht net zomin als mijn moeder een rol gespeeld, hoe graag ze dat misschien ook zelf wel gewild had. Het enige wat zij had gedaan was vragen of ik Frankot wilde komen ophalen, omdat hij in die kroeg had gevochten. De rechercheurs geloofden mij echter niet en de verhoren gingen dan ook maar door: van 's morgens vroeg tot 's avonds laat. En dan klonk het telkens weer: 'Oké Paul, vertel nou nog eens van het begin af aan...'

De tweede dag had ik in mijn cel bezoek gekregen van een advocaat die me via een zogenaamde piketregeling was toegewezen. Het was mr. C. Okkerse uit Lelystad. Hij was een jonge kerel en beslist niet onaardig. Hij vertelde me wat er verder ging gebeuren en wat hij voor mij kon doen. Dat was overigens niet echt veel, voegde hij er aan toe, want ik was een bekennende verdachte en over de schuldvraag hoefde dus niet gebakkeleid te worden. En hij hoefde mij ook nauwelijks te adviseren over wat ik wel en niet moest zeggen, want van mij mocht alles op tafel komen. Ik had niets te verbergen. Het ging er voor hem dus meer om om later, bij de rechtszitting, de omstandigheden en achtergronden in kaart te brengen en daarvoor zou hij ondermeer gesprekken voeren met mijn moeder en Brigit.

Pas de derde of de vierde dag kreeg ik echt te horen hoe de politie Frankot had aangetroffen en wat volgens de sectie de precieze doodsoorzaak was. De rechercheurs vroegen mij eerst hoe vaak ik met het mes had gestoken. Mijn antwoord was vier of vijf keer. De chagrijnige rechercheur lachte schamper: ‘Nou dan mag je wel eens leren tellen, want hij had om precies te zijn 37 messteken.’ Ik keek hen een ogenblik verbijsterd aan: 37???? Pfff… ik wist dat ik die avond in een vlaag van woede op hem was afgevlogen, maar dat ik zó buiten mezelf was geweest, was ongelofelijk. En ik had me nadien nog wel afgevraagd of Frankot wel echt dood was. Nou, hiermee had ik hem dus wel tien keer kunnen vermoorden. Ik was er even beduusd van. Dit was een harde confrontatie met de werkelijkheid. Ik had Frankot wat je noemt echt overhoop gestoken. Ik wist daar echter niets meer van, ik had een waas voor mijn ogen gehad en was pas tot bezinning gekomen toen Jos K. mij van Frankot probeerde af te trekken. De rechercheurs vertelden me dat hij bijna overal was geraakt: hoofd, hart, longen, lever. En dan werd de klap met de tafelpoot nog buiten beschouwing gelaten. Maar uit de sectie was gebleken dat die ook hard was aangekomen en tot flink bloedverlies bij Frankot had geleid. Dit alles tezamen had tot zijn dood geleid. Uit de sectie bleek overigens ook dat Frankot twee milligram alcohol per milliliter in zijn bloed had, een percentage dat nog eens onderstreepte wat voor een innemer hij was.

Ik begreep nu ook ineens waarom de politie bij mijn aanhouding voor een zwaarbewapend ontvangstcomité had gezorgd. De vondst van het lijk had ze de indruk gegeven dat er een of andere gestoorde lustmoordenaar aan het werk was geweest, een slager. En wie gaf ze de garantie dat ik niet van plan was om bij het theater nog een paar agenten mee te nemen in een soort van laatste wanhoopsactie? Als ik agent was geweest bij zo’n aanhouding had ik ook het zekere voor het onzekere genomen.

Na de eerste week werd ik een paar keer om onduidelijke redenen overgeplaatst naar andere politiecellen in ’t Gooi. Voor de rechercheurs was dat lastiger dan voor mij, want zij moesten mij nu steeds achterna reizen. Voor mij hielden de overplaatsingen enige afwisseling in, al moet ik daar aan toevoegen dat de cellen overal kaal en vervelend waren. Als je er één gezien hebt, heb je ze in feite allemaal gezien.

Ook Brigit en Jos K. werden in de week na de moord gearresteerd op verdenking van medeplichtigheid. Brigit vertelde eerlijk dat ze het met mijn daad eens was geweest en dat zij ook in een eerder stadium het – defecte – vuurwapen had gekocht, maar dat ze er op de avond zelf niet bij was geweest. Het was een duidelijke verklaring die makkelijk viel te controleren. Na een paar dagen werd zij dan ook vrijgelaten. Voor Jos K. zag het er aanmerkelijk somberder uit. Hij was de hele avond in mijn gezelschap geweest, had samen met mij Frankot in Amsterdam opgehaald, had mij weliswaar van hem afgetrokken, maar was later wel weer behulpzaam geweest met het wegwerken van het lijk. Voor wie dat wilde, was dat allemaal nogal verdacht. Ik beklemtoonde honderd keer dat Jos niets met deze affaire te maken had en dat hij er tegen zijn wil in was gerold, maar de rechercheurs bleven hun twijfel houden en meenden dat ik zijn betrokkenheid om een of andere reden afschermde. Ik vond het vervelend voor K., want hij had goed beschouwd mij alleen maar van dienst willen zijn. Als beloning daarvoor zat hij nu ook in zo'n kale politiecel en stond met zijn naam in de krant. Ondanks de ontelbare verhoren werd het voor de recherche niet geheel duidelijk wat er zich nu precies in de nacht van de moord had afgespeeld en de twijfel hierover resulteerde erin dat er twee weken later, op de avond van de dertigste augustus, een reconstructie van het drama werd gehouden. Op die wijze wilde men vaststellen of mijn verklaring en die van Jos K. werkelijk met elkaar overeenstemden.

Die reconstructie was een aangrijpende gebeurtenis. Hij vond op precies dezelfde locatie plaats, met dezelfde tafelpoot en een rubber mes. Het echte mes was wel uit het Gooimeer opgedoken, maar dat gaf men mij om begrijpelijke reden liever niet meer in handen. Ik kreeg een overall aan met een grote P erop, waarvan ik aannam dat deze voor Paul stond, maar het kon natuurlijk ook Politie betekenen. Alles werd op video opgenomen. Het terrein rond de woning van mijn moeder was helemaal afgezet en naast veel politie waren ook de officier van Justitie, de rechter-commissaris en mijn advocaat, mr. Okkerse, aanwezig. Ik werd in een politiebusje aangevoerd en moest wachten tot Jos K. het eerste gedeelte van de reconstructie had gedaan. Merkwaardig was dat ik dat van mijn zitplaats allemaal kon zien en daar eventueel mijn verhaal op had kunnen aanpassen als ik dat had gewild. Ik zag ook de woning van mijn moeder. Er brandde licht en ik had van de politie gehoord dat zij gewoon thuis was. Zij hadden gelukkig wel voor begeleiding gezorgd, want ik had niet graag dat mijn moeder er via het keukenraam getuige van was hoe ik met een mes 37 keer op een figurant instak, die haar levensgezel moest uitbeelden.

Die figurant leek overigens heel behoorlijk op Frankot en had zijn lengte en postuur. De reconstructie werd in alle opzichten serieus aangepakt. Ik moest voordoen hoe ik de tafelpoot uit de struiken had gepakt, achter Frankot was aangelopen en hem op zijn hoofd had geslagen. Net als Frankot die bewuste nacht zakte de figurant door zijn knieën en krabbelde daarna weer op. Vervolgens moest ik mijn mes pakken en hem neersteken, totdat de toesnellende Jos K. mij tegenhield. Ik beleefde het drama weer helemaal opnieuw, het was allemaal zo echt, dat de herinneringen als een scherpe film terugkwamen. De afgelopen twee weken had ik waarschijnlijk toch in een roes geleefd, waardoor alles niet helemaal tot me was doorgedrongen. Ik raakte zeer geëmotioneerd en trilde over mijn hele lijf. De tranen stroomden over mijn gezicht en ik was af en toe niet meer in staat om de instructies op te volgen en ik hoorde soms gewoon niet wat er werd gezegd. Het was alsof alle spanning uit mijn lichaam wegzakte en ik geen kracht meer had. Ik voelde me slap en hulpeloos en mijn gedachten dwaalden steeds af naar mijn moeder, die daar boven in haar woninkje zat. Mijn advocaat vertelde later dat de seance alle aanwezigen zeer had aangegrepen en dat de meesten na afloop heel stilletjes naar huis waren vertrokken. De officier van Justitie had zelfs instemmend geknikt toen mijn advocaat aan het slot had opgemerkt dat hoe men ook tegen de zaak aankeek, men die avond getuige was geweest van een diep menselijk drama.

Omdat onze verklaringen toch overeen bleken te stemmen, werd Jos K. in vrijheid gesteld en zijn vermeende aandeel in de zaak werd niet lang daarna door de officier van Justitie geseponeerd.

Ik raakte inmiddels aardig aan het gerechtelijk systeem gewend. Ik begreep steeds beter hoe het functioneerde en van zo-zijn-de-regels-ambtenaren aan elkaar hing. Als je vroeg of je je matras wat langer mocht houden, werd dit altijd afgewezen. Niet omdat daar een echte reden voor was, maar omdat dit 'nu eenmaal de regels waren'. Of die regels zinnig waren en of het nou echt belangrijk was dat ze zo stipt werden nageleefd, vroeg men zich meestal niet af, men dééd het gewoon. Toch kreeg ik ook door hoe je die ambtenaren-eigenschappen kon omzeilen. Een medegedetineerde tipte me tijdens het luchten over een mogelijkheid om de hele dag je matras te behouden. 'Je moet zeggen dat je rugpatiënt bent en om een dokter vragen,' adviseerde hij mij. En ja hoor, een dag later had ik de dokter in mijn cel en vanaf dat moment kreeg ik mijn matras de hele dag: orders van de dokter. En die gaan boven de regels. Om wat langer te kunnen luchten, vertelde ik de arts dat er bij ons astma in de familie zat – wat waar was – en dat ik het in het celletje wel wat benauwd had. De dokter doorzag het allemaal wel, maar hij was een geschikte peer. Op zijn aangeven werd ik dagelijks dus een halfuurtje extra gelucht, wat in die situatie een godsgeschenk was.

Mijn moeder kwam zo vaak langs als toegestaan was. Ze was nog wel nerveus, maar het ging toch al wat beter met haar. De blauwe plekken en schaafwonden die haar de laatste maanden vrijwel permanent hadden getekend, waren verdwenen. Ze was echt opgeknapt, had zich weer beter gekleed en ook wat opgemaakt. Ze vond het erg dat ik vast zat. 'Eerst was ik de gevangene van Frankot en nu jij,' zei ze, wat ik wel een treffende vergelijking vond. Op Brigit na, liet de rest van de familie niets van zich horen en dat viel me wel een beetje tegen. Mijn halfbroers Johan en Gerard, die toch wisten wat een ellende we sinds de terugkeer van Frankot allemaal hadden gehad, bewezen dat zij zich definitief van de familie hadden gedistantieerd. Ik kreeg geen briefje of kaartje, helemaal niets. Maar ja, later heb ik nog wel eens gedacht: misschien had met name Johan dat juist wel van mij verwacht. Het was per slot van rekening zijn vader die ik had doodgestoken.

Op vrijdag 31 augustus 1984, een dag na de reconstructie, werd ik van de politiecel overgeplaatst naar het huis van bewaring in Arnhem, bijgenaamd De Koepel. Het rechercheonderzoek was zo'n beetje afgerond en tot de rechtszitting zou ik daar in voorlopige hechtenis blijven. Ik kwam aan in het voorgebouw en moest beginnen met me helemaal uit te kleden. Alle spullen die ik had moest ik afgeven en die werden nagekeken. En terwijl ik daar in mijn blootje stond, vroeg een bewaarder of ik even wilde bukken. 'Bukken?' vroeg ik verwonderd, 'Waarom?' Ik kreeg de eerste les in bajesregels. Bukken was een beproefde methode om te controleren of gedetineerden anaal iets mee naar binnen wilden smokkelen, zoals drugs of messen. Ik vond het heel vernederend en deed met een rood hoofd wat er werd gezegd. Protesteren durfde ik toen nog niet, nog afgezien van het feit dat het niets geholpen zou hebben, want 'zo zijn de regels nu eenmaal'. Ook later, met meer bajeservaring, heb ik aan dit soort controles nooit kunnen wennen. Ik vond het gênant en onnatuurlijk. Het is mij ook wel eens gebeurd dat ze niet direct overtuigd waren dat je niets meesmokkelde en voor de zekerheid ook nog opdracht tot een paar kniebuigingen gaven.

Van de badmeester, zo heet de 'foerier' in het huis van bewaring, kreeg ik het standaardpakket voor de gedetineerde uitgereikt: twee dekens, lakens, een kussensloop, een handdoek, een theedoek, een bord, een kopje, een glas en bestek. Verder een wasteiltje, een tandenborstel, een stukje zeep en een plastic broodtrommeltje.

Daarna ging ik de koepel zelf in. Het was een enorm groot gebouw en wat me terstond opviel was de enorme herrie. Slaande deuren, geschreeuw, muziek en geluiden van metaal op metaal. De grote koepel, die als een soort kaasstolp over alles heen was geplaatst, zorgde ervoor dat elk geluid een soort galm meekreeg. Ik liep met een bewaarder over 'het vlak', het bajesjargon voor de binnenplaats, naar de wenteltrap, die naar de ringen met cellen leidde. Mijn cel zat op de derde etage en ik kwam tussen een Belg te zitten die voor drugssmokkel zat en een Surinaamse jongen die iemand had neergestoken, een lotgenoot dus. De bewaarder maakte de cel voor me open en schoof daarna een kaartje in de daarvoor bestemde deurgleuf waar mijn gegevens op stonden: 'Spruit, P. C. Reg. nr. 570831 – Datum binnenkomst: 31-08-84 Religie: RK.' Waarom die religie vermeld werd begreep ik niet. Het enige nut dat ik daarvoor kon bedenken was dat het voor de bewaarders handig was om te zien bij welke gedetineerde wel of niet gevloekt kon worden.

Ik stapte nieuwsgierig naar binnen. Dit was dus mijn verblijf voor de komende maanden. De cel was in ieder geval groter dan die in een politiebureau. Doordat het huis van bewaring een koepelgebouw was, liepen mijn celmuren niet helemaal evenwijdig, waardoor het net leek alsof alles een beetje scheef was. Bovenin zat een boograam met tralies, maar ik had in ieder geval weer daglicht. Het witte neonlicht uit de politiecellen stond me inmiddels ontzettend tegen. In de hoek stond een redelijk grote kast. Verder een ijzeren bed – met schuimrubber matras – en een stoffer en blik, een emmer en een po. Stromend water had men toen nog niet op de cel in de Koepel. Naast de deur zat een knop waarmee je een bewaarder kon waarschuwen. Televisie op de cel was een verworvenheid die nog moest worden uitgevonden. Dat was alles. De lichtknoppen zaten aan de buitenkant en werden 's avonds door de bewaarders aan- of uitgeschakeld.

De bewaarder legde me in het kort de regels van het 'huis' uit. Die waren simpel.

1 × per week sporten
1 × per week douchen – verplicht
1 × per week een uur bezoek
2 × per week tien minuten telefoneren
1 × per week bibliotheek
1 × per dag een uur luchten
en vijf halve dagen per week naar de werkzaal, waar wasknijpers in elkaar werden gezet of voor de Hema kerstkaarten in pakketjes van zes stuks moesten worden gesorteerd.

‘Begrepen, Spruit?’ Het antwoord werd niet afgewacht. De deur ging dicht: ‘Nou, succes dan.’

Tegen vijven ging de deur weer op een kier. De broodkar reed voor. Op de eerste kar lag het broodbeleg en brood en op de tweede stond koffie, thee en melk. Je moest niet alleen het avondeten pakken maar ook meteen het ontbijt voor de volgende ochtend. Daarvoor was het broodtrommeltje dus bestemd. Je mocht één plak kaas en één plak vleeswaren nemen. Nooit meer, ook al at je een heel brood op. Verder kon je kiezen tussen pindakaas, hagelslag en jam. Eenmaal per week kreeg je in plaats van vleeswaren een kroket, frikadel of een ei. Op vrijdag, de dag dat ik dus binnenkwam, was er altijd vis, een harinkie of een makreel. Ik had het dus getroffen.

Die eerste avond had ik ook al direct recreatie. De ene week had je dat op maandag-woensdag-vrijdag en de andere week op dinsdag en donderdag. De andere dagen zat je gewoon ‘achter-de-deur’ en moest je maar zien hoe je jezelf vermaakte. Recreatie hield in dat je celdeur om kwart voor zeven openging en dat je naar een zaaltje op de ring mocht, wat in feite drie doorgebroken cellen waren. Er stond een klein biljart, een tv en tafels en stoelen. Er werd wat gekaart en gekletst. Stipt om negen uur – ‘dat zijn de regels’ – werd je dan weer ‘ingesloten’, ook al was het programma op televisie net aan z’n ontknoping toe, en dat gaf bijna elke avond gemor. Ik keek die avond rustig rond. Ik kende nog niemand en het leek me raadzaam de gang van zaken eerst maar een beetje te verkennen.

Nieuwelingen mochten – volgens de regels – een zogenaamd inkomstentelefoontje van tien minuten op rijkskosten plegen en ik belde mijn moeder om haar over mijn overplaatsing naar Arnhem te informeren. Brigit was er ook en mijn moeder klonk tamelijk opgewekt. 'We hadden al gehoopt dat je even kon bellen, jongen... hartelijk gefeliciteerd hoor!' Ik reageerde verbaasd. Het huis van bewaring en de politiecel was een verschil van dag en nacht, maar of dat nu een felicitatie waard was... 'Gefeliciteerd?' vroeg ik daarom. 'Ja, met je verjaardag... wat dacht jij dan?' antwoordde mijn moeder. Verroest! Ik had er door alle consternatie helemaal niet bij stilgestaan, maar op mijn eerste dag in het huis van bewaring werd ik 27 jaar. Toen ik na de recreatie weer alleen in mijn kale celletje zat, moest ik er een beetje om grinniken. Ik zuchtte eens diep en zei spottend tegen mezelf: 'Tjonge jonge, wat een feestdag!'

XII. Moord maakt indruk

In het huis van bewaring in Arnhem hoorde ik voor het eerst weer iets van mijn vader. Ik kreeg een brief van hem, waarin hij schreef dat hij met me meeleefde en dat hij zich medeschuldig voelde aan wat er was gebeurd: 'Ik realiseer me wel, Paul, dat dit nooit was gebeurd als ik niet uit jullie leven was verdwenen.' Tijdens de fietsvierdaagse, kort voor de moord, had ik het even met hem over Frankot gehad. Hij had wel begrepen dat alles door het drankgebruik van Frankot behoorlijk uit de hand was gelopen en dat mijn moeder weinig geluk kende. Mijn vader had er toen niet veel over gezegd. Dat was natuurlijk ook niet gepast. Hij kon moeilijk zeggen dat mijn moeder met Frankot een verkeerde keuze had gemaakt en dat die vent absoluut niet deugde.

Mijn vader raadde me in zijn brief aan om een psychiatrisch onderzoek aan te vragen. 'Het verleden heeft natuurlijk in jouw leven doorgewerkt. De gebeurtenissen met Frankot zijn daar een gevolg van. Het lijkt me dat de rechtbank daar rekening mee moet houden. Misschien valt het dan allemaal wel mee. Volgens mij kan je beter in een kliniek terechtkomen dan in de gevangenis. Je weet hoe ik het hier heb,' schreef hij. Hij besloot met de boodschap dat ik altijd een beroep op hem kon doen als ik zijn hulp nodig had, maar dat vond ik een nogal loze bewering. Wat kon hij nou doen? Goedbeschouwd was hij met dat aanbod dik tien jaar te laat. Maar goed, ik nam aan dat het vriendelijk was bedoeld.

Het bezoekuur was op woensdagmiddag van twee tot drie en toen ik voor de eerste keer het zaaltje binnenkwam, zaten mijn moeder, Brigit en mijn vriendin Connie er al. Even op en neer naar Arnhem zou voor hen de komende maanden vaste prik zijn. Ik had me verheugd op hun komst. In de politiecellen was een normaal bezoek bijna niet mogelijk geweest en daar kon je ook niet goed praten. Daardoor had ik hen al een paar weken nauwelijks gesproken, terwijl we elkaar natuurlijk heel wat te vertellen hadden. Mijn moeder had een verjaardagscadeau voor me meegenomen. Het was een klein pakje en toen ik het open maakte, kwam er precies zo'n gouden kettinkje met kruisje uit als ik de dag na de moord aan haar had gegeven.

Er was naar mijn idee nog maar een kwartiertje om, toen een bewaarder al riep: 'Einde bezoek' en iedereen het zaaltje weer voor een week moest verlaten. We waren nog lang niet uitgepraat. Brigit had over de afloop van haar eigen arrestatie verteld, want dat was mij natuurlijk grotendeels ontgaan omdat ik zelf vast zat.

Mijn moeder zei dat ze naar de begrafenis van Frankot was geweest, daar voelde ze zich, ondanks alles, toe verplicht. Er waren maar een stuk of zes mensen bij aanwezig geweest, wat aangaf dat zijn overlijden niet in grote kring werd betreurd. De begrafenisondernemer had voor de rouwkaart een minimumoplage van vijfentwintig stuks vastgesteld, maar het overgrote deel daarvan was ongebruikt gebleven. Al met al had ik sinds de moord eigenlijk nauwelijks tijd gehad om met Connie te praten. Voor haar was de hele geschiedenis een enorme schok geweest. Ik kende haar nog niet zo lang en zij had dus een heel stuk van de voorgeschiedenis gemist. Zij had Frankot ook niet persoonlijk meegemaakt en wist alleen van 'horen-zeggen' dat we heel wat met hem te stellen hadden gehad en dat hij mijn moeder dikwijls had mishandeld. En van de daden van mijn eigen vader had ze tot mijn aanhouding ook niets geweten. Ze zei me dat ze er 'enig begrip' voor had wat er was gebeurd, maar ook dat ze het 'afschuwelijk' vond en dat ze met de gedachte dat ik iemand had vermoord moeilijk overweg kon. Maar ja, toen we in ons gesprek op dat punt waren beland, was het bezoekuur dus al weer om geweest en moest ik minimaal een week wachten eer ik daar op in kon gaan.

Alle gedetineerden moesten na het bezoek door een soort sluis, waar we werden gefouilleerd en eventueel gevisiteerd. Ondanks deze controle kwam er overigens nog genoeg verboden spul binnen, met name hasj. Het smokkelen werd streng bestraft, maar merkwaardig genoeg werd het gebruik op de afdelingen zelf oogluikend toegestaan door de bewaarders, omdat het de gedetineerden rustig maakte. Wat dat betreft waren de bewaarders praktijkgericht, al was het puur uit eigenbelang en gemakzucht: ze hadden liever een rustige afdeling die stoned was, dan een opgefokte bende die droog stond.

De eerste weken moest ik erg wennen in de koepel. Ik was niet aan het lawaai gewend. Het wordt nooit echt stil in een huis van bewaring en ik lag dan ook dikwijls 's nachts wakker. Dat was niet zo heel erg, want ik had genoeg stof om over na te denken. Ik zat nu echt in het circuit. Het politiebureau was maar even proefdraaien geweest. Hier zat ik met allemaal mensen die iets gedaan hadden, vrij ernstige misdrijven. Het viel me op zich mee, het waren in feite vrij normale figuren. Ik had daar voorheen, als buitenstaander, altijd een verkeerd beeld van gehad en zag bij het begrip criminelen altijd ongure boeventronies voor me. Het waren meestal 'gewone' mensen die een motief hadden gehad om iets te doen, net als ik. Niemand had een misdrijf voor de lol gepleegd, er zat altijd meer achter.

Ik kreeg al snel een beetje aanspraak. Dat had iets te maken met het delict waar ik voor zat. De meest gestelde vraag in de bajes is: 'Waar zit je voor?' en ik antwoordde dan naar waarheid: 'Moord'. Dat maakte indruk, merkte ik. Er zaten veel overvallers, inbrekers en drugshandelaren, maar weinig moordenaars. En het had daarbij natuurlijk geen zin om te zeggen: 'Ja maar, luister eens, zoveel stelde het nou ook niet voor, het ging om die bruut Henk Frankot, die mijn moeder mishandelde...' In de gevangenis is moord gewoon moord en het motief doet er niet toe.

Echt vrienden maak je niet of nauwelijks in een huis van bewaring. Daarvoor zitten de meesten er ook te kort. Ik had met een aantal gedetineerden een redelijk contact, maar daar bleef het bij. De onnatuurlijke omgeving en situatie bepalen dat. Iedereen heeft in een gevangenis zijn eigen problemen. Niemand komt er vrijwillig en iedereen verlangt ergens anders te zijn. Dat maakt het moeilijk om vriendschappen aan te gaan. Het zou betekenen dat je de problemen van een ander er bij krijgt, terwijl het gros niet eens tegen z'n eigen moeilijkheden was opgewassen.

Het uurtje luchten gebeurde op een binnenplaats, waar een metershoge stenen muur omheen was gebouwd. De eerste dag dat ik er kwam was mijn oog op de twee baskets gevallen, maar mijn vreugde daarover was maar van korte duur geweest. Tijdens het luchten was er geen bal op de speelplaats en tijdens het sportuurtje wilden de andere gedetineerden altijd voetballen in plaats van basketballen en dus bleven de borden ongebruikt.

Het moeilijkste van het gevangenisleven vond ik de omschakeling. Je levensritme veranderde enorm. Anderen namen ineens de meest simpele beslissingen voor je. Je maakte zelf niets meer uit, zelfs het licht op je cel niet. Het gevangenisleven was zo'n sleur dat je na een maand het gevoel had dat je al een jaar zat.

Het bajestaaltje had ik na korte tijd ook onder de knie. Voor alles is een uitdrukking, een gebruik of een code. Zo liep ik eens met een paar jongens over de luchtplaats toen we twee mannen passeerden die ons gedag knikten. Ik wilde al teruggroeten, maar een van de jongens gebood: 'Niet mee praten! Dat zijn kutjesklanten...' Het was de bajesbenaming voor mannen die hadden gerommeld met kinderen, die dus zaten voor zedendelicten, verkrachtingen of nog erger. Types zoals mijn vader lagen heel slecht en als ze geluk hadden werden ze volkomen genegeerd, maar de praktijk was meestal dat ze hun leven niet zeker waren. In feite moesten ze dubbel bewaakt worden, want anders namen medegedetineerden vast een voorschotje op het vonnis. Het was een ervaring die mijn vader na zijn arrestatie aan den lijve had ondervonden.

Kort nadat ik in de koepel kwam, werd bij ons een 'kutjesklant' geplaatst die groot in het nieuws was en ik was er getuige van hoe deze man werd aangepakt en men hem constant liep te 'zoeken'. Het ging om een zekere Iwon B., een souteneur, die samen met zijn vriendin, een Amsterdamse prostituée, in een hotel in Eindhoven haar zesjarige dochtertje Thea seksueel hadden misbruikt en bovendien een dosis cocaïne hadden toegediend. Het meisje was daaraan overleden en het was een zaak die groot het nieuws had gehaald. Toen bekend werd dat die Iwon bij ons zat, werd er van alle kanten op hem geloerd. Sommige gedetineerden waren daar heel fanatiek in. Ze vulden jampotjes met zand of aarde en gooiden dat vanaf de ring als projectielen naar hem toe. Ze waren er op uit hem te pakken en om die reden moest hij ook alleen douchen, want de ervaring had geleerd dat in de beslotenheid van de badruimten de meeste aframmelingen en onderlinge afrekeningen plaatsvonden. Maar ook daar was Iwon nog niet veilig. Hij ging altijd douchen als de rest van de gedetineerden op cel zat, maar werd op een ochtend met handdoek en zeepbakje gesignaleerd door een schoonmaakploeg van gedetineerden. Zij smoesden even met elkaar en tien minuten nadat Iwon in de doucheruimte was verdwenen, dweilden zij onopvallend die richting uit. De bewaarder die toezicht moest houden zag hen aankomen, maar had waarschijnlijk geen zin in een conflict – of had zelf kleine kinderen – en dus zei hij: 'Jongens, ik moet effe naar de plee, letten jullie even op, hier?'

Tuurlijk bewaarder. De kust was veilig en Iwon werd vervolgens onder de douche snel maar vakkundig in elkaar getimmerd. Twee minuten later was de 'schoonmaakploeg' alweer elders aan het werk, alsof er niets gebeurd was.

En toen Iwon strompelend en bloedend de doucheruimte uitkwam, vroeg de teruggekeerde bewaarder smalend: 'Wat is er gebeurd? Ben je uitgegleden?' Ik deed aan dit soort afstraffingen niet mee, ook al kon ik begrijpen dat het gebeurde, misschien wel beter dan ieder ander.

Wat ook aan de orde van de dag was, waren gesprekken over ontsnappingen. Iedereen dacht aan vluchten en keek of hij ergens 'een gaatje' zag. Dat schijnt een soort menselijk mechanisme te zijn: zodra je wordt opgesloten zoek je een uitgang. Tijdens het luchten heb ik een keer een ontsnapping meegemaakt. Een gedetineerde pakte van onder zijn jas plotseling een pistool en richtte dat op de bewaarder die in de hoek van de luchtplaats toezicht hield. Vervolgens werd er een touw over de muur gegooid en klommen er twee man overheen, ondertussen de bewaarder onder schot houdend. Later, toen ze weg waren, vond de politie het pistool. Het was een knap bewerkt stuk hout dat zwart was geschilderd en daardoor net op een echt pistool leek. Ze waren gewoon in de maling genomen. Zo'n incident zorgde zeker een week lang voor een goede stemming onder de gedetineerden. Het systeem voor schut zetten is nu eenmaal de meest geliefde bezigheid in de bajes.

Ik zat zelf ook wel eens te piekeren hoe je er uit kon komen. Het hield je geest tenminste lenig en een beetje dagdromen over hoe het is om weer vrij te zijn, deed natuurlijk iedereen. Ik sprak er zo nu en dan over met de Belg die naast mij zat en een andere jongen, en op een gegeven moment ontdekten we nog een serieuze mogelijkheid ook. We besloten de kans te wagen. Ik deed mee omdat ik er wat avontuur in zag, en niet omdat ik ambities had om de rest van mijn leven in Argentinië door te brengen. Het ging mij gewoon om een paar weken vakantie en daarna zou ik me gewoon weer melden. En als het niet zou lukken, dan zag ik het als een spannende bezigheidstherapie, waardoor de tijd wat sneller was gegaan.

We hadden ontdekt dat in een van de toiletten aan de linkerkant een groot rooster zat, dat van buiten was vastgeschroefd. Door het tralieraam ernaast kon je daar net bij. Uit de werkruimte had de Belg een schroevendraaier weten te verdonkeremanen en het karwei bestond er dus uit die schroeven onopvallend los te draaien. Als dat rooster weg was, konden we via het gat dat ontstond vrij simpel op het kerkdak klauteren en daarvandaan was het geen probleem om buiten de gevangenismuren te komen. We verstopten de schroevendraaier telkens in de stortbak en gingen tijdens de recreatie een voor een naar de wc. Even een stukje draaien, doortrekken en weer weg. Na een week hadden we alle schroeven op één na gehad. Bovendien hadden we er één schroef weer half ingedraaid om het rooster op z'n plaats te houden. We besloten de volgende dag te gaan. Het was spannend en ik had mijn moeder en zuster tijdens het bezoek al ingeseind dat ik binnenkort 'een verrassing' voor ze had. Maar ja, als ik toen één ding heb geleerd, is het wel dat je zoiets beter direct kunt doen en niet nog een dag moet uitstellen, want die nacht stormde het toevallig flink. Het rooster had heel wat te verduren en die ene halve schroef viel er daardoor uit. Gevolg was dat het rooster op half zeven zakte en tegen de muur begon te klepperen. We hadden net zo goed een spandoek kunnen ophangen met de tekst: 'Wij gaan ontsnappen!' Weg kans. Weg verrassing. De directie heeft nog wel geprobeerd uit te zoeken wie dit hadden geflikt, maar niemand wist iets natuurlijk.

Inmiddels zat ik alweer ruim drie maanden vast en kondigde mijn proces zich aan. Ik was in november een keer even voor geweest, maar de daadwerkelijke zitting was toen verdaagd naar 12 december 1984. Omdat de moord in Almere had plaatsgevonden, diende de zaak voor de arrondissementsrechtbank in Zwolle voor de zogenoemde 'meervoudige strafkamer'. Wat dat precies inhield wist ik niet, maar vast stond wel dat ze over mijn toekomst zouden beslissen. Mijn moeder had er voor gezorgd dat ik een nette broek en een colbertje kreeg, zodat ik er 'beschaafd' uitzag voor de rechtbank. Ik werd opgehaald door een zogenaamd parketbusje dat onnodig vroeg kwam, omdat er ook nog andere gedetineerden naar een rechtbank elders in het land vervoerd moesten worden. Daardoor moest ik in de rechtbank van Zwolle in het arrestantenverblijf een paar uur wachten eer de zitting begon. De tijd tikte in dat warme hok maar langzaam voorbij en het maakte me extra nerveus. Het was het uur van de waarheid en ik had er dan ook best naar toegeleefd, maar ik wist niet precies wat me te wachten stond.

Toen ik eindelijk de rechtszaal binnen werd geleid, zag ik dat er vrij veel pers aanwezig was. Mijn zuster Brigit en mijn moeder zaten op de publieke tribune en knikten me even bemoedigend toe. Daarna moest ik met met m'n rug naar hen toe gaan zitten en zag ik hen niet meer. De officier van Justitie was mr. J.R. Krol, die mij in de politiecel een keer had opgezocht. Ook was hij bij de reconstructie van de moord aanwezig geweest. Hoewel mr. Krol feitelijk mijn tegenstander was, kon ik hem geen beroerde kerel vinden. Hij gaf er blijk van dat hij de aanloop en voorgeschiedenis van de moord goed had begrepen en dat de ellende die wij met Frankot hadden gehad uitsteeg boven de gebruikelijke familiesores.

Omdat ik een volledige bekentenis had afgelegd vroeg de president van de rechtbank eigenlijk nauwelijks iets over de feitelijke toedracht. Men bleef alleen uitvoerig stilstaan bij de vraag of ik nu vooraf van plan was geweest Frankot te vermoorden. Het klaarleggen van de tafelpoot kon daar op wijzen. In dat geval was er sprake van moord en anders van doodslag. Ook mijn verklaringen bij de politie dat mijn zus en ik al eens een pistool hadden gekocht om Frankot te liquideren, droegen natuurlijk aan die gedachte bij. Op de zitting zelf draaide ik er niet omheen dat ik hem inderdaad had willen vermoorden en dat die gedachte op de gewraakte avond inderdaad bij me was opgekomen. Aan de andere kant was het echter ook zo dat ik de gebeurtenissen die nacht niet in de hand had gehad en van 'rijp beraad en kalm overleg', zoals dat juridisch heette, was hoegenaamd geen sprake geweest. In feite was de gang van zaken door Frankots optreden bepaald. Als hij zich beheerst had gedragen, was er waarschijnlijk niets gebeurd. Maar toen hij voor de deur van mijn moeders woning had gedreigd haar nog eens te vermoorden, was er iets in me geknapt. En dat spoorde niet erg met voorbedachte rade. De president vroeg ook of ik spijt had van wat er was gebeurd. Ik antwoordde naar waarheid: 'Nou, vooral spijt dat het zover heeft kunnen komen, edelachtbare. Maar het was voor mij een keuze tussen het leven van mijn moeder of dat van hem. En dan zeg ik: als het me weer zou overkomen, zou ik die keuze opnieuw zo maken.'

De vragen spitsten zich daarna al snel toe op de aanleiding en de achtergronden van het drama. Mijn advocaat mr. C. Okkerse had een paar getuigen opgeroepen, die voor de rechtbank beeldend beschreven wat voor terreur Frankot jarenlang had uitgeoefend. Een verrassing was dat mr. Okkerse de – derde – ex-vrouw van Henk Frankot had opgeroepen, Sophie van de A., met wie hij negentien jaar getrouwd was geweest voordat hij weer bij mijn moeder introk. Zij verklaarde voor de rechtbank dat zij met de dood van Frankot niet gecondoleerd wilde worden, maar gefeliciteerd, 'want ik heb nu eindelijk rust'. Haar leven met deze man was een hel geweest, zo mogelijk nog erger dan mijn moeder had meegemaakt. En Sophie zei dan ook tot de rechters, wijzend op mij: 'Deze man verdient geen straf voor wat hij heeft gedaan, maar een medaille.'

Sophie getuigde dat zij gedurende haar huwelijk stelselmatig was mishandeld door Frankot, maar dat zijn terreur ook daarna nog was doorgegaan, toen hij alweer bij mijn moeder woonde. Ik wist daar niets van, maar Sophie vertelde dat Henk Frankot nog dikwijls dronken bij haar langs was gekomen en dat hij dan afwisselend de banden van de auto lek prikte, ramen ingooide, het huis binnendrong, de inboedel vernielde en haar mishandelde. Meestal verdween hij pas weer als hij geld voor de kroeg had gekregen. Sophie had haar hele leven als schoonmaakster keihard moeten werken om in haar onderhoud en dat van haar kinderen te kunnen voorzien en als Frankot de kans kreeg, dronk hij dat geld op. Zij beschreef haar ex-man als onvoorspelbaar, laf, sadistisch en lui. Ook zij had trouwens, net als mijn moeder vroeger, ontdekt dat Frankot er in hun huwelijk vele homoseksuele contacten op na hield en dat zijn enige bron van inkomsten in feite een jarenlange verhouding met een welgestelde homofiel was geweest, die hem voor zijn 'diensten' betaalde. Het antiekhandeltje van Frankot bleek eigenlijk nergens op te berusten: 'Hij heeft nog nooit een slag werk uitgevoerd en lag overdag alleen maar op de bank zijn roes uit te slapen,' aldus Sophie van de A.

Tijdens hun huwelijk was Sophie zelfs zo bang voor haar echtgenoot geweest dat zij jarenlang met een groot mes onder haar kussen had geslapen en hun huwelijk had ze als één doffe, doffe ellende ervaren, waaruit bijna geen ontsnappen mogelijk was. En ook na de scheiding durfde zij haar eigen huis niet meer in als zij een avondje weg was geweest, uit angst dat Frankot weer was binnengedrongen en zich in het donker ergens had verstopt. Als beveiliging nam de bijna zestigjarige vrouw dan een handvol zand mee naar binnen en een stok.

Het was een verklaring die klonk als een klok en die bevestigde dat Frankot een angstaanjagend en extreem gewelddadig mens was. De dochter van Sophie van de A., Sylvia, deed daar nog een schepje bovenop. Zij verklaarde dat zij helemaal begreep wat ik had gedaan en dat zij zelf, toen Frankot nog thuis was, menigmaal had gedacht: Ik pak een mes en steek je hartstikke dood! Ze noemde hem in haar getuigenis een 'bloedbak' en had er ook niet over gepiekerd om naar de begrafenis van haar vader te gaan: 'Zonde van mijn tijd'.

Tijdens de zitting hoorde ik via de reclassering nog meer feiten over Frankot die ik niet kende. Het bleek dat hij afkomstig was uit een gezin van dertien kinderen en dat alcoholmisbruik bij zijn ouders aan de orde van de dag was.

Op één na waren alle dertien kinderen inmiddels overleden, waarvan een aantal op jonge leeftijd. De enig overgebleven broer had tegenover de reclassering verklaard dat Henk Frankot 'zo was geworden' door enkele traumatische ervaringen in zijn jeugd. Het meest schokkend was voor hem geweest dat hij als jongen bij thuiskomst zijn moeder had aangetroffen nadat ze zich had opgehangen. Ze was niet meer tegen het zware leven – werkloosheid, armoe, veel kinderen en alcoholverslaving – opgewassen en had er daarom een einde aan gemaakt. Net zeventien jaar oud was Henk Frankot het huis uit gevlucht en had een tijdlang dakloos door Amsterdam gezworven, levend van de hand in de tand. Deze gebeurtenissen hadden Frankot getekend en volgens een psychiater waren ze ook bepalend geweest voor zijn latere gedrag tegen vrouwen. In feite voelde hij zich door zijn moeder in de steek gelaten, zo had een psycholoog verklaard, een verlies dat hij nooit heeft kunnen verwerken en dat er voor zorgde dat hij onbewust 'wraak' wilde nemen op andere vrouwen. De broer van Frankot zei dat zijn broer 'zo' geleefd had, 'dat hij gevraagd heeft om zo'n afloop en voor mij hoeft Paul dan ook niet vast te blijven zitten.'

Of je nu vriend of vijand van Frankot was: het was een triest relaas. Het gaf nog eens scherp aan hoe bepaalde gebeurtenissen in iemands jeugd lang kunnen doorwerken. We hadden dat gezien bij mijn eigen vader en de verstoorde relatie die hij met zijn ouders had gehad en voor Frankot gold dus in principe hetzelfde. De kiem voor alle ellende was in hun jeugd gelegd. En in feite was ik daar geen uitzondering op. Ik was bijna zeventien geweest toen mijn vader uit mijn leven verdween.

Mede om die reden werd er een psychiatrisch rapport over mij uitgebracht. In opdracht van de rechter-commissaris had ik in de koepel een paar keer bezoek gekregen van de psychiater dr. J. Leloup en de klinisch psycholoog drs. F. van Nunen. Zij voerden gesprekken met mij over mijn jeugd en lieten me ook een aantal psychologische tests doen. Aan de hand daarvan moest de vraag worden beantwoord of ik tijdens het misdrijf toerekeningsvatbaar was geweest en wat de kans op herhaling van een dergelijk delict was. De conclusies waren niet erg opzienbarend: ik was een redelijk intelligente man – IQ 117 –, nogal 'rustig, droog en passief', die verstandelijk en van een afstandje naar het leven keek, zonder zich emotioneel veel te mengen in diverse zaken.

Dr. Leloup, die op de zitting als getuige aanwezig was, noemde mij letterlijk 'een doodgewone man,' weliswaar wat teruggetrokken, maar zeker niet grof of gewelddadig. 'Eventueel agressieve, gewelddadige tendensen, zoals die in ieder van ons schuilen, blijven helemaal onbewust en komen normaliter nooit naar boven, tenzij er een constante prikkeling van buiten af bestaat, die bij deze introverte man kan leiden tot een opstuwing van kwaadheid en een woedeuitbarsting,' schreef hij in zijn rapport. Vrij vertaald kwam het er op neer dat ik mij lange tijd kon beheersen, wat in feite bij Frankot ook was gebeurd, maar dat hij voor mij wel een 'constante prikkeling' was geweest, waardoor ik op een gegeven moment was ontploft.

De psychiater refereerde ook aan het feit dat ik een zeer sterke moederbinding had, die na het plotselinge wegvallen van mijn vader alleen maar was versterkt, en dat ik mij daar erg door heb laten leiden. De scheiding van mijn vrouw Marieke had er in een later stadium bovendien voor gezorgd dat ik weer meer naar mijn moeder werd 'teruggedreven', vooral ook omdat mijn moeder zo vaak een beroep op mij deed. Frankot zou ik mogelijk als een soort van 'indringer' in de hechte relatie tussen mij en mijn moeder hebben gezien, waardoor zich langzaam een bepaalde woede in mij kon hebben opgebouwd. En over het delict stelde dr. Leloup:

'Paul Spruit wilde niet langer aan de kant blijven staan kijken hoe zijn moeder door het slachtoffer regelmatig in elkaar werd geslagen. Spruit heeft zich opgeofferd voor zijn moeder om haar te verlossen van de steeds terugkerende gewelddadigheid van het slachtoffer.'

Volgens de deskundigen was ik wel een man die erg moeilijk kon praten over zijn gevoelens en daardoor op anderen een nuchtere, soms kille indruk maakte. Die constatering wekte geen verwondering, althans niet bij mij. Vanaf het moment dat mijn vader werd gearresteerd heb ik altijd mijn gevoelens voor mij moeten houden. Ik leefde onder de naam van mijn moeder, moest van school af, deed alsof mijn vader dood was en kon nooit met iemand over zijn achtergronden of delicten praten en moest de waarheid verdraaien om bij vrienden en in clubs geaccepteerd te blijven. In de loop der jaren was dat 'camoufleren' een onderdeel van mijn persoonlijkheid geworden, ook als het misschien niet nodig was. De psychiater vond mij in een aantal opzichten een moeilijk te doorgronden geval en vergeleek mij met een 'bunker, met kleine uitkijkgaten en schietgaten, waar je van buitenaf niet goed in kunt kijken. Betrokkene heeft er moeite mee om duidelijk te maken wat in hem leeft.'

Psycholoog Van Nunen noemde mij in zijn rapport 'koel en flegmatiek, niet gewelddadig, eerder saai en introvert, een man die de voorkeur geeft aan een rustig huiselijk leven, niet rookt, niet drinkt en houdt van lezen en wat studeren. Het is een man die weinig emoties toont en zich soms voor anderen, zoals zijn moeder, wegcijfert of ondergeschikt maakt.' Natuurlijk kwam in de rapporten ook de arrestatie van mijn vader aan de orde. Volgens de psychiater had dit feit mijn jeugd in een cruciaal stadium zeer beïnvloed. Letterlijk schreef de psycholoog:

'Hij is een triest geval, waarbij noodlottige verbindingen geleid hebben tot een gewelddadig gebeuren, waarin betrokkene pion is.'

De slotconclusie van dr. Leloup was dat ik geen psychiatrisch ziektebeeld vertoonde en dat er als zodanig ook niets te behandelen viel. En voor wat betreft de toerekeningsvatbaarheid ten tijde van het delict zei hij dat er op dat moment 'geen gebrekkige ontwikkeling of ziekelijke storing der geestvermogens aanwezig was geweest'. Kortom: ik was volledig toerekeningsvatbaar.

Officier van Justitie mr. Krol had niettemin graag gezien dat er toch nog nader psychiatrisch onderzoek naar mij werd gedaan, mogelijk in de daarvoor bestemde observatiekliniek in Utrecht. Hij baseerde dit mede op een rapport van de reclassering, waarin werd gesteld dat ik 'gestoord' was in mijn sociale vaardigheden als gevolg van spanningen en gebeurtenissen in mijn jeugd, waarmee ook weer op de daden van mijn vader werd gedoeld.

De president van de rechtbank vroeg mij tenslotte wat ik er zelf van vond en ik antwoordde kort maar krachtig: 'Ik ben een normaal mens'. Dr. Leloup viel mij bij en zei dat er niet overal iets achter gezocht moest worden en dat je in ieder mensenleven wel iets kan vinden, maar dat dit nog geen reden is om iemand gestoord te verklaren. Dr. Leloup illustreerde de rechtbank dat met een kwinkslag: 'We kennen in ons vak de vraag: heb je ooit een normaal mens ontmoet? Waarop het antwoord dan luidt: Saai hè...?'

Officier van Justitie mr. Krol kwam toe aan zijn requisitoir en schetste daarin nog eens wat er allemaal was voorgevallen. Hij beaamde dat Frankot geen 'sieraad' voor de maatschappij was geweest en voor mijn moeder zelfs een regelrechte kwelling, maar dat hield niet in dat deze man 'dan maar vermoord moest worden', aldus de aanklager. 'Als iedereen bij dit soort problemen zijn toevlucht neemt tot zulke oplossingen, wordt het een mooie boel in ons land,' waarschuwde hij. Met die zienswijze was ik het niet eens. Hij deed nu net alsof ik Frankot 'zo maar' had neergestoken, maar vermeldde er niet bij dat de politie er voor die tijd ik weet niet hoe vaak bij was geroepen, zonder dat er ook maar iets gebeurde. Als de politie eerder en adequater had ingegrepen, had ik echt niet in het verdachtenbankje gezeten.

Mr. Krol eiste aan het eind van zijn betoog een gevangenisstraf van zes jaar, waarmee hij naar zijn zeggen rekening hield met de bijzondere omstandigheden en achtergronden. Normaal stond er op 'moord' een veel langere gevangenisstraf, zei hij. Het viel me niettemin tegen. Ik had minder verwacht, zeker na de niet mis te verstane verklaringen van de diverse getuigen.

Mijn advocaat, mr. Okkerse, vatte in zijn pleidooi al die verklaringen nog eens samen en herhaalde de meest treffende beschrijvingen. Hij hekelde het feit dat er ondanks alle geweld van Henk Frankot nooit door iemand was ingegrepen. 'Diverse bezoeken aan politiebureaus leidden steeds tot het volgende dode punt: "We kunnen pas iets doen wanneer er echt iets is gebeurd." Het is toch niet verbazingwekkend dat mensen daarin vastlopen en geen uitweg meer zien?'

Mr. Okkerse beschreef mij als een 'goeie, rustigejongen', die door de slepende problemen met Frankot, de scheiding van Marieke en de problemen op het werk, langzamerhand kwetsbaar en onevenwichtig was geworden. 'En dan zijn er natuurlijk de ervaringen van Paul in zijn jeugd. Ik doel daar met name op de ontwikkelingen rond zijn vader. Ik heb met Paul gesproken over de vraag waarom het "om het leven brengen van iemand" wel in zijn woordenboek stond en niet in bijvoorbeeld het mijne. De kans is groot dat die jeugdervaringen daar een rol in spelen. Het is jammer dat de psychiater en de psycholoog daar niet dieper op in zijn gegaan,' betoogde hij.

Mr. Okkerse bestreed dat het om een moord 'in koelen bloede' ging. 'De situatie was volkomen onoplosbaar en het is dan ook niet onbegrijpelijk dat bij een van de direct-betrokkenen de stoppen doorsloegen. En die zijn doorgeslagen bij degene die op dat moment het meest alleen stond, de minste steun had: mijn cliënt Paul Spruit.' Volgens de advocaat had ik weliswaar zelf een belastende verklaring over die voorbedachte rade afgelegd, maar wij moesten die meer zien als een 'achteraf-uitleg' voor mijn handelen, dan als een werkelijk moordplan. Bij moord of doodslag ging het, zo vervolgde mr. Okkerse, om de gedachte vóóraf, en dan kon moord toch niet bewezen worden. Mijn raadsman stelde voorts dat ik naar zijn mening ten tijde van het delict *wel* ontoerekeningsvatbaar was geweest. 'Paul zat middenin een volstrekt onhoudbare en zeer zieke situatie en omgeving. Die factoren zijn geen strafverzachtende omstandigheden, maar alles bepalende aspecten. In die omstandigheden kan aan Paul de daad niet geheel worden toegerekend.'

Mr. Okkerse wees er voorts op dat betrokkenen, waaronder zelfs de broer van Frankot, hadden verklaard dat het recht weliswaar verlangt dat ik gestraft zou moeten worden, maar dat zij eigenlijk vonden dat het in dit geval niet zo zou moeten zijn. 'Paul is een first-offender, nooit eerder voor geweld in aanraking met de politie geweest. Volgens de psychiater is er geen kans op herhaling en gevangenisstraf zal in zijn geval ook niet bepaald een positieve uitwerking hebben.' De bewering van de officier van Justitie dat de rechtsorde door mijn daad toch zeer geschokt was, verwierp mr. Okkerse: 'Het tegendeel is waar. Als men geschokt is zal dat vooral komen door de tragische omstandigheden waarin al de direct-betrokkenen gedurende het leven van Frankot hebben verkeerd.'

De advocaat vroeg de rechtbank mij tot een korte vrijheidsstraf te veroordelen van twee à drie jaar, waarin ik het gebeurde met enige begeleiding emotioneel zou kunnen verwerken. Een lange straf zou zijns inziens als enig effect hebben dat ik gefrustreerd zou terugkeren in de maatschappij.

In mijn laatste woord zei ik tegen de president van de rechtbank dat ik beter in een land als Frankrijk of Italië had kunnen leven, omdat men daar voor dit soort situaties meer begrip heeft. Maar goed, met die uitspraak was ik voor de rechtbank van Zwolle natuurlijk niet geholpen. Ik zei daarom ook nog maar een keer dat ik geen andere uitweg meer had gezien en dat ik hoopte dat ik snel weer een nieuw leven zou kunnen beginnen.

De zitting werd daarna gesloten en in verband met de naderende kerstdagen besloot de rechtbank een paar dagen eerder uitspraak te doen: op 20 december. Het had als voordeel dat ik niet zo lang in spanning hoefde te zitten. Voor mijn gevoel duurde het echter toch nog heel lang. Mijn moeder en Brigit geloofden dat het vonnis wel iets minder dan zes jaar zou worden, maar ik had daar zelf niet zoveel vertrouwen in. Daarvoor had ik in mijn leven al te veel tegenslag gehad. Ik gedroeg me in die periode in het huis van bewaring opgefokt en ik was snel geïrriteerd, puur van de stress. Daar kwam nog bij dat de rechtszaak compleet met tekeningen uitvoerig in een aantal kranten was verslagen en er in de artikelen ook naar de daden van mijn vader was verwezen. Ik had daar flink de pest over in. Het had tot snerende opmerkingen en vragen van medegedetineerden geleid en een van de laatste dingen waar ik op zat te wachten was wel dat ik me ook nog eens voor mijn vaders daden moest gaan verdedigen.

Het vonnis viel die twintigste december niet mee en niet tegen. De rechtbank had er vijf jaar van gemaakt, wat inhield dat ik feitelijk drie jaar en vier maanden zou moeten zitten. De president zei dat rekening was gehouden met mijn blanco strafblad, de gewelddadige persoonsstructuur van Frankot en mijn persoonlijke omstandigheden.

Het kon slechter, maar ik vond het reden genoeg voor hoger beroep.

XIII. Zeepbel: twee hoeren-moorden

Het nieuwe jaar, 1985, begon slecht. Ik kreeg in het huis van bewaring in Arnhem ineens bezoek van de twee rechercheurs die mij in de zaak van Henk Frankot hadden verhoord. Ze wilden 'nog eens even praten', zeiden ze. We gingen in een apart kamertje zitten en na wat inleidende prietpraat, begonnen ze te vragen waar ik op bepaalde data was geweest. Het ging om bepaalde weken in de zomerperioden van 1983 en 1984. Ook vroegen ze me of ik zelf wel eens naar de hoeren ging en wilden ze nog eens het naadje van de kous weten over mijn werkzaamheden voor het escortbureau in Amsterdam, waar ik destijds met een conflict was weggegaan. Ik vond het allemaal merkwaardig, maar tijdens het gesprek werd mij allengs duidelijk waar het om ging: de moorden op twee prostituées. Voor een daarvan, de moord op de drieëntwintigjarige Brigit Veit uit Duitsland, was ik in 1983 al eens als getuige gehoord. Zij was in augustus van dat jaar, verpakt in plastic, in een afwateringskanaal bij Zeewolde in de Flevopolder gevonden.

Uit het relaas van de twee Almeerse rechercheurs begreep ik dat er een jaar later, eind juli 1984, door een jachtopziener op vrijwel dezelfde plek weer een stoffelijk overschot van een tippelaarster was gevonden, dat van de eenentwintigjarige Gerda Merchel uit Nieuwenhagen, dat bij Heerlen in de buurt ligt. Ook dit lijk was in plastic verpakt. Brigit Veit had ik tijdens mijn escort-werkzaamheden wel eens ontmoet, maar Gerda Merchel kende ik helemaal niet, ook niet van gezicht.

De rechercheurs vroegen steeds: ken je die of die, ben je daar wel eens geweest en waar was je toen en toen? Ik begreep dat ze mij er van verdachten die twee meisjes te hebben vermoord. Ik zei ze dat dit krankzinnig was en dat ik er absoluut niets van wist, maar het duo kwam zo'n week of drie bijna elke dag terug. En telkens stelden ze weer dezelfde vragen: 'Vertel het nog eens opnieuw.' Ik werd er gek van. Na een poosje zeiden ze ook dingen als: 'biecht het maar op... vertel het nou maar... dan ben je overal van af.' Ze waren er kennelijk van overtuigd dat ik het gedaan had. Ik vond de hele situatie ronduit klote. Kijk, ik had mijn stiefvader vermoord, maar daar was een duidelijke reden voor geweest. Maar met de moord op die meisjes had ik helemaal niets te maken en ik wilde daar dus ook niet van beschuldigd worden. Die twee rechercheurs bleven me er echter over lastigvallen.

De politie ging er vanuit dat de twee meisjes door dezelfde dader waren omgebracht. Dezelfde afgelegen vindplaats duidde daarop, maar ook een paar andere omstandigheden. Beide stoffelijke overschotten waren in plastic verpakt en de lichamen waren naakt. Andere overeenkomsten waren dat zowel Brigit Veit als Gerda Merchel uit de prostitutie afkomstig waren en zich ook allebei in het tippelcircuit rond De Lange Niezel in Amsterdam ophielden. Beide vrouwen moesten elkaar gekend hebben. Ze waren bovendien beiden heroïnegebruiksters. Volgens de rechercheurs toonden de twee hoerenmoorden echter ook 'frappante overeenkomsten' met de door mij gepleegde moord op Henk Frankot, al kon ik dat frappante er niet in ontdekken. De voornaamste overeenkomsten waren dat de lijken in dezelfde regio waren aangetroffen en dat het om een afgelegen plek ging waar de stoffelijke overschotten waren gevonden. Nu viel dat laatste nogal mee. De begraafplaats van Almere, waar Jos K. en ik Frankot hadden neergelegd, lag wel aan de buitenkant van de stad, maar dat was toch van een heel andere orde dan een afwateringskanaal in de buurt van Zeewolde. Ik had me de avond van de moord wanhopig afgevraagd waar ik in hemelsnaam met het lijk van Henk Frankot naar toe moest. Nou, als ik al twee prostituées op die manier in de polder had weggewerkt, had ik hem wel op een andere plaats dan het kerkhof gedumpt. Bovendien had ik dan sowieso meer moeite gedaan om de moord en mijn betrokkenheid daarbij te verbergen, terwijl ik in de zaak van Frankot de politie nota bene zelf op de vindplaats had gewezen. Het mocht echter niet baten. De rechercheurs dachten dat ze een soort seriemoordenaar te pakken hadden en de verhoren gingen maar door en kostten mij dikwijls m'n sportuurtje, m'n eten of mijn luchten en ik was het gezeur op het laatst dan ook spuugzat. Ik draaide een beetje door in die tijd. Het werd me allemaal te veel. Ik moest de moord op Frankot zien te verwerken, zat in het huis van bewaring in een vreemde omgeving, terwijl het proces met de daarop gevolgde veroordeling nog vers in mijn herinnering lag.

Toen die rechercheurs in de eerste week van februari 1985 voor de zoveelste keer kwamen en zeiden: 'Vertel nou nog eens waar je precies was,' werd het me te veel. Er knapte iets. Ze moesten ophouden met dat gedonder. Ik werd nijdig en zei: 'Wat willen jullie horen? Zeg het maar meteen, dan zijn we klaar…' De rechercheurs keken elkaar even aan en toen zei de een: 'Of jij ze hebt vermoord…'

Ik antwoordde: 'Zeg maar wat je wil horen.'

De rechercheur aarzelde even: 'Nou eh… dat jij het gedaan hebt natuurlijk, anders zaten we hier niet.'

Ik werd steeds kwader en snauwde: 'Oké, schrijf dat dan maar op. Ik heb het gedaan!'

'Brigit Veit en Gerda Merchel?' vroeg de rechercheur.

'Het was toch één dader, zeiden jullie?' beet ik hen toe. 'Stel dan niet zulke stomme vragen.'

'Waarom, wat was het motief?' informeerde de andere rechercheur.

Ik haalde mijn schouders op: 'Weet ik veel, dat bedenken jullie zelf maar.'

De rechercheur knikte laconiek en schreef in zijn concept-procesverbaal: 'Over het motief kan ik u geen mededelingen doen…'

Enfin, zo ging dat een tijdje door en tenslotte stond er een heel verhaal op papier. Alhoewel, verhaal, het was meer een verslaglegging van zaken die ik niet kende. Omdat ik niets met die misdrijven te maken had, kon ik er ook geen gedetailleerde verklaringen over afleggen, ik wist er gewoon niets van. Ze hadden er net zo goed een willekeurige voorbijganger over kunnen ondervragen. De verklaring wemelde daardoor van de veronderstellingen en suggesties: 'Ik denk dat… het moet wel zo zijn… ik geloof dat… het zou best kunnen… Als u dat zegt, spreek ik u niet tegen.' De rechercheurs vonden dat echter geen probleem, ik had gezegd dat ik het had gedaan, dat was voor hen genoeg en zij werkten dan ook driftig aan hun proces-verbaal.

'Zijn jullie nu eindelijk klaar?' vroeg ik aan het einde van de dag. 'Ja,' zeiden de rechercheurs, terwijl zij tevreden al hun papieren ordenden. 'Het zit erop.' Ik stond op en zei sarcastisch: 'Nou, als jullie nog meer onopgeloste moordzaken hebben, kom je maar, hoor…'

Ik ging er vanuit dat ze wel tot de conclusie waren gekomen dat dit allemaal nergens op sloeg en dat ik van het gezeur af zou zijn, maar dat was een flinke misrekening van me. Een paar dagen later, op 7 februari 1985, zat ik 's morgens in de recreatieruimte van de Koepel een kopje koffie te drinken, toen mijn oog toevallig op de voorpagina van de De Telegraaf viel, die op het tafeltje naast mij lag. Ik zag een grote kop en verslikte me bijna in mijn koffie.

Er stond:

VOOR MOORD VEROORDEELDE MAN (27) BEKENT DODEN VAN TWEE PROSTITUEES

Er stond een oude foto van mij bij, die genomen was na een basketbalwedstrijd en die ze kennelijk ergens hadden opgedoken en uitvergroot. Ik griste de krant weg en las pijlsnel wat er allemaal stond. Het was werkelijk ongelofelijk! 'De 27-jarige Paul S. uit Almere, die in december tot vijf jaar cel werd veroordeeld wegens moord op zijn stiefvader Henk Frankot (56), heeft met een nieuwe bekentenis twee van de meest geruchtmakende moordzaken van de laatste jaren tot een oplossing gebracht', stond er. Onder mijn fotootje waren twee pasfotootjes van Brigit Veit en Gerda Merchel geplaatst.

Ik was woedend. Wat hadden die rotzakken me nou voor klerestreek geleverd? Ze hadden zomaar alles in de krant laten zetten en nu stond ik met foto op de voorpagina en werd ik afgeschilderd als een soort Jack de Ripper, een moord-monster. Ik hapte even naar adem: hoe konden ze dit doen? Ze wisten toch dat die verklaring een zeepbel was? Ik had toch duidelijk gezegd: vul het zelf maar in... en toen ze weggingen had ik nog geroepen: als je nog meer onopgeloste zaken hebt, kom je maar... Nou, dan begrijpt toch een kind dat het allemaal flauwekul is? Maar nee, deze heren wilden zo graag scoren, dat ze met alles genoegen namen en alle vormen van zelfkritiek verloren. Huppekee, hebben we ook weer opgelost, jongens! Wat kan het ons schelen als de verkeerde met z'n kop in de krant staat.

In het verhaal werd verder vermeld dat 'de politie weigerde in te gaan over de motieven en de manier waarop de prostituees om het leven waren gebracht'. Ja, dank je de koekoek! Natuurlijk konden ze daar niks over zeggen, want ik had daar ook niets over kúnnen verklaren, al hadden ze me een miljoen gulden geboden. Wel verklaarde de korpschef van Almere, commissaris L. de Wilde, in de krant ook: 'S. is tot nu toe erg oppervlakkig geweest, maar we zijn er zeker van dat hij de dader is.'

Ik belde bijna hyperventilerend mijn advocaat mr. Okkerse op, die zei dat hij de volgende dag zou langskomen om alles te bespreken. Hier moest iets aan gedaan worden en zo snel mogelijk. Ik keek in het huis van bewaring al om me heen of de andere gedetineerden mij soms anders aankeken. Zo'n verhaal op de voorpagina was altijd het gesprek van de dag en door de foto, de vermelde bijzonderheden over de moord op Frankot en de aanduiding Paul S., hoefde niemand meer dan één keer te raden om te weten dat ik hiermee bedoeld werd. En dat was niets minder dan een ramp, want dit soort berichtgeving zou er ongetwijfeld toe leiden dat ik als een gestoorde lustmoordenaar zou worden gezien en dan had ik in het huis van bewaring geen leven meer. Ik belde ook mijn moeder op, in de hoop dat ik haar tijdig zou kunnen inlichten, maar aan haar terneergeslagen stem hoorde ik al meteen dat ze De Telegraaf reeds onder ogen had gehad. Wat moest er door haar heen zijn gegaan, toen ze de krant uit de bus had gehaald? Eerst haalde haar man alle voorpagina's omdat hij twee kinderen heeft vermoord en dan ruim tien jaar later deed haar zoon het nog eens dunnetjes over met het nieuws dat hij twee prostituees, meisjes van amper twintig jaar, heeft gedood en hun stoffelijke overschotten naakt in de polder heeft gedumpt.

Mijn moeder was op dat moment ruim 63 jaar oud en na alles wat er gebeurd was, kon ze dat bijna niet verwerken. Toen ik zei: 'Ja ma, met Paul hier...' begon ze te huilen aan de telefoon en dat vond ik nog het ergste van alles. Wanhopig praatte ik op haar in, maar het leek wel alsof het niet tot haar doordrong, ze was als verdoofd: 'Geloof me, ma, ik heb daar niets mee te maken. Ik heb het niet gedaan. Het is een streek van de politie! Hoor je me, ma, ik heb het niet gedaan, echt niet. Er klopt niks van. Ze hebben me een kunstje geflikt.' Gelukkig was mijn zus bij mijn moeder langsgegaan toen ze de krant had gezien en even later kreeg ik haar aan de lijn. Zij was beter aanspreekbaar. 'Luister, Git,' zei ik. 'Dit is belachelijk. Ik heb hier he-le-maal-niets-mee-te-ma-ken! Het is een opzetje. Ik heb de advocaat al gebeld, dit pik ik niet. Het is echt onzin. Probeer ma er alsjeblieft van te overtuigen dat ze zich geen zorgen hoeft te maken.' De reactie van Brigit was duidelijk, rustig en precies wat ik nodig had: 'Paul, ik geloof je. Ik kon het me al niet voorstellen, maar er stond dat je alles bekend had en dat veroorzaakte natuurlijk verwarring bij ons. Maak je geen zorgen, ik vang ma wel op.'

Diezelfde middag werd ik opgehaald door een paar rechercheurs van de Rijkspolitie, district Apeldoorn, waaronder de twee moordzaken aanvankelijk hadden geressorteerd. Mijn 'bekentenis' aan de twee rechercheurs uit Almere was bij hen terechtgekomen en ze wilden wel eens weten hoe dat allemaal precies zat. Ik werd door hen keurig behandeld en op het bureau werd de hele zaak nog eens gedetailleerd doorgenomen. Van de vooringenomenheid die de twee speurneuzen uit Almere zo had gekenmerkt, bleek bij deze mensen helemaal niets. Integendeel, ze hadden informatie tot hun beschikking, waaruit bleek dat ik op bepaalde dagen helemaal niet op bepaalde locaties kon zijn geweest. Het betrof geloof ik een kampeervakantie, een basketbaltoernooi en een verhuizing. 'Hoe kan dat nou?' vroegen ze me, terwijl ze op het proces-verbaal van hun collegae in Almere wezen. 'Ja, da's een goede vraag,' zei ik. 'Maar die moet je maar eens in Almere gaan stellen.'

Na een paar uur werd ik teruggebracht naar het huis van bewaring in Arnhem en de rechercheurs, die zagen dat ik door de hele gang van zaken was aangeslagen, zeiden: 'Maak je geen zorgen, het komt allemaal goed. Hier deugt niets van.' De Apeldoornse politiemensen kregen gelijk. Een paar dagen later kreeg ik een officiële brief van de officier van Justitie mr. S. van Gend uit Zwolle, waarin werd gesteld dat ik voor de moord op Brigit Veit en Gerda Merchel niet zou worden vervolgd, omdat inmiddels was komen vast te staan dat ik deze delicten niet kón hebben gepleegd. De brief was een hele opluchting voor me – en voor mijn moeder natuurlijk, die in deze twee weken alweer twee jaar ouder was geworden. Ik heb 'm wekenlang op zak gehad om hem op ieder gewenst moment paraat te kunnen hebben en te kunnen tonen. Zo'n brief zei meer dan duizend woorden van mij, want in een huis van bewaring zegt nu eenmaal de helft van de gedetineerden dat hij 'onschuldig' is.

De Telegraaf en de kranten die het verhaal hadden overgenomen, moesten er nu natuurlijk ook op terugkomen. Dat moest het publieke eerherstel voor mij vormen, want ondertussen wist nog heel krantenlezend Nederland niet beter of ik was een meervoudig moordenaar. Op zaterdag 16 februari, een dikke week na het eerste verhaal, kwam de rechtzetting, of wat daar althans voor moest doorgaan. Het verhaal stond nu niet prominent op de voorpagina, maar was een tweekoloms bericht op pagina zeven. En de kop er boven luidde:

ALMEERDER LOOG OVER MOORD OP HEROÏNEHOERTJES

Dat was toch wel de bloody limit, nou had ik het weer gedaan. 'De 27-jarige Paul S. uit Almere, die vorige week bekende twee heroïnehoertjes te hebben vermoord, heeft deze bekentenis weer ingetrokken', was de eerste regel van het verhaal. Het zette de zaken op z'n kop, vond ik. De politie flanste zelf een bekentenis in elkaar, gooide het gewoon in de pers alsof de zaak was opgelost en nu het fout liep, schilderde men mij vervolgens af als een imbeciel die zichzelf ten onrechte had beschuldigd. In het artikel stond echter wel duidelijk dat de officier van Justitie mr. Van Gend had verklaard dat 'de verklaringen van de verdachte in strijd met de waarheid bleken te zijn' en dat ik in de bekentenissen 'geen bijzonderheden had kunnen geven over deze misdrijven'. Ook gaf de officier van Justitie toe dat de mededelingen van de politie in Almere 'achteraf gezien voorbarig zijn geweest, maar we moeten voorzichtig zijn te zeggen dat die voorbarigheid verwijtbaar is'. Ja ja, zodra de politie zelf in het geding kwam, moesten we ineens voorzichtig zijn. Als ik in mijn wanhoop en frustratie zomaar wat roep, wordt het de volgende dag in de krant gezet en is de korpschef er van 'overtuigd' dat ik de dader ben, maar als blijkt dat de politie zelf maar wat aanrommelt, dan houden de heren elkaar ineens de hand boven het hoofd.

Ondanks dat mijn onschuld in deze zaak kwam vast te staan, had de zaak toch nare consequenties. Het bleek dat lang niet iedereen die rechtzetting had gelezen en met name mijn moeder werd later nog dikwijls over de zaak aangesproken: 'Wanneer komt uw zoon nu voor de rechtbank voor die dubbele moord?' Ze is zelfs nog een keer naar het politiebureau in Almere toegegaan om haar woede hierover kenbaar te maken, maar ze werd met een kluitje in het riet gestuurd.

Ik merkte zelf ook dat mijn contacten met de buitenwereld door de berichtgeving over de hoerenmoorden onder druk kwamen te staan. Mijn vriendin Connie was er dagenlang helemaal van overstuur geweest en vreesde dat zij enige tijd een verhouding met een gevaarlijke gek had gehad en als het ware zelf maar net aan de dood was ontsnapt. Het kostte mij heel wat moeite om dat allemaal weer recht te praten. En ik merkte ook dat de correspondentie die ik had opgebouwd met twee vriendinnen van de biljartclub, Laura en Annemarie, abrupt stil viel. Ten tijde van het proces, eind november, had ik ineens een kaartje van hen in het huis van bewaring gehad. Ze schreven toen dat ze van de moord op Frankot enorm waren geschrokken en dat ze tijd nodig hadden gehad om dat te verwerken. Niettemin waren ze toch tot de conclusie gekomen dat ze contact met me wilden houden. Vanaf dat tijdstip hadden we elkaar regelmatig geschreven. Ik was daar heel blij mee geweest en hoopte dat ze ook een keer op bezoek wilden komen. Inmiddels had ik ervaren dat je als 'crimineel' meer mensen afstoot dan aantrekt en dan was het prettig als twee aardige vrouwen toch contact met je wilden houden. Aanvankelijk had ik op de biljartclub alleen contact gehad met Annemarie, die secretaresse bij een autolease-bedrijf in Amsterdam was. Toen zij mij op een avond vroeg of ik haar tv eens na wilde kijken – ik was per slot van rekening tv-reparateur geweest – had ik ook Laura leren kennen, die psychologie studeerde en sindsdien was ik met beiden bevriend geraakt.

Na die krantenpublicaties bleef het stil en toen ik uiteindelijk zelf contact opnam, bleek wel dat de krantenverhalen over die hoerenmoorden de aanleiding vormden. Laura vertelde me dat de berichtgeving hen had geschokt en omdat er bij stond dat ik een bekentenis had afgelegd, hadden zij en Annemarie tegen elkaar gezegd dat ze met 'zo'n griezel' geen contact meer wilden. Ja, wie wel eigenlijk? En zo waren er meer oude kennissen die ineens niets meer van zich lieten horen.

Kort na deze affaire brak ik ook met mijn advocaat mr. Okkerse. Hij had mij tijdens de rechtszaak in Zwolle goed bijgestaan, maar over het hoger beroep hadden we verschil van inzicht. Mr. Okkerse meende dat ik er met vijf jaar voor 'moord' heel goed was afgekomen en dat de kansen voor een lager vonnis in hoger beroep nihil waren. Ik was inmiddels echter ook tot de conclusie gekomen dat ik toch meer aandacht aan de psychische aspecten van het misdrijf wilde besteden en zag steeds meer in een eventueel TBS-vonnis. Mr. Okkerse raadde me dat af. Hij vond dat een gevaarlijk traject, omdat bij een TBS-veroordeling nooit van tevoren vaststaat wanneer je weer vrijkomt, dit in tegenstelling tot een gewoon vonnis zoals ik dat nu op zak had. Uit een TBS-kliniek kom je alleen als je 'genezen' bent verklaard, wat een rekbaar begrip is, terwijl je uit de gevangenis wordt ontslagen op de dag dat je straf om is. 'Je weet nu waar je aan toe bent, je kunt aftellen,' zei mr. Okkerse. 'En straks weet je dat niet meer, als je niet uitkijkt.'

Mijn vader had me al eerder aangeraden een poging te doen in een kliniek te komen en na een half jaar huis van bewaring had ik de verschillen tussen die twee inrichtingen aardig in kaart kunnen brengen. In een kliniek ging het gemoedelijker en vrijer toe. In het huis van bewaring was alles strak geregeld en heerste een sfeer van orde, gezag en strafmaatregelen voor wie zich daar niet in schikte. Het was onderling bovendien een hard wereldje. Ik had op zich geen klagen over mijn positie in de groep, maar het was ook niet zo dat ik me er thuis voelde. Dat kwam omdat ik in feite een gelegenheidscrimineel was. Ik had mijn stiefvader vermoord, maar daar was een duidelijke oorzaak en aanleiding voor geweest. Ik had het niet gedaan uit winstbejag of uit berekening en in dat opzicht verschilde ik van de beroepscriminelen in het huis van bewaring. Zij hadden van misdaad hun levensstijl gemaakt en probeerden rijk te worden van drugshandel, overvallen en inbraken. Misdaad was voor hen een min of meer bewuste keuze, terwijl het in mijn bestaan een opgedrongen incident was. Ik had voor mezelf ook uitgemaakt dat ik na mijn straf weer gewoon als burger in de maatschappij wilde meedraaien in een normale baan, terwijl de meeste gedetineerden het vooral over 'klussies' en 'akkefietjes' hadden die ze wisten voor na hun vrijlating en die weinig goeds voorspelden. Ik raakte er daarom steeds meer van overtuigd dat ik in een meer gehospitaliseerde omgeving, wat een TBS-kliniek toch was, beter op mijn plaats zou zijn. En wie weet, zouden de behandelingen nog enig nut hebben ook. Ik had tenslotte in de laatste tien jaar al meer te verwerken gehad dan de doorsnee mens in honderd jaar voor zijn kiezen krijgt.

Brigit raadde me aan een andere advocaat te nemen. Als hij niet achter je staat, kan hij je ook niet optimaal bijstaan, zei ze en daarin had ze gelijk. Ook mr. Okkerse zelf had dat trouwens al eens aangegeven. De vraag wie het moest overnemen, was daarna snel beantwoord. Mijn echtscheiding was in 1983 geregeld door de Amsterdamse advocate mr. Johanna van Luyn en met haar had ik altijd een goed en plezierig contact gehad. Ik vroeg haar of ze verdediging in hoger beroep op zich wilde nemen en vertelde haar dat ik daarbij de mogelijke onzekerheid van een TBS-vonnis verkoos boven een gevangenisstraf van vijf jaar.

Het hoger beroep diende op 13 maart 1985 voor het Gerechtshof in Arnhem en mr. Van Luyn bepleitte bij die zitting direct nader psychiatrisch onderzoek naar mijn geestesgesteldheid in een observatiekliniek. De zaak zelf werd op deze zitting niet inhoudelijk behandeld. Het verzoek van mr. Van Luyn riep niet of nauwelijks weerstanden op. De aanklager, die bij het Gerechtshof procureur-generaal wordt genoemd, zei dat hij zich 'gezien de stukken en de bij hem bekende achtergronden niet tegen dit verzoek zou verzetten'. En ook de president en de raadsheren van het Gerechtshof zelf zagen de zin van een dergelijk onderzoek in en dus werd de zaak voor onbepaalde tijd aangehouden. In die periode zou ik dan in het Pieter Baan Centrum, de psychiatrische observatiekliniek van Justitie in Utrecht, worden onderzocht op de aanwezigheid van eventuele 'stoornissen'.

Gelukkig hoefde ik op dat onderzoek niet lang te wachten, want reeds een week na de zitting voor het gerechtshof werd ik vanuit het huis van bewaring overgeplaatst naar Utrecht. Het ritueel bij binnenkomst was natuurlijk min of meer hetzelfde, maar daarna vielen de verschillen me alras op. De cel, die in de kliniek een 'verblijf' werd genoemd, was groter en veel fraaier dan wat ik in die oude koepel gewend was. Keurig wit. Met mooie planken aan de muur. En: een eigen toilet en stromend water op de cel. Ook dat was een hele luxe als je dat soort voorzieningen eerst met anderen had moeten delen. De bewaarders, die hier medewerkers werden genoemd, droegen gewone kleren in plaats van grijze uniformen en ook dat gaf een heel ander beeld. Ze waren bovendien vriendelijker. In het huis van bewaring werd veel meer gecommandeerd en geëist. Ook had ik een groot raam in mijn kamer, waardoor ik ongehinderd naar buiten kon kijken. Ook dat verminderde het gevoel van opgesloten te zijn. Verder had iedereen tv op zijn kamer, er was meer tijd ingeruimd voor sport en recreatie, beter eten en meer gelegenheid tot telefoneren. Na de grauwheid van het huis van bewaring was dit een hele verademing.

Het was de bedoeling dat ik in deze kliniek zo'n week of zes, zeven zou verblijven en in die tijd werd je door de staf 24 uur per dag geobserveerd. Dat was in feite het enige minpuntje: die mensen de hele dag op je lip, was wel eens beklemmend.

Ik kwam in een groep van een man of acht terecht. We aten altijd met z'n allen aan een grote tafel in een soort huiskamer, wat best gezellig was. Waar je precies voor zat, besprak je niet. Dat was een van de huisregels: over delicten werd onderling niet gesproken. En als iemand het toch aan je vroeg, werd je geadviseerd om te zeggen: 'Waar ik voor zit? Ik zit hier voor mezelf'. Zonder dat er dus veel over werd gesproken, begreep ik echter wel dat er hier veel 'kutjesklanten' zaten en dat gaf me soms een onbehaaglijk gevoel. Het deed me aan de delicten van mijn vader denken, terwijl ik die herinneringen juist probeerde te verdringen.

Ik kreeg er contact met een zekere René van A., een 26-jarige jongen uit Arnhem, die ik wel aardig vond. Hij had een paar overvallen gepleegd en daarbij een hotelhouder vastgebonden. Van A. zei me al zo'n beetje de eerste dag dat hij hier liever weg wilde en dat hij aan ontsnappen dacht. Hij had wat problemen met zijn vrouw, die hij naar zijn zeggen door de permanente observaties in de kliniek niet goed met haar bespreken kon. Bovendien verdacht hij haar er van hem te bedriegen met een ander. Volgens René van A. was ontsnappen uit de kliniek in vergelijking met het huis van bewaring een peulenschilletje. Drie maanden geleden, op nieuwjaarsdag, was een van de Heineken-ontvoerders, Frans M., nog met een medegedetineerde uit de kliniek ontsnapt door een boenwasmachine door het raam te gooien en naar buiten te springen. Er was 's avonds nauwelijks echte bewaking. René vroeg mij of ik eventueel met hem mee wilde doen, maar ik hield de boot af. Waarom zou ik er vandoor gaan, ik had toch juist zelf om dit onderzoek gevraagd? En waar moest ik naar toe? Buiten mijn moeder, Brigit en Connie had ik eigenlijk niemand meer en daar zou de politie als eerste gaan kijken.

De dag werd gevuld met veel praten en onderzoeken, zowel medische als psychische. Ik had onder meer enkele gesprekken met prof. F. Beyaert, de toenmalige directeur van de kliniek. Verder lieten ze mij talloze tests doen. Honderden vragen moest ik beantwoorden. Sommige heel gek, andere weer nauwelijks verschillend van elkaar, maar er zat wel een soort terugkerend systeem in. Je moest vragen beantwoorden als: 'Hoe vind je het als je ziet dat een hondje wordt doodgereden,' maar ook vragen als: 'Houd je van je moeder?' en 'Voel je wel eens iets van agressie ten opzichte van je ouders?' Ook werd mij natuurlijk gevraagd of ik van m'n vader hield en het viel niet mee om dat soort vragen met ja of nee te beantwoorden, wat wel werd verlangd. Ik hield van mijn vader toen hij nog niet was gearresteerd, ja, maar daarna was ik heel anders tegen hem gaan aankijken. Ik had in feite een soort haat-liefdeverhouding met hem waarbij onduidelijk was waar de grens precies lag. Maar ja, dat soort nuances werden in dat onderzoek niet gevraagd.

Ook m'n bloed, urine, hart en hersens werden zeer uitgebreid onderzocht, om vast te stellen of bepaald gedrag misschien werd veroorzaakt door een ziekte of lichamelijke afwijking. Ik bleek evenwel kerngezond te zijn.

In de gesprekken met de psychiater en de psycholoog moest ik uitleggen hoe ik tot de moord op Frankot was gekomen en hoe ik dat zelf emotioneel had ervaren. Ik zei dat ik sinds de arrestatie van mijn vader aan een soort verdedigingsdrang leed, dat ik om die reden op karate was gegaan. En dat ik een extreme behoefte had om mezelf, maar vooral mijn moeder te beschermen tegen personen en dreigingen van buitenaf. In het huis van bewaring was het de medegedetineerden al opgevallen dat ik een speciale verhouding had met mijn moeder, die me elke week kwam opzoeken, en uit de krantenverslagen hadden ze ook begrepen dat ik Frankot in feite voor haar had vermoord. Het had me in de koepel de bijnaam 'De Herder' opgeleverd, omdat ik volgens hen zo zorgzaam was.

Het was natuurlijk zaak tijdens het onderzoek aannemelijk te maken waarom ik TBS moest hebben. Ik moest wel aan een bepaald soort ziektebeeld beantwoorden, anders zou ik alsnog gewoon tot gevangenisstraf worden veroordeeld. Het leek me dat mijn verklaring – de extreme verdedigingsdrang – in combinatie met mijn achtergronden, logisch klonk.

Dat mijn 'symptomen' niet uit de lucht waren gegrepen, bleek – ook tot mijn eigen verrassing – al aan het einde van de eerste week in de kliniek. Ik kreeg een brief van mijn vriendin Connie van der T., waarin ze meldde dat ze werd 'lastiggevallen' door Jos K., de man die op de avond van de moord op Frankot in mijn gezelschap was. De affaire had onze vriendschap vernield. K. nam mij kwalijk dat hij in moeilijkheden was geraakt. In een zekere zin voelde ik me daar ook wel schuldig en verantwoordelijk voor, maar het rechtvaardigde mijns inziens geen rancuneus gedrag. Het was nu eenmaal zo gelopen en ik had nimmer de opzet gehad hem ergens in te betrekken. Ik had hem laten weten dat het me speet en meer kon ik in deze situatie nu eenmaal niet doen. Connie schreef me dat het gedrag van Jos K. haar 'onrustig' maakte en dat ze niet wist hoe ze van hem af moest komen. Nu was het contact met Connie na mijn arrestatie niet meer zoals het daarvoor was, maar ik vond dit toch heel vervelend. Wat moest hij van haar? Hij wist toch dat Connie mijn vriendin was? Mijn ergernis hierover zette zich om in regelrechte woede, toen ik 's avonds naar Brigit opbelde en van haar te horen kreeg dat er 's nachts een 'vreemde man' om het huis van mijn moeder had rondgescharreld en dat ma hier 'bloednerveus' van was geworden. Ze dacht dat het 'die Jos' was en voelde zich bedreigd. Ik probeerde mijn zus gerust te stellen, maar merkte dat ik zelf nogal ongerust was. Wat een gesodemieter! Wat moest die vent bij mijn moeder?

Ik voelde me opgejaagd en gestresst en nog diezelfde avond schoot ik René van A. in de recreatieruimte aan en zei tegen hem: 'Ik heb er nog eens over nagedacht, maar ik ga met je mee. Er zijn problemen thuis, ik moet er ook uit…' René reageerde enthousiast op mijn compagnonschap en we begonnen meteen met het beramen van een ontsnappingsplan. We overwogen even de methode van Heineken-kidnapper Frans M. te kopiëren en een biljart of boenwasmachine door de ramen te gooien, maar wezen dat toch weer af. Het personeel was op dit soort pogingen behoorlijk alert geworden en de kans dat de zaak na het eerste glasgerinkel omsingeld zou worden, was te groot. Er was na de ontsnapping van Frans M. veel kritiek geweest op de 'simpele wijze' waarop deze zware crimineel had weten te ontkomen en het lag voor de hand dat de Utrechtse politie bij een nieuwe melding sneller ter plaatse zou zijn.

Na wat vijven en zessen concludeerden we dat een gijzeling van het personeel daarom het beste was. Dan moesten ze je wel laten gaan. Het was een ingrijpend middel, maar ik was vastbesloten. Het telefoongesprek met mijn zus had mijn bloeddruk omhoog gejaagd. Ik moest naar huis toe, ik moest zelf poolshoogte nemen en kijken wat die imbeciel van een K. uitspookte en hem aan zijn verstand brengen dat hij voortaan beter mijlenver uit de buurt kon blijven. Hoe eerder dat gebeurde hoe beter. De consequenties die dat ongetwijfeld zou hebben, konden me op dat moment niets schelen. Sterker nog, ik dacht er niet eens aan. Mijn gedachten werden beheerst door hele andere zaken.

Die nacht fabriceerden René en ik van een paar Gillette-scheermesjes twee vlijmscherpe wapens. We klemden de mesjes tussen twee laderailsjes van een kastje, dat we als heft gebruikten en hadden zo de beschikking over een mes. Het was een beproefde methode die iedereen in het huis van bewaring kende. Verder stelde ik in overleg met René een kort briefje met eisen op voor als het eenmaal zo ver was. We besloten direct de volgende dag toe te slaan.

Het gebeurde op maandagavond 1 april 1985, maar het was allesbehalve een grap. Na het eten verbleven René van A. en ik in de 'huiskamer' van de afdeling en keken een beetje televisie. We zaten te wachten op een lerares Frans die deze avond zou komen en die onderdeel van ons gijzelingsplan was. Ik wist dat zij altijd met de auto naar de kliniek kwam en René en ik moesten als we eenmaal buiten waren wel snel weg zien te komen en wilden daarvoor haar auto gebruiken. Te voet zouden we absoluut kansloos zijn.

Het plan zag er als volgt uit. Op onze afdeling werd alles in de gaten gehouden via een gesloten controlekamer, die door iedereen de 'cockpit' werd genoemd. Daar zaten een of twee groepsleiders in, die alles observeerden, de apparatuur bedienden en ook de communicatie regelden met andere afdelingen, waaronder de portiersdienst beneden, die de lift bediende die naar de uitgang leidde. Om te beginnen moesten we dus in die 'cockpit' zien te komen, want anders gebeurde er niks, dan kwamen we de afdeling niet eens af. En als dat gelukt was, moesten we die Franse lerares mee naar buiten zien te krijgen, zodat zij ons haar auto kon geven.

Enfin, wij zaten die avond ogenschijnlijk rustig televisie te kijken, maar hielden ondertussen elke beweging op de afdeling scherp in de gaten. De spanning liep iedere minuut verder op. Mijn hart bonkte zo hard van de zenuwen, dat ik vreesde dat anderen het konden horen. Ik hijgde er bijna van, terwijl ik toch gewoon stil zat. De zelfgemaakte messen hadden we in een van onze sokken verborgen en konden we binnen een tel tevoorschijn halen. Verder hadden we ook een extra dikke trui aangetrokken, want we konden natuurlijk niet met onze jas aan in de huiskamer gaan zitten.

Zo tegen half negen werd de komst van de lerares door het personeel aangekondigd en ik gaf René een teken met mijn ogen, wat betekende: Nu! Hij stond op, liep nonchalant naar de cockpit en tikte vriendelijk op de deur, die altijd op slot was: juist om dit soort dingen te voorkomen. Er was echter al jarenlang geen gijzeling of iets dergelijks meer in de kliniek geweest en de medewerkster was waarschijnlijk niet bedacht op enig gevaar.

René lachte vriendelijk en maakte met zijn mond een beweging van: Luister eens... En ja hoor, de deur werd opengedraaid. René, die overval-ervaring had, aarzelde geen moment en drong naar binnen zonder enig kabaal te maken.

Juist op dat moment kwam de lerares de gang in lopen en toen was het mijn beurt. Ze had nog niets in de gaten en ik liep zodanig op haar toe dat we elkaar letterlijk tegen het lijf liepen ter hoogte van de cockpit. Voor ze iets kon zeggen drukte ik haar naar binnen en draaide snel de deur achter me op slot, zodat niemand bij ons kon komen. Vervolgens trokken we de messen uit onze sokken tevoorschijn. Het was allemaal in een flits gebeurd en de meeste aanwezigen hadden het niet eens opgemerkt.

'Houd je rustig!' commandeerde René. 'Dan gebeurt er niets. We willen weg en jullie moeten ons daarbij helpen, begrepen?!' De twee vrouwen, beiden voor in de dertig, keken ons verschrikt aan en op dat moment bekroop mij even een gevoel van twijfel. Het leek wel alsof ik even wakker werd uit een roes. Waar waren we mee bezig? Maar er was geen weg terug meer. De gijzeling was begonnen.

XIV. Gijzeling met ontsnapping

De twee vrouwen bleven gelukkig kalm. Ik vermoedde dat ze daar in hun opleiding ook wel instructies voor hebben gehad. Ik duwde de lerares op een stoel en maakte een van haar polsen aan de leuning vast met zo'n plastic aanschuifstrip voor vuilniszakken, die ik toevallig op een van de afdelingen had gevonden. Ik vroeg waar ze haar autosleutels had en pakte die daarna uit haar handtasje. Ook vroeg ik haar of ik 25 piek kon 'lenen' voor benzine. De lerares maakte een hoofdbeweging die haar instemming moest uitdrukken, waarschijnlijk omdat ze wel begreep dat een weigering geen zin zou hebben gehad. We lieten het echter wel bij 25 piek, ondanks dat ze meer geld bij zich had. Ik probeerde zo netjes mogelijk te blijven. Tegen René van A. had ik ook vooraf al gezegd dat ik absoluut niet meer geweld dan alleen bedreiging wilde gebruiken. Ik zag er niets in om een van die vrouwen iets aan te doen, maar dat was natuurlijk iets wat zij niet konden weten. Ik beklemtoonde het echter wel steeds: 'Er gebeurt jullie niets, ik garandeer dat we jullie gewoon weer vrijlaten.' Ik kan me echter goed voorstellen dat die belofte, afkomstig van een moordenaar en een overvaller, hen weinig vertrouwen zal hebben gegeven.

Ik draaide de deur van de cockpit weer open en liep naar buiten. Op de afdeling begreep men inmiddels dat er iets mis was. Ik pakte van een van de andere personeelsleden zijn sleutels af en dreef ze allemaal, patiënten en personeel, in een cel, die ik op slot draaide. Zo kon de staf zelf ook eens ervaren hoe is het om opgesloten te worden. Ervaring in de praktijk vormt nog altijd de beste leerschool. Een paar van hen riepen dat we 'niet zo stom moesten doen', dat het nergens toe zou leiden, maar voor dat soort discussies hadden we geen tijd. In de cockpit lieten we groepsleidster Jolande via de intercom contact opnemen met de portier. Zij moest het briefje voorlezen dat we de dag daarvoor hadden opgesteld:

'Ik ben Jolande... we worden op dit moment gegijzeld en ze hebben wapens. Stuur onmiddellijk de lift omhoog en geef ons vrije doorgang naar buiten, anders is de afloop niet te overzien. Waarschuw geen politie.'

Zoals gezegd, we wilden geen geweld gebruiken, maar moesten daar wel mee dreigen om buiten te komen. Je komt als TBS-patiënt nu eenmaal niet de kliniek uit door iedereen vriendelijk toe te knikken.

De portier begon echter vragen te stellen, in plaats van aan de eisen te voldoen.

'Wie zijn het? Met z'n hoevelen zijn ze?' hoorde ik hem zeggen.

'Niet ouwehoeren, maar doen wat er gezegd wordt!' blafte René in de intercom. Dat maakte meer indruk, want een paar seconden later zoefde de lift omhoog. We stapten in en trokken de twee gijzelaarsters met ons mee. De messen hielden we goed zichtbaar voor hun keel, overigens wel met de botte kant.

De portier wilde beneden nog even voor held spelen en weigerde in eerste instantie de buitendeur open te doen. We keken hem dreigend aan ik zei: 'De gevolgen zijn voor jou, begrijp dat goed.' De vrouwen zeiden nu ook: 'Doe wat hij zegt!' en aarzelend drukte de portier op de knop, die de deur elektronisch opende.

Buiten gooiden we de mesjes weg en liepen naar de auto van de lerares, een oude grijze Volvo, niet bepaald een wagen voor een wilde achtervolging. Maar met een beetje geluk was dat ook niet nodig. We lieten de vrouwen ook instappen en reden het terrein af, in de richting van de snelweg. Mijn ingeving om wat benzinegeld te 'lenen' was geen overbodige luxe geweest, want de tank was nagenoeg leeg en bij het eerste het beste benzinestation moesten we een tussenstop maken.

We waren vanuit Utrecht op de A-27 terechtgekomen en toen we op de borden de afslag Hilversum zagen staan, besloten we die te nemen. De vrouwen vroegen ons waar we naar toe gingen, maar ik wist het zelf niet precies. Mijn doel was natuurlijk Almere, om die Jos K. eens even op te zoeken, maar het leek me niet verstandig om daar linea recta naar toe te rijden. We zijn daarom in Hilversum gestopt, in de buurt van het station. Ik vroeg de lerares nogmaals wat geld te leen en kreeg opnieuw 25 gulden. Tegen de vrouwen zeiden we daarna: 'Wacht nog een minuut of tien en rij dan maar terug naar Utrecht'. Ik nam afscheid met een handdruk, wat misschien wel belachelijk was in zo'n situatie en zei: 'Sorry, hopelijk zijn jullie niet te erg geschrokken.'

We liepen een paar straten verder een café binnen en bestelden daar een taxi. Deze bracht ons voor vijfentwintig piek helaas niet verder dan Weesp, terwijl we naar Amsterdam wilden. Ik vervloekte mezelf dat ik zo 'zuinig' was geweest. Er zat niets anders op dan dat we gingen liften, ook al hield dat een zeker risico in. Gelukkig werden we snel opgepikt door een Chinees echtpaar en aan de rand van Amsterdam, bij de Utrechtsebrug, afgezet. Daar nam ik afscheid van René van A. We hadden allebei andere dingen te doen, dus het had geen zin om bij elkaar te blijven. Dat zou alleen maar opvallen. Ik besloot naar een bevriende collega uit mijn chauffeurstijd bij de farmaceutische groothandel te gaan, die in Amsterdam-Zuid woonde, een wandeling van ongeveer een halfuurtje. Hij stond op het punt om naar bed te gaan en was stomverbaasd mij te zien: 'Verrek, wat doe jij nou hier?' Gelukkig liet hij me wel binnen. Zijn vrouw had ik op personeelsfeestjes al eens ontmoet, dus dat was ook geen probleem. 'Jij zat toch vast?' vroeg hij nieuwsgierig, maar ook een beetje argwanend. Hij begreep wel dat mijn onaangekondigde bezoek, op dit uur, niet puur voor de gezelligheid was. Ik zei: 'Zet de tv maar aan, dan zie je het misschien wel.'

Het late journaal was al geweest, maar op een van de netten begon even later het journaal voor doven en gehoorgestoorden en ja hoor, een van de eerste onderwerpen was dat er twee man uit het Pieter Baan Centrum waren ontsnapt, dat de gijzelaarsters weer vrij waren en dat er van ons geen spoor was. Er stond verder dat wij voor 'geweldsmisdrijven' vast zaten en dat alle politiekorpsen in Nederland waren gealarmeerd.

Mijn oud-collega en zijn vrouw keken me ontzet aan. 'En wat... eh... nu?' vroeg hij aarzelend. 'Wat is je bedoeling?' Kennelijk vreesde hij dat ik bij hen wilde onderduiken, maar tot zijn opluchting kon ik dat ontzenuwen. Ik vertelde dat ik familieredenen had om te ontsnappen en dat ik mezelf weer zou melden zodra die opgelost waren. Ik had alleen een adres nodig waar ik even kon bellen en zodoende had ik aan hen gedacht. Even later draaide ik het nummer van mijn zus Brigit, die vanuit de Woestduinstraat in Amsterdam ook naar Almere-Haven was verhuisd. Zij woonde aan het Middenhof, op loopafstand van mijn moeder, en met die verandering was ik heel blij geweest, omdat Brigit nu mijn rol een beetje kon overnemen. Zij ging elke dag even bij mijn moeder langs om te kijken of alles in orde was.

Het was inmiddels half twaalf geweest en mijn zus reageerde verbaasd toen ze hoorde dat ik het was, want normaal gesproken kon ik op dat tijdstip nooit bellen. Dan zaten we immers al een paar uur 'achter de deur'. Ik schetste haar in een paar zinnen wat er was gebeurd en dat ik nu van plan was achter Jos

K. aan te gaan. 'Krijg je daar geen narigheid mee,' vroeg Git nogal naïef. Kennelijk drong het nog niet helemaal goed tot haar door. Ik moest er een beetje om lachen: 'Nou, ik krijg er in ieder geval geen lintje voor'. Ik vroeg haar om te informeren waar Jos K. uithing, of hij thuis was.

Ondertussen dronk ik met mijn ex-collega een pilsje en spraken we wat over het verleden en hoe het nu bij 'de baas' allemaal ging. Hij was een aardige vent, maar begrijpelijkerwijs niet op z'n gemak in deze situatie en hij keek ongedurig op de klok, alsof hij wilde zeggen: hoe lang duurt het nog?

Na een halfuurtje belde ik mijn zus terug, die tot mijn verrassing zei: 'Je bent te laat, ze weten er al van. Jos is of weggebracht of opgepakt door de politie. Ze weten dat jij hem moet hebben. Het krioelt hier al van de politie.'

Ik sloeg nijdig met mijn vuist op het telefoontafeltje. Hoe kon dit nu weer? Hadden ze in de kliniek mijn telefoongesprekken met Brigit afgeluisterd, of hadden ze de brief van Connie soms gelezen? Het moest bijna wel. Een andere uitleg kon ik tenminste niet bedenken, of de politie moest helderziend zijn. Maar goed, hoe het ook zij, een paar uur na mijn uitbraak, leek deze al volkomen zinloos. Wat moest ik nu doen? Er werd op me geloerd, geld had ik niet, een onderduikadres evenmin en dus kon ik geen kant op. Ik had me mooi in de nesten gewerkt, want ik begreep inmiddels wel dat de bedreiging en gijzeling van die groepsleidsters nog een staartje zou krijgen. Ik dacht even een paar minuten na. Stommeling dat je bent, zei ik tegen mezelf, je bent weer veel te impulsief geweest. Maar ja, voor dat soort overwegingen was het nu te laat. Ik moest nu zien dat ik me hier weer uitredde. Ik kwam tot de conclusie dat er nog maar één weg open stond: de terugweg. Ik belde opnieuw mijn zus en zei dat ik me weer zou gaan melden, omdat het nu geen zin meer had voortvluchtig te blijven, en dat ik naar Almere zou komen om me over te geven.

Meteen daarna belde ik het nummer van de politie in Almere. Ik zei: 'Met Paul Spruit hier… Jullie weten wie ik ben, neem ik aan.' Aan de andere kant klonk een bevestiging: 'Ja, ja…'

'Oké, luister,' vervolgde ik, 'ik wil me melden, maar ik heb wel een paar eisen waar jullie eerst aan moeten voldoen.' De man aan de andere kant zei: 'Eisen??? Daar kunnen we niet op ingaan.' Ik twijfelde geen moment, gooide de hoorn op de haak en dronk nog een pilsje met mijn oud-collega, die zich verontrust afvroeg wat ik allemaal van plan was en natuurlijk ook vreesde dat

Archieffoto van de 9-jarige Basje Bloemena.

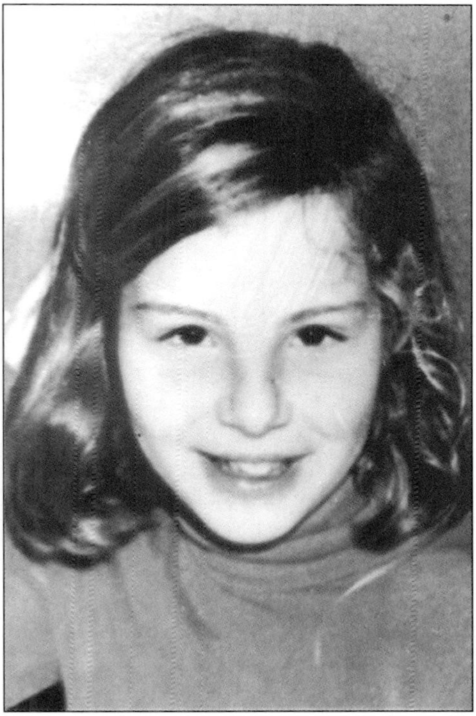

Archieffoto van de 10-jarige Heleentje Isaac.

Paul Spruit met zijn vader Gerard.

Commandant de Beaufort van de Rijkspolitie district Utrecht, toont een aanplakbiljet met een kopie van het kleed/de beddensprei waarin het stoffelijk overschot van Basje was gewikkeld.

De motor-carrier van tijdschriftenbezorger Gerard Spruit, waardoor hij in de media de bijnaam 'de Donald Duck-colporteur' kreeg.

De persconferentie van 11 augustus 1974 over de opheldering van de beide kindermoorden; hoofdinspecteur Van Riessen en commissaris Van de Voort.

Paul Spruit, ongeveer 12 jaar.

Paul Spruit, ongeveer 16 jaar.

Paul met de hondjes
Teddy en Bambi.

Op vakantie in Spanje. Van links naar rechts zus Brigit, Paul, Brigits zoontje Michael, moeder Spruit en Brigits man Willem.

WAAROM PAUL S. MOORD OP HEROÏNEHOERTJES TOEGAF EN LATER WEER ONTKENDE

„IK BEKENDE MAAR OM VAN ALLES AF TE ZIJN"

ARNHEM/ALMERE, vrijdag

De zevenentwintigjarige Paul S. uit Almere, die drie weken geleden de schuld op zich nam van de moorden op twee Amsterdamse heroïnehoertjes en die de opzienbarende bekentenis later weer introk, zal in het Pieter Baan Centrum in Utrecht psychiatrisch worden onderzocht.

S., die tot vijf jaar is veroordeeld wegens het doodsteken van zijn stiefvader Henk Frankot, is bereid aan zo'n onderzoek mee te werken. De Almeerder heeft dat tot nu toe steeds geweigerd, maar zegt daar nu spijt van te hebben.

Het Gerechtshof in Arnhem, dat op 13 maart het hoger beroep van S. in de zaak Frankot behandelt, heeft volgens S. al in een brief aan zijn raadsvrouwe mr. Johanna van Luin, laten weten dat er eind maart een plaats voor hem in het Pieter

■ Paul S.: „Mijn naam is pas gezuiverd als de ware moordenaar wordt gepakt."

heropend omdat er vlak vóór | ik dacht dat dat onderzoek

door Cees Koring

de politie van Almere de dag na de bekentenis hield, zei plaatsvervangend korpschef Leo Wilde dat S. slechts „oppervlakkige verklaringen" had afgelegd. Hij weigerde in te gaan op details. Voorlichter Hans Rutte verklaarde waarom het opzienbarende bericht over S. al in dat vroege stadium naar buiten werd gebracht: „omdat de moorden destijds veel onrust hebben gewekt."

Het gerechtelijk vooronderzoek dat na de nieuwe „bekentenis" van Paul S. op last van de rechter-commissaris werd ingesteld, was snel afgelopen. Rechercheurs van de Rijkspolitie in Apeldoorn kwamen tot de conclusie dat S. geen enkel detail over de

het doodsteken van Frankot. De officier kwam direct na de zitting naar mij toe en zei: „Jongen, ik snap niet dat je geen onderzoek hebt gewild. Dan had ik met mijn eis veel lager kunnen gaan zitten."

„Ik wil nu overal aan meewerken. Ze mogen me hypnotiseren, volspuiten en onder de drugs zetten. Dan komen ze er misschien ook nog achter dat ik echt niets met die dode hoertjes te maken heb. Het ergste is eigenlijk nog dat mijn naam pas is gezuiverd als de dader wordt gepakt."

De politie van Almere weigerde commentaar te geven op het relaas van Paul S.

De valse bekentenis van Paul is groot nieuws (*De Telegraaf*, 1 maart 1985).

Kindermoordenaar bij proces zoon

Foto boven:

• *Verdachte Paul S.*

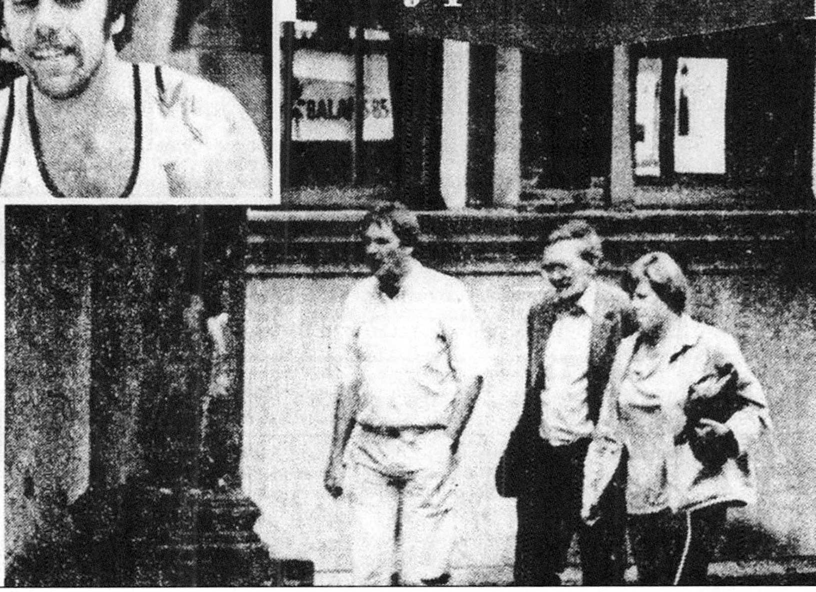

Foto rechts:

• *Gerard S. (63) en twee medewerkers van de Prof. Pompekliniek na het verla-*

Gerard Spruit mag in Arnhem vanaf de publieke tribune de rechtszaak van Paul bijwonen. (*De Telegraaf*, 7 juni 1985)

De Mesdagkliniek aan de Hereweg in Groningen.

Eis 6 jaar voor dodelijke messteken

Paul S. hielp moeder van stiefvader af

• Deze sieraden van Sandra worden vermist: Een gouden armband met gouden hangers en twee ringen.

door Fred Soeteman

ZWOLLE, donderdag

Sommige mensen uit zijn omgeving mogen vinden dat Paul S. een medaille verdient voor het doden van zijn stiefvader, de officier van justitie wil hem zes jaar de gevangenis in hebben.

In die eis is als verzachtende omstandigheid verrekend, dat slachtoffer Henk Frankot zich jarenlang als zwaar drinkende en mishandelende huistiran had laten kennen. Zijn ene dochter had al eens een pistool gekocht, de ander speelde met de gedachte hem dood te steken.

• 37 messteken

Voor de rechtbank in Zwolle zei Pauls advocaat mr. C.W.J. Okkerse gisteren, dat eigenlijk niemand vindt, dat de „in z'n aard goede, niet agressieve, maar wat gesloten" 27-jarige man gestraft behoort te worden, voor de 37 messteken waarmee hij half augustus in Almere-Haven een lang opgekropte agressie uitte.

„Ik ben een normaal mens", zei Paul S. zelf, in navolging van psychiater J. Leloup, die hem volledig toerekeningsvatbaar had geoordeeld. Nader onderzoek naar zijn geestelijke toestand, waarom officier van justitie mr. J.R. Krol had gevraagd, vindt hij dan ook niet noodzakelijk. Een reclasseringsmedewerker achtte Paul wel degelijk ziek, als gevolg van de spanningen in zijn milieu, maar dr. Leloup zag in die socio-pathologische benadering geen reden om zijn oordeel bij te stellen.

„Die socio-pathologie is overal", zei hij. „We kennen toch de vraag: heb je ooit een normaal mens ontmoet?, waarop het antwoord luidt:

gebeurde, nadat Paul hem met een vriend had opgehaald uit een Amsterdams café, waar hij ruzie had gehad. Hij had zijn vrouw gedreigd: „Ik

• Verdachte Paul S. (links) met zijn raadsman mr. Okkerse.

Strafzaak in Arnhem:

Officier wil belasting over buit van inbraak

Van onze correspondent

ARNHEM, donderdag

Mensen die geld verkregen hebben door het plegen van grote inbraken moeten over de buit belasting gaan betalen.

Officier van justitie mr. P. Tidemans zei dit bij een strafzaak in Arnhem die diende tegen drie inbrekers uit Nijmegen die in totaal voor bijna f 2 miljoen hadden buitgemaakt.

De officier had uitgerekend dat ze gedurende drie jaar f 20 tot f 40 mille aan inkomen uit inbraken hadden genoten.

Navordering

„Zonodig zal ik ook de belastingdienst daarvan op de hoogte stellen, zodat de gemeenschap een stukje schade kan terugvorderen. Tenslotte moet iedere burger belasting betalen over zijn inkomen, alleen fraudeurs kregen tot nu een navordering van de fiscus," aldus de officier, die alleen bij grote diefstallen

De Telegraaf, 13 december 1985.

'Brabantse' Toontje van de Wetering.

Daags na de roofoverval op de boerderij in Scharmer zoeken rechercheurs naar sporen (*De Telegraaf*, 17 november 1992/foto Bert Wieringa).

Paul Spruit met Henny anno nu.

hij er last mee zou krijgen. Ik beloofde hem echter plechtig dat ik niemand zou zeggen dat ik bij hem was geweest.

Een kwartiertje later belde ik de politie opnieuw en vroeg: 'En, hebben jullie je al bedacht, kunnen we over een paar eisen praten?' Er was inmiddels een hoge pief, ik dacht zelfs een officier van Justitie, op het bureau gearriveerd en ik kreeg hem aan de lijn. Ik legde de man uit dat ik mezelf wel wilde melden, nu het doel van mijn ontsnapping toch was achterhaald, maar dat ik tot 's morgens zeven uur de gelegenheid wilde hebben om bij mijn moeder te zijn, zonder dat ik gearresteerd zou worden. 'Ik moet haar een beetje geruststellen, het is een vrouw die al veel te verwerken heeft gehad,' zei ik. 'Als ik een paar uurtjes met haar kan praten gaat het wel weer.' De man antwoordde dat dit te veel gevraagd was: 'Daar kunnen we echt niet aan beginnen...' Ik verbrak opnieuw de verbinding en ging weer een kwartiertje zitten.

Daarna belde ik voor de derde keer en stelde het klip en klaar: 'Luister, als je wilt heb je me morgenvroeg weer in de kast. Maar als je niet wilt, blijf ik nog maanden weg. Kies zelf maar.' Deze stelling scoorde. De man zweeg even en zei toen: 'Goed, tot zeven uur dan.' Ik vroeg hem of ik daarvoor zijn woord van eer had en hij antwoordde: 'Ik garandeer u dat u tot zeven uur ongemoeid zult worden gelaten'.

Ik belde Brigit op en vertelde haar het nieuws: 'Haal jij ma op, dan spring ik nu in een taxi en kom er aan. Ik zit in Amsterdam, dus ik ben er over een half uur.' Wat ik niet wist was dat mijn zus het nauwelijks kon geloven en even later aan de politie vroeg of het werkelijk waar was dat ik tot zeven uur in haar woning mocht verblijven. Het werd bevestigd en Brigit vertelde hen in dat gesprek terloops dat ik er met een taxi vanuit Amsterdam aankwam, een mededeling waar men dankbaar kennis van nam.

Ik had ondertussen van mijn ex-collega wat geld geleend – meer dan vijfentwintig gulden ditmaal – en een taxi gebeld, die me even later voor de deur oppikte. Het was inmiddels twaalf uur geweest en ik moest dus opschieten, want ik wist echt wel dat ik er 's morgens echt geen minuut meer bij zou krijgen.

Toen we ongeveer halverwege waren en ter hoogte van Muiderberg, op de A1, richting Almere reden, zag ik ineens drie politiewagens langs de kant staan. Ze stonden zo opgesteld dat ze de passerende auto's goed konden observeren en toen wij langs kwamen zag ik een flink aantal hoofden met de taxi meedraaien. Ze hadden me kennelijk opgewacht en zodra de auto voorbij was, reden ze achter ons aan.

De chauffeur keek nerveus van zijn achteruitkijkspiegel naar zijn snelheidsmeter, maar ik zei: 'Rijd maar gewoon door, da's voor mij. Er gebeurt niks.' Ik vreesde even dat de politie zich niet aan haar woord zou houden, maar de toezegging van die officier was zo stellig geweest, dat ik me niet goed kon voorstellen dat we nu zouden worden klemgereden. En dat gebeurde ook niet. De politieauto's deden in feite ook niks anders dan ons escorteren. Ze reden mee Almere-Haven in, en volgden ons naar de woning van mijn zus aan het Middenhof.

Het was al laat en donker, maar de weinige mensen die het tafereel gezien hebben, moeten wel hebben gedacht dat de minister-president op bezoek kwam. Ik zag dat Brigit in de deuropening reeds op me stond te wachten. Ik betaalde snel de taxichauffeur en stapte uit. De politieauto's waren ook gestopt en een paar inzittenden stapten eveneens uit. We keken elkaar vanaf een meter of twintig even strak aan, maar er gebeurde niets. Ik liep naar de deur van mijn zus toe en zei alleen: 'Tot zeven uur!'

Mijn moeder was erg opgewonden. Brigit had haar inmiddels alles verteld en ze hadden ook de berichtgeving op het radionieuws gevolgd. Mijn moeder was bang dat de zaak uit de hand zou lopen en ik 'op de vlucht' zou worden neergeschoten. Ze vertrouwde de toezegging van de politie niet. Sinds dat incident met die zogenaamde bekentenis van die hoerenmoorden, was mijn moeder wantrouwig en ook nogal vijandig naar de politie toe geworden. Ik was er echter van overtuigd dat we ongemoeid zouden worden gelaten. We dronken een kop koffie en ik vertelde wat er allemaal was gebeurd en dat de berichten over Jos K. de aanleiding waren geweest voor mijn uitbraak. Mijn moeder schudde haar hoofd: 'Jongen, dat had je toch niet moeten doen, zo erg was het nou ook weer niet. En wat heb je die vrouwen aangedaan, die zijn zich lam geschrokken.' Dat laatste was ongetwijfeld waar, maar ik zei tegen mijn moeder: 'Ik laat je door niemand bedreigen of bang maken. Dan krijgen ze met mij te maken.'

Ik keek af en toe uit het raam en zag dat er inmiddels een heel kordon politiemensen rond de woning van mijn zus was gelegd. Er liepen agenten met karabijnen rond en een aantal van hen had zich op het dak van de nabijgelegen parkeergarage geposteerd. De klok moest op dat moment nog drie uur slaan en hen stond dus een frisse nacht te wachten.

In de huiskamer heb ik tot na vier uur met mijn moeder zitten praten. Het was een goed en fijn gesprek, zoals we dat in het huis van bewaring eigenlijk nog niet hadden gehad. Mijn moeder was weer gekalmeerd en ze maakte sowieso geestelijk een fittere indruk dan dat ik de laatste jaren gewend was. Ze vond het erg dat ik voor moord in de gevangenis zat en ze bekende mij dat ze er wroeging van had dat ze nooit een echte aanklacht tegen Frankot had ingediend, waardoor de terreur langzaam naar een climax was toegegroeid: 'Dan was alles heel anders gelopen. Dan had hij in de gevangenis gezeten in plaats van jij.' Het feit dat ze daar zo over dacht en dat ook naar mij toe uitsprak, was voor mij de bevestiging dat ik haar terecht van die bruut had bevrijd. Zij was de straf waard die ik zou krijgen. Ik overwoog nog even om ook mijn vriendin Connie op te bellen en haar te vragen naar mijn zusters woning te komen, maar ik zag daar, in overleg met mijn moeder en Brigit, toch maar van af. Het was midden in de nacht en Connie zou zich wezenloos schrikken van mijn telefoontje, helemaal als ze even later ook nog door een kordon met scherpschutters heen moest. Ik zou haar in iets betrekken waar ze naar mijn gevoel verder liever buiten bleef. De hele geschiedenis met Frankot en de daaropvolgende rechtszaak had haar nogal aangegrepen en mijn uitbraak uit het Pieter Baan Centrum zou ze waarschijnlijk niet opvatten als een positieve impuls. Git beloofde de volgende dag contact met haar op te zullen nemen, om alles uit te leggen voordat de kranten er mee zouden komen.

We zijn daarna nog even gaan slapen en stonden tegen half zeven weer op. We aten een broodje en dronken een kop koffie, zonder nog veel te zeggen. Om vijf voor zeven maakte ik aanstalten om te vertrekken. Ik wilde niet dat de politie me in huis kwam halen. Ik zou zelf naar buiten gaan. Ik gaf mijn moeder en Brigit een kus en zei: 'Ik weet niet waar ik nu terechtkom, maar jullie horen het zo snel mogelijk.' En vervolgens met een knipoog naar mijn moeder: 'En als er wat is, bel me maar… want je ziet het: ik kom gelijk.'

Het begon al langzaam licht te worden toen ik naar buiten stapte en een horde politiemensen dook van alle kanten op mij af, net als bij mijn eerste arrestatie op het Marktplein na de moord op Frankot. Alleen waren ze nu gewapend met karabijnen en kogelvrije vesten. Ik werd gesommeerd mijn handen in mijn nek te leggen. Ondertussen waren er wel tien geweerlopen op mij gericht. Ik kreeg het er een beetje benauwd van en ik kan me herinneren dat ik op dat moment dacht: als er maar één bij is die zijn zenuwen niet in bedwang heeft, krijgt ma nog gelijk... En dan zou ik in korte tijd het tweede dodelijke geweldsslachtoffer van Almere zijn geweest. Nota bene binnen één familie.

De politie nam geen enkel risico. Door die gijzeling in Utrecht zagen ze me als een gevaarlijk sujet en op de opsporingstelex die het hele land was doorgegaan, stond alleen het wetsartikel vermeld waarvoor ik was veroordeeld: moord. Bovendien hoorde ik later dat ik ook de aantekening 'mogelijk vuurwapengevaarlijk' had gekregen, omdat ik samen met mijn zus ooit een krakkemikkig pistool had gekocht.

Terwijl ik onder schot werd gehouden, draaide een van de agenten mijn armen op mijn rug en drukte me daarna tegen de grond. Ik werd gefouilleerd en kreeg handboeien om. Een paar man tilden mij op en ik werd achter in een auto gegooid, in het gedeelte tussen de voor- en de achterbank, met mijn gezicht naar de grond. Twee politiemensen stapten vervolgens in en zetten hun voeten op mijn lichaam.

Ik werd afgevoerd naar het bureau en kreeg de vertrouwde overall weer uitgereikt: nog steeds te groot. Ik werd maar kort verhoord, omdat de zaak eigenlijk onder de gemeentepolitie van Utrecht viel. Ze vroegen mij alleen naar de mogelijke verblijfplaats van René van A. – die ik niet wist – en naar wat ik nu van plan was geweest te doen in Almere. Ik vertelde het verhaal over de veronderstelde activiteiten van Jos K. nog eens en dat ik hem daarover ter verantwoording had willen roepen. Of hij het nu werkelijk was geweest die rond de woning van mijn moeder heeft rondgescharreld, is trouwens nooit duidelijk geworden, maar wel bleek dat het sinds mijn uitbraak nooit meer is voorgekomen.

De volgende dag werd ik naar het politiebureau in Utrecht overgeplaatst. Het was zonder twijfel de mooiste politiecel waar ik ooit in had gezeten en met mijn ervaringen was ik inmiddels bevoegd om een aardige vergelijking te maken. De cel was groter en ruimer dan elders en de matras lag ook al op me te wachten. Ik werd verhoord door een paar rechercheurs, die me vertelden dat ik werd beschuldigd van vrijheidsberoving en dat daar een 'nieuwe zaak' van zou worden gemaakt, die boven op mijn veroordeling voor de moord op Frankot zou komen. 'Een dure 1-aprilgrap,' merkte de rechercheur op.

De tweede dag kwam prof. F. Beyaert, de directeur van de kliniek me in de cel opzoeken. Het was een al wat oudere, maar zeer sympathieke man. Ik schaamde me wel voor hem. Hij ging zitten, keek me even onderzoekend aan en zei: 'Nou, jij bent wel bezig om je eigen ruiten in te gooien, hè? Die gijzeling was een stomme zet, een hele stomme zet.' Ik legde hem uit wat mij er toe had gebracht, wat door hem hoofdschuddend werd aangehoord. Beyaert zei dat hij blij was dat 'de dames' niets was overkomen, maar dat de schok er in de kliniek bij de betrokkenen niet minder om was geweest, zeker ook omdat we toch forse dreigementen hadden geuit met behulp van onze zelfgemaakte messen. De vraag was wat er nu moest gebeuren. Ik zat nog maar net een week in de kliniek en het onderzoek was nog lang niet afgerond. Ik wilde graag terug voor de rest en Beyaert beloofde dat hij zou kijken of dat kon, maar hij schatte die kans niet erg groot in.

Na drie dagen politiecel werd ik overgeplaatst naar het huis van bewaring in Utrecht aan het Wolvenplein. Het was een oude en ietwat verwaarloosde inrichting, maar het had wel een bepaalde sfeer. Daar kreeg ik na een poosje te horen dat Justitie het 'niet wenselijk achtte' om mij weer in het Pieter Baan Centrum op te nemen, omdat dit onder het personeel te veel spanningen zou oproepen. Los daarvan zou ook de vraag kunnen rijzen of men daar na de gijzeling nog wel onbevooroordeeld tegenover mij zou staan. Dit betekende dat men geen psychische rapportage over mij uit kon brengen en daarmee had ik inderdaad, zoals professor Beyaert al had gezegd, behoorlijk mijn eigen ruiten ingegooid.

Er werd gelukkig wel een alternatief gevonden. Om toch tot een rapportage te komen werd door het Gerechtshof in Arnhem een ambulant onderzoek gelast, wat inhield dat ik niet in een kliniek, maar in het huis van bewaring zou worden onderzocht en getest door psychiater prof. J.G. Schnitzler uit het plaatsje Hummelo en psycholoog drs. G. Mensing uit Utrecht. Zij moesten in hun onderzoek van het Gerechtshof drie vragen beantwoorden: Ten eerste of er tijdens de moord op Frankot bij mij sprake was van 'een gebrekkige ontwikkeling of ziekelijke storing der geestvermogens; ten tweede wat voor invloed die eventuele 'storing' op mij heeft gehad en of ik daardoor wel het 'strafwaardige' van mijn handelen had kunnen inzien, wat vrij vertaald betekent: wist ik wel wat ik deed? En ten derde welke straf of maatregel de onderzoekers uit psychiatrisch oogpunt het meest geschikt vonden om herhaling van strafbare feiten door mij te voorkomen. Dus: gevangenisstraf of TBS?

Prof. Schnitzler en drs. Mensing zijn een aantal keren bij mij op bezoek geweest in het huis van bewaring, en het waren lange, vermoeiende sessies. Het onderzoek vertoonde veel overeenkomsten met wat ik in het Pieter Baan Centrum al had meegemaakt en daar kon ik mijn voordeel een beetje mee doen. Ik begreep nu hoe bepaalde tests in elkaar zaten en ook dat er een telkens terugkerend element in zat waar je op berekend moest zijn. Ik moest veel vragen beantwoorden, over vroeger, mijn jeugd en mijn ouders. Verder waren er ook veel tests, zoals het interpreteren van inktvlekken (wat zie je erin?), puzzeltjes maken, het in goede volgorde leggen van een reeks gebeurtenissen en het zelf tekenen van bepaalde situaties.

Ik probeerde met mijn antwoorden zo veel mogelijk aan te sturen op een TBS-advies. Ik deed dat heel voorzichtig, want beide heren waren zeer ervaren gedragsdeskundigen. Op subtiele wijze sjoemelde ik een beetje met de antwoorden op vragen waarvan ik veronderstelde dat er een bepaalde conclusie uit kon worden getrokken. Natuurlijk kwam ook mijn 'verdedigingsdrang' uitvoerig aan bod, ondersteund door de recente gijzeling en uitbraak in het Pieter Baan Centrum. Het gevaar was bij zo'n onderzoek natuurlijk dat je ging overdrijven of bepaalde elementen te veel benadrukte en daardoor juist door de mand zou vallen. Bepaalde vragen keerden in een iets andere vorm telkens terug en het was dus zaak in je antwoorden heel consequent te blijven. Mede doordat ik die week in het Pieter Baan Centrum al behoorlijk wat tests had gedaan, was ik daar echter aardig op voorbereid. Een voordeel van mijn handelwijze was ook dat ik er op gebrand was om TBS te krijgen, terwijl de simulaties van de meeste verdachten juist de bedoeling hadden een TBS-aanbeveling te ontlopen. Daar waren de deskundigen meestal veel meer op gespitst.

Ik zat inmiddels alweer dik anderhalve maand in het Utrechtse huis van bewaring, toen er op de avond van de 25ste mei om een uurtje of tien met een sleutel op mijn celdeur werd getikt. We hadden die avond recreatie gehad en ik lag op bed nog iets te lezen. Het luikje ging open en een bewaarder zei tegen mij: 'We geven normaal 's avonds geen boodschappen door, maar er is voor je gebeld. Je moeder is van de trap gevallen en ligt in het ziekenhuis. Ze heeft een hersenschudding, een paar gekneusde ribben en een verzwikte enkel, maar het is niet echt ernstig. Vraag morgenochtend vroeg maar even of je naar huis mag bellen, dan hoor je het allemaal wel precies.'

Ik vroeg me af wat er was gebeurd. Van de trap gevallen? Waar dan? En hoe dan? Zou Jos K. soms weer… Bij gebrek aan concrete informatie kwamen er allerlei mogelijkheden bij me op. Ik vond het een merkwaardig verhaal en had er de pest over in dat ik Brigit niet even kon bellen, maar na 'sluitingstijd' lieten de bewaarders je voor geen prijs meer uit je cel. Er zat niets anders op dan tot de volgende ochtend te wachten. Ik woelde nog een poosje onrustig in mijn bed, maar was toch in slaap gedommeld, toen er om half drie 's nachts ineens weer op mijn deur werd getikt. Ik schrok wakker. Het was weer een bewaarder. 'Sorry, Spruit…' klonk het een beetje timide. 'Ik kreeg net een telefoontje van je zuster. Je moeder is plotseling in het ziekenhuis overleden… Je kan morgenochtend in het kantoor van de directeur bellen.' Ik was uit bed gesprongen en liep naar het luikje toe: 'Overleden??? Ja maar, hoe dan, wat is er dan gebeurd?' stamelde ik. De bewaarder wist het echter ook niet. 'Het spijt me, Spruit… ik heb alleen de boodschap maar doorgekregen, het hoe en wat weet ik ook niet, maar we vonden dat je het wel nu moest weten.' Zijn ogen keken me even onderzoekend aan. Hij zag waarschijnlijk de verwarring op mijn gezicht. Op dat soort momenten bleek pas echt hoe hard het gevangenisleven was. De bewaarder wist ook niet meer wat hij moest zeggen en deed het luikje dicht. Zachter dan anders, dat wel.

Ik ging verdwaasd op de rand van mijn bed zitten. Mijn moeder dood??? Door die val van de trap? Ik was verbijsterd. Hoe kan dat nou, door een val van de trap? Had ik het wel goed gehoord? Of, had die bewaarder het wel goed gehoord? De rest van de nacht lag ik wakker. Er bekroop me een enorm gevoel van machteloosheid. Ik begon te piekeren en er schoten allerlei typische gedachten door mijn hoofd. Zo van: als mijn moeder echt dood is, dan zit ik hier voor niks, dan is alles voor niks geweest. Ik moest mijn definitieve straf nog krijgen, maar mijn moeder, voor wie ik het in feite allemaal had gedaan, die ik had willen bevrijden, was al dood. Ik had het niet erg gevonden om mijn straf uit te zitten in de wetenschap dat mijn moeder nog een redelijke oude dag zou hebben, maar dat tegenwicht viel door haar overlijden helemaal weg. Hoe lang was ze nou helemaal vrij geweest? De moord op Frankot had op 17 augustus 1984 plaatsgevonden en het was nu 26 mei 1985, dus daar zat maar net negen maanden tussen. Het was moeilijk voor te stellen dat ze er dan als het ware uitstapte, nog maar 63 jaar oud.

Het leek eindeloos te duren eer om half acht de deur openging.

Dat ik het mij allemaal niet had ingebeeld, bleek wel toen ik naast twee bewaarders ook de directeur van het huis van bewaring ontwaarde. 'Loop maar even met me mee, Spruit,' zei hij vriendelijk. We liepen naar zijn kantoor en daar mocht ik bellen. Ik draaide het nummer van mijn zus Brigit. Ze was thuis en het laatste restje van twijfel verdween toen ik haar snotterende stemgeluid hoorde.

'Wat is er gebeurd, Git? Wat is er met ma?' vroeg ik, maar ik kreeg nauwelijks antwoord.

Met horten en stoten vertelde ze uiteindelijk dat moeder die avond nog even onze hondjes Teddy en Bambi had uitgelaten en dat ze op weg naar haar voordeur op één hoog, op de betonnen trap was uitgegleden en door de open balustrade zo'n twee meter naar beneden was gevallen.

Ze was gevonden door de buren en aanvankelijk leek het wel mee te vallen. Mijn zus was meteen naar het ziekenhuis gegaan en daar zeiden de doktoren ook dat er 'niets alarmerends' was en dus was Brigit na een uurtje weer naar huis gegaan.

Die nacht was ze echter uit het ziekenhuis opgebeld dat moeder volkomen onverwachts een hartstilstand had gehad en vrijwel direct was overleden. Ik beet op mijn lip toen ik dit hoorde, omdat ik niet wilde huilen waar die bewaarders bij stonden, maar de tragiek van mijn moeders overlijden drong ogenblikkelijk tot mij door. Zij, die nooit alleen wilde zijn, die zich om die reden jarenlang de ergste mishandelingen had laten welgevallen, was nu in volkomen eenzaamheid gestorven. Zonder dat iemand het maar in de gaten had gehad. Dat was hard, heel hard. Ik sprak m'n zus een beetje moed in, terwijl ik dat eigenlijk zelf wel goed had kunnen gebruiken, maar ik stond met drie vreemde mannen om me heen, die bedremmeld naar hun schoenpunten stonden te kijken.

Ik vond die plotselinge hartstilstand merkwaardig en vermoedde een medische fout, maar in de dagen daarop hoorde ik dat het verschijnsel vaker voorkomt bij mensen die veel spanningen en emoties te verwerken hebben gehad. En nou, dat had mijn moeder natuurlijk als geen ander. Het had me eigenlijk al eerder verbaasd dat ze soms überhaupt nog kon lachen na alles wat zij had meegemaakt. Bovendien was haar gezondheid, mede door haar astmatische bronchitis, de laatste jaren toch al verzwakt. De artsen verklaarden achteraf tegen Brigit dat mijn moeder 'op' was geweest. Dat klinkt nogal cru, maar ik begreep feilloos wat ze daarmee bedoelden. Mijn moeder had de ongelijke strijd met het bestaan in het ziekenhuis opgegeven. Ze had zoveel ellende meegemaakt en maar zo weinig vreugde gekend in haar leven: haar man wegens dubbele kindermoord in een kliniek, de terreur en gewelddadige dood van Frankot, haar jongste zoon wegens moord in de gevangenis, geen contact meer met haar andere (stief)kinderen Johan en Gerard. Brigit, die ook haar problemen had, enfin, noem maar op. Ze had gewoon geen kracht meer, geen weerbaarheid. En vooral geen perspectief.

Het waren moeilijke, verdrietige dagen. Niet alleen voor mij, maar vooral ook voor mijn zus Brigit. Ik belde haar zoveel mogelijk om haar te ondersteunen, maar ze stond er toch alleen voor. Ze kon het eigenlijk allemaal niet aan, maar er was niemand anders die de verplichte formaliteiten kon regelen, de kaarten versturen en natuurlijk de uitvaart verzorgen. Ik wilde graag bij haar zijn, hulp geven, samen verdriet hebben, maar het kon niet en dat gaf een vreselijk gevoel, het was een extra straf die niet in woorden is uit te drukken. Echt, ik had een jaar extra willen zitten als ik er toen één week uit had gemogen.

Mijn moeder werd opgebaard in het crematorium Westgaarde aan de Ookmeerweg, vlakbij onze oude woning aan de Sonderbuur in Amsterdam-Osdorp.

Ik diende een officieel verzoek in of ik bij de uitvaartplechtigheid aanwezig mocht zijn. De directie van het huis van bewaring ondersteunde dit, maar de officier van Justitie in Utrecht wees het verzoek af. Hij beweerde later dat er op de dag van de uitvaart geen personeel aanwezig was geweest om mij te begeleiden, maar daar geloofde ik niets van.

Informeel kreeg ik te horen dat het eerder iets met de gijzelingsactie in de kliniek te maken had. En de woorden van dr. Beyaert, dat ik mijn eigen ruiten had ingegooid, kregen door die weigering nog meer betekenis. Wel stond de officier toe dat ik de volgende dag in het crematorium afscheid van haar mocht nemen, zonder dat er verder iemand bij was.

De beslissing maakte me woedend. Ik vond het belachelijk, onmenselijk. Wat bezielde die man? Iedereen wist welke rol mijn moeder in mijn leven speelde. Iedereen wist wat zij en wij hadden meegemaakt. Iedereen wist dat ik in feite voor mijn moeder in de gevangenis zat en toch gunde zo'n pennelikker mij niet een volwaardig afscheid van haar.

Welk belang had de samenleving er nu bij dat ik niet naar de uitvaartplechtigheid mocht? Het deed me ontzettend zeer dat ik er niet bij mocht zijn. En nog steeds trouwens, dat gevoel is nooit helemaal overgegaan.

De volgende dag werd ik gehaald door de parketbus. Er gingen drie man bewaking mee, nu was er kennelijk ineens volop personeel. Voor de zekerheid kreeg ik bovendien een stok in mijn broekspijp, waardoor je niet meer hard kunt (weg)lopen. Bij het crematorium stond wat familie te wachten, opgetrommeld door Brigit: een tante en een oom van mijn moeders kant.

Het was een gênante situatie. Ik werd aan weerszijden geëscorteerd door parketwachten. Ik liep stijf door die stok in mijn broek, terwijl mijn handen op mijn rug waren geboeid.

Zo moest ik afscheid nemen van mijn moeder. Ik mocht niet met de familie praten, ik kon ze alleen even gedag knikken.

Alles moest zo snel mogelijk gebeuren.

Mijn moeder lag in een aula opgebaard. Ik stond daar en zij lag voor me. Het leek alsof ze sliep. Ik zag wat schaafwondjes op haar gezicht, waarschijnlijk opgelopen bij haar val, maar verder zag ze eruit alsof ze zich met haar einde had verzoend. Ik vroeg aan de parketwachten of mijn handen los mochten. Ze keken elkaar even onzeker aan, maar deden het toen toch. Ze begrepen wel dat ik in zo'n situatie heus niet zou vluchten.

Toen ik was losgemaakt, deed ik het gouden kettinkje dat ik tijdens het eerste bezoek van mijn moeder in de koepel van Arnhem voor mijn verjaardag had gekregen af. Ik deed het voorzichtig om haar hals, bij het kettinkje dat ze van mij had gehad. De twee kruisjes bovenop elkaar, zodat we weer één waren…

Ik stond daar en dacht: God mens, wat heb je voor een leven gehad… Je had zoveel beter verdiend. Van alle mensen op de wereld had jij beter verdiend. Maar je bent in eenzaamheid gestorven. Ik voelde me leeg. Verslagen. Maar ook verbitterd. Mijn ogen stonden vol tranen. Ik had haar nog zoveel willen zeggen, maar dat kon niet met die parketwachten erbij. Ik keek daarom naar haar, en prevelde zachtjes in mezelf: 'Lieve, lieve ma… bedankt voor alles wat je voor me hebt gedaan.'

Op dat moment kraakte ineens de portofoon van de parketwacht. Een stem zei dat we weg moesten. Weg?? 'We zijn hier net een paar minuten,' zei ik met dichtgeknepen keel. De parketwachten maakten met hun handen een hulpeloos gebaar en stuurden me zachtjes in de richting van de uitgang, terwijl ik naar mijn moeder bleef kijken. Buiten werd ik weer geboeid en in de parketbus gezet, zonder dat ik nog met Brigit kon praten. Men had ineens haast, leek het wel. Ik voelde woede in mij opkomen. Kon dit nou niet anders? Konden ze niet iets meer begrip hebben?

Toen onze bus optrok, zag ik dat om de hoek juist een andere parketbus kwam aanrijden. De bewaarder zei door zijn portofoon: 'Ja, wij zijn weg hoor…'

Toen begreep ik ineens alles. In die andere bus zat mijn vader, die kennelijk ook toestemming had gekregen om afscheid te nemen, en Justitie wilde een confrontatie tussen ons in het crematorium voorkomen.

De gang van zaken ergerde me enorm. Wie had dit in hemelsnaam zo bedacht en laten samenlopen? Ik vond het wrang en ongepast dat ik zo snel weg moest bij mijn moeder om plaats te maken voor de man die dit in feite allemaal had aangericht. Ik, die zoveel om mijn moeder had gegeven, moest mijn afscheid afraffelen, terwijl hij, de man die haar leven had geruïneerd, nu misschien wel alle tijd kreeg. Nooit had hij in die jaren echt om mijn moeder gedacht en juist op dit moment, het laatste moment, dat ik nog zo graag even bij haar wilde zijn, moest ik voor hem opzij.

Terug in het huis van bewaring werd ik goed in de gaten gehouden. Ze begrepen dat ik kwetsbaar was en de meesten, ook van het personeel, vonden het ook onbegrijpelijk dat ik niet naar de crematie mocht. Op mijn cel heb ik op de dag van de plechtigheid, donderdag 30 mei 1985, een kaars aangestoken en daar heb ik in gedachten de hele dag naar zitten kijken. Git had namens mij een bloemstuk gekocht, dat op haar kist lag. Ik had er een lint aan laten maken met de tekst: Voor de allerliefste moeder – Paul.

Mijn zus vertelde die avond dat de plechtigheid mooi en indrukwekkend was geweest. Er was niet gesproken. Er was alleen muziek gespeeld. Johan en Gerard waren volgens Brigit niet gekomen en dat nam ik ze ontzettend kwalijk. Ook al hadden ze een afkeer van wat er allemaal was gebeurd en wilden ze niets meer met ons te maken hebben, dan nog hadden ze uit respect voor alles wat ze had gedaan – en had moeten ondergaan – op haar begrafenis moeten komen.

Mijn zus heeft de woning van mijn moeder aan de Schoolwerf leeggehaald en de inboedel opgeruimd. Teddy en Bambi, de trouwe kooikertjes van mijn moeder, die toen ook al aardig op leeftijd waren, werden door Brigit in huis genomen, maar daar kwijnden ze snel weg. Een paar maanden later waren ze allebei dood.

XV. TBS op verzoek

Met mijn zus Brigit ging het op en af. Ze had goede perioden, waarin ze gewoon werkte en behoorlijk gedisciplineerd leefde, maar ook weken dat ze een terugval had en te veel dronk. Ze had eind 1984 weer de ouderlijke macht over haar dochtertje Marcella teruggekregen en daar was ze heel gelukkig mee. Brigit deed sindsdien ook meer haar best om een regelmatig leven te leiden, al bleef het een huishouden van Jan Steen in haar woning. Ze had Marcella een paar keer meegenomen naar het bezoek in het huis van bewaring en dat deed me goed. Ik had een speciale relatie met haar. Ze was inmiddels een meid van ruim elf jaar en zag er leuk uit.

Brigit had bij haar in de straat kennis gemaakt met een man en een vrouw, met wie ze steeds meer optrok, ene Bart en Ida. Hij was een al wat oudere man, een vage figuur, die op markten stond met goud en sieraden. Een beetje een scharrelaar, kreeg ik de indruk. Git was echter erg enthousiast over hen en kon altijd bij hen terecht en dat was natuurlijk ook wat waard. Marcella bleef dikwijls slapen bij Bart en Ida, als Brigit uitging of andere verplichtingen had. Toen Marcella na een poosje weer eens een weekeindje bij haar eigen vader – Willem M. – ging logeren, vond hij haar echter veranderd en nogal in zichzelf gekeerd. Hij vermoedde dat er iets niet klopte en na veel heen en weer gepraat biechtte Marcella op dat ze regelmatig werd lastiggevallen door die Bart en dat hij ook telkens handtastelijk was als zij bleef overnachten. Willem heeft er toen direct een politiezaak van gemaakt en Bart werd gearresteerd. Hij ontkende echter heftig dat er iets was voorgevallen dat niet door de beugel kon.

Brigit vertelde me tijdens een van de bezoekuren wat er was gebeurd en ik was er flink door van slag. Ik had medelijden met Marcella en vervloekte die Bart. Ik werd er razend om. Hield dat geklooi met kinderen dan nooit op in onze familie? Het merkwaardige was echter dat Brigit min of meer de kant van Bart koos en beweerde dat Marcella het zich moest hebben ingebeeld. Ik was er natuurlijk niet bij geweest, maar intuïtief geloofde ik Marcella. Ik had haar van kleins af aan meegemaakt en zodoende goed leren kennen. Het was geen meisje dat dit soort dingen zomaar verzon. Ik kreeg er met Brigit wat woorden over en verweet haar dat ze niet onvoorwaardelijk de kant van haar dochtertje had gekozen. 'Juist van jou had ik verwacht dat je dat zou doen, Git, na alles wat je zelf hebt meegemaakt,' zei ik haar, waarmee ik doelde op het feit dat haar vader Henk Frankot haar als klein kind ook had geprobeerd te misbruiken. En daarnaast had Brigit ook altijd veel aan de slachtoffertjes van mijn vader gedacht, die nota bene van de dezelfde leeftijd als Marcella waren. Brigit stond op het standpunt dat Marcella bepaalde dingen – een aai of een aanraking – verkeerd had opgevat en dat er feitelijk niets aan de hand was geweest. Ze wilde er verder niet echt over praten en ik bespeurde in haar stem enige irritatie over mijn vragen en opmerkingen. 'Ik snap wat je bedoelt, Paul, maar je bent er niet bij geweest. Ik ken Bart. En volgens mij is er niks gebeurd. Je denkt toch zeker niet dat ik zoiets over mijn kant had laten gaan als ik enige argwaan had gehad?' Ik betwijfelde dat inderdaad, maar ik deed er op dat moment het zwijgen toe.

De hele kwestie zat mij nogal hoog. Ik vond het verbijsterend dat dit nu weer in onze familie gebeurde.

Hield het dan nooit eens op? Ik had van Brigit begrepen dat Bart in de Bijlmerbajes was geplaatst en dat bracht me op een idee. Ik vroeg bij de directie van het huis van bewaring in Utrecht overplaatsing aan. Ik beweerde dat het voor mijn bezoek moeilijk was om steeds naar Utrecht te komen en dat ik daarom naar de Bijlmerbajes wilde. Het was een heel plausibele verklaring en niemand had dan ook enige argwaan. Mijn bedoeling was om in dezelfde toren als Bart te komen en dan eens zelf te onderzoeken wat er met die man aan de hand was.

De ontwikkelingen rond Marcella hadden de 'verdedigingdrift' weer in me doen oplaaien. Marcella nam een speciale plaats bij me in. Ik zal nooit vergeten hoe ik haar als kleutertje op m'n arm mee naar de woning van mijn moeder aan de Woestduinstraat nam en dat ze dan honderduit kletste. Ik hield van haar en had er alles voor over dat ze goed terecht zou komen.

Wie aan haar kwam, kwam aan mij en ik twijfelde er niet aan, of ik zou van die Bart haarfijn te horen krijgen wat er allemaal was voorgevallen.

Voor de Bijlmerbajes was echter een wachtlijst en ik moest geduld hebben. In het huis van bewaring in Utrecht had ik ondertussen ook een beetje problemen gekregen. Dat was in feite niets bijzonders, want dat overkwam iedereen die langere tijd in dezelfde bajes zat. Je gaat je dan ergeren aan de regels en de opstelling van de bewaarders. Bepaalde dingen pik je niet meer, je weet te goed hoe het allemaal werkt. Ik werd er opstandig door en ging me steeds meer ergeren aan het feit dat bewaarders zich altijd verscholen achter zo-zijn-de-regels-excuses, ook als je gerechtvaardigde vragen stelde. Aanvankelijk was ik dan uitgepraat, maar later ontdekte ik daar een aardige remedie op. Ik dacht toen: zo, dat zijn dus de regels? Okee, dan zullen we eens zien hoe die regels precies zijn en vanaf dat moment ben ik me in de gevangenisreglementen en wetboeken gaan verdiepen. Dat was een hele goede zet: ik ontdekte al snel dat een heleboel dingen juist níet volgens die regels gingen. In feite was het een soort standaardformulering die ze te pas en dikwijls te onpas hanteerden om je de mond te snoeren. Nou, daar wees ik ze vervolgens op en dat vonden ze heel vervelend, want in feite bestreed ik hen met hun eigen wapens. En als bewaarders ergens een hekel aan hebben, zijn het wel mondige gedetineerden. Zodra je iets beter wist dan zij was je ook niet slim of ontwikkeld, maar 'bijdehand' of 'lastig'. Gevolg daarvan was dat je te maken kreeg met pesterijen en represailles van het personeel, waar ik dan weer officieel tegen in beklag ging en daarbij verwees naar de reglementen. Veel schoot je daar weliswaar niet mee op, maar het feit dat je grieven door de beklagcommissie 'gegrond' werd verklaard, maakte veel ergenis goed.

Mijn relatie met Connie bloedde langzaam dood. Aanvankelijk kwam zij nog regelmatig bij mij op bezoek, maar het bleek dat deze situatie geen toekomstperspectief bood en bovendien kenden we elkaar nog maar vrij kort voor mijn arrestatie.

Connie had moeite met wat er allemaal was gebeurd. Ze had wel begrip voor me, maar had daar wel grenzen aan gesteld. Mijn ontsnapping uit het Pieter Baan Centrum – mede om haar – had Connie op een bepaalde manier wel gevleid, maar ook verontrust en bang gemaakt. Ze had de gijzeling nadien in vrij harde bewoordingen afgekeurd. Ze had me ook gevraagd wat ik met Jos zou hebben gedaan als ik hem die nacht te pakken had gekregen. Ik had toen mijn schouders opgehaald en gezegd dat ik dat niet goed wist, maar Connie had op een concreter antwoord aangedrongen.

'Had er dan net zoiets als met Frankot kunnen gebeuren?' vroeg ze. Ik had dat niet onmiddellijk ontkend en het werd door haar, niet ten onrechte, als een stilzwijgende bevestiging opgevat.

De waarheid was dat ik K. inderdaad was gaan haten om wat hij had gedaan. Misschien had het er mee te maken dat mijn moeder kort na dat gescharrel om haar woning was overleden. Op een haast dwangmatige manier had zich in mijn hoofd vastgezet dat mijn moeder door zijn toedoen nerveus was geraakt en om die reden misschien wel van de trap bij haar woning was afgegleden. Op een bepaalde manier rekende ik K. dat aan en die gedachte werd bijna een obsessie voor me.

Daar komt natuurlijk bij dat je in een huis van bewaring de hele dag de tijd hebt om te piekeren en bepaalde dingen zie je dan in een ander perspectief.

Het overlijden van mijn moeder had sowieso mijn beeld op de werkelijkheid wat vertroebeld. Daarvoor was ik te veel op haar gesteld geweest. De kans dat ik Jos K. echt iets aangedaan zou hebben, was groot en daarom was het maar goed dat ik die eerste aprilnacht niet bij hem in de buurt kon komen.

Al dit soort toestanden resulteerde erin dat het contact met Connie niet alleen minder frequent werd, maar ook moeizamer verliep. We hadden nog te weinig opgebouwd om het onder deze omstandigheden te kunnen voortzetten. En Connie voelde onbewust ook aan dat na mijn eventuele vrijlating alles ook niet direct weer op rolletjes zou lopen, maar dat bepaalde problemen, zoals met mijn vader en mijn zus, zich zouden voortzetten. Ze zag daar tegen op. Ze was geïnteresseerd in mij, maar niet in de familiesores. We waren op elkaar gesteld en Connie liet ook nadien nog regelmatig van zich horen, maar dat was uiteindelijk meer uit loyaliteit en uit vriendschap, dan uit liefde.

Op zes juni 1985 kwam mijn hoger beroep in de zaak Frankot voor het Gerechtshof in Arnhem. Het was maar een korte zitting, omdat de zaak in verband met het psychiatrisch onderzoek werd verdaagd naar eind oktober. Tegen die tijd zou het rapport van dr. Schnitzler en psycholoog Mensing gereed zijn. De zitting stelde dus niet veel voor en ik beschouwde het transport naar het Gerechtshof in Arnhem dan ook maar als een welkome onderbreking van de dagelijkse sleur. Die gedachte veranderde echter op slag toen ik de volgende dag De Telegraaf onder ogen kreeg en geconfronteerd werd met een foto van mijn vader, die bij het gerechtsgebouw in Arnhem was genomen. Hij liep daar met twee begeleiders van de kliniek en er stond als kop boven:

KINDERMOORDENAAR BIJ PROCES ZOON

En weer was die inmiddels bekende foto van mij in basketbaltenue er bij geplaatst, zonder balkje voor mijn ogen ditmaal. Wie in het huis van bewaring na de vorige publicaties nog twijfelde aan mijn identiteit, wist het nu zeker. Het bleek dat mijn vader op de publieke tribune had gezeten, zonder dat ik hem had opgemerkt en zonder dat hij daar van tevoren ook maar iets over had gezegd. Waarschijnlijk was hij voor of tijdens de zitting door een van de rechtbankverslaggevers herkend, die prompt een fotograaf had gewaarschuwd. Ik baalde daar ontzettend van. Hij bracht me met dat soort onaangekondigde bezoekjes in verlegenheid. Ik kon wel door de grond zakken als er medegedetineerden naar me toe kwamen, die zeiden: 'Goh, ik wist niet dat die Donald Duck-colporteur jouw vader was...' Wat moest je dan zeggen? Meestal antwoordde ik dan: 'Ja, dat wist ik zelf ook niet' en draaide dan mijn rug naar zo iemand toe. Het was inmiddels dik tien jaar geleden dat mijn vader was gearresteerd, maar zo bleven zijn daden mij overal achtervolgen.

Mijn vader bleef contact met mij zoeken. Ik wist niet wat ik daar mee aan moest. Aan de ene kant wilde ik het niet en zat bijvoorbeeld de gang van zaken op mijn moeders begrafenis me nog erg dwars, maar op een of andere manier kon ik onze relatie ook niet echt verbreken. Als hij er niet was dacht ik: laat 'm toch barsten, die man heeft je hele leven vernaggeld. Maar als hij dan weer contact opnam, kon ik 'm niet echt weerstaan.

Mijn vader kwam inmiddels aardig aan het einde van zijn straf, die formeel eind december 1987 afliep. In elk gesprek dat ik met hem had, kwam dat naar voren. Hij maakte alweer volop toekomstplannen en plaatste contactadvertenties in kranten. Zo had hij destijds ook mijn moeder leren kennen. Hij was inmiddels zo verstandig dat hij niet meer naar een vrouw op zoek was, maar contact zocht met homoseksuelen.

Ondanks de optimistische verhalen van mijn vader, werd hij in de professor Pompekliniek nog steeds als een zeer zorgwekkend geval beschouwd. Zolang mijn vader het libido-onderdrukkende middel Androcur bleef gebruiken en onder een bepaalde vorm van toezicht stond, was hij goed handelbaar. Men vreesde echter dat als deze voorzorgsmaatregelen weg zouden vallen, hij opnieuw en onverminderd delictgevaarlijk zou zijn.

De kliniek ging er vanuit dat mijn vader seksueel nog steeds werd aangetrokken door kleine kinderen, ook al probeerde hij krampachtig het tegendeel te bewijzen met bijvoorbeeld het plaatsen van die advertenties, waaruit zijn volwassen homoseksualiteit moest blijken.

De Pompekliniek wilde mijn vader het liefst laten opnemen in het Pieter

Baan Centrum in Utrecht – waar ik was uitgebroken – om het recidivegevaar te laten onderzoeken. De therapeuten in de Pompekliniek omschreven mijn vader als star en extreem egocentrisch en vonden zijn gedrag vooral onvoorspelbaar als hij enig uitstel van zijn behoeftebevrediging – in welk opzicht dan ook – moest dulden. Mijn vader wilde altijd op staande voet zijn zin hebben en als dat niet gebeurde werd hij recalcitrant en vijandig en kon hij, zoals de deskundigen dat noemden, 'zich overgeven aan impulsen', met alle risico's van dien.

Mijn vader voelde er echter niets voor om in het Pieter Baan Centrum te worden onderzocht. Hij vond dat hij gewoon eind 1987 moest worden vrijgelaten en weigerde elke medewerking aan een andere gang van zaken. Bovendien stopte hij als vorm van protest tegen zijn 'behoudende' therapeuten met het slikken van Androcur. De kliniek op haar beurt trok daarop alle onbegeleide verloven van hem in en plaatste hem half juli 1985 min of meer ten einde raad over naar het Selectie-Instituut in Utrecht. De behandeling was opnieuw vastgelopen. In het Selectie-Instituut gedroeg mijn vader zich onwillig. Hij weigerde nieuwe behandelingen en zei alleen maar dat men hem in 1987 moest vrijlaten: punt uit. De Van Mesdagkliniek in Groningen, waar men mijn vader had 'aangeboden', wilde hem wegens volstrekt onvoldoende behandelingsmotivatie niet opnemen en het zag er naar uit dat hij in meer dan een opzicht een probleemgeval werd.

In september 1985 werd mijn eigen overplaatsing naar de Bijlmerbajes een feit. Ik kwam er terecht in dezelfde toren – De Schans – als Bart, de vermeende aanrander van Marcella. Mooier kon bijna niet. Tegen mijn zus had ik van mijn verzoek om overplaatsing niets gezegd. Ik wilde niet dat zij die vent zou waarschuwen. Ze zou er vanzelf wel achterkomen als het eenmaal een feit was, dat was nog vroeg genoeg.

Toen ik in De Schans na een paar dagen met het gewone programma mocht meedraaien en dus ook met de andere gedetineerden ging luchten, informeerde ik voorzichtig wie nou die Bart was.

Het antwoord was een enorme anticlimax, want de man bleek juist die week – op de dag dat ik aankwam – uit voorlopige hechtenis te zijn ontslagen. Ik bleek zelfs precies in zijn cel terecht te zijn gekomen.

Alles was gelukt, ik was in de Bijlmerbajes in de goede toren terechtgekomen, alleen de factor tijd had ik niet in de hand gehad en dat werd me noodlottig.

Van Brigit begreep ik later dat de zaak tegen Bart door de officier van Justitie was geseponeerd. Het was een welles-nietes-verhaal geweest, waar geen veroordeling uit kon volgen. Het had er toe geleid dat Git ook op haar standpunt bleef staan dat er eigenlijk niets was voorgevallen.

Nadat ik de kater hiervan had verwerkt, had ik van mijn overplaatsing bepaald geen spijt. De Schans was een luxe bajes, tenminste in vergelijking met wat ik in die oude kasten als in Arnhem en Utrecht gewend was. Er waren veel faciliteiten en alles was nieuw. Organisatorisch was het er ook beter geregeld en ik maakte er ook meer mee: ontsnappingen, vechtpartijen en zelfmoordpogingen, en bovendien zaten er natuurlijk veel meer Amsterdammers, ook onder de bewaarders, met wie ik net even iets meer aanspraak had.

In De Schans kreeg ik ook een keer bezoek van mijn vader. Hij had dat in het Selectie-Instituut geregeld via zijn therapeuten. Nu mijn vader in een moeilijke fase zat, vond men het wel zinvol dat hij weer contact met familie zou hebben, ook al zat ik dan in de bak. Ik had mijn vader voor die tijd een paar keer aan de telefoon gehad en ook schreven we elkaar wel eens briefjes. Veel stelden die contacten echter niet voor.

De telefoongesprekken in het huis van bewaring waren altijd aan een tijdslimiet gebonden en de post werd altijd door het personeel geopend, wat je van al te grote of persoonlijke ontboezemingen weerhield.

Mijn vader belde zo nu en dan ook naar Brigit om te informeren hoe het met mij ging. Ik had toegestemd in zijn bezoek op voorwaarde dat er geen enkele ruchtbaarheid aan zou worden gegeven. Ik wilde niet weer met een foto in de krant.

Toen mijn vader in het speciale spreekkamertje bij mij kwam, vroeg ik me na een paar minuten al af waarom ik me toch weer had laten verleiden om aan zijn bezoek mee te werken. Hij sprak voornamelijk over zichzelf en over zijn vrijlating. Hij vroeg wel aan mij hoe het psychiatrisch onderzoek ging, maar met als enige bedoeling te kunnen spuien hoe hij zelf al die 'gogen' naar z'n hand zette. Hij probeerde mij allerlei trucjes aan te praten en zei bij alles: 'Geloof mij nou maar, let maar op, ik heb gelijk, doe nou maar wat ik zeg'.

Hij was inmiddels drieënzestig jaar, maar nog altijd fit en gedreven, als hem dat uitkwam tenminste. In vergelijking met mijn eerste bezoeken aan hem, voor mijn huwelijk, vond ik hem ook weer drukker en gejaagder en dat beschouwde ik niet als een goed teken.

Mijn vader was nog steeds uitermate religieus en betrok het geloof bij alles. Ook over de moord op Frankot zei hij tegen mij dat hij voor mij dagelijks om 'vergeving' had gebeden. Hij zei dat echter op een toon alsof ik daar blij mee moest zijn en ik zonder zijn zegeningen geen draaglijk leven meer zou hebben. Het grensde bijna aan de godsdienstwaanzin hoe hij zich gedroeg.

Over zijn eigen delicten sprak hij bijna nooit, of het was in de zin dat hij 'boete had gedaan' en God hem daarom had vergeven.

Ik zei hem dat ik zijn bezoek aan het Gerechtshof in Arnhem vervelend had gevonden en dat hij zoiets niet meer moest doen.

'Waarom niet? Ik mag toch zeker komen waar ik wil?' vroeg hij verbaasd en toonde daarmee weer dat hij zich moeilijk in de positie van een ander kon verplaatsen. Ik werd op dat moment nijdig en beet hem feller dan ik ooit had gedaan toe:

'Omdat IK het niet wil. Dáárom!' Van zo'n uitval schrok mijn vader en het leek tot hem door te dringen dat hij meer rekening met anderen moest houden. Die grens kon hij echter zelf niet of nauwelijks bepalen en dus moest je die op gezette tijden heel duidelijk zelf trekken.

Bij het vertrek voelde hij misschien wel dat hij iets te overheersend was geweest. Hij pakte mij bij mijn schouders beet en keek me een moment in mijn ogen. Zijn eigen ogen, die altijd waakzaam en argwanend stonden, kregen een vriendelijke, zachte uitdrukking. Toen zei hij: 'Paul... als ik jou niet had gehad...' Daarna draaide hij zich om en liep weg.

Van Brigit hoorde ik dat ze haar huurwoning had opgezegd en bij Bart en Ida was ingetrokken. 'Hoe kun je dat nu doen?' vroeg ik. Brigit haalde echter haar schouders op. 'We zitten altijd bij elkaar, wat heeft het dan voor zin om twee keer huur te betalen?' Het was een argument dat ik al eens eerder had gehoord binnen de familie en dat was toen heel slecht afgelopen. Brigit was van die vergelijking echter niet onder de indruk: 'Die mensen zijn heel lief voor me. Weet jij wat beters dan?'

In feite gold voor Brigit hetzelfde als wat voor mijn moeder was opgegaan. Ze was 37 jaar, maar stond alleen in de wereld en was blij met de schouder die haar werd geboden. Veeleisend en kieskeurig kon zij daarbij naar haar gevoel ook niet meer echt zijn. Ze droeg net als ik een beladen verleden met zich mee en kon bovendien niet echt van de drank afblijven. Marcella was door alle toestanden weer teruggegaan naar haar vader en dus was er niets meer dat mijn zus bond. 'Ik kan wel alleen gaan zitten kniezen, Paul,' zei ze, 'maar daar heb ik alleen mezelf maar mee...'

Het viel me voor het eerst op dat er een bepaalde verbittering in haar stem was geslopen. Ze klonk teleurgesteld. En op dat moment realiseerde ik me dat ik met mijn gemopper eigenlijk geen recht van spreken had. Ik begreep Git wel. Ze had het moeilijk. Relaties met andere mannen waren op de klippen gelopen en de opvoeding van Marcella had ze niet aangekund. Het had haar zelfvertrouwen een flinke deuk gegeven.

Ondanks dat begrip had ik moeite met de situatie. Misschien kwam dat omdat ik haar zo graag meer gunde. Meer mogelijkheden, meer geluk. Zij was in de periode dat mijn vader was gearresteerd de flinkste van ons allemaal geweest en ze had zich enorm voor ons – voor mij – ingespannen, maar het leek wel alsof ze daar nu pas de rekening voor kreeg gepresenteerd.

Het contact tussen ons verflauwde wel door het gedoe met Bart en Ida. Voor die tijd hadden we elkaar alles toevertrouwd, maar nu waren er een paar onderwerpen waarover we tijdens het bezoek maar het zwijgen toe deden en dat was natuurlijk voelbaar. Ik hoopte maar dat het van tijdelijke aard zou zijn.

Tijdens het hoger beroep in de zaak Frankot, dat op 24 oktober 1985 voor het hof in Arnhem diende, werden de feitelijke gebeurtenissen van de moordnacht in augustus 1984 nauwelijks nog behandeld. Mijn advocate Johanna van Luyn had me gezegd dat het deze zitting voornamelijk een kwestie van de strafmaat was: TBS of gevangenisstraf, of misschien een combinatie van die twee.

Het rapport van professor Schnitzler en drs. Mensing vormde voor die afweging het belangrijkste gegeven. Zij hadden mij de afgelopen maanden regelmatig in het huis van bewaring bezocht en van hun oordeel zou alles zo'n beetje afhangen. In de gesprekken had ik hen toevertrouwd dat ik uit was op een TBS-aanbeveling. Op hun vraag waarom ik dat van belang vond, had ik geantwoord dat ik anders geen toekomst meer voor mezelf zag. Relaties aanknopen en vooral onderhouden werd met mijn verleden steeds moeilijker. Ik werd daar ook krampachtiger in. De misdrijven van mijn vader, maar ook de moord op Frankot, de beschuldigingen van moord op die twee prostituees, de gijzelingsactie in het Pieter Baan Centrum, boezemden mensen angst in, had ik wel gemerkt. Men durfde niet goed een relatie met mij aan te gaan. In feite was mijn huwelijk met Marieke daarom stukgelopen. Ik schetste dr. Schnitzler waarom een TBS-aanbeveling mijns inziens gewenst was en hij onderscheidde daarbij vier knelpunten in mijn gedrag, die hij in zijn rapport als volgt verwoordde:

1. Mijn driftuitspattingen. Voorbeeld: de 37 messteken bij Frankot;

2. Mijn onvermogen om conflicten mondeling tot een goed einde te brengen. Voorbeeld: mijn scheiding van Marieke en eerdere ruzies met werkgevers.

3. Mijn gebrek aan zelfbeheersing in spanningssituaties. Voorbeeld: de impulsieve uitbraak uit het Pieter Baan Centrum.

4. Mijn onvermogen om onder woorden te brengen wat er gevoelsmatig in mij omging. Voorbeeld: het feit dat ik in mijn jeugd altijd de waarheid over mijn vader had verzwegen of verdraaid.

Prof. Schnitzler verklaarde tijdens de zitting dat mijn TBS-wens bij hem aanvankelijk enige argwaan had opgeroepen, maar dat dit gevoel gedurende het onderzoek was verdwenen. Mijn TBS-behoefte werd door hem als 'oprecht' gekenschetst. Hij omschreef mij in zijn rapport als een goedverzorgde, correct geklede, meer dan gemiddeld intelligente, gespannen en wantrouwende man. 'Spruit wekt de indruk dat men in het contact met hem goed op zijn woorden moet passen. Vooral op terreinen die voor hem gevoelig liggen; zijn moeder, zijn vader, zijn ex-vrouw en zijn kind, lijkt een verkeerd begrepen woord of een onjuist geïnterpreteerde opmerking een felle en zelfs explosieve reactie bij hem te kunnen oproepen,' zo merkte de psychiater over mijn persoonlijkheid op.

In een inleiding voor het Gerechtshof zette hij op een rijtje wat ik in mijn leven allemaal had meegemaakt. Van de onverwachte arrestatie van mijn vader, tot de geboorte van mijn dochter, die ik nooit heb gezien. Het was, zo vond ik zelf ook, een indrukwekkend lange lijst en volgens dr. Schnitzler hadden al deze gebeurtenissen een ingrijpende invloed op mijn persoonlijkheid en karakter gehad. Hij stelde dat ik niet in staat was om met frustrerende en traumatiserende ervaringen, die agressie en verdriet opriepen, om te gaan.

'Dat manifesteert zich bij Spruit in ernstig neurotische mechanismen van verdringing, rationalisatie en projectie,' zo hield hij het hof voor. Het betekende dat ik bepaalde traumatische gebeurtenissen nooit emotioneel had verwerkt en die eigenlijk gevoelsmatig ontkende of zeer verstandelijk beredeneerde. Volgens dr. Schnitzler had ik bijvoorbeeld de scheiding van Marieke en de dood van mijn moeder nog totaal niet verwerkt.

Gevolg van die houding was volgens de psychiater dat er ogenschijnlijk sprake was van een 'emotionele kilheid' bij mij, terwijl de werkelijkheid in feite was dat ik mijn emoties – agressie, haat, wrok, verdriet, wanhoop – zo sterk had verdrongen, dat mijn persoonlijkheid er door was vervormd. Dr. Schnitzler stelde dat dit 'buiten de grenzen van normaliteit' viel en dat als de opgehoopte agressie, door welke reden dan ook, vrij zou komen, dit ernstige risico's en gevaren voor anderen met zich mee kon brengen.

Zijn conclusie was dat – op grond van mijn voorgeschiedenis – ik te beschouwen was als: 'Een verwrongen, krampachtig levende, ernstig psychisch getraumatiseerde man, die zich voornamelijk dankzij zijn intelligentie en zijn activiteit tot dusverre overeind heeft kunnen houden.' En, zo schreef Schnitzler in zijn verslag:

'Spruit is een vooral in emotioneel opzicht vrijwel volledig geblokkeerde man, bij wie de weinige emotionele uitingen die hij kent en toont, een ongecontroleerd, impulsief en soms explosief verloop lijken te hebben.' Kortom, ik was een soort wandelende tijdbom waarvan niemand wist wanneer hij afging.

Psycholoog drs. G. Mensing wees op het dwangmatige in mijn persoonlijkheid en de niet te stuiten drang om mensen die mij lief waren te verdedigen, met de daaraan gekoppelde neiging om de 'aanvallers' met inzet van alle middelen af te slaan. Uit het persoonlijkheidsonderzoek van de psycholoog kwam ik naar voren als een man die 'weinig relationeel gericht' was. Volgens drs. Mensing was de dubbele houding naar mijn vader toe – haat en liefde – van grote invloed op mijn persoonlijkheid geweest. Overigens was wel opvallend dat de psycholoog met zoveel woorden in zijn rapport schreef dat hij het mogelijk achtte dat ik mijn antwoorden op een aantal vragen 'verdraaid' had.

Zijn bevindingen waren niettemin dat er bij mij sprake was van een 'ernstig gestoorde emotionele ontwikkeling', die veroorzaakt was door de spanningen tussen mijn ouders, de arrestatie van mijn vader en de verdringing van herinneringen uit mijn jeugd. En ook concludeerde hij:

'Spruit bestempelt zichzelf in de gesprekken met mij als gevaarlijk, en daarin heeft hij mijns inziens gelijk. Hij kan dwangmatig ergens mee bezig zijn en is lang niet altijd bij machte om zichzelf in zijn gedragingen te beperken. In dat opzicht heeft hij trekken van plotseling opkomend, vaak agressief, ontremd gedrag, dat voorbijgaat aan de belangen van de betrokkenen, zoals de groepsleidsters in het Pieter Baan Centrum.'

In hun slotconclusies stelden de twee getuigen-deskundigen dat ik ten tijde van de steekpartij aan een 'bewustzijnsvernauwing' en aan een 'ziekelijke storing der geestvermogens' moet hebben geleden en dat ik daardoor het strafwaardige van mijn handelen in mindere mate heb kunnen inzien, dan bij doorsnee personen het geval zou zijn. Dit, met als gevolg dat er sprake was van een 'sterk tot zeer sterk verminderde mogelijkheid' om mijn wil ten aanzien van mijn gedrag en reacties in vrijheid te bepalen. Met andere woorden: ik was geestelijk niet in staat om anders te handelen dan ik op dat moment had gedaan.

En over de mogelijke strafoplegging door het gerechtshof, zeiden dr. Schnitzler en drs. Mensing dat zonder ingrijpende en intensieve psychiatrische behandeling het gevaar voor herhaling aanwezig bleef.

'Spruit is een ernstig gevaar voor andere personen, respectievelijk de openbare orde,' zo betoogden de onderzoekers in hun rapport. Zij adviseerden het hof daarom 'een onvoorwaardelijke Ter Beschikkingstelling van de Regering' op te leggen, waarbij in verband met de eerdere gijzeling in het Pieter Baan Centrum extra aandacht aan de veiligheidsaspecten moest worden besteed. Zij bepleitten voorts dat het Gerechtshof de behandeling in de kliniek niet vooraf zou laten gaan door een langdurige gevangenisstraf, omdat dit een negatief effect op mij zou kunnen hebben.

Het was bij het aanhoren van deze kwalificaties en bevindingen natuurlijk even slikken. Geen mens vindt het plezierig om dit soort dingen over zichzelf te horen. Maar aan de andere kant beantwoordde het rapport van de psychiater en de psycholoog volledig aan wat ik gewild had: een lage straf en opname in een TBS-kliniek. In dat opzicht had mijn tactiek gewerkt. En hoewel de onderzoekers af en toe twijfels hadden gehad bij de eerlijkheid van mijn antwoorden, stonden zij toch pal achter hun TBS-advies. Merkwaardig was voor het Gerechtshof natuurlijk wel dat het advies van deze deskundigen compleet haaks stond op het rapport dat dr. J. Leloup eerder voor de rechtbank in Zwolle had gemaakt en waarin hij tot de conclusie kwam dat ik volledig toerekeningsvatbaar was geweest. In een half jaar tijd werd ik door de ene zenuwarts 'normaal' genoemd en door de ander 'gestoord'.

De procureur-generaal bij het Gerechtshof, de aanklager, stond daar echter niet bij stil en kon zich in het rapport van dr. Schnitzler en drs. Mensing behoorlijk vinden. Hij was wel van mening dat er naast een behandeling in een kliniek ook een onvoorwaardelijke gevangenisstraf moest staan, aangezien 'de rechtsorde in ons land zeer geschokt was' door dit misdrijf. Hij eiste om die reden drie jaar cel met TBS tegen mij. Ik was daar op voorhand niet ontevreden mee, want het was de helft van de straf die door de officier van Justitie voor de rechtbank in Zwolle was geëist. In die zin had het hoger beroep dus duidelijk al vruchten afgeworpen.

Mijn advocate Johanna van Luyn onderschreef in haar pleidooi natuurlijk de bevindingen in het psychiatrische rapport, waar zij ruim voor de zitting al inzage in had gekregen. Zij hield het Gerechtshof nog eens voor dat hier sprake was van een familiedrama, dat in feite al lang geleden was begonnen. Mr. Van Luyn vroeg de president van het hof bij het opleggen van een eventuele gevangenisstraf, in combinatie met een TBS-maatregel, te bepalen dat direct een begin gemaakt mocht worden met de behandeling in de kliniek. In de praktijk zou dit betekenen dat ik de celstraf in de kliniek zou mogen uitzitten en niet eerst nog een periode de gevangenis in hoefde.

In mijn laatste woord zei ik tot het gerechtshof dat ik een TBS-behandeling als enige mogelijkheid zag om nog iets van mijn toekomst te maken, zodat ik mijn verleden eindelijk eens echt achter mij kon laten.

Ik moest nog twee weken wachten op de uitspraak en net als bij de behandeling voor de rechtbank, leek het wel alsof de tijd in die periode veel langzamer ging en ik me meer aan allerlei futiliteiten ergerde. Er wordt in de media wel eens gesuggereerd dat gedetineerden voor de lol in hoger beroep gaan, maar wat mij betrof was daar geen sprake van. Op dat punt klopte de analyse van dr. Schnitzler als een bus: spanningssituaties kon ik slecht hanteren.

Maar toen de uitspraak van het Gerechtshof op 7 november 1985 eindelijk kwam, was het de moeite waard geweest om te wachten. Het vonnis luidde: twee jaar en TBS. Het hof had nog een jaar van de eis afgehaald. Ik was er dik tevreden mee. Inmiddels zat ik alweer meer dan een jaar vast en met aftrek van vervroegde invrijheidstelling betekende dit vonnis dat ik vrijwel direct aan mijn TBS-behandeling kon beginnen. Dat was even andere koek dan vijf jaar gevangenisstraf in een of andere oude Koepel en ik prees mezelf dan ook dat ik het allemaal zo slim had aangepakt.

Die vreugde werd overigens al snel weer enigszins getemperd, want ik moest een week later voor de rechtbank in Utrecht voorkomen voor die gijzeling – vrijheidsberoving – in het Pieter Baan Centrum op 1 april van dat jaar. De officier van Justitie, mevrouw mr. P. van der Molen ging tijdens de zitting behoorlijk tekeer. Zij wees erop dat de lerares nog steeds overspannen was van het gijzelingsdrama en dat de zaak voor haar een lange en pijnlijke nasleep had. Wat de officier betrof moest dat voor mij daarom ook maar gelden en zij eiste twee jaar onvoorwaardelijke gevangenisstraf. Tegen mijn toenmalige partner-in-crime, René van A., die een paar dagen na mij was aangehouden, had ze zelfs kort daarvoor vier jaar cel en TBS geëist, maar dat had ook te maken met zijn gewelddadige voorgeschiedenis. Bij mij speelde als verzachtende omstandigheid mee dat de gijzeling in feite onderdeel was geworden van het psychiatrisch rapport dat in de zaak Frankot over mij was uitgebracht en dat mij sterk verminderd toerekeningsvatbaar noemde.

Ik schrok behoorlijk van de strafeis. Met deze twee jaar erbij zou ik in totaal weer op vier jaar zitten. Dat was wel een heel duur nachtje 'uit'. Ik betuigde mijn spijt voor de rechtbank en zei dat ik in die periode mezelf niet was geweest en onder grote druk stond, waartegen ik toen geen weerstand kon bieden.

Mijn advocate stelde dat een gevangenisstraf in dit stadium alleen maar een averechtse uitwerking had en overlegde het rapport van dr. Schnitzler uit de zaak Frankot, waar dit letterlijk met zoveel woorden in stond. 'Mijn cliënt zou door een onvoorwaardelijke gevangenisstraf in deze zaak op achterstand worden gezet, terwijl we nu juist zo dicht bij de gewenste behandeling zijn,' betoogde zij.

Het pleidooi werkte ook hier gelukkig, want de Utrechtse rechtbank halveerde de eis twee weken later – weer wachten! – tot een jaar en bepaalde er uitdrukkelijk bij dat de straf in een TBS-kliniek mocht worden uitgezeten, zodat ik daarvoor niet apart naar een gevangenis hoefde.

Ik had bereikt wat ik wilde. Ruim een jaar na de moord op Frankot was ik op de weg terug.

XVI. In de 'Hel van het Noorden'

Ik wist niet goed wat me te wachten stond toen ik op 3 november 1986 in een gewone personenauto naar de Dr. S. van Mesdagkliniek in Groningen werd getransporteerd, maar ik ging er van uit dat het altijd beter zou zijn dan een lawaaierig huis van bewaring, waar nooit iets kon en mocht. De waarschuwing van een medegedetineerde dat de Van Mesdag te boek stond als 'De Hel van het Noorden', had ik met een korreltje zout genomen. In de klinieken waar mijn vader tot die tijd had gezeten, had ik vastgesteld dat het er gemoedelijk toeging, dus ik kon me niet voorstellen dat het in Groningen ineens bar en boos zou zijn.

De eerste aanblik van de kliniek aan de Engelse Kamp leverde een teleurstelling op: het was een oude rotzooi. Het gebouw, even buiten het centrum van de stad, dateerde van het begin van deze eeuw en droeg daar duidelijk zichtbare sporen van. De koepels waarin ik tijdens mijn voorlopige hechtenis had gezeten, waren misschien wel nieuwer geweest. Onbewust had ik me een moderne kliniek voorgesteld, met veel licht en mooie materialen, maar die gedachte moest ik snel laten varen.

Verontrust was ik echter niet. Dit was slechts de buitenkant en waar het echt om ging was natuurlijk de gang van zaken binnenin. Hoe waren de voorzieningen en hoe was het personeel? De Van Mesdagkliniek had eerder de komst van mijn vader geweigerd wegens een gebrek aan behandelingsmotivatie, maar bij mij was dat geen probleem. Integendeel, ik had zelf op TBS aangedrongen.

Wat de kliniek echter nog niet wist was dat ik behoorlijk had gesimuleerd om dat doel te bereiken, maar daar zouden ze naar mijn gevoel te zijner tijd vanzelf achterkomen.

Bij binnenkomst werd ik naar een isoleercel gebracht, waar ik me moest uitkleden. Al mijn kleren werden gecontroleerd op contrabande. Twee STM-ers, wat staat voor Sociaal Therapeutisch Medewerkers – Sociaal Therapeutische Misdadigers zeiden wij later – die me in de Bijlmerbajes al een keer hadden opgezocht, kwamen me ophalen. Ik werd overgebracht naar de VIC, afdeling Noord II. VIC betekent Very Intensive Care. Ik werd daar samen met nog vier patiënten ondergebracht, omdat onze eigenlijke afdeling, de Intensive Care, op dat moment werd verbouwd. Very Intensive Care was alleen voor heel gevaarlijke, onhandelbare patiënten.

Het was een totaal nieuwe groep waar ik in kwam, die zou worden aangevuld tot in totaal twaalf personen. Ik zat met een brandstichter, een alcoholist die iemand zwaar had mishandeld en door mij dan ook in gedachten prompt Frankot werd genoemd, een verkrachter en een of andere oplichter, een econoom, een zeer pientere vent. Ik kende die persoonlijke achtergronden overigens niet direct, want net als in het Pieter Baan Centrum gold in de Van Mesdag dat je niet over elkaars delicten praatte.

De aanpak van het personeel was informeel. Ik was gewoon Paul en dat klonk veel vriendelijker dan alleen je achternaam-in-de-gebiedende-wijs, zoals dat in het huis van bewaring meestal ging. Mijn verblijf zag er heel redelijk uit. Het waren twee doorgebroken cellen. In het ene gedeelte sliep je en het andere kon je gebruiken als woonkamer. Het was een flinke ruimte en het gaf me veel minder het gevoel opgesloten te zijn. Je kon je tenminste bewegen, een beetje op en neer lopen. Er zat ook een raam in waardoor je naar buiten kon kijken en verder een eigen toilet, stromend water en tv. Toen ik al mijn spulletjes had neergezet, zag het er nog bijna gezellig uit ook.

De eerste dagen bestonden uit verkenning van de kliniek. Rondleidingen, kennismaken met therapeuten, psychiaters en staf, en formaliteiten vervullen. Elke groep kreeg te maken met vast personeel. Een afdelingshoofd en een aantal STM-ers. Het waren vijf mannen en drie vrouwen. Er was een hele mooie meid bij, Loes van H. Lang kastanjebruin haar, een vrolijk, sensueel gezicht en een mooi figuur.

Ons werd uitgelegd dat iedere patiënt een persoonlijke begeleider kreeg, met wie je je zorgen, vragen en problemen kon bespreken. Deze begeleider zorgde dan weer dat jouw belangen bij de staf werden verdedigd of aangekaart. In principe mocht je zelf je begeleider kiezen, maar de staf moest zich wel met deze keuze kunnen verenigen.

Nou, ik wist het wel: Loes. De staf wist het echter ook wel: dat deden ze dus maar niet. Ik was waarschijnlijk iets te gretig geweest. In plaats van Loes kreeg ik Ale R. toegewezen, een grote, niet onaardige vent. Pakweg een jaar of 35 en een beetje kalend. Met hem moest ik veel praten, vertellen hoe ik me voelde, wat ik dacht, wat ik wilde.

Het waren allemaal best vriendelijke mensen. En de eerste tijd had ik dan ook niet echt het gevoel dat ik een straf uitzat, het was meer alsof je ergens aan mee deed, een soort besloten cursus. Met Ale had ik de eerste weken vrij veel gesprekken, voornamelijk om hem inzicht in mijn persoonlijkheid te geven. We spraken over mijn verdedigingsdrang, maar ook over mijn identiteit: wie ben ik, wat wil ik en waarvoor besta ik?

Na de eerste zes weken moest ik voor de eerste keer bij de staf komen, die je wilde 'zien'. Daar zaten dan de geneesheer-directeur, het afdelingshoofd, de psychiater, de psycholoog en je eigen begeleider. Zij namen het behandelingsplan door dat ze op grond van de rapporten en hun eigen observaties hadden opgesteld. Ze zaten in een carré-vorm om je heen en je voelde je daardoor ook echt een beetje bekeken. Zo van: is dat 'm nou? Er werden heel oppervlakkige vragen gesteld, als, hoe gaat het met je, heb je het hier naar je zin? De uiteindelijke therapie werd buiten je aanwezigheid besproken.

Ik wist de eerste tijd niet zo heel goed wat ik met de situatie aan moest. Ik zat daar met een grotendeels zelf geschapen ziektebeeld, dat ik geloofwaardig in stand moest zien te houden. Nu ik eenmaal binnen de muren van de kliniek was, kon ik niet meteen roepen: jongens, ik heb de boel geflest, laat me maar gaan. Misschien zou ik dan wel terug moeten naar het huis van bewaring, met weet ik veel wat voor repercussies.

Ik moest het spel voorlopig blijven meespelen. Dat viel overigens niet altijd mee. De wie-ben-ik-vragen en mijn antwoorden daarop hadden bij de staf tot de conclusie geleid dat er sprake was van een sluimerende identiteitscrisis en vanaf dat moment werd dit onderwerp elke dag aangesneden en op het laatst wist ik bijna niet meer wat ik moest zeggen.

Uiteindelijk ging het zover dat ze me vroegen of ik wel wist of ik man of vrouw was, of dat ik misschien liever vrouw wilde zijn. Ik moest daar inwendig om lachen, maar haalde laconiek mijn schouders op en antwoordde: 'Ach, ik weet het allemaal niet meer.'

Dit aspect kreeg in de gesprekken daarna de overhand. Ze vonden dat machtig interessant. Elke dag kwamen ze er op terug en ik wist op het laatst niet meer hoe ik me daar uit moest redden.

Ale, mijn persoonlijke begeleider, kreeg echter argwaan en zei op een dag: 'Paul, dat gezwets over man of vrouw zijn moet volgens mij afgelopen zijn. Ik geloof daar niets meer van. Volgens mij lul je maar wat. Zeg eens eerlijk, je weet best of je je man of vrouw voelt, nietwaar?' Ik grijnsde even en zei: 'Stuur Loes maar even langs, dan zal ik 't je bewijzen...' Nadien is er nooit meer over gesproken.

Het was die eerste maanden, eind 1986, best gezellig in de Van Mesdag. Er werden bingo- en kaartavonden gehouden en soms waren er gastoptredens van artiesten. Tijdens de feestdagen in december, die in een huis van bewaring niet om door te komen zijn, waren er goedverzorgde, feestelijke programma's en er werd heerlijk gekookt. Ook hadden we volop de gelegenheid om te sporten in een goede gymzaal: zaalvoetbal, volleybal en af en toe mijn geliefde basketbal. Met de meeste medepatiënten – we werden geen gedetineerden genoemd – kon ik redelijk opschieten, al bleven de meeste contacten oppervlakkig. Van sommigen zag je dat ze echt een probleem hadden, van anderen veel minder.

Wat me tegenviel was dat het bezoek moeilijker te regelen was dan in een huis van bewaring. Er werd serieus beoordeeld of men het aangevraagde bezoek wel in het belang van je behandeling vond. Een maatschappelijk werker ging vooraf zo iemand thuis 'screenen' en bracht daar dan verslag over uit. Ik had uiteraard mijn zus Brigit op de lijst gezet, maar daar ging men niet zonder meer mee akkoord. Ze vonden haar eigenlijk niet zo goed bij mij passen en daarom ook niet bevorderlijk voor mijn therapie. Git had een drankprobleem en de maatschappelijk werker vond dat ze een nogal verwaarloosde indruk maakte. Bovendien was zij moreel gezien nauw bij het door mij gepleegde misdrijf betrokken geweest en dat vond men in mijn geval geen positieve indicatie. Verwerking van wat ik had gedaan, stond hoog op het behandelingslijstje en de komst van Brigit zou dat in de weg kunnen staan, meende men. Ik vond dat echter flauwekul en stond erop dat Brigit zou komen. Haar bezoek was belangrijk voor mij – belangrijker dan de eventuele herinneringen die zij bij mij zou oproepen – en uiteindelijk stond men het toe. Ze mocht gewoon in mijn verblijf komen, maar de eerste paar keer zat er wel een Sociaal Therapeutisch Medewerker bij en dat vond ik vervelend. Het gevolg was dat je dan toch een ander, meer oppervlakkig gesprek voerde. Ik kon zodoende natuurlijk moeilijk tegen mijn zus zeggen: 'Nou, het gaat goed hoor, ze hebben nog steeds niks in de gaten.'

Ik heb in die periode ook geprobeerd het contact met mijn half-broers, Johan en Gerard, te herstellen. De maatschappelijk werker heeft hen benaderd en gevraagd of zij bij mij op bezoek wilden komen, maar stuitte op een resolute weigering. Ze wilden absoluut niets meer met de familie te maken hebben en ik besloot mijn pogingen tot een hereniging op te geven. Het was allemaal negatieve energie, die uiteindelijk toch nergens toe leidde.

Na de periode van observatie mocht ik gaan werken in de kliniek. Er was een metaal-, timmer- en creatiefwerkplaats, een leermakerij, een drukkerij en een garage. Ik begon op de houtbewerking en mijn LTS-opleiding kwam me daarbij goed van pas. Ik wilde een bijzettafeltje maken voor op mijn verblijf. De toezichthouder vond dat echter geen goed idee en stelde voor dat ik eerst een voetenbankje zou maken aan de hand van een tekening. Ik had helemaal niets aan zo'n voetenbankje, maar het werd in de kliniek als een soort test beschouwd, waarbij je een aantal specifieke gereedschappen moest gebruiken en men enig zicht kreeg op je vaardigheden. Daarna mocht je dan eventueel iets ingewikkelders maken.

Nou, ik maakte dat voetenbankje binnen een vloek en een zucht. Als gediplomeerd LTS-er had ik een enorme voorsprong op de rest, qua materiaal- en gereedschapkennis. Ik kwam het voetenbankje inleveren en de groepsleider keek me stomverbaasd aan. 'Wat is dat!?' vroeg hij. Ik draaide het werkstuk even onzeker in mijn handen rond en dacht: heb ik het soms verkeerd gedaan? Heb ik hem niet goed begrepen? Dus ik zei: 'Een... eh... voetenbankje.' De man reageerde verontwaardigd: 'Ja, dat zie ik ook wel, maar hoe kom je erbij om dat alleen te maken? Dat hadden we samen moeten doen. Dat is onderdeel van de therapie. Ik moet je begeleiden en kijken hoe en waarom je bepaalde dingen doet. Zo kan ik geen rapport over je schrijven.'

Ik schoot in de lach. Wat een onzin! Op die manier had ik er geen zin in. Ik wilde gewoon wat moois maken, maar als ik eerst moest uitleggen waarom ik een zaag of een hamer gebruikte, dan hoefde het voor mij niet meer. Ik vroeg hem of ik nu dat bijzettafeltje mocht maken. Dat was goed, als we het samen deden, zei hij. 'Nou, kom er maar bij staan dan,' antwoordde ik. Het was een slechte start en tussen ons is het nooit meer helemaal goed gekomen. Hij vond mij te eigenzinnig en te zelfstandig. 'Dat is niet normaal,' zei hij letterlijk. Het leken mij echter bij uitstek eigenschappen waarmee je in de maatschappij goed kunt functioneren.

Begin 1986 was de afdeling Noord II klaar en we verhuisden naar boven in de kliniek. Het was niet echt een vooruitgang. De verblijven waren een stuk kleiner en bovendien hadden we geen eigen toilet en stromend water en de stemming op de afdeling was dan ook een poosje in mineur.

Het aantal patiënten op onze afdeling groeide. Het waren voornamelijk jongens die voor moord en doodslag waren veroordeeld. Met een paar van hen, een jongen van nog maar twintig jaar uit Brabant en een even oude Fries, kreeg ik een goed contact, dat in de buurt van vriendschap kwam.

Plezier hadden we allemaal om 'de professor', de afgestudeerde econoom. Hij was duidelijk te slim voor de begeleiders en de staf. De man was een jaar of 35 en wist ongelofelijk veel. Hij kon bovendien snel denken en goed analyseren. Als een medewerker iets beweerde, kon hij dat bijna altijd haarfijn weerleggen. De professor bewees zichzelf daar overigens geen dienst mee, want er werd op andere manieren door de staf wel wraak op hem genomen. Het deed ons echter veel genoegen als hij weer eens een verbale overwinning had behaald en op onze support kon hij dus altijd rekenen.

We kregen er ook drie aanranders bij, waarvan twee die het bij hun delicten op kinderen hadden voorzien. Ik was daar niet blij mee.

Het klinkt misschien gek, maar ik zat tien keer liever met een notoire oplichter, een bankovervaller of een moordenaar. Die 'kutjesklanten' riepen vervelende gevoelens bij me op. Je moest echter goed uitkijken met wat je tegen hen zei, want het personeel was daar erg fel op. Zodra je maar met een vinger naar die gasten wees, kreegje niet alleen een slechte beoordeling, met ellenlange evaluatiesessies, maar bovendien werd je in de isoleer geplaatst.

Zo'n isoleercel was heel vervelend. Het was een kale cel, met alleen een roestvrijstalen wc. Je kreeg een soort Rijks-pyjama aan en zat daar maar de hele dag te zitten. Geen tv, geen radio, niets. En dan duurden de dagen lang. Heel lang.

Een van die verkrachters was een merkwaardige vent, uit Leeuwarden. In feite was hij op het eerste gezicht niet eens onaardig, maar hij kon zonder enige duidelijke aanleiding ineens verschrikkelijk agresssief zijn en dreigde dan iedereen die in zijn buurt kwam een biljartkeu op het hoofd stuk te slaan. Hij kon de isoleercel dan ook wel uittekenen en iedereen bleef een beetje uit zijn buurt.

Een andere zedendelinquent was weer het andere uiterste. Hij was een jongen van een jaar of 22 en hij werd algauw door iedereen 'De Muis' genoemd omdat hij nogal klein was en zich schichtig gedroeg. Hij was altijd bang, durfde nergens tegen in te gaan en vond alles goed. Het was zo'n type dat was gaan verkrachten omdat hij niet op normale wijze met vrouwen in contact kon komen. Hij moest door de Sociaal Therapeutisch Medewerkers een beetje in bescherming worden genomen. Ondanks dat hij voor verkrachting zat vond ik hem een zielig geval.

Met negatieve reacties naar medepatiënten benadeelde je altijd jezelf. Wie een aanmerking op een verkrachter maakte, kreeg de hele staf op z'n nek: waarom doe je dat? Denk je soms dat je beter bent dan hij? En waarom dan wel? En elk antwoord lokte natuurlijk weer nieuwe vragen uit, dus je deed er beter aan je eventuele opmerkingen voor je te houden.

Mijn vader was intussen van het Selectie-Instituut toch overgeplaatst naar het Pieter Baan Centrum in Utrecht, om nader onderzoek naar zijn geestesgesteldheid te doen.

Het viel niet erg positief uit, om maar niet te zeggen vernietigend. Ook in de observatiekliniek beschreef men mijn vader als een 'star gewoontemens', die zich alleen kon handhaven als aan zijn strakke tijdschema's werd voldaan, maar die nerveus en prikkelbaar werd als de omstandigheden hem tot improvisaties dwongen. Volgens de onderzoekers zag mijn vader deze handicap zelf echter nauwelijks in en waren zijn toekomstverwachtingen te rooskleurig.

De bevindingen waren vrijwel gelijk aan die uit de andere klinieken: men vond hem egocentrisch, volstrekt onbekwaam in sociale omgang, kinderlijk en ondanks zijn vierenzestig jaar nog altijd zeer 'lust-georiënteerd'. Zijn agressie verdoezelde hij door 'te vluchten in activiteiten en druk doen', een gedrag dat ik zo goed van vroeger van hem kende.

Zijn homofiele bekering werd ernstig betwijfeld en werd een afleidingsmanoeuvre voor zijn pedofiele neigingen genoemd, hoewel mijn vader stug bleef volhouden dat dit niet zo was. De psychiater stelde echter in zijn rapportage dat mijn vader nog steeds erotische verlangens en fantasieën bij kinderen had en dat er een behoorlijke agressie schuilging achter z'n vriendelijke, ogenschijnlijk aangepaste buitenkant. De enige verbetering die men had waargenomen, was dat zijn zogenaamde frustratie-tolerantie was toegenomen: hij kon iets beter met tegenvallers omgaan.

Men achtte bij een voorlopige vrijlating, die steeds naderbij kwam, de kans zeer groot dat mijn vader opnieuw pedofiele contacten zou aangaan, waarbij het gevaar van 'ongelukken' bepaald niet was verminderd. Ruim tien jaar in een specialistische kliniek waren kennelijk niet genoeg geweest om mijn vader te veranderen. Zelfs onder stringente begeleiding en permanente controle durfde men het niet aan mijn vader weer op de maatschappij los te laten.

De slotconclusie luidde dan ook dat de beveiliging van de maatschappij bij het detentiebeleid van mijn vader voorop diende te staan. En dus concludeerde men dat hij opnieuw in een kliniek moest worden opgenomen, mede omdat binnen vrij korte termijn aan het ministerie van Justitie een advies moest worden uitgebracht over zijn voorwaardelijke invrijheidstelling. Mijn vader had zelf gevraagd of hij in afwachting van zijn vrijlating vast kon worden overgeplaatst naar een gewone gevangenis, zodat hij niet meer onder een medisch regime zou staan. Dit werd echter resoluut afgewezen.

Op grond van het advies van het Pieter Baan Centrum werd hij eind november 1986 weer overgeplaatst naar de Rijksinrichting Veldzicht in Avereest, waar hij de eerste jaren van zijn detentie al had gezeten.

In deze kliniek kon men dus aardig beoordelen in hoeverre mijn vader in de jaren dat hij weg was geweest, was veranderd. Ook die vergelijking viel niet erg gunstig uit. In die eerste jaren had men mijn vader leren kennen als iemand die met spijt en verdriet over zijn delicten sprak, maar nu werden de therapeuten geconfronteerd met een 'gevoelloze man', die volgens hen op een 'kille toon' over zijn delicten sprak, zoals hij ook al eens tegenover mij had gedaan. Hij had 'boete gedaan' en vond dat het praten over zijn misdrijven maar eens op moest houden.

Mijn vader was zeer ontstemd over de bevindingen van de psychiaters en sprak alle conclusies tegen, vooral dat hij nog steeds seksueel werd aangetrokken door kinderen.

Ik ontving in die tijd regelmatig brieven van hem en soms was er telefonisch contact.

Mijn vader drong ook aan op een bezoekregeling tussen ons. Hij mocht in principe een keer per drie maanden onder begeleiding een dag de kliniek uit voor bezoek aan mij. Ik twijfelde of ik daarop in moest gaan. Ik vroeg me af hoe daar in de Van Mesdagkliniek op zou worden gereageerd en ik zag ook een beetje op tegen de evaluatiesessies die daar ongetwijfeld weer op zouden volgen en hield de boot daarom even af.

Ik was het eigenlijk een beetje zat om steeds over mijn vader te moeten praten.

Voor wat mijn eigen situatie betrof, nam ik me voor mijn rol nog een paar maanden te blijven spelen, maar er dan een einde aan te maken, zodat ik hopelijk zou worden vrijgelaten. Na een positief begin, begon ik inmiddels te balen van de gang van zaken in de kliniek. Vooral die evaluaties stonden me tegen. Alles moest je achteraf verklaren, tot de kleinste dingen toe.

Het begon er zo langzamerhand op te lijken dat je zelfs als je naar het toilet moest achteraf moest verklaren waarom je een kleine boodschap had gedaan en niet een grote, of omgekeerd. Het leek wel alsof ze overal iets achter zochten. Ik ging er daarom ook extra op letten hoe ik iets formuleerde. In de eerste weken gaf ik gewoon op elke vraag recht voor z'n raap antwoord, maar toen dat alleen maar tot meer vragen, veronderstellingen en conclusies bleek te leiden, werd ik voorzichtiger. Ik speelde op die situatie in en probeerde hen een zet voor te blijven.

Ik gaf nooit meer meteen antwoord. Dan dacht ik eerst: waarom stellen ze die vraag? Wat zit er achter? Wat zal de volgende vraag zijn? Dus beantwoordde ik al hun vragen eerst met een wedervraag: 'Hoe bedoel je? In welk opzicht? Hoezo?'

Dat werden natuurlijk vermoeiende gesprekken, waaruit elke vorm van natuurlijk contact was verdwenen. Het heeft wel tot gevolg gehad dat ik vrijwel niet meer onbevangen kan reageren. Als iemand mij iets vraagt, is mijn eerste reactie nog altijd: wat bedoelt hij werkelijk? Het heeft me argwanend gemaakt.

Sinds mijn verblijf in de Van Mesdag geloof ik mensen ook niet meer op hun woord. Dat is best een handicap. Ik zoek overal een dubbele, of zelfs driedubbele bodem achter.

Voor mij was het verblijf in de kliniek vrij goed vol te houden, maar de mensen met een vaste relatie hadden het moeilijker. Hun relatie werd door de Sociaal Therapeutisch Medewerkers vaak enorm onder druk gezet. Ze moesten praten over hun verhouding en hun sexleven en natuurlijk werd daarbij juist de nadruk gelegd op de zaken die niet zo lekker liepen. Die aspecten werden in lange gesprekken helemaal uiteengerafeld en dat kwam zo'n relatie meestal niet ten goede. Ik heb heel wat huwelijken zien sneuvelen in de kliniek. Soms heb ik ook wel eens gedacht dat ze mensen willens en wetens uit elkaar dreven, gewoon omdat zij de partner niet geschikt vonden. Dat kon overigens om redenen zijn die weinig tot niets met de opname in de kliniek te maken hadden. Ik heb bijvoorbeeld gemerkt dat bepaalde STM-ers het vervelend vonden als een patiënt vertrouwelijke zaken met z'n echtgenote besprak en tegen hen nogal zwijgzaam was. Die vrouw was dan een sta in de weg, een verkeerde uitlaatklep.

Wat me ook opviel was dat als het ene probleem was opgelost er bijna automatisch en gelijktijdig een nieuw probleem werd gevonden.

In het begin hadden ze het met mij dus veel over die identiteitscrisis gehad, maar toen dat van tafel was, hoorde ik tot mijn verbazing dat ik last had van een angstfobie. En toen dat 'verdwenen' was, was er later zelfs sprake van een 'neurotische castratieangst', omdat ik liever met vrouwen omging dan met mannen.

Mijn behandeling bestond er in de praktijk uit dat ze mij niet al te veel vrijheden wilden toestaan, zodat ik beter met door derden opgelegde beperkingen kon omgaan. 'Uitgestelde behoeftebevrediging' noemden ze dat. Ik moest leren dat ik niet direct alles kon afdwingen, maar moest afwachten tot de tijd daar rijp voor was. Als ik iets wilde, moest het ook gebeuren. In dat opzicht leek ik wel een beetje op mijn vader, die ook ongeduldig van aard was.

Een echt duidelijk omschreven behandelingsplan was er niet. Althans ik heb het niet gezien of zo ervaren. Ik vroeg wel eens: 'Wanneer beginnen jullie nu met de behandeling?' En dan zeiden ze: 'Dit IS de behandeling. We kijken hoe je je beweegt, hoe je je handhaaft in de groep, of je met anderen kunt samenleven en waar de knelpunten liggen.' Op die manier ben ik maandenlang met de bij mij veronderstelde problemen aan de gang geweest, in de stellige overtuiging dat er op een dag iemand zou roepen: 'Jongens, luister eens, die Spruit liegt, die man is helemaal niet gestoord! Hij speelt toneel.'

Dat was echter een misrekening. Men ging er klakkeloos vanuit dat het feit dat ik hier geplaatst was ook betekende dat er iets niet deugde. Men controleerde niet of de psychiaters hun werk wel goed hadden gedaan.

Net zoals ik er in de radio- en tv-zaak van mijn oom in Amsterdam ook altijd vanuit ging dat televisies die op de reparatieafdeling stonden ook werkelijk defect waren.

Alleen Ale, mijn persoonlijk begeleider, twijfelde volgens mij wel eens. Hij was een nuchtere vent, die zijn levenservaring en mensenkennis niet alleen uit boekjes en op cursussen had opgedaan. Hij heeft mij meermalen gezegd: 'Ik weet 't niet, jij bent niet zoals je je voordoet'. Op zich was dat wel een gekke situatie.

De staf had als vaststaand aangenomen dat mijn symptomen echt waren en op het moment dat ik daar vanaf week, ging men er van uit dat ik mezelf niet was, dat ik dàn toneel speelde. Zodra ik echt mezelf was meende de staf dat ik simuleerde, dat er sprake was van schijnaanpassing. Daarmee stond de zaak op z'n kop. En ik vroeg me af hoeveel tijd en moeite het zou kosten om dat beeld weer recht te trekken.

De enige met wie ik dit probleem echt kon bespreken was mijn zuster Brigit, die me minimaal een keer per maand kwam opzoeken. We kwamen tot de conclusie dat ik de zaak beter zo snel mogelijk open kon gooien, omdat het anders nog wel heel lang zou kunnen duren.

In de kliniek was ik door medepatiënten inmiddels geattendeerd op het bestaan van de Amsterdamse advocaat mr. Cees Korvinus. Hij was een gerenommeerd strafpleiter en had zich min of meer gespecialiseerd in TBS-zaken en stond heel wat veroordeelden in de Van Mesdagkliniek bij. Mr. Johanna van Luyn, die mijn zaak voor het hof had bepleit, was daar minder in thuis en ik realiseerde me dat als ik de kliniek wilde overtuigen, ik daarvoor een specialist nodig zou hebben.

Via mijn maatschappelijk werkster Elly Brok, die ik na mijn arrestatie voor de moord op Henk Frankot had toegewezen gekregen, schreef ik mr. Korvinus daarom een brief met de vraag of hij mij bij wilde staan. Ik kreeg daar binnen een paar dagen een positief antwoord op. Korvinus beloofde dat hij het dossier bij mr. Van Luyn zou opvragen, dat vervolgens zou bestuderen en me dan op korte termijn zou komen bezoeken.

Na ongeveer een jaar in de kliniek, had ik schoon genoeg van het theater. Ik moest af en toe denken aan wat mijn voormalige raadsman mr. Okkerse al had voorspeld: dat het in een kliniek niet zo gemoedelijk was als het van de buitenkant misschien leek. Ik vreesde dat hij gelijk kreeg. De hele gang van zaken stond me steeds meer tegen en op een dag kon ik er niet meer tegen. Ik riep de staf bij elkaar en besloot open kaart te spelen. Ik zei: 'Het is nu afgelopen. Ik had gedacht dat jullie het zelf wel door zouden krijgen, maar dat is helaas niet het geval. Ik ben hier onder valse voorwendselen gekomen, ik heb tijdens het onderzoek vragen opzettelijk verkeerd beantwoord, omdat ik dacht dat ik in een kliniek beter af zou zijn. Maar jullie hebben niets in de gaten gehad. Welnu, vanaf dit moment speel ik het spel niet meer mee. Ik ben gewoon mezelf.'

De staf reageerde wel verbaasd, maar niet op de manier die ik gewenst had. Meer een beetje meewarig, zo van: 'Ach, zo'n fase maakt iedereen hier door, dat herkennen we wel.' De volgende dag werd er langdurig over mijn situatie gesproken. Na afloop kwamen groepsleider Ger N. en begeleider Ale R. naar mij toe. Ze hielden een ingewikkeld verhaal, maar kort samengevat kwam het er op neer dat ik in de kliniek echt wel op m'n plaats was. 'Iemand die speelt dat hij TBS wil en zich de kliniek weet in te praten, daar is iets mee,' zeiden zij. En daarmee was de zaak voor hen voorlopig gesloten.

Er was een element dat ik vooraf totaal over het hoofd had gezien en dat was dat deze heren, medici en wat daar voor doorging, nooit zouden willen erkennen dat zij in de luren waren gelegd door een LTS-ertje met het diploma fijnmetaal. Integendeel, ik moest er ernstig rekening mee houden dat ze vanaf dat moment alles zouden doen en nalaten om te bewijzen dat ik echt gestoord was. Ze wilden voor geen prijs dat ik hun 'systeem' zou kraken. Zodra ik mezelf was, bleven ze zeggen: 'Leuk geprobeerd, maar laat nu de echte Paul Spruit maar eens zien.' En daarmee maakten ze me de klassieke gek in het gekkenhuis, die riep dat iedereen gek was, behalve hij...

De dagen in de kliniek waren eentonig. Je kon 's morgens opstaan wanneer je wilde. Dan begon je met koffiedrinken, een krantje lezen en ontbijten in de zithoek. Daarna kon je eventueel wat werken, maar dan was het algauw twaalf uur, tijd om op de afdeling met z'n allen te gaan lunchen. Dit gebeurde aan een grote tafel en de STM-ers aten altijd mee. Ook dit was onderdeel van de therapie en de voortdurende observatie. Tussen 12.45 en 13.45 mochten we naar buiten op de luchtplaats. Daarna kon je weer gaan werken, of deelnemen aan afdelingssport, voetballen of zo. Je kon ook op de afdeling tv kijken, een biljartje leggen of tafeltennissen. Om 17.30 uur was het dan weer gezamenlijk eten, corveedienst erachteraan en in de zithoek tv kijken en koffiedrinken.

Als je zin had vroeg je een gesprek aan met je begeleider, maar na verloop van tijd geloofde je dat natuurlijk wel. Die gesprekken waren net uitgesleten karresporen: je wist precies waar het toe leidde en wat er komen ging. Ik kreeg wel eens de indruk dat het meer bezigheidstherapie voor de staf was dan voor de patiënten. Om half tien ging je achter je eigen deur en was er weer een dag om.

Op het eerste gezicht lijkt dit misschien best een ontspannen programma, inderdaad een heel verschil met het strakke regime in een gevangenis, maar toch werd het op den duur een sleur. Je zat met mensen die over het algemeen vrij ernstig gestoord waren, gesprekken over achtergronden werden altijd vermeden en dat zorgde voor een merkwaardige sfeer, vooral ook omdat je buiten je verblijf nooit een moment voor jezelf had.

Overal hingen camera's, onafgebroken werd je door personeel geobserveerd en altijd moest je uitleg geven over wat je deed, of juist naliet.

Als je bijvoorbeeld aan het biljarten was en een van de andere patiënten vroeg of hij mee mocht doen en je antwoordde dat je bijna klaar was en hij dus maar even moest wachten, werd je na afloop door je begeleider ter verantwoording geroepen. Dan was het: 'Waarom mocht hij niet direct meedoen? Voel je jezelf meer dan hij? Vind je dat sociaal? Is dat biljart soms van jou?'

En als je onverhoopt gezegd had: 'Tuurlijk, pak maar een keu,' dan vroeg men: 'Waarom maak je niet eerst je eigen spel af? Durf je geen confrontatie aan met anderen? Waarom cijfer je jezelf weg?' En dat ging ook weer zo bij degene die vroeg of hij mee mocht doen. 'Waarom wacht je niet tot je aan de beurt ben? Je ziet toch dat hij nog bezig was?'

Eén simpele vraag of opmerking zorgde ervoor dat een hele batterij aan kliniekmedewerkers weer voor uren onder de pannen was.

In het begin moest ik er om lachen, maar naarmate ik er langer zat ging het me steeds meer tegenstaan. Ik ging steeds beter begrijpen wat die medegedetineerde destijds had bedoeld met 'De Hel van het Noorden'. Het klinkt uit mijn mond wellicht arrogant, maar soms vroeg ik me echt af hoe bepaalde mensen hun functie in de kliniek hadden gekregen en, erger nog, zo lang konden behouden. Van sommigen dacht je echt: moet jij mij behandelen, of ik jou? Het waren mensen die zich gedroegen alsof wij er waren om hun systeem in stand te houden, in plaats van omgekeerd.

Inmiddels was mr. Cees Korvinus bij me op bezoek geweest. Hij was een nog jonge vent, midden dertig, maar beschikte over een enorme ervaring, die hij met de nodige humor naar voren bracht. Hij maakte een uitstekende indruk op me. Korvinus wist precies wie wie was en hoe het allemaal werkte in het TBS-wereldje en kon me goede adviezen geven. Ik vertelde hem hoe ik in de kliniek verzeild was geraakt en we spraken over de twee psychiatrische rapporten die over me waren uitgebracht en die volledig in tegenspraak met elkaar waren. Korvinus' eerste indruk was positief. Hij zei genoeg aanknopingspunten te zien om mee aan de slag te gaan.

Mr. Korvinus raadde me aan me zo correct mogelijk te gedragen en echte confrontaties uit de weg te gaan, opdat dat soort incidenten later niet tegen mij gebruikt zouden worden als de wettelijke verlenging van mijn TBS aan de orde zou zijn. Elke twee jaar moest het Gerechtshof beslissen of de TBS verlengd diende te worden of niet, en de rapportages van de kliniek, die van alles dikke verslagen maakte, wogen daarbij natuurlijk zwaar. Mr. Korvinus stelde dat we in ieder geval die eerste verlengingszitting, half augustus 1988, moesten afwachten, maar dat hij dan voor opheffing van de TBS zou pleiten. Het had absoluut geen zin eerder iets te ondernemen. Het was onbestaanbaar dat het Gerechtshof tussentijds over een patiënt zou oordelen, dus tot die tijd kon ik beter gewoon meedraaien in de kliniek en me zo 'normaal' mogelijk gedragen.

Begin december 1987, ik zat toen dus ruim een jaar in de Van Mesdagkliniek, liep wel formeel de twintig jaar gevangenisstraf af die mijn vader destijds was opgelegd. Normaal gesproken hoefde een gedetineerde een derde deel niet uit te zitten en omdat mijn vader in augustus 1974 was gearresteerd, betekende dit dat hij op 7 december 1987 vrij zou kunnen komen. Bij de meeste gedetineerden was dit een formaliteit, een automatisme, maar bij mijn vader ging dat anders. Het ministerie van Justitie liet zich uitgebreid over de toestand van mijn vader informeren en adviseren, waarbij de vraag centraal stond of er een kans was dat hij in zijn oude pedofiele delicten zou kunnen vervallen. In het Pieter Baan Centrum, maar ook in de Rijks Inrichting Veldzicht in Avereest, was het oordeel van de deskundigen unaniem geweest: 'onverminderd delictgevaarlijk'. De terugkeer van mijn vader in de maatschappij was een reëel gevaar.

Volgens de geneesheer-directeur, die een schriftelijk advies moest uitbrengen, was mijn vader nog steeds zeer wel in staat om een 'dubbelleven' te leiden en had hij, ondanks zijn plechtige beloften, geen greep op zijn daden en impulsen. Volgens de rapportage kon mijn vader zich nog steeds zonder aanwijsbare oorzaak opzwepen tot zeer grote en dreigende woede, met alle daaraan verbonden risico's. De directeur van de kliniek adviseerde dan ook de VI, de Vervroegde Invrijheidstelling, van mijn vader niet te verlenen.

Het was voor mijn vader een enorme domper. Tot het laatst toe was hij er vanuit gegaan dat hij na ruim dertien jaar gevangenschap, en op een maand na 65 jaar oud, vrij zou komen. In plaats daarvan werd zijn verblijf in de kliniek van Avereest wettelijk met twee jaar verlengd. Met de mogelijkheid dat te herhalen als dat nodig mocht blijken. Ondanks alle verschillen tussen ons hadden mijn vader en ik eind 1987 ook een paar overeenkomsten: we zaten allebei voor een levensdelict in een TBS-kliniek en onze toekomst zag er erg ongewis uit.

XVII. Vader raakt in de Heer

Na veel aandringen stemde ik in februari 1988 toe in een bezoek van mijn vader aan de Van Mesdagkliniek. Ik had er gemengde gevoelens over, maar mijn therapeuten zeiden dat ze een 'hereniging' een goede zaak zouden vinden.

Ik merkte dat ik steeds meer wrok tegen mijn vader opbouwde en hem meer en meer rechtstreeks verantwoordelijk stelde voor de ellende waarin ik, mijn moeder, mijn zus en anderen terecht waren gekomen. Deze bewustwording was waarschijnlijk een effect van de psychotherapie die ik vijfmaal per week in de kliniek onderging.

Ondanks alle kritiek die ik op de gang van zaken had, moet ik toegeven dat die psychotherapie toch een goede uitwerking op me had. Het heeft me meer inzicht in mezelf en in mijn beleving gegeven en omdat de gesprekken die ik met de psychotherapeut voerde onder het medisch beroepsgeheim vielen, durfde ik mezelf ook meer bloot te geven. Ik wilde niet dat wat je 's morgens besprak, 's avonds alweer in een of andere rapportage stond, die de hele staf onder ogen kreeg.

De psychotherapie heeft me veel geleerd over de houding en het gevoel dat ik ten opzichte van mijn vader had. Er bleek uit dat ik in mijn onderbewustzijn mijn vader in twee personen had verdeeld. Enerzijds de huisvader die voor zijn arrestatie weliswaar streng was, maar verder toch veel met mij optrok: samen vissen, schaken en biljarten. Anderzijds de man die na zijn aanhouding een macaber dubbelleven bleek te hebben geleid en op gruwelijke wijze twee kinderen had vermoord. Van de huisvader Gerard Spruit hield ik, maar de zedendelinquent Gerard S. verafschuwde ik, nee sterker nog, die haatte ik. Om de herinnering aan de huisvader echter levend te kunnen houden, was contact met de zedendelinquent nodig. Het waren in feite twee magneten, zo legde de therapeut mij uit, die elkaar tegelijkertijd afstootten en aantrokken. Uiteindelijk zou het mogelijk zijn, zo zei de psychotherapeut, dat een van de twee gevoelens de overhand zou krijgen en de haat en liefde van elkaar losgekoppeld zouden worden. Op dat moment zou ik het verleden en met name het abrupte verdwijnen van mijn vader in mijn jeugd hebben verwerkt.

Het bezoek van mijn vader was niet echt gezellig, vooral ook omdat er constant begeleiders bij zaten. Ik voelde me niet op mijn gemak. Mijn vader had het natuurlijk over de afwijzingen van zijn vervroegde invrijheidstelling en aan de blik in zijn ogen, achter z'n dikke brillenglazen, kon ik zien dat het hem verbitterd had. Hij was opstandig en probeerde alles en iedereen te provoceren.

Tijdens het gesprek liet hij zich een paar keer geringschattend uit over de kwaliteit van zijn therapeuten en kliniekpersoneel in het algemeen, waardoor een wat gênante situatie ontstond. Nu was ik het op bepaalde punten niet met hem oneens – ik had inmiddels ook mijn praktijkervaringen – maar de demonstratieve manier waarop hij dat naar voren bracht, stond me niet erg aan. Mijn vader zei dat ik me van al die therapeuten niets moest aantrekken en meer mijn eigen gang moest gaan, omdat zijn zaak wel bewezen had dat ze er 'toch geen zak van begrepen'.

Hij bleef ook nu weer zeggen dat hij 'boete had gedaan' en dat ze hem op vrije voeten hadden moeten stellen. Ik had het tot dusver altijd moeilijk gevonden tegen die argumentatie van hem in te gaan, maar nu schoot mij een aardig weerwoord te binnen. Ik zei: 'Ja maar, Gerard, het feit dat je boete hebt gedaan, wil nog niet zeggen dat je bent vergeven... niet door iedereen in ieder geval.' Mijn vader keek me even verbouwereerd aan. Dat had hij niet verwacht, althans niet van mij. 'Ja... eh... dat begrijp ik, maar eh... ik hoop op vergeving in het hiernamaals,' stamelde hij. Soms benijdde ik hem wel eens: als hem in zijn aardse bestaan iets niet lukte, schoof hij het probleem door naar het hemelse voor een herkansing.

Het bleven moeilijke gesprekken met mijn vader. We zaten niet echt op één golflengte. Mededeling en antwoord sloten nooit helemaal op elkaar aan. Dat ik hem met mijn iets gewijzigde opstelling geraakt had, bleek wel uit het feit dat ik een week of twee na zijn bezoek een nogal zure brief van hem kreeg, waarin hij mij allerlei verwijten maakte. Hij stelde dat ik geen keuzes durfde te maken en bepaalde dingen helemaal verkeerd zag. Ik schreef hem terug dat ik naar mijn idee bepaalde dingen juist steeds scherper ging zien. En dat ik mijn houding en vooral mijn gevoelsleven op bepaalde punten ook daadwerkelijk wilde veranderen en dat hij kennelijk getuige van de eerste stappen was geweest.

Mijn vader schreef een brief terug, maar deze bevatte grotendeels dezelfde verwijten en ik besloot dan ook niet meer terug te schrijven. Dit resulteerde na een paar weken in een narrig telefoontje, waarin hij mij als het ware ter verantwoording riep.

Het contact tussen ons verscherpte zich langzamerhand. Ik zei mijn vader dat ik op een aantal punten wilde veranderen en dat ik ook meer voor mezelf en mijn eigen mening wilde opkomen en dat hij niet moest proberen daar steeds met z'n betweterigheden overheen te walsen. Mijn vader begreep echter niet goed wat ik bedoelde. Zoals ik hem graag zag als de huisvader die allerlei spelletjes met me deed, beschouwde hij mij waarschijnlijk nog steeds als puber van zestien jaar die niet voor zichzelf kon beslissen, terwijl ik nu toch echt dertig jaar oud was.

Het gesprek liep uiteindelijk zo hoog op dat mijn vader de hoorn op de haak gooide. Voor mij was dat op dat moment een breekpunt en ik dacht: barst dan maar! Ik schreef mijn vader een kort briefje, waarin ik zei dat het m'n 'laatste' was: op deze manier wilde ik geen contact meer met hem hebben. Ik had het lang volgehouden, veel langer dan ieder ander, maar zijn recalcitrante en dwingende gedrag ging mij nu ook steeds meer de keel uithangen en ik wilde daar een daad tegenover stellen.

Aanvankelijk liet mijn vader niets meer van zich horen. Maar na ruim een maand liet hij via de humanist weten dat hij het 'zeer vervelend' vond dat onze relatie was verstoord, terwijl hij met mij 'toch altijd zo'n goed contact had gehad'. Hij begreep niet dat ik niks meer van me liet horen en zat daar erg mee. Volgens de humanist ging het daardoor niet goed met hem in de kliniek in Avereest en was hij nogal gedeprimeerd. Ik dacht een poosje over de situatie na en kwam tot het oordeel dat ik misschien het contact te impulsief had verbroken. Het was niet mijn bedoeling geweest mijn vader van de ene op de andere dag volledig in de steek te laten, ik wilde alleen meer ruimte voor mezelf in ons contact en dat moest hij begrijpen.

Om de zaak goed uit te praten, werd er in juni 1988 een nieuw bezoek van mijn vader geregeld. Ik was van plan om mijn vader eens goed uit te leggen dat de afbouw van ons contact voor mij een belangrijk doel diende: de verwerking van zijn en mijn verleden.

Mijn voornemen kwam echter nauwelijks uit de verf. Zoals gewoonlijk nam mijn vader tijdens het gesprek in de kliniek het heft in handen en begon een heel verhaal te vertellen over hoe hij bepaalde ontwikkelingen zag, waarbij hij vrijwel geen ruimte gaf voor tegenspraak. Ik moest mijn uiterste best doen om er tussen te komen. Zodra dat gelukt was onderbrak m'n vader mij echter telkens met uitspraken als: 'Paul, je hoeft me niets te vertellen, ik ken je als mijn broekzak...' en: 'Dat zie je echt verkeerd, geloof me, dat weet ik veel beter dan jij, laat je toch niet zo leiden door die psychotherapeutische kletspraat.'

Aan het slot kwam er ook weer een stukje eigenbelang bij hem om de hoek kijken. Hij zag zijn driemaandelijks bezoek aan mij als een dagje uit en dreigde daar, door mijn gereserveerde houding, van beroofd te worden en dat nam hij me kwalijk. 'Ik vind het wel erg teleurstellend dat je me zelfs dàt niet meer gunt,' zei hij in een nogal theatrale poging mij onder druk te zetten. Ik zei hem dat ik er over na zou denken en dat we de eerste tijd maar alleen telefonisch en schriftelijk contact moesten hebben.

Tijdens de therapie in de kliniek kreeg overigens niet alleen de relatie met mijn vader veel aandacht, maar ook die met mijn moeder. Kernvraag was waar die verdedigingsdrang vandaan kwam, die ik voelde voor mijn moeder en mijn zus en in een zekere mate ook voor Marcella. Ik bleek het gewoon niet goed te kunnen verwerken als iemand hen iets aandeed – of daarmee dreigde – en bleef daar dan net zolang op zitten broeien totdat ik er iets aan had gedaan. Wat dat betreft had ik een olifantengeheugen. De psychiater had er niet echt een verklaring voor. Hij meende dat de band met mijn moeder zich met name na de arrestatie van mijn vader had ontwikkeld en dat ik zijn plotselinge verdwijning uit mijn leven nooit goed had kunnen verwerken. Vanaf dat moment had ik me waarschijnlijk – onbewust – voorgenomen om me nooit meer iemand te laten afpakken op wie ik was gesteld. Het was overigens meer een veronderstelling dan een waterdichte verklaring. De psychiater beschouwde de hechte relatie met mijn moeder als een vaststaand gegeven, waar niets aan te doen was, alleen al vanwege het feit dat ze inmiddels was overleden. Maar los daarvan zei hij ook, dat er goedbeschouwd niet veel tegen was geweest. Je kon een hechte verhouding met je moeder moeilijk als een ondeugd kwalificeren. Het was trouwens wel zo dat die beschermingsdrang ook kon verwateren. Zodra de verhouding met de betrokkene minder werd, zoals met mijn ex-vrouw Marieke en later Connie, nam ook het gevoel af haar tot het bittere einde te moeten verdedigen.

Het contact met mijn zus Brigit bleef goed, maar ik zag haar wel minder vaak dan voorheen. Ze werkte weer als boekhoudster en Groningen was natuurlijk niet om de hoek. Ze nam soms de vrouw van Bart, die Marcella seksueel zou hebben misbruikt, mee. Ik vond dat nooit zo leuk, maar Brigit zei dat ze anders zo tegen de lange reis op zag en ik moest me daar natuurlijk bij neerleggen.

Het viel me wel op dat Brigit er slechter uit was gaan zien. Ze was altijd best een aantrekkelijke meid geweest, een slanke brunette, maar elke keer als ik haar zag oogde ze iets vermoeider en grauwer. Naar de oorzaken kon ik slechts gissen, want Git zei zelf dat het goed met haar ging.

Verder kreeg ik in de Van Mesdag regelmatig bezoek van Laura en Annemarie, van de biljartclub uit Almere, en daar was ik altijd erg blij mee. Ook stuurden ze mij vaak brieven of een kaartje. Laura studeerde psychologie en had als bijvak criminologie gekozen en dat leverde interessante gespreksonderwerpen op. En zij begreep natuurlijk ook beter dan een buitenstaander wat mijn therapie inhield en welke processen daarbij een rol speelden. Zo kon ik bepaalde beweringen, conclusies en formuleringen van de staf met haar bespreken, maar ook toetsen aan haar kennis en inzichten.

Financieel gezien ging het mij in de kliniek onverwachts voor de wind. Ik kreeg met terugwerkende kracht een uitkering van de ziektewet en dat was een bedrag van bijna dertigduizend gulden. Omdat ik een TBS-vonnis had werd ik als 'zieke' beschouwd en omdat ik ten tijde van het misdrijf reeds in de ziektewet zat, had ik recht op doorbetaling van die – stopgezette – uitkering. We waren ruim twee jaar verder en dus was dat bedrag flink opgelopen. Op buitenstaanders kwam zo'n betaling absurd en onrechtvaardig over, maar in feite was het niet meer dan logisch dat je een uitkering kreeg. Van iemand die in overspannen toestand als spookrijder een frontale botsing veroorzaakt, waarbij de tegenliggers om het leven komen, vinden we het normaal als hij in het ziekenhuis een uitkering krijgt. Volgens de psychiaters had ik tijdens een ziekelijke storing van mijn geestesvermogens iemand gedood en was vervolgens ook als patiënt in een soort ziekenhuis – de Van Mesdagkliniek – terechtgekomen. Je bent niet alleen arbeidsongeschikt als je in het gips ligt. Ik kende wel jongens bij ons die nog langer dan ik op hun uitkering hadden moeten wachten en uiteindelijk in een keer een bedrag van anderhalve ton op hun rekening kregen, alsof ze een hoofdprijs in de loterij hadden gewonnen.

Ik loste van mijn geld wat oude schulden af en kocht een nieuwe stereo-installatie, een nieuwe tv en video, een paar tweezitsbankjes en een mooi aquarium met vissen, waardoor mijn verblijf een riante aanblik kreeg. Maar het bleef een cel waar je in leefde, ook al noemden we dat hier een verblijf. Ook een gouden kooi is een kooi.

Vanaf dat moment kreeg ik bovendien zo'n twaalfhonderd gulden per maand op mijn rekening gestort en in een kliniek waarin verder alles verzorgd was, was dat best veel geld. Dat nam niet weg dat het me nadien toch nog wel lukte om geld te kort te komen, want door de verveling gaf je ook weer meer geld uit aan bijvoorbeeld de huur van videobanden. Bovendien had ik een personal computer aangeschaft waar ik allerlei programma's voor nodig had en met geld omgaan is niet mijn sterkste punt. Wat dat betreft had ik eigenlijk als eerste een boekhoudprogramma moeten aanschaffen.

Mijn bewegingsvrijheid in de kliniek was nog zeer beperkt. Ik had aangevraagd of ik met voetballen buiten de muur van de kliniek mocht meedoen, maar dit durfde men niet aan. De kliniek had de beschikking over een voetbalveld zonder echte omheining en veel patiënten mochten daar na verloop van tijd voetballen. Mijn aanvraag werd eerst voorgelegd aan het ministerie in Den Haag. Daar liet men – na lang wachten – weten dat het verzoek werd afgewezen, mede in verband met de gijzeling in het Pieter Baan Centrum en de veiligheid van Jos K., op wie ik het toen had gemunt. Ik had er de pest over in, dat was allemaal alweer een poos geleden en sindsdien had ik me nooit meer misdragen. Zo kon je altijd een argument vinden om iemand opgesloten te houden.

Het verlofbeleid in de Van Mesdag was volstrekt ondoorzichtig en soms ook onbegrijpelijk. Ik kreeg wel eens de indruk dat het dikwijls samenviel met de vraag of je een aardige, volgzame jongen werd gevonden of niet, in plaats van of je er geestelijk rijp voor was. Lastige klanten, die de begeleiders regelmatig op hun nummer zetten, kregen bijna geen privileges. Het was voor het personeel waarschijnlijk een van de weinige mogelijkheden waarop ze je 'terug konden pakken', want verder kun je iemand die al opgesloten zit natuurlijk moeilijk straffen.

Het was in principe mogelijk om verschillende soorten verlof te krijgen. Je had bijvoorbeeld een 'boodschappenverlof' van vier uur en een 'stadsverlof' van acht uur. Voor de patiënten was de toekenning of onthouding daarvan enorm belangrijk. Verlof was je eerste stap terug in de 'normale' maatschappij en iedereen was daar op gebrand. Als iemand van je afdeling verlof kreeg, was dat echt een happening en als hij terugkwam werd hij onthaald alsof hij een wereldreis had gemaakt, terwijl hij in werkelijkheid alleen maar om de hoek een paar nieuwe schoenen had gekocht.

Waar ik veel moeite mee had waren de dubieuze verloven die soms werden verleend. Sommige mensen mochten nooit en voor anderen, die mijns inziens zo gek als een deur waren, zwaaide de deur om de haverklap open.

Wij zagen soms al aankomen dat het fout zou gaan, want onderling hoorden en zagen wij natuurlijk toch andere dingen dan de psychiaters en therapeuten. Onder elkaar was er niet of nauwelijks sprake van toneelspel of schijnaanpassingen en dus wist je ook wel of iemand echt veranderd was of niet. In de loop der tijd kreeg je daar natuurlijk ook aardig inzicht in. In feite hadden we vaak meer 'kliniek-ervaring' dan het personeel dat nieuw instroomde.

In de kliniek vonden de meeste patiënten het dan ook onbegrijpelijk dat de 28-jarige Willem van der S. telkens verlof kreeg. Van der S. was een 'kutjesklant' en zat al sinds 1981 in de Van Mesdag en mocht sinds 1987 twee dagdelen per week – onbegeleid – naar buiten.

Wij vonden dat verbijsterend, want uit de dagelijkse omgang wisten wij wel dat het met die Willem nog helemaal niet snor zat. En helaas kregen we daarin op een tragische manier gelijk.

Op donderdag 10 maart 1988 mocht Van der S. weer alleen naar buiten, naar een bijeenkomst van een of andere religieuze praatgroep. Na afloop daarvan keerde hij echter niet terug naar de kliniek, maar zwierf een beetje door Groningen. Op een gegeven moment zag hij een meisje fietsen, de 22-jarige A. Burgdorffer, en heeft haar in een opwelling gevolgd, op een stille plek overmeesterd, verkracht en daarna met een sjaal gewurgd. Haar lichaam gooide hij in een sloot. De volgende dag had Van der S. zichzelf bij de politie gemeld met de mededeling dat hij 'een ernstig feit' had gepleegd.

De moord leidde tot protestdemonstraties van Groningers bij de kliniek, felle commentaren in de krant en de publieke discussie over het TBS-fenomeen werd er weer door aangewakkerd.

Toen wij binnen van het delict hoorden, waren we allemaal geschokt. Er werd gevloekt en gescholden. We vonden het verschrikkelijk voor dat meisje en haar familie, maar waren ook kwaad op de gang van zaken en het onmiskenbare gevolg daarvan, dat we onze eigen verlofaanvragen voorlopig ook wel konden vergeten. Van der S. had het voor ons allemaal verknald. De naam van de Van Mesdagkliniek was weer besmet en het komende jaar werd bij elke verlofaanvraag nog moeilijker dan anders gedaan.

Nu is met een zorgvuldige beoordeling daarvan op zichzelf niets mis, maar de praktijk was dat vaak de goede, positieve patiënten daar de dupe van werden. De staf kwam met allerlei zwakke excuses in kranteninterviews over de moord. Dat men al het mogelijke had gedaan, dat het niet te voorzien was geweest en dat Van der S. zich al jarenlang goed gedroeg. Nou, de patiënten wisten wel beter. Wij waren dan geen psychiaters, maar wij hadden wel kunnen voorspellen dat die Van der S. buiten een onverantwoord risico was.

Mijn persoonlijke begeleider Ale R. verliet de kliniek omdat hij een andere baan kreeg. Ik vond dat wel jammer. Ale was een nuchtere kerel, met wie ik al met al redelijk kon praten. Tot een bepaalde hoogte geloofde hij mij en mijn verhaal ook wel. Zoals ik al eerder zei, hij was tenminste nog bereid om zijn eigen ogen de kost te geven en had een behoorlijke mensenkennis. Hij was ook sportief en deed dikwijls gewoon met voetballen of volleyballen mee, wat de onderlinge band ten goede kwam. Ik moest nu een nieuwe persoonlijk begeleider hebben. Loes H., die knappe, was echter al weg. Zij had een functie bij een vakbond of belangenvereniging aangenomen en ik heb haar nog wel een enkele keer in een flits op het NOS-Journaal gezien bij een of andere actie.

Ik kreeg Christine van de N. toegewezen, een vrouw van een jaar of dertig, die als hobby honden fokte op haar boerderijtje. Ik was wel blij met haar, want ik praatte over het algemeen liever met vrouwen dan met mannen, wat volgens de staf overigens een teken van ‘neurotische castratieangst’ was geweest. Christine deed me op een bepaalde manier ook aan mijn moeder denken. Ze was gezellig, bezorgd en net als zij een beetje gezet. Ze werd door de andere patiënten algauw ‘het moedertje’ van de afdeling genoemd. Na korte tijd moest zij zich echter bezig gaan houden met een ‘probleemgeval’ en had ik dus geen persoonlijk begeleider meer, waardoor bepaalde processen vertraging opliepen.

De geneesheer-directeur van de Van Mesdagkliniek was dr. J. van Marle, een psychiater. In zijn naam werd alles over jou beslist. Dat was echter vooral een papieren kwestie. Van Marle zelf kreeg je niet of nauwelijks te spreken. Hij hoorde alles via Sociaal Therapeutisch Medewerkers, psychiaters en begeleiders. Alleen tijdens het eerste gedeelte van de halfjaarlijkse stafvergadering, kortweg aangeduid als 'de staf', waar je dan bij mocht zijn, vroeg hij wel eens iets, maar dat waren dan hele simpele dingen. De patiënten vonden hem over het algemeen een beetje een verwaande kwast. Vooral als hij weer eens in een of ander televisieprogramma optrad en dan de 'praktijk-jongen' ging uithangen en net deed alsof hij dagelijks bij ons over de vloer kwam. Hij wist in feite niets van je, maar besliste wel over je.

In september 1988 moest ik voor de eerste keer 'op' voor mijn eventuele verlenging van de TBS. Ik zat alweer bijna twee jaar in de Van Mesdag en wettelijk moest beslist worden of de TBS kon worden opgeheven of juist moest worden verlengd. Ik dacht zelf dat het einde in zicht was, maar van de staf begreep ik wel dat zij er anders over dachten. Zij vonden dat ik nog te weinig de 'echte' Paul Spruit liet zien en dat ik onvoldoende contact met het personeel had. Volgens hen durfde ik me niet kwetsbaar op te stellen en trok ik een pantser om me heen, waardoor de staf onvoldoende zicht kreeg op de veranderingen die zich in de volgens hen 'diepweggelegen stoornis' zouden hebben voltrokken. Verder cijferde ik mezelf te veel weg in relaties met anderen en durfde ik daarin geen partij te kiezen, uit angst te worden afgewezen, zo stelde men. Men vond mij onzeker. Ik had volgens hen nog steeds twijfels aan mijn eigen identiteit en hield op een bepaalde manier te veel rekening met anderen. Ja, zo was het natuurlijk nooit goed. Van positieve eigenschappen maakten ze negatieve en omgekeerd. Ze hadden net zo goed kunnen aanvoeren dat ik te weinig rekening hield met anderen en te veel aan mezelf dacht. In feite vonden ze dat alleen tijdens het sporten de ware Paul Spruit zichtbaar werd.

De zaak diende voor het Gerechtshof in Arnhem. Mijn advocaat Cees Korvinus stond er tegenover de afdelingspsychiater, die het advies van de kliniek moest verdedigen. De man legde het hof uit wat de bevindingen van de staf waren en dat men op het standpunt stond dat voortzetting van de therapie een noodzaak was. Volgens de psychiater zat ik nog middenin een identiteitscrisis en waren ook de diepere oorzaken van mijn heftige agressie nog niet weggenomen. Namens de geneesheer-directeur adviseerde hij de TBS met de maximale termijn van twee jaar te verlengen.

Cees Korvinus bestreed die visie. Hij schetste het hof uitvoerig hoe ik in de kliniek terecht was gekomen en dat daar in feite twee volkomen haaks op elkaar staande psychiatrische rapporten aan ten grondslag lagen. Korvinus betoogde dat ik feitelijk niet in een kliniek thuishoorde, maar dat niemand bereid was dat gegeven nog eens serieus te heroverwegen. 'De moeilijkheid is,' zo zei mr. Korvinus, 'dat Spruit moet zien te bewijzen dat de gronden waarop hij in de kliniek is opgenomen niet deugen en hij in feite moet aantonen van een "stoornis" te zijn genezen die hij niet heeft gehad'.

Het Gerechtshof hoorde het aandachtig aan. Korvinus had natuurlijk een reputatie op dat gebied die telde. Toch merkte ik dat er bij de raadsheren een soort gevoel heerste van: iemand zit toch niet voor niets in een inrichting. En mede door het noodlottige incident met Willem van der S. eerder dat jaar in Groningen, was men extra voorzichtig. Mr. Cees Korvinus bood het hof daarom aan bij eventuele twijfel een contra-expertise te laten plegen door een onafhankelijke expert, zodat duidelijk zou worden aan welk van de twee psychiatrische onderzoeken de meeste waarde moest worden toegekend.

Het Gerechtshof wilde zo ver echter niet gaan en koos een soort tussenweg. De verlenging van mijn TBS met één jaar werd goedgekeurd, in plaats van de gevraagde twee jaar. Een contra-expertise werd in dit stadium – nog – niet nodig geacht. Op zich was het een niet onaardige score, want in de meeste zaken werd tamelijk klakkeloos twee jaar verlenging gegeven, maar toen ik het hoorde zonk ik toch diep weg. Ik begreep dat ik me behoorlijk in de nesten had gewerkt met mijn TBS-wens en vroeg me af hoe ik er ooit nog uit moest komen, want over een jaar werd er gewoon opnieuw beslist en uit het verhaal van de afdelingspsychiater had ik wel opgemaakt dat ik hen niet bepaald 'mee' had in mijn streven om weer buiten te komen. Zo langzamerhand kreeg ik het idee dat als je een volkomen willekeurige persoon van de straat plukte en maar dag en nacht observeerde, er altijd wel redenen konden worden gevonden hem gestoord te verklaren en een jaar of vier op te sluiten. Ik vreesde dan ook een lange lijdensweg voor mezelf.

Mr. Korvinus zag echter wat lichtpuntjes. Het feit dat de TBS maar met één jaar was verlengd, gaf volgens hem aan dat het Gerechtshof niet echt overtuigd was door het verhaal van de kliniek. En dus kon de Van Mesdag het komende jaar de zaak niet op z'n beloop laten en moesten ze echt met mij aan de gang. Korvinus meende dat dit een gunstige uitwerking op mijn verlofaanvragen moest hebben. De kliniek kon niet steeds alles blijven afwijzen, daar waar het Gerechtshof al twijfels had uitgesproken.

Korvinus kwam bovendien met het plan om zelf een contra-expertise te laten uitvoeren en het resultaat daarvan bij de volgende zitting te overleggen. Dat kon niemand ons verbieden. Als lid van de Vereniging ter bescherming van TBS-gestelden kende Korvinus het hoofd van het psychiatrisch ziekenhuis Beileroord goed en hij wilde haar – dr. J. van de Geijn-Oliehoek – vragen de contra-expertise uit te voeren. Zij was gezaghebbend en haar oordeel zou zonder meer zwaar wegen. Bovendien bespaarde het natuurlijk veel tijd als dat onderzoek er bij de volgende zitting al lag, in plaats van dat we er dan pas om zouden vragen.

De kliniek bleef echter moeilijk doen over mijn verlof en het buiten voetballen. Uit informele gesprekken begreep ik dat ze mij een 'publiciteitsrisico' vonden en als ze binnen de kliniek aan één ding een hekel hadden dan was het wel aandacht van de media – en die hadden mijn vader en ik natuurlijk volop gehad. Ze wisten dat als er iets met of door mij zou gebeuren, de pers er weer massaal op zou duiken.

Publiciteit lag heel gevoelig, want het doorbrak de stilte en anonimiteit waarin men in de klinieken wilde werken en leidde bijna altijd tot vragen die men liever niet beantwoordde. Toen in een van de kranten een keer had gestaan dat mijn vader een onbegeleid verlof in Nijmegen had gehad, werd dit ogenblikkelijk ingetrokken en met mij wilde men, misschien wel in meer dan één opzicht, liever voorkomen dan 'genezen'.

Officieel werden mijn verlofaanvragen altijd om andere redenen afgewezen. Men had daar een soort standaardzinnetje voor dat men te pas en volgens mij dikwijls ook te onpas voor allerlei situaties gebruikte. De grootste blunders en gedachtenkronkels konden daarbij gecamoufleerd worden. Het luidde: 'In het kader van de behandeling is het niet wenselijk dat betrokkene... etc'. Ik heb dat zinnetje in die jaren wel een paar duizend keer gehoord, schat ik. Het leek wel een soort toverspreuk als sesam-open-u, waarmee de staf zich alles kon permitteren en de deur voor mij overigens 'dicht' bleef. Ik werd er bijna écht gek van.

Psychiater mevrouw Van de Geijn-Oliehoek kwam me half 1989 een aantal keren opzoeken in de kliniek en we hadden dan gesprekken van een paar uur. Zij was een elegante vrouw, jonger dan ik op grond van haar verantwoordelijke functie had verwacht en zeer scherpzinnig. Natuurlijk moest ik in de gesprekken weer alles van voren af aan vertellen, de geschiedenis van mijn vader, de moord op Frankot, de relatie met mijn moeder. Ik deed het ditmaal echter graag, want ik had nu het idee dat iemand oprecht en onbevangen naar me luisterde.

De psychiater wilde in haar rapport antwoord op drie vragen geven, die voor de mogelijke verlenging van mijn TBS van belang waren:

1. Of mijn geestestoestand een verlenging van de TBS noodzakelijk maakte om de veiligheid van anderen te garanderen;

2. Indien dat niet het geval was, of mijn 'gevaarlijkheid' ook voor de toekomst tot aanvaardbare proporties was teruggebracht;

3. Wat het perspectief van de huidige behandeling in de Van Mesdagkliniek in relatie tot de eerste twee vragen was.

Het eindrapport van mevrouw Van de Geijn was zeer verhelderend en bemoedigend voor de toekomst. Er bleek duidelijk uit dat het geen goedkoop geklets van mij was geweest hoe ik in de kliniek terecht was gekomen. En dat ik, om het maar populair te zeggen, niet half zo gek was als men in de kliniek steeds veronderstelde.

Mevrouw Van de Geijn omschreef mij als een persoon die misschien wat stroef contact maakte en koos voor een wat passieve, meer beschouwende houding, maar daarbij was volgens haar sprake van een 'goed invoelend vermogen en een levendige belangstelling'. Zij stelde dat ik gevoelens van genegenheid beperkt toonde en verder nogal nauwgezet, star en perfectionistisch kon zijn, maar niet op een abnormale manier. Mijn afweermechanismen voor vervelende gebeurtenissen bestonden volgens haar voornamelijk uit rationaliseren en relativeren en in dit kader schreef de psychiater over mijn jeugd:

'De arrestatie en ontmaskering van zijn vader als de moordenaar van twee kinderen is voor Paul Spruit niet te bevatten geweest, zodat hij dit trauma in z'n leven grotendeels door middel van zijn afweermechanisme buiten de gevoelssfeer heeft gehouden.'

Ze wees er voorts op dat in de rapporten die over mij in de kliniek de afgelopen jaren waren opgemaakt, nooit melding was gemaakt van buitensporige agresssiviteit, conflicten of onaangepast gedrag. Integendeel, uit de verslagen kwam juist naar voren dat ik mij door de therapie openlijker was gaan uiten en dat ik mijn gevoelsleven beter de baas kon. De conclusie van dr. Van de Geijn liet aan duidelijkheid niets te wensen over:

’Er zijn geen aanwijzingen in de vorm van gedragsstoornissen of anderszins voor gewelddadigheid of een anti-sociale persoonlijkheidsstoornis.’

De antwoorden op de drie vragen waren dat er geen sprake was van psychiatrisch ziektebeeld en dat er voor de toekomst op dit gebied dan ook geen reden was voor extra zorg. De gebeurtenissen rond mijn stiefvader Henk Frankot kwalificeerde mevrouw Van de Geijn als een ‘uitzonderingssituatie’. Zij noemde mij verder een van huis uit niet gewelddadige persoonlijkheid, waarbij de kans op ‘impulsdoorbraken’, met als gevolg herhaling van het delict, niet te verwachten was. En het antwoord op de derde, voor mij belangrijkste vraag, was dat voortzetting van het verblijf in de Van Mesdagkliniek niet ‘relevant’ was en dat er wat haar betrof dus geen redenen waren om de TBS nog eens te verlengen.

Vrij vertaald kwam het er op neer dat ik in mijn leven natuurlijk wel het nodige te verduren had gehad, maar dat ik daarvoor niet in een kliniek opgesloten hoefde te worden.

Ik zag mezelf alweer op straat staan met de conclusies van dit rapport. Mijn zelfvertrouwen, dat door de aanhoudende kritieken en aanmerkingen in de kliniek toch een deuk had opgelopen, groeide weer wat en mr. Korvinus en ik togen dan ook optimistisch naar de rechtbank in Zwolle, waar in augustus 1989 opnieuw over mijn TBS moest worden geoordeeld. Deze bevindingen kon de rechtbank gewoon niet negeren, dacht ik.

Wie het advies van mevrouw Van de Geijn in ieder geval wel gewoon naast zich neerlegde, was de afdelingspsychiater van de Van Mesdagkliniek. Hij hield de rechtbank voor dat er wat de staf van de kliniek betrof weinig was veranderd en hij vorderde een verlenging van twee jaar, alsof het contra-rapport er helemaal niet was. De man deed alsof het hem helemaal niet interesseerde. ‘Wij gaan op onze eigen ervaring en deskundigheid af,’ verklaarde hij tegen de rechtbank en daarmee zei hij op diplomatieke manier dat het rapport hem volkomen Siberisch liet.

Mevrouw Van de Geijn was gelukkig aanwezig en er ontspon zich een pittige welles-nietes-tweestrijd tussen deze deskundigen. De Van Mesdag-vertegenwoordiger bleef volhouden dat ik ‘niet uitbehandeld was’ en dat de kans op een extreem geweldsdelict nog steeds groot was als in de toekomst vrouw of kind van mij van buitenaf zou worden 'bedreigd'. Dr. Van de Geijn stelde op haar beurt dat er juist geen reden was om de behandeling voort te zetten en dat men er in de kliniek volkomen ten onrechte vanuit ging dat mijn agressiviteit een ziekelijke oorzaak zou hebben.

De twee deskundigen stonden zó lijnrecht tegenover elkaar, dat je het gevoel kreeg dat er iets niet klopte. De rechtbank voelde zich er zichtbaar onbehaaglijk onder. Wiens partij moest men kiezen? De psychiater van de kliniek, die wekelijks rapportages over mij ontving, of mevrouw Van de Geijn, een zeer gerespecteerd zenuwarts en hoofd van een psychiatrisch ziekenhuis?

De rechtbank twijfelde, maar wilde net als het Gerechtshof een jaar eerder, een soort Salomonsoordeel vellen en verlengde de termijn met een jaar in plaats van twee jaar. Zo van: we weten het eigenlijk niet, maar we durven ook geen risico meer te nemen. Het was om moedeloos van te worden. Wat had ik in hemelsnaam nog meer nodig als zo'n duidelijk en positief rapport van mevrouw Van de Geijn de deur nog niet eens op een kier zette?

XVIII. Ben ik nu wel of niet gestoord?

Bij alle ongeluk had ik ditmaal ook een keer geluk. Juist in de tijd dat mijn TBS door de rechtbank in Zwolle met één jaar werd verlengd, werd de wettelijke mogelijkheid geschapen tegen dit soort uitspraken in beroep te gaan. Wat mr. Korvinus dan ook prompt deed. Tot die tijd was de uitspraak altijd onherroepelijk geweest en moest je je gewoon bij een of twee jaar verlenging neerleggen. En, er was nog een gunstig gevolg: in hoger beroep zou de zaak behandeld worden door het Gerechtshof in Arnhem, het rechtscollege dat bij mijn eerste verlenging al blijk van enige twijfel had gegeven. De kans dat men nu wel overstag zou gaan, was aanmerkelijk gegroeid, want inmiddels was er niet alleen een jaar verstreken, maar lag ook het rapport van psychiater mevrouw Van de Geijn op tafel.

In de kliniek had ik ondertussen een moeilijke tijd. Het was een wat dubbele situatie: enerzijds wilde ik me steeds meer afzetten en verzetten tegen het systeem, maar anderzijds moest ik me ook aanpassen om te overleven en gunsten te verkrijgen. Ik kon dat laatste echter steeds moeilijker opbrengen. Ik was niet meer gemotiveerd en was in gedachten meer bij de procedures die we hadden aangespannen, dan bij de therapie of wat daarvoor moest doorgaan. Ik gedroeg me bij tijd en wijle opstandig en balorig. Ik had het allemaal wel gezien en wilde eruit. Zeker nu ik de inhoud van het rapport van mevrouw Van de Geijn kende. Ik lag vaak hele dagen video's te kijken of muziek te luisteren in mijn verblijf en aan gemeenschappelijke activiteiten deed ik nauwelijks meer mee. Voor de dagelijkse activiteiten en corveediensten drukte ik zo veel mogelijk mijn snor. Alleen als er werd gesport was ik van de partij.

In die periode kreeg ik na lang zeuren wel stadsverlof. Ik mocht onder begeleiding driemaal per half jaar vier uur Groningen in, om wat boodschappen te doen. Christine van de N. is met mij meegegaan. We hebben samen ergens een hapje gegeten en ik heb wat inkopen gedaan. Ik was natuurlijk blij met het verlof. Het was heerlijk om weer eens echt buiten te zijn. Het hield voor de komende zittingen echter ook een gevaar in. Het was mogelijk dat de kliniek het verlof zou aangrijpen als een argument om mij langer te behandelen. Ze konden dan tegen het Gerechtshof zeggen: 'Kijk, we zijn goed met hem bezig, hij heeft zo nu en dan ook al verlof. Het ziet er dus best hoopvol uit, maar hij moet echt nog een poosje blijven, zodat we deze ontwikkeling goed kunnen begeleiden.'

De zitting van het hoger beroep bij het Gerechtshof vond plaats op 27 november 1989. Ik had een gevoel van: als het nu niet lukt, dan lukt het nooit meer. We kwamen goed beslagen ten ijs. Naast het rapport van mevrouw Van Geijn had Cees Korvinus ook een rapport van de reclassering overlegd, waarin mijn maatschappelijk werkster Elly Brok, die mij nu al een paar jaar begeleidde, een gunstige verklaring voor mij aflegde. Zij stelde dat zij mij de afgelopen drie jaar – zo lang zat ik al in de kliniek – had zien veranderen; dat ik emoties niet meer zo lang voor mij hield, dat mijn haatgevoelens naar anderen – Jos K. bijvoorbeeld – waren verdwenen en dat ik veel beter had leren omgaan met conflicten.

Elly Brok concludeerde dat ik niet meer 'alleen op de wereld stond', maar dat er een aantal mensen was op wie ik kon terugvallen, zoals Laura van Z., de vriendin van de biljartclub, die had aangeboden dat ik bij een eventueel ontslag de eerste tijd bij haar in huis kon komen.

Maar natuurlijk had ik ook mijn zus Brigit nog en verder kreeg ik regelmatig bezoek van een teamgenoot van de Almeerse basketbalclub en een voormalig collega bij de farmaceutische groothandel in Amsterdam had mij evenmin laten vallen. Zij hadden in verklaringen gesteld dat het hen was opgevallen dat ik evenwichtiger was geworden, redelijker en minder opvliegend bij dingen die mij niet aanstonden.

De stress waar ik de laatste maanden voor de moord op Frankot onder gebukt ging, was in de kliniek verdwenen. In dat opzicht hadden de rust en de regelmaat daar wel heilzaam gewerkt.

De president van het Gerechtshof begon met te zeggen dat hij de rapporten en conclusies van de Van Mesdagkliniek en psychiater mevrouw Van de Geijn zo tegenstrijdig vond en dat dit een afgewogen oordeel voor hem moeilijk maakte. Hij vroeg aan de vertegenwoordiger van de kliniek, die de psychiater van mijn afdeling verving, wat hij van het rapport van mevrouw Van de Geijn vond. Maar tot ieders verbazing bleek dat hij het helemaal niet gelezen had! Toen de president voorstelde om een uurtje te schorsen, zodat hij dit alsnog kon doen, werd de verbazing nog groter toen de man dit aanbod afsloeg. Nee hoor, zei hij, dat was niet nodig. Het rapport zou hem toch niet van gedachten doen veranderen. Het standpunt van de kliniek was dat er minimaal één jaar verlengd moest worden en daar bleef hij bij, wat er verder ook door anderen gezegd zou worden. Punt uit.

Deze gang van zaken was wel verbijsterend, maar niet in ons nadeel. De president deed geen moeite het optrekken van zijn wenkbrauwen te onderdrukken. De houding van de kliniek was onprofessioneel en gaf blijk van een bepaalde vooringenomenheid. En je zag het hof tijdens de zitting bij wijze van spreken langzaam naar onze kant overhellen, niet in de laatste plaats door de mondelinge toelichtingen van psychiater mevrouw Van de Geijn en het pleidooi van Cees Korvinus, die dat met een vuur deed alsof hij zichzelf moest zien vrij te pleiten.

Het hof liet na veel heen en weer gepraat echter weten dat men op basis van deze rapporten geen expliciete uitspraak durfde te doen over het opheffen van de TBS, maar evenmin over het verlengen ervan. Men overwoog een nader psychiatrisch onderzoek te gelasten, dat uitsluitsel moest geven. Men dacht aan een observatieperiode in het Pieter Baan Centrum. Mr. Korvinus zei dat hij daarmee op voorhand akkoord ging. Hij kon natuurlijk moeilijk anders, maar bij mij sloop de twijfel over een goede afloop weer binnen. Prettige herinneringen had ik niet aan het Pieter Baan Centrum en zij nog minder aan mij, met die gijzeling. Ik vroeg me af hoe dat in de praktijk zou uitpakken. Korvinus verzekerde mij echter dat het PBC dit soort zaken heel goed kon scheiden en dat ik niet bang voor represailles hoefde te zijn. Het Gerechtshof liet weten dat men op 11 december uitspraak zou doen en ik moest dus voor de zoveelste keer weer twee weken spanning en onzekerheid zien weg te bijten.

Het hof in Arnhem had het trouwens die maand erg druk met de familie Spruit, want het moest toevallig ook beslissen over de mogelijke opheffing van de hechtenis van mijn vader. Er waren na zijn eerste verlenging bijna twee jaar om en dus moest zijn zaak opnieuw tegen het licht worden gehouden. Mijn vader was ruim zevenenzestig jaar en hoopte dat hij nu wel op vrije voeten zou worden gelaten. Hij behoorde met ruim vijftien jaar opsluiting inmiddels tot de langstgestraften van Nederland en was onder hen waarschijnlijk de enige AOW-er.

De afgelopen maanden had ik onregelmatig contact met hem gehad. Na de ruzie en de nogal scherpe briefwisseling was hij niet meer bij me op bezoek geweest, maar we spraken en schreven elkaar wel. Zijn brieven gingen steevast over zijn mogelijke vrijlating en ik bespeurde er een zekere wanhoop in. 'Wat moet ik nou als ze me nog weer twee jaar langer laten zitten?' schreef hij. 'Het lijkt er op alsof ze me nu werkelijk levenslang geven.' Hij vond de gang van zaken onrechtvaardig.

Hij had zijn straf van twintig jaar, minus aftrek, uitgezeten en was van mening dat men hem nu door een juridisch handigheidje probeerde te benadelen. Het maakte hem bitter. Hij had sinds enige tijd een andere advocaat, de Amsterdamse strafpleiter mr. Gerard Hamer. Deze vocht de mogelijke verlenging aan, onder meer door Justitie aan te bieden zijn cliënt onder een strakke maatschappelijke begeleiding te plaatsen, zodat hij niet in een diep gat zou vallen. Mr. Hamer stelde in dat verband zelfs voor mijn vader in een besloten woonoord in Baarle-Nassau te plaatsen, waar hij langzaam kon resocialiseren. In de ogen van de staf van zijn kliniek in Avereest vonden deze voorstellen echter geen genade.

Men stond nog steeds op het standpunt dat mijn vader 'delictgevaarlijk' was en in de twee jaar na zijn eerste verlenging was er volgens hen nauwelijks iets gebeurd wat een herziening van dit oordeel rechtvaardigde. Echt behandeld werd mijn vader niet meer, daarvoor werd hij ook langzamerhand te oud. Bovendien, als de therapie al ruim tien jaar niet werkelijk geholpen had, was het natuurlijk een beetje naïef te veronderstellen dat het ineens in die laatste twee jaar, waarin mijn vader zich ook nog eens obstinaat had gedragen, wel zou zijn aangeslagen. Het tegendeel zou eerder het geval zijn. De lange verblijven in de klinieken hadden mijn vader, wat men noemt, gehospitaliseerd. Het viel me op dat hij in zijn brieven en telefoongesprekken het zelfde jargon gebruikte als zijn therapeuten en begeleiders. De kliniek was zijn leven geworden. Het zou voor hem zeer moeilijk zijn om weer op eigen benen te staan. En op het moment dat dit tegenviel en frustraties zou opleveren, was het risico van 'impulsdoorbraken', zoals de psychiaters dat noemden, weer groot, evenals de kans op geweldsdelicten.

Het zal een speling van het lot zijn geweest, maar het Gerechtshof deed op 11 december 1989 zowel in mijn zaak als in die van mijn vader uitspraak. Als we dat vooraf hadden proberen te bewerkstelligen, dan was het met geen miljoen gulden en geen tien advocaten gelukt, maar nu gebeurde het gewoon. In mijn zaak was de uitspraak gunstig en conform hetgeen reeds tijdens de zitting aan de orde was gesteld.

Het Gerechtshof bepaalde dat ik opnieuw een psychiatrisch onderzoek van zes à zeven weken zou moeten ondergaan in het Pieter Baan Centrum in Utrecht en dat op basis daarvan zou worden beslist over het al dan niet verlengen van mijn TBS. Simpel gezegd: bij een goed rapport ging ik naar huis en bij een slecht rapport bleef ik zitten. Mr. Korvinus was content met deze uitspraak. Hij had nog niet dikwijls meegemaakt dat een Gerechtshof zo zeer twijfelde aan het oordeel en de bevindingen van de Van Mesdagkliniek en dat beschouwde hij als een gunstig teken. 'En nu is het jouw beurt om het waar te maken, Paul,' zei hij. Ik wilde niets liever.

De vraag was alleen wanneer ik in het Pieter Baan Centrum zou kunnen worden opgenomen. Er bestond een behoorlijk lange 'wachtlijst' van gedetineerden voor psychiatrisch onderzoek en het was natuurlijk niet de bedoeling dat onze overwinning zou smoren in een wachttijd van om en nabij een jaar, want dan had het Gerechtshof mijn TBS net zo goed kunnen verlengen. Korvinus beloofde daarom dat hij contact op zou nemen met de directeur van de kliniek, de mij bekende prof. dr. F. Beyaert, om op spoed aan te dringen.

Het Gerechtshof was minder toeschietelijk in de zaak van mijn vader. Of liever gezegd, helemaal niet. Men onderschreef de risico's die volgens de kliniek en de procureur-generaal aan zijn voortijdige vrijlating vastzaten en experimenten met strenge maatschappelijke begeleiding durfde men absoluut niet aan. Men was bang dat mijn vader eventuele toezichthouders verbaal de baas zou zijn en hen zou weten te misleiden met zijn vermogen een dubbelleven op te bouwen. En dus verlengde het hof de 'verpleging' van mijn vader met opnieuw twee jaar, de maximale termijn. Het zou betekenen dat hij zeventien jaar zou komen vast te zitten en misschien – heel misschien – kort voor zijn zeventigste jaar zou worden vrijgelaten.

Ik moet eerlijk zeggen dat ik de beslissing van het hof om mijn vader niet te laten gaan, de enig juiste vond. In de laatste jaren had ik tijdens mijn contacten met hem geen moment de indruk gehad dat mijn vader écht was genezen, ondanks het feit dat hij zeer veel moeite deed om iedereen daarvan te overtuigen. Het klinkt triest, maar de enige conclusie die men kon trekken, was eigenlijk dat mijn vader niet te genezen was. Ja, misschien als zijn probleem direct de eerste keer grondig was aangepakt, toen hij in 1941 werd gearresteerd omdat hij dat jongetje had vastgebonden. Maar dat was helaas niet het geval geweest. Zijn verwrongen geaardheid had sindsdien nog ruim dertig jaar kunnen voortwoekeren, eer het door zijn ontmaskering in 1974 tot staan was gebracht. De zenuwarts dr. J. Scholten, die tijdens het proces van mijn vader in 1975 door de rechtbank als deskundige was opgeroepen, had het wat dat betreft goed gezien, toen hij stelde dat mijn vader eigenlijk te oud was voor een succesvolle behandeling.

De uitspraak was dus niet echt een verrassing voor me en eerlijk gezegd stond ik er ook niet zo bij stil, want ik was nog vol van de beslissing die in mijn eigen zaak door het hof was genomen. Iedereen die het maar horen wilde vertelde ik opgetogen dat het einde voor mij in zicht kwam en dat we er in geslaagd waren om een behoorlijke barst in het tot op dat moment vrijwel onaantastbare oordeel van de Van Mesdagkliniek te slaan. Hoewel de echte slag nog moest komen, vierde ik de uitspraak, die goedbeschouwd niet meer was dan een soort tussenvonnis, als een overwinning die me een flinke dosis moreel gaf.

Op dinsdagavond 12 december, de dag na de uitspraak, werd ik apart geroepen door een groepsleider en ik vermoedde dat hij mij tot enige kalmte wilde manen, omdat dit soort verhalen de andere patiënten onrustig maakte. Dat bleek niet het geval te zijn.

De man keek ernstig, nam mij mee naar een spreekkamertje en zei: 'Ga even zitten, Paul. Ik moet met je praten... er is iets ergs gebeurd'. Ik dacht dat er wat met mijn zus Brigit was gebeurd en schrok, maar de groepsleider schudde zijn hoofd.

'Nee, Paul, we hebben zojuist een telefoontje uit Veldzicht gehad...' Met Veldzicht bedoelde hij de Rijks Inrichting in Avereest waar mijn vader zat. Ik had nog niets in de gaten en zei tamelijk laconiek: 'Ja... en wat is daarmee dan?' Ik veronderstelde dat men weer over het hervatten van de bezoekregeling of zo wilde praten. De man slikte even:'Het gaat om je vader... hij is overleden.' Ik keek hem ongelovig aan.

'Overleden? Wanneer? En waaraan dan?' vroeg ik. 'Die man was kerngezond.' Het antwoord kwam met enige aarzeling.

'Nee, Paul, je vader is niet door een ziekte overleden, of door een hartaanval. Hij heeft zelfmoord gepleegd. Hij heeft er zelf een einde aan gemaakt. Niemand heeft het kunnen voorkomen.'

De beslissing van het Gerechtshof dat zijn hechtenis met twee jaar zou worden verlengd, had mijn vader gebroken. Het laatste restje hoop op vrijlating, op een nieuw leven, was er door verdwenen en had hem, zoals hij mij in een van zijn laatste brieven al had geschreven, doen afvragen wat hij nu nog moest. Er was geen uitzicht meer voor hem en mijn vader had eenzaam en gedesillusioneerd besloten dat hij er dan beter een einde aan kon maken.

Na de uitspraak van het Gerechtshof had hij nog met een paar andere patiënten een kaartje gelegd, maar daarna was hij naar zijn verblijf gegaan. Daar had hij een paar afscheidsbriefjes geschreven en een aantal slaappillen geslikt. Vervolgens had hij een plastic boodschappentas over zijn hoofd getrokken en was op bed gaan liggen.

Zo nam hij afscheid van een voor hem onleefbaar leven. Precies een maand voor hij achtenzestig jaar zou worden.

Een paar uur daarna had het personeel hem levenloos aangetroffen. Hij was door zuurstofgebrek gestikt.

'Ik kan het leven niet meer aan,' had hij op een afscheidsbriefje voor de medewerkers van de kliniek geschreven. Er was ook nog een aan mij gerichte afscheidsbrief, zei de groepsleider, en die zou ik zo spoedig mogelijk ontvangen. Er werd mij toegezegd dat ik naar de begrafenis van mijn vader mocht.

Die nacht hield de dood van mijn vader mij uit mijn slaap. Het greep mij wel aan, vooral door het tijdstip en de manier waarop: zelfmoord. Ik vroeg me af wat er die laatste momenten door hem heen was gegaan. Had hij nog getwijfeld? Of was het doek na de negatieve uitspraak definitief gevallen? Verdrietig om zijn overlijden was ik niet. Althans, niet in de zin zoals ik dat bij de dood van mijn moeder was geweest. Toen zat ik echt stuk. Ik voelde het niet alsof ik mijn vader had verloren, zoals een zoon dat normaalgesproken ervaart. In feite was mijn vader voor mij al vijftien jaar eerder overleden en had ik al die jaren vooral contact met een jeugdherinnering gehad, een droombeeld uit een ander leven. Ergens had ik ook een gevoel van opluchting. Zijn leven herinnerde mij altijd aan een periode, een paar zwarte hoofdstukken, waaraan ik niet meer wilde denken, maar die door anderen telkens weer werden opgeslagen. Zijn dood zou daar misschien, na vijftien jaar, mee afrekenen, zoals de psychotherapeut mij al eerder had uitgelegd. De magneet trok niet meer aan, maar stootte alleen nog maar af. Aan de andere kant zag ik wel de tragiek van zijn dood in en dat maakte een soort medelijden in me los, dat voor anderen misschien op verdriet leek. Hij moest op het laatst echt wanhopig en depressief zijn geweest. Vijftien jaar nadat hij in het huis van bewaring, kort na zijn arrestatie, die zelfmoordbalans had opgemaakt en die toen was doorgeslagen naar het leven, was hij toch weer op dat punt teruggekomen. Vijftien jaar gevangenschap, wat vooral inhield dat hij moest leven met zijn gruwelijke verleden, hadden hem tot inzicht gebracht dat hij geen toekomst meer had.

In bed liet ik die nacht alles wat er in die jaren was gebeurd nog eens de revue passeren. Ik zag zijn aanhouding weer voor me, op camping De Veldkamp, bij Epe: 'Sorry, Paul, het biljarten moet tot morgen wachten, ik ga even met deze heren mee.' Mijn eerste bezoek in het huis van bewaring in Amsterdam, toen ik nog van plan was om hem met een mes neer te steken. 'Je moet me geloven, Paul, ik hou van kinderen, ik wilde ze helemaal geen kwaad doen.' Dat ik naar een andere school moest en mijn naam veranderde in Teunissen: 'Mijn vader? Die is overleden...' De terugkeer van Henk Frankot en het verdriet van mijn moeder: 'Bemoei je er niet mee, Paul. Echt, het gaat alweer.' De bezoeken die ik nadien aan mijn vader had gebracht, de fietsvierdaagse. Het feit dat ons contact de laatste tijd steeds minder werd, omdat ik hem meer en meer kwalijk nam hoe ons leven was gelopen. Ik dacht aan zijn eigengereidheid en zijn dwingelandij die de gang van zaken vroeger thuis altijd hadden bepaald. Maar ook dacht ik terug aan de buitenlandse vakanties die leuk waren, de biljartpartijtjes, het vissen, de schaakspelletjes, de feestjes op de camping en thuis. In gedachten hoorde ik weer het motorgejank van zijn carrier, waarmee hij de tijdschriften rondbracht en waarop mijn moeder altijd zei: 'Daar heb je pa...' En ook dacht ik aan de momenten dat mijn vader zacht en aardig tegen me was geweest, ook in het huis van bewaring en in de kliniek. De momenten dat hij mij even had beetgepakt en zei: 'Paul, als ik jou niet had gehad...' Ik begreep toen al wat hij daarmee had bedoeld, maar nu, door zijn zelfmoord, kreeg die onafgemaakte zin een extra dimensie.

Ik lag die nacht in mijn bed te peinzen en vroeg me af of de dood van mijn vader mij zou verlossen van het verleden dat mij steeds achtervolgde, dat mij steeds weer belastte en waar ik geen raad mee wist.

Het afscheidsbriefje van mijn vader had als aanhef 'Lieve Paul' en was aangrijpend. Het ging in feite om zijn laatste woorden, zijn laatste gedachten. Hij schreef dat hij na de negatieve uitspraak van het Gerechtshof geen toekomst meer zag en dat hij de jaren die hem nog restten niet meer in een kliniek wilde doorbrengen en dat hij daarom voor dit einde had gekozen. Hij bedankte me dat ik altijd contact met hem had gehouden en schreef letterlijk: 'Je bent het enige kind geweest waar ik echt van heb gehouden.' Het speet hem dat mijn leven door hem zo negatief was beïnvloed. Hij hoopte dat God hem zijn daden in het hiernamaals zou willen vergeven. Ja, ook dat bleef hij tot het bittere einde volhouden. Verder meldde mijn vader dat er bij een notaris in de gemeente Avereest een testament van hem lag en hij wees me op wat kleine dingetjes, zoals het feit dat er bij een gastgezin in Nijmegen een nog 'zo goed als nieuwe fiets' van hem stond. Dat was typisch mijn vader, om dat soort futiliteiten in een afscheidsbrief op te nemen. Wat dat betreft bleef hij tot het einde een pietje precies. Hij eindigde het briefje met: 'God zegene je, Paul. Je vader' en daaronder zijn paraaf G.C.S., Gerard Cornelis Spruit.

In de Rijks Inrichting Veldzicht in Avereest was men door de zelfmoord van mijn vader in ernstige verlegenheid gebracht en de zaak werd zo geruisloos mogelijk afgewikkeld. Als een gedetineerde in de gevangenis of een huis van bewaring suïcide pleegde, haalde dat nogal eens de krant, maar aan het overlijden van mijn vader werd door de kliniek geen enkele ruchtbaarheid gegeven, hoewel ik zeker weet dat de media de zelfmoord van 'de Donald Duck-colporteur' zouden hebben opgenomen. In tijdschriften en kranten werd nog regelmatig aan zijn misdrijven gerefereerd en bij overzichten over geruchtmakende kindermoorden doken nog dikwijls de fotootjes van Basje Bloemena en Heleen Isaac op. Voor de kliniek was de zelfmoord pijnlijk, vooral omdat hij oorzakelijk verbonden was met de uitspraak van het Gerechtshof de dag ervoor. Mijn vader was niet iemand die gewoon levensmoe was, nee, zijn zelfmoord hing samen met een duidelijke gebeurtenis, een afwijzing. De vraag rees dan ook of men mijn vader, die zo intens naar deze dag had toegeleefd, na de voor hem teleurstellende uitspraak niet beter in de gaten had moeten houden. En bovendien was de zelfmoord het trieste sluitstuk van een ruim dertien jaar durende therapeutische behandeling, die gewoon gefaald had. Alle klinieken, deskundigen, diverse medicaties en opeenvolgende therapieën hadden mijn vader niet verlost van zijn seksuele lusten, maar hem uiteindelijk wel beroofd van de wil tot leven en dat was voor hen moeilijk te verteren.

Mijn vader werd die week op het rooms-katholieke kerkhofje van Dedemsvaart begraven. Ik ging er met mijn zus Brigit en een medewerker van de Van

Mesdagkliniek naar toe. We moesten eerst langs de notaris, H. Hebers, in Avereest, bij wie het testament van mijn vader berustte. Het bleek dat hij dit al in 1980 had laten opmaken, toen hij een poosje in het Selectie-Instituut in Utrecht zat. Er werd in bepaald dat hij een legaat van tweeduizend gulden per persoon beschikbaar stelde aan zijn zoon Gerard jr., zijn stiefkinderen Johan en Brigit, en dat ik als 'enig en algeheel erfgenaam' werd benoemd. Zijn zoon Wilhelmus, die altijd bij zijn moeder Petronella N. was blijven wonen, werd in het testament helemaal niet genoemd, hoewel hij recht had op een kindsdeel. Mijn vader had zijn bestaan helemaal verdrongen. Toen in de kliniek door een psychiater ooit eens naar deze zoon werd geïnformeerd, had mijn vader zelfs niet meer op zijn naam kunnen komen. Uit naspeuringen van de notaris bleek later dat dit gevoel waarschijnlijk wederzijds was, want Wilhelmus had zijn achternaam officieel laten veranderen en heeft ook niet gereageerd op aanschrijvingen van de notaris.

Mijn vader had in de loop der jaren wat geld gespaard. Hij ontving als zevenenzestigjarige natuurlijk AOW, maar er was ook nog een pensioentje van de Bedrijfsvereniging voor het Bakkersbedrijf, waar mijn vader in zijn jongere jaren premie voor had betaald. In totaal had hij een bedrag van om en nabij de vijftienduizend gulden op zijn rekening staan, waar na aftrek van de legaten en kosten zo'n negen mille van over bleef. Verder kreeg ik – later – via de notaris een wit geldkistje met wat kleine sieraden, waaronder een ring met de inscriptie 'Gretha', de naam van mijn moeder. Het was z'n trouwring en hij had hem ook na de officiële scheiding altijd zorgvuldig bewaard. Verder viel mij de inboedel uit zijn verblijf toe, de stereotoren, de video en een paar honderd videobanden.

Mijn zus heeft die later verkocht, want in de Van Mesdagkliniek had ik daar niets aan. En dan was er natuurlijk nog de enorme hoeveelheid smyrnawandkleden met Disney-tafereeltjes die hij tijdens zijn verblijf in de kliniek had geproduceerd. Ik heb ze gezegd dat ze die mochten houden en waarschijnlijk hangen ze daar nog.

In de kliniek troffen we later het gezelschap dat de begrafenis zou bijwonen. Een handjevol mensen. Er was een broer van mijn vader gekomen, de overige drie lieten verstek gaan. En ook zijn eigen zoon, Gerard junior, en zijn stiefzoon, Johan Frankot, waren er niet. Gerard heeft ook later het legaat van tweeduizend gulden geweigerd.

Het was een sobere plechtigheid en het weer was nevelig en koud, precies wat je bij zo'n gelegenheid verwacht. Er was wat personeel van de kliniek en een pater met wie mijn vader veel contact had gehad. Hij had er voor gezorgd dat mijn vader op de begraafplaats naast de rooms-katholieke kerk in Dedemsvaart ter aarde werd besteld.

Hij kreeg een plekje rechts achteraan, onder de laaghangende takken van een grote boom. De pater sprak een paar woorden, maar ze drongen niet echt tot me door. Ik was verward, een beetje verdoofd, en vroeg me nog steeds af wat de dood van mijn vader voor mij betekende, zoals ik me de afgelopen vijftien jaar ook constant had afgevraagd wat zijn vaderschap voor mij had ingehouden.

De begrafenis was op kosten van de staat, omdat mijn vader op het moment van overlijden gedetineerd was, maar een gedenksteen hoorde daar niet bij. Dat moesten de eventuele nabestaanden zelf regelen.

Samen met Brigit liep ik vanaf zijn graf terug naar de kerk. Brigit was er omdat ik er was en dat deed me goed. Zij had geen emotionele binding met mijn vader – haar stiefvader – en had al jaren nauwelijks contact meer met hem gehad. En als er al contact was geweest, was dat vanwege mij.

Brigit zag er slecht uit, mager, wit en vermoeid, maar een opmerking van mij daarover wuifde ze weg: 'Niks aan de hand, ik moest alleen vroeg opstaan vandaag.' Daarna sloeg ze een arm om me heen en zuchtte diep: 'Nou, Paul, dat was het dan... zouden we nu eindelijk eens met ons eigen leven kunnen beginnen?'

De pastoor maakte in de pastorie van de kerk een praatje met me. Het was een aardige, beschaafde man, die mijn vader lang met raad en daad terzijde had gestaan. Hij wist van mijn bestaan en mijn verblijf in de Van Mesdagkliniek af. Het bleek dat mijn vader regelmatig over mij aan hem had verteld.

'Je was belangrijk voor je vader,' zei de pastoor. 'Hij heeft je bezoeken en je brieven altijd enorm op prijs gesteld, ook al was hij er niet sterk in om dat te laten merken. Maar ik weet dat het zo was.' De pastoor stelde voor om een steen op mijn vaders graf te laten zetten en vroeg of ik bereid was die te betalen. 'Op een graf hoort toch een steen, nietwaar?' zei hij op een vriendelijke, maar besliste toon. De pastoor wilde er een bijbelse tekst op laten zetten, die voor de ingewijden een klein beetje tot uitdrukking bracht dat mijn vader nogal had gestreden met zijn aardse bestaan. Ik aarzelde even, maar knikte uiteindelijk toch bevestigend. De erfenis die mijn vader mij had nagelaten, liet dat makkelijk toe.

Terug in de kliniek in Groningen bleef ik de eerste tijd aan de zelfmoord van mijn vader denken. De therapeuten wilden weten hoe ik zijn overlijden verwerkte en wat voor gevoel ik er bij had. Dat verschilde echter van dag tot dag en was daarom moeilijk te benoemen. De ene dag werd ik geraakt door de tragiek van zijn leven, terwijl ik de andere dag bij mezelf dacht: had het maar dertig jaar geleden gedaan, dan had ik je nooit gekend en had je mijn leven en dat van anderen niet kunnen vernaggelen. Vaak was het zo dat naarmate ik langer over hem en zijn daden nadacht, ik alleen maar nijdiger werd en me afvroeg waarom mij dit allemaal moest overkomen. Was het 't noodlot? Toeval misschien? Of gewoon mijn eigen schuld? Of een combinatie van die drie?

De uitspraak van het Gerechtshof dat ik voor een contra-expertise naar het Pieter Baan Centrum moest, was bij de staf niet bepaald in goede aarde gevallen. Ze voelden zich een beetje in hun hemd gezet doordat het hof het had aangedurfd een oordeel van de kliniek te betwijfelen. Dat was een vorm van heiligschennis en ik werd er als de dader van gezien.

Het leidde niet direct tot een treitercampagne, dat zou te veel gezegd zijn, maar de houding van het personeel veranderde en verhardde wel. Ze voorspelden mij dat het onderzoek beslist in mijn nadeel zou uitvallen.

'Wedden dat jij hier nog zit als ik al in de AOW zit?' vroeg een van hen, die zo te zien nog wel een jaar of twintig voor de boeg had eer het zover was.

Het was als een pesterijtje bedoeld, maar er zat wel degelijk een ondertoon in. Ik incasseerde de dubbelzinnigheden en kleine provocaties gelaten. Juist nu moest ik laten zien dat ik mij kon beheersen.

Ik had het gevoel dat mijn vrijheid aanstaande was en dat gaf me extra kracht. Om die reden had ik ook in het Nieuwsblad van het Noorden in de kennismakingsrubriek een advertentie geplaatst. Ik wilde vast wat contacten leggen en de tijd die ik nog in de kliniek moest doorbrengen gaf me mooi de gelegenheid om eventuele reacties te selecteren en een correspondentie op te bouwen, waar ik na mijn vrijlating wat mee kon doen. 'Sportieve vrijgezel (32) zoekt jonge vrouw, om na moeilijke periode een nieuw leven mee op te bouwen', stelde ik in de advertentie.

De tekst gaf aan dat ik wel het een en ander achter de rug had en niet op zoek was naar een vluchtig avontuurtje. Later, als er eenmaal sprake van een serieus contact was, zo had ik me voorgenomen, zou wel blijken wat dat allemaal precies inhield. Ik kreeg er zes reacties op, waaronder een paar van vrouwen met kinderen, die dus waarschijnlijk ook al het nodige achter de rug hadden. Op een gezin met kinderen zat ik niet te wachten. Dat wilde ik niet en die zorg zou ik waarschijnlijk ook niet aangekund hebben. Nee, ik wilde gewoon rustig met z'n tweetjes beginnen, een beetje de kat uit de boom kijken. De rest kwam dan later wel.

Er zaten twee brieven van alleenstaande vrouwen bij en die schreef ik een uitvoerige brief terug. In die eerste brief heb ik niet gezegd wat mijn achtergronden waren, maar heb ik me wat beter voorgedaan dan in werkelijkheid het geval was. Ik schreef hen dat ik in verband met m'n basketballen, zowel als speler en als scheidsrechter, altijd veel had gereisd, dat dit me mijn huwelijk had gekost en dat ik aan rust toe was nu mijn actieve sportloopbaan voorbij was. Ik gaf – noodgedwongen – wel het adres van de Van Mesdagkliniek op, De Engelse Kamp 5 in Groningen, maar vermeldde niet de naam erbij.

Het was natuurlijk niet de waarheid en het was misschien ook geen goede start voor een mogelijke relatie, maar ik had het gevoel dat ik niet anders kon in zo'n eerste brief. Want wat had ik dan moeten doen? Als ik had geschreven dat ik wegens moord op mijn stiefvader in de kliniek zat, dat ik verdacht was geweest van een paar hoerenmoorden en dat mijn vader twee kinderen om het leven had gebracht, zat ik nu nog op antwoord te wachten. Ik realiseerde me wel dat ieder 'normaal' mens dan zou afhaken. Ik moest dus eerst maar eens een begin maken.

Uiteindelijk bleef er één serieus contact over. Het was Myranda, een zesentwintigjarige vrouw uit Appingedam, serveerster van beroep. Ze schreef me dat ze het soms moeilijk vond contact te leggen met andere mensen en dat ze het daarom prettig vond op een advertentie te reageren. Ze had een paar foto's meegestuurd, waarop ze er leuk uitzag. Myranda was blond en volslank, met een vriendelijke uitstraling. Er ontwikkelde zich een briefwisseling tussen ons die heel aardig was. Maar na een paar weken rees daarbij een probleem: ik had haar nog steeds de waarheid niet geschreven. En naarmate ons contact vorderde, werd het moeilijker om bepaalde onderwerpen en vragen van haar over mijn leven en achtergronden te omzeilen. Het leidde er toe dat ik uiteindelijk een poos niets van me liet horen: uit schaamte en om de waarheid te verhullen. Ik was bang voor een afwijzing en hield dus de 'eer' aan mijzelf. Ik begreep dat dit gedrag geen zoden aan de dijk zette, maar ik maakte mezelf wijs dat zolang ik in de kliniek zat, er toch geen normale relatie met iemand mogelijk zou zijn en dat ik pas een confrontatie met de werkelijkheid zou aangaan als ik mijn ontslagbewijs op zak had en daar niet meer omheen kon.

Maar zover was het nog niet.

XIX. Vrij!

Prof. dr. Beyaert verwelkomde mij eind maart 1990 met een glimlach en een handdruk in het Pieter Baan Centrum: 'Zo, ben je eindelijk terug, dat heeft lang geduurd.' Op een week na was er vijf jaar na de gijzeling in de observatiekliniek verstreken. Ondanks die lange termijn had ik toch een beetje tegen de confrontatie opgezien. Ik schaamde me eigenlijk nog steeds voor die ondoordachte actie van toen. Ik vroeg aan professor Beyaert of ik nog een gesprek met groepsleidster Jolande, een van de gijzelaarsters, moest hebben, maar hij beweerde dat dat niet nodig was.

Ik kwam op de afdeling D. terecht, dezelfde waar ik toen ook was uitgebroken. Er was weinig veranderd. Hetzelfde bankstel en aquarium stonden er nog en misschien zwommen er nog wel dezelfde 'ooggetuigen' in. Jolande heb ik tijdens mijn verblijf helemaal niet gezien. Zij was overgeplaatst naar een andere afdeling. Wel werd ik de eerste dag al aangeschoten door een Sociaal Therapeutisch Medewerker, in de wandelgangen es-tee-emmer genoemd, die mij met zijn ogen al een poosje had gevolgd. Hij stapte op mij af en zei: 'Ik ben er niet blij mee dat je hier bent, na wat er destijds is gebeurd. Maar godzijdank is die vrouwen niets overkomen.' Direct daarna gaf hij mij een klap op mijn schouder en voegde daar aan toe: 'En nu gaan we tafeltennissen!' Hij had zijn zegje gedaan. De kou was uit de lucht.

De eerste week vonden er allerlei oriëntatiegesprekken plaats en werd ik medisch binnenstebuiten gekeerd. Ook moest ik weer tientallen geheugen- en concentratietesten maken en verder kreeg ik de bekende inktvlekken en puzzeltjes voorgelegd. Er zaten echter ook zogenaamde persoonlijkheidstesten bij die ik nog nooit had gezien. Ik antwoordde eerlijk op alle vragen. Als ze me iets voorhielden, gaf ik gewoon mijn eerste gedachte. De IQ-test scoorde merkwaardig genoeg hoger dan de eerste keer, vijf jaar geleden, toen ik 117 had. Ik zat nu op 129, wat volgens de psycholoog 'tegen de ondergrens van hoogbegaafd' aan was. Het verschil van twaalf punten werd waarschijnlijk veroorzaakt door het feit dat ik vijf jaar geleden veel gespannener en emotioneler was geweest – de moord op Frankot lag toen nog maar net achter mij – en dat had de resultaten toen negatief beïnvloed.

Het Pieter Baan Centrum stelde een nieuw achtergrondonderzoek in. Iedereen die met mij contact had en op bezoek kwam, werd uitgebreid geïnterviewd: Brigit, Laura van Z. en mijn vriend van de basketbalclub. Ook benaderden ze de groepsleider en andere personeelsleden van de Van Mesdagkliniek om een zo compleet mogelijk beeld van mij te krijgen. Met dat laatste was ik niet zo gelukkig. Ik vreesde dat kliniekmedewerkers onderling de uitkomsten zouden bedisselen. Ik was daar wantrouwend in, vooral ook omdat ik in de Van Mesdagkliniek zelf heel wat van dit soort staaltjes had meegemaakt. Het zorgde er voor dat ik de eerste tijd in het PBC gespannen en enigszins verkrampt bleef en me zorgen maakte over de afloop van dit onderzoek. Dit gevoel werd nog versterkt door het feit dat mij in het Pieter Baan Centrum op een gegeven moment werd gezegd niet meer op een bepaalde afdeling te gaan kaarten, omdat daar toch enkele personeelsleden waren die moeite hadden met mijn aanwezigheid in verband met die gijzeling van vijf jaar geleden. Ik was er door aangeslagen en voelde me constant onzeker.

In de tweede of derde week gebeurde er iets dat van grote invloed op het verloop van het onderzoek zou zijn en ook voor een soort ommekeer in de houding naar mij zorgde. Ik zat voor een gesprek bij een maatschappelijk werkster, toen er voor haar een telefoontje binnenkwam uit een huis van bewaring ergens in het land. Het was niet de bedoeling dat ik kon meeluisteren, maar de maatschappelijk werkster had niet in de gaten dat de luidspreker van de telefoon aan stond en ik het hele gesprek kon volgen.

Zo hoorde ik dat een jonge knul, ene R., die op onze afdeling had gezeten en twee dagen daarvoor was vertrokken omdat het onderzoek was afgerond, in zijn cel in het huis van bewaring zelfmoord had gepleegd. Hij had de aanbeveling van de kliniek, dat een terbeschikkingstelling in zijn geval op zijn plaats was, niet kunnen verwerken. Die jongen wilde absoluut geen TBS en had geen uitkomst meer gezien.

Het was de tweede zelfmoord die ik in vrij korte tijd meemaakte, die een rechtstreeks gevolg was van een uitspraak of een advies in verband met een terbeschikkingstelling. Eerst natuurlijk mijn vader en nu deze jonge knul. In TBS-klinieken is sprake van heel wat onzichtbare ellende.

Bij de buitenwacht heerst vaak het beeld van gedetineerden die door een paar geitenwollen sokken in de watten worden gelegd, maar mijn eigen ervaringen en deze twee zelfmoorden gaven wel aan dat een terbeschikkingstelling een martelgang kan zijn. Vooral het feit dat je met een TBS-vonnis nooit precies weet wanneer je vrij komt, is voor veel gedetineerden onverdraaglijk.

Mensen die vastzitten willen aftellen, willen een vooruitzicht hebben waneer ze weer buiten staan. Met een TBS-vonnis hangt dat echter altijd af van het oordeel van de kliniek en de experts, die bijna oneindig telkens een verlenging van twee jaar kunnen vorderen. Soms valt het mee, maar in verreweg de meeste gevallen zitten de gedetineerden langer dan ze in hun meest pessimistische voorspellingen hadden voorzien. In de Van Mesdag bijvoorbeeld zaten mensen, net als mijn vader in Avereest, al vijftien jaar of langer vast. Voor mij zelf gold dat ook. De rechtbank had mij veroordeeld tot vijf jaar cel met aftrek. Wel, als ik dat destijds geaccepteerd had, had ik al lang en breed weer buiten gestaan. Dat had niemand tegen kunnen houden, en nu holde ik van procedure naar procedure en van contra-expertise naar contra-expertise. Niemand hoefde mij dan ook meer uit te leggen waarom de Van Mesdag in het gedetineerdencircuit 'De Hel van het Noorden' werd genoemd.

Enfin, de maatschappelijk werkster schrok zich wezenloos toen ze merkte dat ik het gesprek woord voor woord had kunnen volgen. Dat was absoluut niet de bedoeling geweest. Ik moest op haar kamer blijven wachten en prof. Beyaert en nog een paar mensen van de staf werden er door haar bijgehaald om te bepalen wat er nu moest gebeuren.

'Klopt het dat je bepaalde dingen hebt gehoord, die niet voor jouw oren waren bestemd?' informeerde dr. Beyaert.

Ik knikte: 'U doelt op die zelfmoord van R.'

Beyaert wilde daarop weten hoe ik met die wetenschap in de kliniek zou omgaan.

'Dat hangt ervan af hoe u wilt dat ik er mee om ga,' antwoordde ik.

'Wel,' zei dr. Beyaert, 'wij hebben het liefst dat dit op de afdeling geheim blijft. Het zou de observatie van de andere patiënten enorm verstoren. De meesten hebben hem goed gekend en zouden volkomen van slag zijn.'

Ik hoefde er niet over na te denken en zei resoluut: 'In dat geval beloof ik u dat ik niemand iets zal vertellen.'

Het was een onbedoelde en onverwachte test-case. En hoewel het in zo'n besloten woonsituatie heel verleidelijk was om te laten merken dat je meer wist dan een ander, dat je een geheim kende, heb ik tijdens mijn verblijf met geen woord over de zelfmoord gesproken en hebben de andere patiënten ook geen vermoeden gehad dat het met die jongen zo fataal was afgelopen. Ik merkte later dat het personeel mijn houding had gewaardeerd en dat het op mijn beoordeling een positieve uitwerking had. Zenuwarts dr. J.H. Scheffer, die mij in het Pieter Baan Centrum onderzocht, zou van dit incident en de gevolgen daarvan zelfs melding maken in zijn eindrapport.

In het Pieter Baan Centrum hoorde ik onverwachts weer wat van Myranda uit Appingedam, met wie ik enige tijd had gecorrespondeerd. Ik had haar niets meer laten horen omdat ik met mijn 'levensverhaal' in de knel kwam, maar zij had zich daar niet bij neergelegd en was met behulp van kleine aanwijzingen in mijn brieven telefonisch naar mij op zoek gegaan. Zo was zij uiteindelijk bij mijn zus Brigit in Almere terechtgekomen. Ze vertelde Git dat ze graag verder contact met mij wilde, maar dat ze mij niet kon bereiken. Dit was voor mij het sein dat ik de correspondentie moest hervatten.

Myranda had veel moeite gedaan me op te sporen en had de briefwisseling tussen ons dus serieus genomen. Ik schreef haar een hele lange brief, waarin ik in één keer alle leugens en verdraaiingen opruimde. Ik legde uit dat ik in het Pieter Baan Centrum zat, dat ik mijn stiefvader had vermoord omdat hij mijn moeder jarenlang had mishandeld en geterroriseerd en dat ik daarom tot TBS was veroordeeld, maar dat er een behoorlijke kans was dat ik op korte termijn zou vrijkomen. Ik legde haar uit dat ik min of meer noodgedwongen over mijn verleden had gelogen, omdat anders niemand de contacten zou hebben voortgezet. Ik schreef dat ik bang was dat de briefschrijfsters meer naar mijn strafblad zouden kijken dan naar de persoon erachter en dat het daarom van belang was geweest dat ze eerst die persoon een beetje leerden kennen.

'En nu door je naspeuringen is gebleken dat je in die persoon geïnteresseerd bent, ben ik bereid je alles te vertellen. Als je dat tenminste nog wilt,' zo beëindigde ik mijn brief. Bijna per kerende post kreeg ik een hartelijk antwoord van Myranda terug. Ze had mijn uitleg geaccepteerd: 'Dat was het verleden, nu het heden,' schreef ze. Ze had een telefoonnummer in haar brief gezet en diezelfde avond belde ik haar op. Ik was bloednerveus en wist eigenlijk niet goed wat ik moest zeggen, maar haar prettige stem stelde me op mijn gemak en het gesprek verliep goed. Ze beloofde dat ze op korte termijn op bezoek zou komen in de kliniek, zodat we nader konden kennismaken.

Het was voor Myranda een hele stap om zoiets te doen. Ze moest van Appingedam naar Utrecht reizen en ze had nooit eerder iets te maken gehad met gedetineerden. Ze had zelfs nog nooit een parkeerbon gehad en ging dan nu ineens wel bij een moordenaar op bezoek, want dat was ik goedbeschouwd.

Het bezoek was de eerste keer dan ook een beetje onwennig en het gesprek kwam wat stroef op gang, mede omdat we beiden gespannen waren. Myranda was bovendien onder de indruk van de veiligheidsmaatregelen en de gedachte dat iedereen hier één of meer ernstige misdrijven had gepleegd. Ik legde haar uit hoe het in de kliniek toeging en vertelde bij stukjes en beetjes wat van mijn verleden. Tegen het einde van het bezoek was de stemming behoorlijk ontdooid en Myranda zegde mij toe dat ze de week erna weer zou komen.

En vanaf dat moment bleef ze dat doen en ons contact werd steeds beter en opener. Tussen de bezoeken door schreven we elkaar lange brieven. Ik was er heel gelukkig mee en ben er van overtuigd dat haar bezoeken een goede uitwerking op mijn gemoed hadden, waardoor ook de bevindingen van de observatie gunstig werden beïnvloed.

Na acht weken was de observatie voorbij en brak het uur-U aan. Op 22 mei 1990 moest ik in de grote vergaderkamer komen, waar iedereen aanwezig was. De onderzoekers, psychiater dr. J. Scheffer en psycholoog J. Oudejans, maar ook de maatschappelijk werkster en prof. F. Beyaert, de geneesheer-directeur.

In deze vergadering zouden ze me vertellen wat hun beoordelingen waren en de vraag beantwoorden of 'de veiligheid van de maatschappij' een verlenging van mijn TBS wel of niet noodzakelijk maakte.

Het was reuze spannend en ik had die ochtend van de zenuwen bijna geen hap door mijn keel kunnen krijgen. Ik was heel dicht bij vrijlating, maar als de conclusies negatief waren, dan was ik er verder af dan ooit. In dat geval verloor ik voorlopig alle recht van spreken en zou Cees Korvinus niets meer voor me kunnen doen. Dan was het woord van de Van Mesdag weer wet en zou ik nog jaren binnen zitten.

Ik moest links van professor Beyaert gaan zitten. Ik keek hem even aan en zag dat zijn gezicht ontspannen stond, vrolijk bijna. Geen gezicht voor een onheilstijding, dacht ik. Maar ja, op dat soort subjectieve waarnemingen kon ik beter niet te veel vertrouwen. Daar was ik al te vaak de mist mee ingegaan.

Het rapport werd eerst in algemene termen besproken en toegelicht.

Psychiater dr. Scheffer vertelde dat ik mij als een 'modelgedetineerde' had gedragen, maar dat het iedereen wel was opgevallen dat ik gespannen was geweest, omdat er voor mij zoveel op het spel stond. Bij bepaalde vragen of milde vormen van kritiek had zich dat bij mij een paar keer in openlijk wantrouwen vertaald. Zo van: 'Jullie hebben je oordeel zeker al klaar over mij', terwijl dit niet zo was. Ook had ik nogal veel gevraagd of men vond dat ik het goed deed. Een vraag waar ik trouwens nooit antwoord op had gekregen, maar die wel mijn onzekerheid illustreerde.

De staf stelde in het algemene gedeelte van het rapport dat men mij had leren kennen als iemand die zich sociaal kon opstellen en bereid was om medegedetineerden iets te leren en personen die uit de boot dreigden te vallen bij spelactiviteiten te betrekken. Dat ik mij van een bepaalde verantwoordelijkheid bewust was, had ik volgens de staf vooral bewezen door het zelfmoordgeval geheim te houden voor de andere patiënten.

Volgens het rapport had ik de afgelopen twee maanden 'met grote onzekerheid, maar beheerst, rustig en aangepast' aan mijn doel gewerkt. 'Door de weken heen werd Spruit minder vlak, kreeg meer zelfvertrouwen en ontstond er een basis van contact tussen hem en de groepsleiding. Paul werd door ons gewaardeerd en aardig gevonden.'

Nou, dat klonk in ieder geval niet verkeerd. Vervolgens kwamen het psychologische en psychiatrische gedeelte aan bod. Door psycholoog drs. J. Oudejans werden de voornaamste bevindingen van zijn onderzoek nog even gememoreerd. Volgens de psycholoog was ik zeker niet als een 'emotieloos mens overgekomen', zoals in vroegere rapporten over mij wel had gestaan. Hij vond mij wel iemand die niet bepaald te koop liep met zijn gevoelens, maar tijdens het onderzoek was hem toch duidelijk geworden dat in mijn gedrag het hele scala van menselijke emoties – zoals boosheid, verdriet, machteloosheid, verbittering, genegenheid – gewoon aanwezig was. Ik had volgens hem wat lichte dwangneurotische trekken, maar ook een goede intelligentie, een goed gevoel voor verhoudingen en een gecontroleerde ambitie.

Drs. Oudejans stelde voorts – ik kon mijn opwinding nauwelijks bedwingen – dat hem tijdens zijn onderzoek 'niets was gebleken' van een 'zieke bodem' in mijn persoonlijkheid, zoals de Van Mesdagkliniek in haar rapporten wel had gesignaleerd. Hetzelfde gold volgens hem voor de vermeende aanwezigheid van ernstige agressie en een identiteitscrisis, zoals die destijds bijvoorbeeld door prof. dr. Schnitzler was vastgesteld. De psycholoog schreef overigens wel een behoorlijk deel van mijn verbeterde persoonlijkheid toe aan de activiteiten van de Van Mesdagkliniek:

'Spruit is dankzij het verblijf in de Van Mesdagkliniek van een eenzame, wat masochistisch ingestelde binnenvetter, die alleen met zijn moeder en zijn ex-vrouw goed kon praten, veranderd in iemand die gevoelsmatig meer openstaat voor andere mensen. Hij is sociaal duidelijk vaardiger en flexibeler geworden en staat minder geïsoleerd en krampachtig in het leven en is emotioneel en intellectueel meer gegroeid en uitgerijpt.'

Over hoe deze bevindingen te rijmen waren met de nogal stellige en negatieve beweringen in eerdere rapporten, stelde drs. Oudejans voorzichtig, maar daarom niet minder duidelijk, dat nooit met volledige zekerheid kon worden vastgesteld dat ik tijdens de voorgaande onderzoeken een 'ernstige stoornis en bijbehorende gevaarlijkheid' had gesimuleerd, maar dat er in ieder geval aanwijzingen in die richting waren.

Het relaas van psychiater dr. J.H. Scheffer sloot aan bij de bevindingen van de psycholoog. Hij stelde in zijn verslag dat een herhaling van het moordmisdrijf volgens hem niet aan de orde was, omdat dit, zoals hij het noemde, 'een situationeel bepaald delict' was. Psychiater mevrouw Van de Geijn had dit in haar contraexpertise ook al gezegd. Er werd mee bedoeld dat de moord alleen had plaatsgevonden omdat bepaalde omstandigheden, personen en gebeurtenissen een noodlottige combinatie met elkaar hadden gevormd, zoals mijn verdedigingsdrang na de ontmaskering van mijn vader als een kindermoordenaar, het drankprobleem van Frankot en het geweld dat hij jarenlang tegen mijn moeder gebruikte. Dit, tesamen met mijn eigen onverwerkte jeugdtrauma's, had voor de uitbarsting in die bewuste augustusnacht van 1984 gezorgd. Nu mijn moeder en vader waren overleden en ik ook mijn eigen problemen beter de baas kon, was dat gevaar volgens dr. Scheffer geweken.

De psychiater zei dat hij geen aanleiding had aan te nemen dat er (nog) sprake was van een 'stoornis' bij mij en hij sloot zich volledig aan bij de opmerking van de psycholoog over de eerdere onderzoeken en de mogelijkheid dat ik daarbij had gesimuleerd.

Dit alles leidde tot de slotconclusie van de psychiater en de psycholoog, die als volgt luidde:

'Bij Paul Spruit is weliswaar nog sprake van dwangmatige karaktertrekken, maar deze zijn van neurotische aard, terwijl er geen aanwijzingen bestaan voor een dieper gelegen stoornis. Spruit verkeert niet in een zodanige geestestoestand dat de veiligheid van anderen thans nog een verlenging van de terbeschikkingstelling eist.'

Wat een victorie! Ik kon wel juichend opspringen, maar bleef op mijn plaats zitten, omdat dit in deze situatie het meest gepast was. Het had allemaal nogal formeel geklonken, maar de boodschap was kristalhelder: er was geen aanleiding om mij nog langer in de kliniek te houden. Ik had gelijk gehad. Cees Korvinus had gelijk gehad. Mevrouw Van de Geijn-Oliehoek had gelijk gehad. En de Van Mesdagkliniek had ongelijk gehad. Met dit rapport op zak kon het Gerechtshof binnenkort niet anders doen dan de poorten van 'De Hel van het Noorden' voor mij definitief openen.

Prof. Beyaert gaf me een hand en zei: 'En nu wil ik je hier nooit meer zien!'

Terug op de afdeling belde ik als eerste de Van Mesdagkliniek. Ik kreeg afdelingshoofd Ger N. aan de lijn. Ik had met hem afgesproken dat ik zou bellen zodra ik iets wist. 'Ik kom alleen met de trein hoor!' schreeuwde ik het bijna uit. N. wist direct wat dat betekende: een voor mij positief advies. Voor ik naar het Pieter Baan Centrum vertrok had ik met hem afgesproken dat als het onderzoek in mijn voordeel zou uitpakken, ik onbegeleid per trein zou mogen terugkeren en als het rapport in mijn nadeel was, ik door Sociaal Therapeutisch Medewerkers zou worden opgehaald met een parketbus. Vandaar dat ik zei: ik kom alleen met de trein.

Ger N. reageerde verbaasd. Hij zei dat hij 's morgens al met het Pieter Baan Centrum had gebeld, maar dat ze toen niks wilden zeggen: beroepsgeheim. Hij was daar een beetje geïrriteerd over, maar ik had er wel schik om.

Nu kon hij eens ervaren hoe het is om overal buiten gehouden te worden. Dat overkwam mij al jarenlang. In de vergaderingen van de Van Mesdag werd vooral óver je gesproken, maar zelden mét je gesproken en de uitkomsten werden je meestal alleen summier medegedeeld.

Ten overvloede zei ik nog een keer tegen N.: 'Ik moet eruit, Ger, het is positief.'

Er viel een stilte en toen zei hij: 'Kan ik prof. Beyaert aan de lijn krijgen?'

Kennelijk geloofde hij me niet. Ik vroeg of prof. Beyaert bereid was het advies telefonisch aan de Van Mesdag te bevestigen, maar dat weigerde hij resoluut: 'Nee, sorry, zo werkt dat niet. Ze krijgen het rapport en dan zien ze wel hoe het zit. Ik moet daar formeel in zijn.'

Gevolg daarvan was dat Ger N. nogal zuur zei: 'Ik heb dan liever dat je met de parketbus komt...' Het was tegen de afspraak en ik vond het kinderachtig, maar ik kon me er niet over opwinden. Dit kon er allemaal nog wel bij. Ik was in de zevende hemel en was zelfs bereid om terug te gaan lopen als de Van Mesdagkliniek dat gewild had.

Na het telefoongesprek met de kliniek belde ik mijn advocaat Cees Korvinus op, die enthousiast reageerde. Daarna natuurlijk mijn zus Brigit en Myranda, mijn correspondentievriendin uit Appingedam, met wie het contact steeds inniger werd. Aanvankelijk was het de bedoeling dat ik na mijn eventuele vrijlating de eerste tijd naar Laura van Z. in Almere zou gaan, maar Myranda en ik hadden al voorzichtig de mogelijkheid besproken om bij haar in te trekken. Laura was een fantastische vriendin, die me wilde helpen, maar met Myranda kon ik misschien een nieuw leven opbouwen en dus gaf ik daar de voorkeur aan.

De volgende dag werd ik naar de Van Mesdagkliniek teruggebracht en ik had een kopie van het rapport in een enveloppe bij me. Toen ik binnenkwam was er toevallig net een vergadering aan de gang en iedereen keek me verwachtingsvol aan. De kern van het nieuws was natuurlijk al doorgesijpeld, maar nu wilde iedereen het naadje van de kous weten. Ik pakte de brief van het Pieter Baan Centrum tussen twee vingers en hield 'm vlak voor de neus van een Sociaal Therapeutisch Medewerker, die altijd tegen mij had gezegd dat hij 'de echte Paul Spruit' wel eens wilde zien, en met een vette grijns zei ik: 'Déze Paul Spruit gaat er binnenkort uit!'

De jongens op de afdeling waren allemaal blij en feliciteerden me spontaan. Ze temperden echter ook de al te grote vreugde met de terechte opmerking dat de rechter zich nog over het rapport moest uitlaten en dat de uitslag daarvan nog niet vast stond. Ze hadden formeel natuurlijk gelijk, maar voor mij was dat niet echt een vraag meer. Het hof was op mijn hand en het rapport was zo duidelijk dat men het gewoonweg niet kon maken om dat te negeren. Dan had men dat hele onderzoek wel achterwege kunnen laten en kon men het Pieter Baan Centrum beter opdoeken.

Mr. Cees Korvinus dacht er precies zo over en had tegen me gezegd: 'Ik voorspel nooit uitspraken, Paul, maar als ze hiermee je TBS niet opheffen, laat ik mezelf gestoord verklaren.'

De staf van de Van Mesdag reageerde stroever. Nu mijn vrijlating dichtbij was gekomen, vroeg ik om enkele resocialisatieverloven om wat zakelijke dingen te regelen, maar die kreeg ik niet. Na een vergadering zeiden ze me ook dat ze nog altijd achter hun eigen rapportages bleven staan – wat het Pieter Baan Centrum ook beweerde – en dat er in dat opzicht dus niets veranderd was. Ik moest gewoon het normale programma blijven volgen. En, o ja, in het kader van de toegenomen spanningen leek het hen beter als ik voortaan niet meer op het buitenveld voetbalde.

Ook ten opzichte van mijn contact met Myranda deden ze moeilijk. Toen ze in Groningen op bezoek wilde komen, kon dat pas nadat er eerst weer een maatschappelijk werker bij haar thuis was geweest, terwijl ze in het Pieter Baan Centrum al drie keer bij me was geweest. Het was allemaal overdreven formeel.

Van Myranda hoorde ik later ook dat de maatschappelijk werker in het gesprek met haar ook op de mogelijkheid had gezinspeeld dat ik na mijn vrijlating bij haar zou intrekken. Hij waarschuwde Myranda daar tegen en had gezegd: 'Luister, als Paul vrij komt, is het niet zo dat heel Appingedam meteen de ramen en deuren moet sluiten, maar echt blij hoeven ze er ook niet om te zijn hoor.' Ik vond het nogal grof en intimiderend, maar ik zei het al eerder: in de Van Mesdag zijn heel wat relaties van mensen door het personeel kapot gemaakt.

Het eerste bezoek van Myranda aan mij in de Van Mesdag moest van de staf ook door een medewerker van de kliniek worden bijgewoond. Dat was ook zoiets belachelijks en diende naar mijn gevoel alleen om me te treiteren. Ik voelde me gekleineerd. Net alsof ik niet met m'n vriendin mocht afspreken zonder dat de schooljuf toezicht hield.

Na afloop werd het bezoek met mij geëvalueerd en tot mijn verbazing zei die medewerker over Myranda: 'Ze is wel een beetje eenvoudig hè?' Ik antwoordde: 'Hoe weet jij dat nou na een uurtje, waarin je haar zelf niet eens gesproken hebt?' De man haalde arrogant zijn schouders op: 'Tja, da's ons vak hè...' Dat vond ik de limit en ik beet terug: 'O ja, jullie vak... nou als ik het wel heb, zitten jullie er in dat vak ook wel eens faliekant naast. Vraag dat maar eens aan het Pieter Baan Centrum!'

Ik kreeg bericht – en een rekening – van een steenhouwerij dat op het graf van mijn vader in Dedemsvaart een zwartmarmeren gedenksteen was geplaatst. Volgens het briefje stond op de steen de volgende inscriptie:

GERARD CORNELIS SPRUIT
12-01-1922 – 12-12-1989
RUST ZACHT BIJ GOD DIE LEVEN EN LIEFDE IS

De tekst was opgesteld door de pastoor van de Rijks Inrichting Veldzicht en bracht tot uitdrukking dat mijn vader altijd erg gelovig was geweest, maar verwees voor de goede verstaander ook naar het feit dat mijn vaders leven niet bepaald rimpelloos was verlopen.

In de maanden na zijn zelfmoord had ik de herinnering aan mijn vader zoveel mogelijk uit mijn gedachten gebannen en dat was me gelukkig redelijk goed afgegaan. Ik had natuurlijk zelf een tamelijk enerverende periode achter de rug, waardoor ik veel was afgeleid, maar ik merkte dat met de dood van mijn vader ook zijn overheersende rol in mijn leven was afgelopen en daar was ik eerlijk gezegd niet rouwig om. Mijn – spaarzame – goede herinneringen aan hem vervaagden meer en meer, terwijl de negatieve gedachten juist sterker vorm kregen.

Als ik aan mijn vader dacht, verafschuwde ik zijn gedrag en het enige wat ik wel eens betreurde, was dat ik hem dat tijdens zijn leven niet nog duidelijker had laten weten. Ik wilde liever niet over hem praten, maar de weinige keren dat dit toch nog gebeurde, liet ik mij harder en scherper over hem uit dan ik ooit daarvoor had gedaan. Op een bepaalde manier had zijn dood mij van een last bevrijd, ik voelde me als het ware opgelucht, en zo nu en dan gaf ik daar openlijk uiting aan. Ik kan me herinneren dat ik een medewerker van de kliniek shockeerde toen hij het discreet over het 'voortijdige einde' van mijn vader had, door te zeggen dat een man als mijn vader 'helemaal geen recht had om te leven' en dat er dus van een voortijdig einde geen sprake kon zijn. Het klonk hard. 'Kil,' zei de man in de kliniek en normaalgesproken had hij gelijk. Maar ik voelde het zo en misschien had ik het wat onbeholpen geformuleerd, maar mijn vader had ook mijn leven, of in ieder geval mijn toekomst 'voortijdig' beëindigd en daar haatte ik hem nu om. De tekst op de steen – Rust zacht bij God die leven en liefde is – irriteerde me om die reden. Ik vond het te soft voor iemand die twee onschuldige kinderen had vermoord. Het gaf mij het gevoel dat daarmee werd gesuggereerd dat hem alles vergeven was. En dàt was niet zo. Niet bij mij althans. De rekening voor de steen en de plaatsing ervan bedroeg zestienhonderd gulden. Ik had aanvankelijk toegezegd die te zullen betalen, maar nu ik daar mee werd geconfronteerd had ik daar spijt van. Nee, voor die steen, met die tekst, op dat graf, wilde ik niet verantwoordelijk zijn. De boodschap alleen al verziekte mijn humeur en zorgde ervoor dat ik toch weer de hele dag aan hem liep te denken. Ik had de rekening dan ook nijdig in elkaar gefrommeld en 'm in de prullenbak gegooid.

Het wachten was nu op de zitting van het Gerechtshof in Arnhem. Cees Korvinus had er op aangedrongen om de zaak zo spoedig mogelijk 'op de rol' te zetten. Met dit rapport mocht het niet nog eens een halfjaar duren eer de zitting er was. Dat was voor mij onder deze omstandigheden ook niet meer uit te houden. Iedere dag die ik nu nog in de kliniek zat, voelde ik als een dag te veel. Het was eigenlijk de moeilijkste tijd uit mijn hele TBS-periode. M'n privileges werden grotendeels ingetrokken, ik werd aan m'n lot overgelaten en kreeg heel wat zure opmerkingen te verduren. Er waren zegge en schrijve twee personeelsleden die het over hun lippen konden krijgen om te zeggen dat ze de uitslag fijn voor me vonden en dat als het rapport inderdaad zo duidelijk was, ik er ook echt uit moest. Een van die twee was Christine van de N., mijn voormalige persoonlijk begeleidster, die ook een paar keer met me de stad in was geweest.

Het verzoek van mr. Korvinus had effect. Het Gerechtshof vond 'een gaatje' in de drukke agenda en de zaak werd na drie weken behandeld: op 11 juni 1990. Bij Gods gratie hoefde ik niet met de parketbus naar het Gerechtshof, maar mocht ik samen met een medewerkster, Francien, per trein reizen. Toen ik 's morgens wegging, zei ik tegen de jongens: 'Als ik vanavond terugkom, ben ik vrij.' Dat was bluf, want in mijn maag rommelde het ondertussen alsof een paar mollen op zoek waren naar de uitgang.

De zitting was 's morgens en duurde niet lang. De zaak was duidelijk. Uiteraard, zou ik haast zeggen. Het rapport van het Pieter Baan Centrum werd door de president van het hof samengevat voorgelezen. Mijn advocaat mr. Korvinus hield een betoog waarin hij de uitkomsten van het rapport van mevrouw Van de Geijn en het Pieter Baan Centrum met elkaar vergeleek: ze sloten naadloos op elkaar aan en hij stelde dat de conclusies zo eenduidig en overtuigend waren dat de TBS opgeheven moest worden. De president vroeg aan de vertegenwoordiger van de Van Mesdagkliniek hoe het toch kon dat externe deskundigen stelden dat ik er uit moest, terwijl de kliniek zelf bleef volhouden dat mijn behandeling moest worden voortgezet. De afdelingspsychiater had er geen duidelijk antwoord op. Hij zei zoiets als: 'Wij vinden dat nu eenmaal en kunnen er dan moeilijk iets anders van maken.'

De president zei dat de standpunten hem duidelijk waren en dat hij over twee weken uitspraak wilde doen. Hij grabbelde zijn dossier al bij elkaar en ik wilde net een teleurgestelde zucht laten ontsnappen – weer twee weken wachten – toen Cees Korvinus opsprong en een pleidooi hield voor het doen van onmiddellijke uitspraak.

'Als u tendeert naar een opheffing van de TBS, doet u dat dan alstublieft direct. De spanning is voor mijn cliënt ondraaglijk. En het is voor hem ook niet goed om in deze sfeer nog langer vast te zitten.' De president was niet onredelijk en schorste de zitting voor een halfuurtje beraad. In de gang van het Gerechtshof rookte Korvinus een sigaretje en knikte me bemoedigend toe, terwijl ik zenuwachtig heen en weer ijsbeerde.

Het hof kwam na twintig minuten al terug en de president keek mij na heropening van de zitting vriendelijk aan en zei:

'Meneer Spruit, het Gerechtshof heeft besloten uw terbeschikkingstelling op te heffen...' Daarna zei hij nog wat formele dingen, maar die ontgingen mij volledig. De tranen schoten in mijn ogen. Alle spanning brak even door. Er viel een enorme last van me af en terwijl ik met m'n mouw mijn ogen weer droog veegde, zag ik het tevreden lachende gezicht van Cees Korvinus. De nachtmerrie was ten einde, mijn TBS was voorbij.

Ik moest die dag echter nog wel terug naar de kliniek, want daar moest de beschikking van het Gerechtshof eerst binnenkomen. En na een poosje te hebben nagepraat en wat geëmotioneerde telefoontjes te hebben gepleegd, liepen Francien en ik terug naar het station in Arnhem. Daar liep ze even van mij weg en kwam terug met een bloemetje: 'Gefeliciteerd, Paul, namens de afdeling.' Ik vond het een leuk gebaar, maar ik zei ook: 'Nou, namens de afdeling geloof ik niet, want die zien het helemaal niet zitten, maar namens jou vind ik het heel leuk.'

Terug in de kliniek zagen ze aan de bloemen in mijn hand hoe het was afgelopen. Ze keken me ongelovig en verbaasd aan, terwijl het toch eigenlijk geen verrassing had hoeven zijn. Kennelijk hadden ze het rapport van het Pieter Baan Centrum nog steeds niet goed gelezen. In de centrale hal van onze afdeling gooide ik de bloemen uitgelaten in de lucht en terwijl ze neerdwarrelden, riep ik: 'Ik ben vrij! Ik ben vrij!' Een van de afdelingshoofden kwam haastig achter me aan en slijmde: 'Goh, Paul, ik ben blij voor je…' Dat gehuichel kon ik echter niet meer aanhoren en ik snauwde terug: 'Ouwehoer niet zo… je bent helemaal niet blij voor me… Het liefst hadden jullie me nog twee jaar opgesloten. Als je gewoon eerlijk zegt dat je er de tering over in hebt, waardeer ik je meer.'

De jongens van mijn afdeling waren allemaal hartstikke opgetogen. Ze toonden zich zo blij dat het leek alsof ze zelf waren vrijgekomen. Mijn overwinning was ook een beetje hun strijd geweest.

Ik wist uit ervaring dat het hen extra moreel gaf. De kliniek was machtig, maar nu was maar weer eens gebleken dat ze niet onoverwinnelijk was en dat gaf iedereen een goed gevoel.

Om vier uur 's middags kwam per fax de beschikking van het hof binnen en ik kreeg een kopie uitgereikt. Vanaf dat moment was ik vrij om te gaan en te staan waar ik wilde. Het gaf een heel onwerkelijk gevoel. Het was echter zo plotseling en snel gegaan, dat ik niemand tijdig had kunnen waarschuwen om me op te halen. En toen iedereen om vijf uur aan tafel ging, schoof ik dan ook automatisch op mijn plaats. 'Hé, wat krijgen we nou?' vroeg een medewerker chagrijnig. 'Jij bent toch met ontslag gegaan?' Kennelijk was ik al niet meer een van hen. Na viereneenhalf jaar in de kliniek kon er al bijna geen maaltijd meer van af. Nou, ze mochten die paar boterhammen van me houden.

Na het eten ben ik alle jongens langsgelopen met wie ik de afgelopen jaren lief en leed had gedeeld. Ik had ontzettend naar mijn vrijlating toegeleefd, maar toch was het afscheid moeilijk en ontroerend. Ik ging weg. En zij moesten blijven. Voor hoe lang nog? Twee jaar, vier jaar? Of nog veel langer? Ik omhelsde een paar jongens met wie ik bevriend was geraakt. Een van hen gaf ik mijn biljartkeu. Een ander kreeg de ombouw van mijn bed en onder de rest verdeelde ik wat kleine spullen.

Daarna stak ik mijn hand op en riep: 'De mazzel allemaal!' Van de staf liet niemand zich zien. Ze lieten zich kennen. Jarenlang hadden ze dagelijks op mijn lip gezeten en bijna iedere scheet met me geëvalueerd en nu ik weer op eigen benen mocht staan, durfden ze me niet eens gedag te zeggen. Nou, ik vond het best. Ik kon ook zonder hun zegen. Ik had bij de administratie mijn geld opgenomen en een taxi gebeld.

Ik liep naar buiten. Het was een fantastische gewaarwording. Ik hoefde niet over een paar uurtjes terug te zijn. Ik kon als vrij man door de voordeur. De taxi reed voor en ik kon zelf zeggen wat ik wilde. Ik liet me naar de binnenstad van Groningen brengen en liep daar op de Grote Markt wat doelloos rond, zomaar, om van mijn vrijheid te genieten. Ik stapte een snackbar binnen en trok achter elkaar vijf frikadellen uit de muur. En er was niemand die kon vragen: waarom doe je dat? Heerlijk!

Een uurtje later liet ik me naar het Altea-hotel aan de rand van de stad brengen. Daar heb ik eerst uitgebreid een bad genomen en daarna belde ik pas mijn zuster, die ik niet eerder had kunnen bereiken. Ze wist niet wat ze hoorde, want ook zij had er op gerekend dat er pas over veertien dagen uitspraak werd gedaan.

Brigit was door het dolle heen, ik hoorde de emotie in haar stem. 'O, Paul wat geweldig! Kom hier naar toe, kom hier naar toe, dan drinken we champagne.' Ik zei haar echter dat het al wat laat was en ik daarom in Groningen bleef overnachten en pas de volgende dag zou komen. Daarna belde ik Myranda en Laura van Z., die al even uitbundig reageerden. Zij boden me eveneens een slaapplaats aan, maar ook dat wimpelde ik af. Ik wilde even tot mezelf komen, want mijn toch nog onverwachte vrijlating had bij mezelf ook wel wat emoties losgemaakt.

Ook belde ik mr. Korvinus om hem te zeggen dat ik werkelijk vrij was. Ik bedankte hem nogmaals voor het fantastische werk dat hij had gedaan. Hij was een wereldadvocaat en wat ik vooral in hem waardeerde was dat hij altijd zijn vertrouwen in mij had uitgesproken. 'Paul, jij hoort niet in die kliniek,' had hij me na een paar bezoeken gezegd. 'We gaan jou eruit halen!' En hij had woord gehouden.

Die avond dronk ik – voor het eerst sinds jaren – een paar pilsjes in de hotelbar en genoot er van dat niemand riep dat het tijd was om af te sluiten en iedereen naar zijn verblijf moest. Tegen twaalf uur ging ik naar bed, maar van slapen kwam niet veel. De gebeurtenissen van die dag maalden door mijn hoofd. Ik was opgewonden. Eindelijk vrij! Ik lag de hele nacht na te denken wat ik met mijn leven zou gaan doen, nu ik er weer zelf over kon beschikken.

De volgende ochtend huurde ik een auto en reed naar Almere, waar ik eerst mijn zuster Brigit een tijd in mijn armen hield. Ze woonde bij die Bart S., de man die ik ooit nog in de Bijlmerbajes had willen opzoeken vanwege die zaak met Marcella. Het was een morsige kerel. Hij zag er wat verwaarloosd uit, met lang, piekerig haar en slordige kleren. Brigit zag er nog slechter uit. Ze was de voorgaande maanden enorm vermagerd en zag erg bleek. Ik schrok er een beetje van en vroeg me af wat er toch aan de hand was. Het leek wel alsof ze niet in orde was. Maar ik kreeg niet de tijd om daar bij stil te staan. Ze ontving me hartelijk en alle aandacht werd op mijn vrijlating gericht.

Een paar uur later ben ik naar Laura van Z. en haar man Rick in Almere-Buiten gegaan, die me uitnodigden voor de buurtbarbecue die toevallig die dag werd gehouden. Het was prachtig weer en iedereen was vrolijk. Ik vond het fantastisch om gewoon met hen te kunnen praten, drinken en lachen, zonder dat je van alle kanten werd geobserveerd of rekening moest houden met vragen en evaluaties.

Laura bood me weer een logeerplaats bij haar aan, in haar woning in Almere-Buiten. Ik had echter al besloten dat ik die avond naar Appingedam zou gaan, naar mijn vriendin Myranda. Na de barbecue reed ik weg, hartelijk uitgezwaaid door Laura en Rick.

Het was een autorit die ik nooit van mijn leven meer zal vergeten. Het was een stralende dag. Ik reed met mijn autoraampje open, m'n arm nonchalant op de deurstijl. Een aangenaam warme wind kwam naar binnen. Op de radio speelde een mooie evergreen uit de jaren zestig. En als ik linksaf wilde, ging ik linksaf, niemand die me tegenhield of controleerde. Ik was vrij. Vrij! En ik voelde me vrij, iets wat alleen maar iemand begrijpt die zelf ooit opgesloten heeft gezeten.

Het was 12 juni 1990, en op twee maanden na had ik zes jaar achter de rug, waarvan viereneenhalf, lange jaren, in de Van Mesdagkliniek. Ik floot mee met het liedje op de radio en het was een van die hele weinige momenten in mijn leven dat ik écht gelukkig was.

XX. Gekoppeld aan 'Brabantse Toontje'

Het kenmerk van waar geluk is helaas dat het maar eventjes duurt. Het gevoel van euforie na mijn vrijlating ebde in de praktijk van alledag dan ook weer snel weg. Opgesloten zijn went nooit, maar vrijheid vind je gauw weer gewoon. Bovendien doemden nieuwe problemen en financiële zorgen op. Ik had lang vastgezeten en was abrupt vrijgekomen. Ik had daardoor weinig van tevoren kunnen regelen, mede omdat de kliniek zo moeilijk over mijn resocialisatieverlof had gedaan. Op een aantal punten moest ik duidelijk acclimatiseren. In de kliniek had alles een doel en was elke activiteit ingepast in een schema of een programma, waarbij je zelf nauwelijks hoefde te denken.

Soms werd je ook geconfronteerd met hele simpele, haast bespottelijke omschakelingsprobleempjes, waarvan je nooit had kunnen voorzien dat ze ooit zouden opspelen. Zo had ik er de eerste tijd veel moeite mee dat 's nachts de slaapkamerdeur niet werd afgesloten. In de kliniek, maar ook in het huis van bewaring, ging de deur van je verblijf 's avonds altijd op slot en in die zes jaar was ik daar aan gewend geraakt. Het gaf je op een of andere manier een veilig gevoel. Of laat ik het anders zeggen: nu de deur niet op slot zat, voelde ik me er onbehaaglijk bij. In de eerste weken na mijn vrijlating ging ik er 's nachts soms wel drie keer uit om te voelen of de deur goed dicht zat. En als ik maar het idee had dat hij op een kiertje stond, kon ik absoluut niet slapen.

Myranda had er wel begrip voor, maar het was voor haar natuurlijk ook vreemd. Bovendien moest zij in haar flatje, een typisch vrijgezellenwoninkje, van de ene op de andere dag plaats inruimen voor een man, wat van haar de nodige aanpassing vereiste. Ze was tot die tijd gewend geweest te doen wat zij zelf wilde.

Problematischer was nog dat we ons financieel niet veel konden veroorloven. Ik had weliswaar mijn uitkering, maar ik had ook nog steeds veel oude schulden staan. In de kliniek had ik niets gespaard en alles opgemaakt aan huur van films, aanschaf van computerapparatuur, meubilair, muziek, boeken. Misschien niet slim, maar als je daar zit en bijna dagelijks te horen krijgt dat je verblijf nog wel jaren kan duren, denk je niet aan de dag van morgen en de daarbij horende geldzorgen. Kortzichtig natuurlijk, maar dat is nu eenmaal een van de effecten van gevangenschap. Je blik gaat niet verder dan die vier muren. Je enige belang is om de tijd in de kliniek zo goed mogelijk door te komen en het gevolg was dat ik her en der behoorlijke schulden had opgebouwd.

Direct na mijn vrijlating moest ik bij de Volkskredietbank aankloppen voor een lening van 3500 piek, want ik had helemaal niets meer aan nuttige en noodzakelijke bezittingen. Als je ruim zes jaar hebt vastgezeten, heb je niet meer de beschikking over een regenjas of een paar winterschoenen. Veel van je kleding is tijdens je detentie bovendien hopeloos uit de mode geraakt.

Ook hadden we een autootje nodig. We woonden in Appingedam en zonder vervoermiddel was ik daar verloren. Dan was ik als het ware weer opgesloten, zij het dan in de provincie. Als ik naar mijn zus in Almere wilde, was ik met de trein en de bus zo'n beetje anderhalve dag onderweg.

Het was trouwens wel mijn bedoeling zo snel mogelijk weer aan het werk te gaan. Ik wilde mijn eigen geld verdienen en bezig zijn. Ik had lang genoeg stilgezeten. Ik schreef me in bij wat uitzendbureaus en werd gewaar dat een veroordeling ook na je vrijlating nog gevolgen kan hebben. Bijna elk bureau vroeg op het aanmeldingsformulier of ik een strafrechtelijk verleden had. Ik vulde steevast 'nee' in. Ik vond die vraag ontzettend hypocriet. Men heeft in ons land altijd de mond vol over resocialisatie, maar als je één dag vrij bent, dwingt men je bijna om alweer te gaan liegen. Want wat zou er gebeurd zijn als ik bij die vraag eerlijk 'ja' had geantwoord? Nou, dan stond mijn kaart daar nu nog in de bak 'niet plaatsbaar' te vergelen.

Na een aanpassingsperiode van een dikke maand in Myranda's woning ging ik met enige regelmaat bij allerlei bedrijven in de haven van Delfzijl werken: Akzo, scheepswerven, petrochemie enzovoort. Het ene baantje was leuker dan het andere, maar het gaf voldoening dat ik weer zelf de kost verdiende. Het meeste werk was vuil, stinkend, bijtend en niet ongevaarlijk. Ook moest ik weer wennen aan de directheid waarmee alles ging. Op het moment dat je iets niet goed deed, of verkeerd begreep, was het algauw van: 'Hé klojo, komt het dit jaar nog af?' of soortgelijke opmerkingen, waar in de kliniek minimaal een evaluatie van een uur op zou zijn gevolgd.

Ook de drukte om me heen was ik niet meer gewend. In de kliniek ging alles rustig en bedaard, maar hier jaagde iedereen in een ijltempo langs elkaar heen. Soms moest ik daar even aan ontsnappen. Het gebeurde wel dat ik 's avonds na het eten ineens mijn jas aantrok en dan naar de jachthaven van Delfzijl reed om daar een paar uurtjes rustig te zitten en na te denken. Ik was vrij en daar was ik natuurlijk nog steeds blij mee, maar het was niet zo dat alles rozengeur en maneschijn was.

Myranda en ik probeerden er veel over te praten. In het begin had ze me zoveel mogelijk met rust gelaten en begrepen dat ik tot mezelf moest komen. Dat ik rustig aan moest doen, dat ik als het ware moest 'afkicken' van mijn verblijf in de kliniek. Vrij zijn moet je leren, net als lopen. Terug in de maatschappij begreep ik pas goed wat die viereneenhalf jaar in de Van Mesdag me hadden gedaan. Ik zou waarschijnlijk nooit meer helemaal mezelf worden.

Mijn relatie met Myranda was goed, al was het dikwijls wederzijds een kwestie van aftasten en aanpassen. Ik had ruim zes jaar in een uitgesproken mannenwereld geleefd en dat had zijn sporen nagelaten, onder meer in mijn taalgebruik. De eerste twee weken hadden we apart geslapen, om niet te hard van stapel te lopen, want de 'normale' aanloopperiode van samen een hapje eten, een bioscoopje pikken, hadden we in onze relatie overgeslagen.

Tijdens deze kennismakingsperiode bleek echter wel dat er tussen ons meer was dan vriendschap alleen. Echte verliefdheid was het niet, geloof ik, daarvoor was ik inmiddels wat te oud. Het was meer een gevoel van verbondenheid, zo van: wij horen bij elkaar. Misschien was dat zelfs wel beter.

Op mijn eerste vrouw, Marieke S., was ik, als twintiger, wel hotel-de-botel geweest, maar dat gevoel was na een paar jaar toch verwaterd. Bij Myranda begon het juist wat waterig door die moeizame beginperiode, maar misschien bood dat voor de toekomst wel een beter vooruitzicht.

We zaten vaak hele avonden te praten, want we hadden veel in te halen, ook omdat we geen gemeenschappelijke voorgeschiedenis, vrienden en kennissen hadden. Een half jaar voor mijn vrijlating hadden we zelfs nog nooit van elkaars bestaan geweten. Ik probeerde Myranda zoveel mogelijk over mijn verleden te vertellen, haar uit te leggen hoe dingen waren gelopen. Ook in dat opzicht moesten we een kloof overbruggen.

Myranda had nog niet veel meegemaakt, terwijl ik, met alle bizarre gebeurtenissen in mijn leven, in feite nog geen normaal bestaan had gehad. In de kliniek had ik haar verteld over de moord op Henk Frankot, maar nu lichtte ik haar meer de achtergronden toe en kleurde daarbij ook de betrokken personen beter in, zoals mijn zus, mijn moeder en uiteindelijk ook mijn vader. Dat hij twee kinderen had vermoord, had ik tot die tijd verzwegen, maar ik vond wel dat Myranda het nu moest weten. En hoewel ze inmiddels heel wat van mij gehoord had, schrok ze daar toch flink van. Op dat moment moest ze wel even hebben gedacht: in wat voor familie ben ik nu in hemelsnaam verzeild geraakt? En ook de zelfmoord van mijn vader, nota bene in de maand dat wij elkaar via een contactadvertentie hadden leren kennen, maakte diepe indruk op haar. Het zorgde er wel voor dat Myranda de moord op Henk Frankot in een ander perspectief ging zien en dus ook beter kon begrijpen.

Wat ik ook weer moest leren, was om rekening met anderen te houden. Dat aspect van de menselijke omgang was er in de kliniek een beetje uitgesleten, hoewel men daar in theorie juist de nadruk op sociale vaardigheden legde. In werkelijkheid werd je in de kliniek echter vooral op jezelf aangesproken. Met de behandelaars stond je in een gezagsverhouding en met je medepatiënten had je niet echt iets te maken. Die waren er net als jij onvrijwillig en je wist vaak niet eens waarvoor precies. Je zat met hen opgescheept en in het gunstigste geval ging dat aardig. Dat leidde er toe dat je ook niet werkelijk rekening met hen hield. Als er problemen of conflicten waren ging je die eerder uit de weg, dan dat je pogingen deed om ze op te lossen. Ondanks alle mooie verhalen zijn een gevangenis en een kliniek in werkelijkheid tamelijk asociale omgevingen.

In Almere, bij mijn zuster, kwam ik minder vaak dan ik gedacht had. Ik wilde liever niet te veel met die Bart en Ida te maken hebben. Die mensen lagen me niet. En de relatie die ze met elkaar hadden, sprak me helemaal niet aan. In feite hadden ze een soort driehoeksverhouding met elkaar en ik begreep niet wat Brigit daar in zag. Die Bart was een scharrelaar en hun huishouden een rommeltje. Ik kon me niet voorstellen dat Brigit daar gelukkig was. Ik belde regelmatig met haar, maar van bezoeken kwam het eerste half jaar niet veel, ook al omdat Almere vanuit Appingedam niet om de hoek is.

Toen ik een maand of twee vrij was, wilde Myranda een keertje mee naar haar toe. Ze had van mij inmiddels veel over Brigit gehoord en wilde eens nader kennis maken. Ik had Myranda al een beetje gewaarschuwd dat het een ander huishouden was dan zij in het propere Groningen gewend was, maar dat kon haar niet van een visite weerhouden.

Het bleek in de praktijk evenwel nog erger dan ik haar had voorgespiegeld.

Toen we op een zondagmiddag in de woning van Bart en Ida binnenkwamen, viel Myranda van schrik zowat achterover. Ze keek echt verbijsterd, zo van: wat is dit in hemelsnaam???

Een grote kaketoe zat in een kooi oorverdovend te schreeuwen en was zo te zien weken geleden voor het laatst schoongemaakt. Om de kooi lag een hele berg vuil: poep, zaadjes, pluisjes en zand. De tafel was nog niet afgeruimd en stond vol met vuile borden en kopjes van minstens een week. Verder lagen er overal kranten, kleren en andere rommel. Er liepen een stuk of drie honden door de woonkamer en ook nog een paar katten. En tussen alle troep stond ook nog een onopgemaakt bed – dat van Brigit. Er hing een zure, verschaalde lucht: een bedwelmende combinatie van vogelpoep en de verwarming die te hoog stond.

Bart en Ida deden overigens vriendelijk tegen ons, daar lag het absoluut niet aan. Maar ze waren gewoon ons type mensen niet. Met de rillingen op mijn rug dronk ik de koffie op die ons werd geserveerd en ik durfde nauwelijks mijn lippen aan de rand van het smoezelige kopje te zetten.

Na een klein uurtje hebben we gezegd dat we weer terug moesten naar Appingedam en zijn met de portierraampjes open naar huis gereden. Het duurde tot vlak voor Appingedam eer Myranda haar gevoel van verbijstering had overwonnen en met een valse glimlach zei dat ik voortaan maar weer alleen moest gaan.

Omgekeerd was het voor mij trouwens ook niet makkelijk om bij mijn nieuwe 'schoonfamilie' langs te gaan: de ouders en broers van Myranda. Ik voelde me er bekeken en constant gewogen. Ze deden niet vervelend tegen me, maar ik kreeg evenmin het idee dat ik geaccepteerd werd. Het was meer een kwestie van gedogen. Het waren nuchtere, hardwerkende mensen, die niet echt waren ingenomen met de situatie. Ik kon me dat trouwens best voorstellen, want alle ouders hopen in hun hart natuurlijk dat hun dochter met die prins op het witte paard trouwt, in plaats van een probleemgeval uit de Van Mesdagkliniek die zijn stiefvader heeft vermoord. Myranda had haar best gedaan om hen mijn voorgeschiedenis uit te leggen, maar dat had hun scepsis niet weggenomen. Het waren mensen die hun beeld en mening over misdaad en straf volledig baseerden op wat ze in de krantenkoppen hadden gelezen en zelf in Appingedam maar heel weinig hadden meegemaakt. Dat is uiteraard niet als verwijt bedoeld, maar als uitleg hoe ze tegen mij, als

Amsterdammer ook nog, aankeken. Iemand uit de Van Mesdagkliniek was in hun ogen per definitie gevaarlijk en niet te vertrouwen. Hun feitelijke kennis daarover was nogal beperkt.

In feite werd hun mening daarover bepaald door twee geruchtmakende incidenten. De eerste was de moord op Ahold-topman Gerrit Jan Heijn, in september 1987, door ir. Ferdi E. uit Landsmeer. E. was ook tot TBS veroordeeld en die zaak had op hen veel indruk gemaakt. In hun gedachten waren alle patiënten in TBS-inrichtingen even koelbloedig en berekenend als Ferdi E. Het tweede incident was dichter bij huis. Het betrof de ontsporing van zedendelinquent Willem van der S., die tijdens z'n proefverlof in maart 1988 het tweeëntwintigjarige Groningse meisje had verkracht en gewurgd. De wetenschap dat Van der S. op dat moment in dezelfde kliniek als ik zat, maakte het beeld er voor mijn schoonfamilie – en dus voor mij – niet beter op.

Hun opstelling maakte mij in het begin overijverig om het tegendeel te bewijzen. Ik liet niets na om hen duidelijk te maken dat ik als ex-patiënt best goed bij m'n hoofd was en een aardige vent kon zijn. Ik heb daar veel energie aan besteed, ook in de buurt waar we woonden. Ik wilde per se aardig gevonden worden en ik wilde ook koste wat kost Myranda voor haar buren en vrienden het gevoel geven dat zij geen verkeerde keuze had gemaakt. Ze hoefden maar te kikken, of ik stond er om te helpen sjouwen, spitten, behangen of wat dan ook. Ik had een enorme drang te bewijzen dat ik geen gestoorde gek was. Het waren de naweeën van de kliniek, waar men mij viereneenhalf jaar lang had ingepeperd dat ze 'de ware Paul Spruit' wel eens wilden zien. Gevolg van mijn overactieve houding was dat er juist een averechts effect ontstond. Ik kon geen maat houden, ik doseerde onvoldoende en dat maakte mensen argwanend.

Myranda laveerde handig tussen die problemen door. Ze luisterde naar haar familie en ze begreep hen ook wel, maar trok toch haar eigen plan. Ze stond achter me en dat deed me ontzettend goed. Dat gaf me vertrouwen.

De buurt viel wel mee. Myranda en ik hadden afgesproken over mijn verleden maar geen sprookjes te vertellen. Daarvoor had ik te lang vastgezeten en daarvoor was er ook te veel gebeurd. Er omheen praten was veel te krampachtig en zou waarschijnlijk alleen maar tot geroddel leiden, want op den duur was er natuurlijk altijd wel iemand die je herkende, van je verleden wist of per ongeluk een oud krantenknipsel tegenkwam.

Van de reclassering heb ik na mijn vrijlating helemaal niets meer gehoord en dat viel me wel tegen. Ik heb zelf, toen ik een beetje klem kwam te zitten, contact opgenomen met de afdeling in Groningen, maar die reis had ik me kunnen besparen. Ik vroeg of ze me konden helpen, omdat ik door mijn plotselinge vrijlating in feite een slechte start had gehad. Maar ja, toen kreeg ik dus te horen dat ik niet via een aanbeveling van de kliniek was vrijgekomen, maar dat ik dat zelf via het Gerechtshof had afgedwongen. Dat betekende in de praktijk, aldus de reclassering, dat ik geen rekening met hen hoefde te houden – het hof had mijn vrijlating immers zonder bijkomende of beperkende maatregelen gelast. Maar de consequentie daarvan was dat de reclassering zich ook niet meer met mij hoefde te bemoeien. Bij een normale gang van zaken, waarbij ik eerst een proefverlof zou hebben gekregen, zou de reclassering automatisch door de kliniek zijn ingeschakeld, maar nu konden ze niets doen, zeiden ze. Ook daar werd gewerkt volgens het zo-zijn-de-regels-principe. In feite werd ik dus nog eens extra gestraft voor het feit dat we hadden aangetoond dat er voor de Van Mesdagkliniek geen reden was mij langer vast te houden.

Aan de jongens in de kliniek stuurde ik af en toe een briefje of een kaartje. Met een van hen, Rob de W., een wegens moord veroordeelde Fries, met wie ik bevriend was geraakt, onderhield ik ook nog een poosje telefonisch contact. Dat mocht officieel overigens niet. De kliniek wilde voorkomen dat ex-patiënten de gang van zaken, dan wel de achterblijvende patiënten, negatief zouden beïnvloeden. Rob had me echter geschreven dat ik mij op naam van een neef van hem telefonisch moest aanmelden en dat ik dan zonder problemen zou worden doorverbonden – en zo ging het ook. Zo-zijn-de-regels, maar zo-worden-ze-ontdoken.

Ik hoorde een poosje later dat mijn plaats op de afdeling door iemand was ingenomen die maar zeer kort was gebleven: de man had zichzelf opgehangen: per ongeluk, door middel van wurgseks, had de kliniek beweerd. Hoe dan ook, het was het derde dodelijke slachtoffer in tamelijk korte tijd waar ik mee werd geconfronteerd.

Toen ik zelf nog in de kliniek zat, had ik dikwijls de drang de buitenwereld te vertellen hoe het binnen was. Hoe het is om vast te zitten, hoe het is om geen zeggenschap over jezelf meer te hebben. Dat een kliniek geen hotel is en dat een kleuren-tv niets vergoedt van wat je allemaal mist. Het grote publiek had er meestal geen benul van wat er binnen allemaal omging, maar matigde zich daar wel een pertinent oordeel over aan en dat had me vaak geïrriteerd. Ik wilde graag wat aan die verkeerde beeldvorming doen. Ik had in de Van Mesdag ooit een poster zien hangen van de Stichting Delinkwentie & Samenleving, die zich bezighoudt met voorlichtingsprojecten op dit gebied. Ik had ze opgebeld en gevraagd of ik op een bepaalde manier kon meewerken. Ze hadden wel belangstelling getoond, maar zeiden dat ik eerst maar vrij moest zien te komen. Daar was sindsdien nog een jaar overheen gegaan, maar nu het zover was, besloot ik er toch werk van te maken.

De meeste patiënten wilden na hun vrijlating nooit meer iets van hun kliniekverleden weten, maar ik vond dat ik iets moest doen voor de jongens die er nu nog inzaten. In ons land wees men liever verontwaardigd met de vinger naar psychiatrische klinieken in het buitenland, met voorkeur in het Oostblok, zonder te beseffen dat de klinieken in ons eigen land ook volkomen van de buitenwereld waren geïsoleerd en ook bijna niemand wist wat er achter die hoge muren allemaal gebeurde. Als er niet meer voorlichting en openbaarheid kwam zou er dus nooit iets veranderen.

Enfin, toen ik vrij was en ook de baantjes via het uitzendbureau niet voor het oprapen lagen, ging ik langs op het kantoor van Delinkwentie & Samenleving in de stad Groningen om er eens over te praten en het leidde er toe dat ik me aanmeldde als voorlichter.

Ik werd aan een andere ex-delinquent gekoppeld en het was de bedoeling dat we op scholen en bij jeugdverenigingen voorlichting gaven over het gevangeniswezen en onze eigen ervaringen daarmee. Mijn partner was een wat oudere man, die ooit voor een halfbakken fraude-zaakje acht maanden in een halfopen gevangenis had gezeten.

Ons praatje begon met een diaserie waarin we een politiecel, een isoleercel, een huis van bewaring, een gevangenis, een luchtplaats enzovoort toonden. Wij moesten die beelden dan een beetje aan elkaar praten.

De man met wie ik dat deed, was er volgens mij niet echt geschikt voor. Hij had nauwelijks iets meegemaakt, maar hield een jankverhaal van heb ik jou daar en beklaagde zich er langdurig over dat hij van een te lage uitkering moest zien rond te komen. Ik kon me niet voorstellen dat deze huilebalk de gewenste indruk op scholieren maakte; ik schaamde me er in ieder geval een beetje voor. Deze man was wat wij in het huis van bewaring een 'koekie' noemden en niet het 'schoolvoorbeeld' om de jeugd van het slechte pad te houden.

Ik vroeg daaarom na een poosje aan de coördinator van Delinkwentie & Samenleving of hij een andere partner voor me had, en op een van de vergaderingen werd ik toen voorgesteld aan de 32-jarige Toontje van de Wetering uit Winschoten. 'Ga maar eens met hem op pad, da's waarschijnlijk meer jouw type', werd er gezegd.

Toon van de Wetering was een stevige vent. Niet eens zo groot, maar wel imponerend. Donker haar, donkere ogen en een martiale snor. Hij was geboren in Oss en werd in Groningen door velen 'Brabantse Toon' genoemd. Hij was wat de politie een 'zware jongen' noemt. Hij had een bont leven achter zich en had zo'n beetje elk huis van bewaring minimaal een keer van binnen gezien. Hij was kort na mij vrijgekomen uit gevangenis de Noorderschans in Winschoten en had voor uiteenlopende misdrijven, waaronder inbraken en overvallen, in totaal tien jaar uitgezeten. Grappig was dat hij zich enige faam en publiciteit had verworven met het schrijven van gedichten. Van de Wetering had zichzelf in de gevangenis leren lezen en schrijven en had zich daarin zodanig ontwikkeld dat er zelfs een bundel gedichten van hem was uitgegeven onder de voor een bajesklant veelzeggende titel 'Bekentenissen'. Hij stond bekend als de 'dichtende gangster' en was in die hoedanigheid in allerlei televisie- en radioprogramma's opgetreden.

Omdat Toon zelf geen auto had, reed hij altijd met mij mee naar de voorlichtingsbijeenkomsten en zodoende kregen we na verloop van tijd een goed contact. We hadden samen een 'show' in elkaar gezet die buitengewoon enthousiaste reacties opriep en we zaten dan ook behoorlijk volgeboekt. We begonnen altijd met de diaserie, vertelden daarna wat over de werkwijze van Justitie en politie en daarna nam Toon het woord.

We probeerden de scholieren een spiegel voor te houden en te laten zien dat misdaad lang niet altijd een zwart-wit aangelegenheid is. We lokten hen uit de tent met allerlei vragen en bedachte situaties die bij de belevingswereld van die kinderen aansloten. 'Stel je nou eens voor dat ik in mijn kofferbak allemaal nieuwe cd's of sloffen sigaretten zou hebben en ik bied die te koop aan voor vijf piek per stuk, met het verhaal dat ik die in een grote partij voordelig op de kop had kunnen tikken. Zou je die kopen?' vroeg Toon dan. Nou, het gros zei meestal dat ze dat wel zouden doen. Een voordeeltje mocht toch iedereen pakken? Toon antwoordde dan weer: 'In dat geval zijn jullie allemaal helers... Iedereen kan en moet begrijpen dat nieuwe cd's niet voor vijf piek te koop zijn. Jullie zouden zonder meer een strafbaar feit hebben gepleegd.'

Na dit 'opwarmertje' was ik aan de beurt en zei: 'Ik benoem jullie allemaal tot rechter en jullie moeten over verdachten oordelen. Stel, er is een man die ziet dat zijn buurvrouw topless in de tuin ligt te zonnen. Ze ziet hem ook en flirt een beetje met hem. De man springt over de heg en probeert nogal opdringerig seks met haar te hebben. De vrouw doet aangifte van aanranding. Wat moet zo'n man voor straf hebben?'

Met dit voorval lieten we de scholieren zien hoe uiteenlopend over bepaalde misdrijven kan worden geoordeeld en dat het daarbij veel uitmaakt in wat voor positie je zelf bent. De jongens vonden meestal een half jaar gevangenisstraf wel genoeg, of zelfs een boete volstond al wat hun betrof. De meisjes waren echter veel rigoureuzer en deelden moeiteloos acht jaar cel uit en zouden de verdachte dikwijls het liefst laten castreren.

Toon nam het dan weer over met een ander voorbeeld en zei, kort samengevat: 'Stel, dat je een man moet berechten die z'n stiefvader heeft doodgestoken, omdat die man telkens zijn moeder mishandelde als hij dronken was. Wat zou je zo iemand voor straf geven?'

Dit leidde dikwijls tot een omgekeerde situatie. Dan waren de jongens ineens de 'hardliners', die twintig jaar of levenslang riepen, terwijl de meisjes kennelijk meeleefden met de gekwelde moeder en drie jaar wel genoeg vonden. We hoorden al die meningen aan en Toon deed dan en stap opzij, wees op mij en zei: 'Nou jongens, hier staat die moordenaar die jullie tot twintig jaar cel hebben veroordeeld...' Het was dan in één klap doodstil en die scholieren keken me geschrokken en verbijsterd aan. Ik reageerde er altijd luchtig op en stapte op zo iemand af die de doodstraf had bepleit en zei: 'Dus van jou had ik hier niet meer mogen staan?'

Natuurlijk ging het er niet om zo'n kind op z'n nummer te zetten. Het was slechts een inleiding. Vervolgens ging ik mijn verhaal vertellen: over de jarenlange mishandelingen, dat de politie wel langskwam, maar nooit ingreep, dat mijn moeders gezondheid achteruitging, dat mijn stiefvader haar geld afperste, steeds gewelddadiger werd en had gedreigd haar nog eens dood te slaan. Kortom, de achtergronden.

De vraag was natuurlijk uiteindelijk: zeggen jullie nu nog eens wat voor straf ik had moeten krijgen? Wel, degenen die het hardst om levenslang hadden geroepen, 'vonnisten' me dan heel bedeesd tot vier of vijf jaar. De les die ze hieruit moesten trekken, zo zeiden wij, was dat ze niet alleen op de koppen in de krant moesten (ver)oordelen, maar ook het verhaal erachter moesten aanhoren. En dat je zolang je die achtergronden en aanleidingen niet kent, voorzichtig moest zijn met je oordeel.

Daarna leidde ik een nieuwe zaak in. Ik hield ze het levensverhaal voor van een jongen die op een woonwagenkamp was opgegroeid, waar z'n ouders zich in leven hielden met misdaad en diefstal. Waar ruzies nooit werden uitgesproken, maar werden uitgevochten. Deze jongen, zo hield ik mijn gehoor voor, pleegde later overvallen, inbraken en diefstallen en hij heeft ook wel eens op iemand geschoten. De scholieren begrepen meestal wel dat ik op dat moment het leven van Toon schilderde en bij de vraag wat voor straf hij moest hebben, waren de meesten al een stuk genuanceerder.

Toon vertelde dan zijn eigen verhaal. Hoe bij hem thuis met de paplepel werd ingegoten dat de politie je vijand was en dat je daar nooit mee moest praten. Dat er thuis op de keukentafel niet alleen, zoals in een gewoon gezin, een mes en een vork lagen, maar ook een pistool. En dat hij zag dat leeftijdgenootjes complimenten kregen als ze de politie te slim af waren geweest, of iets moois hadden weten te pikken.

We sloten onze sessie dan af met het verhaal dat ze kennis hadden gemaakt met de beroepscrimineel en de gelegenheidscrimineel. Toon was de 'beroeps' en ik was de gelegenheidscrimineel, de persoon die door bepaalde omstandigheden tot een misdrijf komt, maar dit niet zo heeft gewild of gezocht.

'Zeg dus nooit,' zo hield ik die scholieren voor, 'dat je niet in de gevangenis terecht zult komen, want er is altijd een situatie denkbaar dat je voor je vrouw, je kind, een broertje of een vriend opkomt en dat je dan te ver gaat. Zoals ik. Dat kan ook jou gebeuren.' Dat zei ik, waarbij het nooit iemand opviel dat ik de vaderfiguur uit dit voorbeeld weg liet.

De scholieren waren bijna altijd geïmponeerd door ons verhaal en bestormden ons na afloop met vragen. Gevolg was dat er steeds meer aanvragen binnenkwamen voor ons 'optreden'. Het praatte zich rond en met name het feit dat er een 'echte moordenaar' bij zat, vonden de leerlingen fascinerend. Als we bij zo'n school aankwamen hoorde je ze vaak fluisteren: 'Wie zou nou die moordenaar zijn?' Ook daarbij bleek dan weer een vooroordeel dat wij later in de klas uitspeelden. Toon zag er door zijn vele tatoeages het meest 'crimineel' uit en dus wezen ze hem als moordenaar aan. Les één luidde dan ook: ga nooit af op iemands uiterlijk!

Toon en ik hebben zo maandenlang de noordelijke provincies doorkruist. We kregen een onkostenvergoeding en kilometergeld en door de grote hoeveelheid optredens, soms wel acht op een dag, konden we daar aardig van rondkomen.

Myranda mocht Toon overigens niet zo. We hadden een video-opname van hem gezien dat hij te gast was in het tv-programma van Sonja Barend en Toon deed zich daar anders voor dan ik hem kende. Hij oogde kil, onberekenbaar en gevoelloos. Hij zei tegen Sonja over zijn overvallen: 'Als ik daar sta en die man wil zijn geld niet afgeven, dan kun je natuurlijk weglopen, maar zo werkt dat niet. Dan ga je door tot het einde.' Myranda vond hem 'eng', zei ze me en ze was er dan ook niet zo gelukkig mee dat ik zoveel met hem op pad ging en dat er gaandeweg een bepaalde vriendschap tussen ons groeide.

In de lange gesprekken die ik onderweg met Toon van de Wetering in de auto had, merkte ik wel dat hij verbitterd kon zijn. Hij had na zijn vrijlating nog slechtere ervaringen opgedaan dan ik, met zijn pogingen tot resocialisatie, wat volgens hem ook te maken had met het feit dat hij uit een woonwagenkamp kwam. 'Ik heb een dubbele handicap,' zei hij wel eens. 'Ik ben crimineel en een woonwagenbewoner.' De schijnheiligheid van de samenleving en de dubbele moraal die je daar als ex-gedetineerde in tegenkomt, hadden er voor gezorgd dat hij een flinke wrok tegen de maatschappij en met name het gezag en de bureaucratie had opgebouwd.

In de tijd dat ik vertrouwelijker met Toon omging, ontdekte ik dat hij nog wel bepaalde 'bijverdiensten' had. Dat verhaal van de nieuwe cd's en de slof-fen sigaretten was net als de rest van ons repertoire aan de praktijk ontleend. Toon verkocht gestolen sigaretten, nep-parfums en kleding. Nog weer een poosje later deed ik echter een nog schokkender ontdekking: zijn grootste afnemers waren de coördinatoren van de Stichting Delinkwentie & Samenleving. In feite was het een corrupt, verrot zootje. De bedoeling van de stichting was goed, maar in de praktijk werden alle vooroordelen die wij op scholen bestreden door hen gewoon bevestigd.

Privé ging het ons redelijk voor de wind. Ik kwam innerlijk meer tot rust en vond dat ik met mijn voorlichtingsactiviteiten mijn bestaan een zinvol tintje gaf. Mijn relatie met Myranda ging zelfs heel erg goed. Zo goed dat we besloten te gaan trouwen.

Myranda was inmiddels in verwachting geraakt. Bepaalde mensen in onze omgeving vonden dat nogal overhaast en onverstandig. En tegen Myranda zei ik ook wel eens voor de grap: 'Laat ze het in de Van Mesdagkliniek maar niet horen.' Wij stoorden ons er echter niet aan. We hadden meer zoiets van: laten we niet te veel tijd verspillen, ik had immers al zes jaar verloren. We waren in die periode snel naar elkaar toegegroeid en na alle levenservaring en teleurstellingen die ik al had opgedaan, vond ik dat ik inmiddels oud genoeg was – 33 jaar – om op mijn gevoel af te gaan.

Ik was heel blij toen ik hoorde dat Myranda zwanger was. Mijn eerste dochter had ik nooit in mijn handen gehad en zelfs nooit gezien. In de Van Mesdagkliniek had ik alleen een onscherpe foto van haar gekregen. Ik voelde dat nog altijd als een leemte, een enorm gemis en ik verheugde me er enorm op een kind te krijgen waar ik wel voor kon zorgen.

Toen Myranda tweeëneenhalve maand zwanger was zijn we getrouwd, op 14 december 1990. We hadden ons veel van het huwelijk voorgesteld en daar zuinig voor gespaard. Twee dagen voor onze trouwdag stond er echter ineens een deurwaarder op de stoep, met een paar dwangbevelen. We moesten nog een aantal oude schulden betalen en waren genoodzaakt daarvoor ons huwelijkspotje aan te breken, anders zou er op alles beslag worden gelegd.

We zaten in zak en as. Ik schaamde me dood en Myranda was ontroostbaar. We wilden ons huwelijk aanvankelijk uitstellen, maar toen we van iedereen hoorden dat ze zich al in het nieuw hadden gestoken, cadeaus hadden gekocht en zich op het feest verheugden, beseften we dat er geen weg terug meer was en alles moesten laten doorgaan. Ik hoopte maar dat we zoveel mogelijk geld cadeau zouden krijgen, zodat we daarmee de receptie en het feest konden betalen, anders hadden we er een nieuw financieel probleem bij.

Ondanks deze moeilijkheden, die Myranda en mij zwaar op de maag lagen, was het een prachtige dag. Laura van Z., mijn trouwe vriendin uit Almere, was mijn getuige. Toon van de Wetering was er ook met zijn vriendin, terwijl Michael R., een inmiddels ook vrijgelaten vriend uit de Van Mesdagkliniek, de trouwfoto's maakte.

Mijn zus Brigit was er natuurlijk ook. Zij was met die Bart gekomen, maar zag er ontzettend breekbaar uit. Ze was geen schim meer van de sterke vrouw die ze was geweest. Het was duidelijk dat Brigit ziek was. Ik schatte dat ze hooguit nog zo'n kilo of veertig woog en haar altijd al vrij scherp gelijnde gezicht was nu helemaal vel over been. Git vertelde me dat ze een leveraandoening had en onder behandeling was. Ze deed er nogal luchtig over. Ze kon echter niet het hele programma van die dag bijwonen, omdat ze te snel vermoeid raakte. Toen het feest 's avonds nog in volle gang was ging ze weg.

Ze was uitgeput. Ik begeleidde haar naar de deur en ze sloeg net als vroeger een arm om me heen. 'Ik maak me zorgen om je, Git...' zei ik. 'Als er wat is moet je me ogenblikkelijk bellen, hè, want ik sta voor jou altijd klaar.' Ik wist op dat moment niet dat het een van de laatste vertrouwelijke contacten was die we samen zouden hebben. Brigit wreef haar neus even langs die van mij en keek me een ogenblik in mijn ogen. 'Ik weet het, Paul...' zei ze zachtjes. 'Maar het gaat allemaal best. Denk jij nu maar aan jezelf. Je hebt een fijne vrouw, wees daar zuinig op.' Ze kneep me even in mijn arm. 'Ik ben blij voor je, Paul... Zo komt het allemaal toch nog goed.'

Nou, allemaal... ik bleek achteraf niet in staat de hele rekening van ons huwelijksfeest te voldoen, wat toch een donkere schaduw over deze dag wierp. Ik kwam met de eigenaar van de zaak een afbetalingsregeling overeen, maar ik schaamde me natuurlijk dood. Als er in mijn lange schuldenlijst één rekening was die ik onmiddellijk had willen voldoen, was het deze wel. Ik zag dat als een erezaak.

Tijdens onze autoritten spraken Toon en ik veel over ons leven, zijn bajes- en mijn TBS-ervaringen en de moeilijkheden en tegenwerking die je als ex-gedetineerde ondervond als je terugkeerde in de maatschappij. Echt werk was moeilijk te krijgen, een simpele autoverzekering een onmogelijkheid.

Bij een uitzendbureau kon je nog wel eens iets verzinnen, maar bij een vaste baan vroegen ze je steevast wat je de laatste jaren had gedaan en dus kon je je verleden niet verzwijgen. De gevolgen daarvan waren dus hap-snapbaantjes en een onregelmatig inkomen.

Omdat ik al schulden uit de kliniek had meegenomen, liepen die in vrij snel tempo op. De deurwaarders kenden mij inmiddels van gezicht. Myranda was bovendien zwanger en dus kwamen daar nog eens kosten voor een kinderkamertje bij.

Natuurlijk deden we dat allemaal zelf en iedereen die zegt dat de financiële problemen onze eigen schuld waren, heeft in principe gelijk. Het punt was alleen dat ik lang had vastgezeten en het niet meer kon opbrengen me op dat punt alles te ontzeggen. Zodoende vulde ik het ene gat met het andere en moest soms wanhopige pogingen doen ergens wat te lenen of bij te verdienen. De mensen moesten nogal lang wachten op terugbetaling en waren daardoor weer minder bereidwillig om nog eens iets voor te schieten en zo ging het van kwaad tot erger. Financieel was ons huishouden een puinhoop.

Toon van de Wetering kreeg langzaam inzicht in mijn problematiek en had mij af en toe ook een paar geeltjes toegestopt om de ergste nood te lenigen. Begin januari 1991, tijdens een lange rit, ergens in de kop van Overijssel, greep hij mijn financiële moeilijkheden aan om mij een voorstel te doen. Hij zei: 'Hé, Paul, ik weet iets waarmee we in één klap uit de financiële zorgen zijn...' Het was in feite een vrij neutrale zin, maar de intonatie waarmee hij 'm uitsprak en het gesprek dat er aan vooraf was gegaan, maakte dat ik er op antwoordde met: 'Sorry Toon, maar ik doe geen heavy criminele dingen. Ik ben blij dat ik vrij ben. Ik wil een gewoon leven.' Het was een wat merkwaardig gesprek tussen twee mannen die op dat moment onderweg waren naar een middelbare school met de boodschap dat een crimineel leven geen leven is en misdaad niet loont.

Op de terugweg begon Toon er echter opnieuw over. Hij zei: 'Paul, geloof me, er zit geen enkel risico aan. Het is een opgezette zaak. Kan gewoon niet misgaan. De info komt van binnenuit. Meer weten?'

Ik schudde mijn hoofd en heb vervolgens een maand lang geweigerd er over te praten, hoewel Toon er bijna iedere keer over begon als hij mij zag. Als hij merkte dat ik krap bij kas zat, zei hij soms alleen: 'Je weet 't hè...?' En ik grinnikte dan weer: 'Jij weet 't ook hè... ik wil niet meer in aanraking komen met Justitie.'

Toch gebeurde dat laatste onverwachts toch. En voor een ernstig misdrijf. Het was half februari 1991, toen wij 's morgens werden opgebeld door de recherche uit Almere. We lagen nog in bed en Myranda nam op. De man aan de telefoon vroeg of ik thuis was en of hij mij kon spreken.

'Zouden wij straks even bij u langs kunnen komen?' informeerde de politieman. 'Waarom? Wat is er aan de hand dan?' vroeg ik argwanend. Politiemensen die 'even' wilde langskomen, vertrouwde ik niet meer.

De man beweerde dat het om een routineonderzoekje en 'een paar vraagjes' ging en dat ik dat wel zou horen als ze er zouden zijn. Ik had er een slecht gevoel bij. 'Die komen helemaal niet voor een routineonderzoekje,' voorspelde ik Myranda. 'Ze wilden per se vandaag nog komen en rijden dat stuk Almere Appingedam heus niet voor een paar vraagjes.'

Ik kreeg gelijk. Er kwamen twee rechercheurs bij ons thuis langs, die niet vertelden waar ze voor kwamen, maar eerst vragen begonnen te stellen. Ze wilden weten wat ik de week ervoor, op zaterdag 9 februari, had gedaan. En of ik soms in Almere was geweest. Of ik wel eens op een adres in de Rietmeent in Almere-Haven kwam.

Ik vond het allemaal heel merkwaardig, maar gelukkig konden we goed verklaren waar ik die dag was geweest. Myranda en ik hadden in de sporthal van Appingedam de hele dag aan een volleybaltoernooi van de plaatselijke sportvereniging meegedaan en ik kon dus helemaal niet in Almere zijn geweest.

De rechercheurs schreven het allemaal op en daarna kregen we pas enige uitleg over hun bezoek. In een woning aan de Rietmeent was op die zaterdag de 77-jarige mevrouw H. Klockenbrink gewurgd, door iemand die op haar geld uit was. Bij de politie van Almere was enige dagen daarna een tip binnengekomen die volgens de rechercheurs als volgt luidde: 'De zaak Klockenbrink – Paul Spruit Appingedam.'

'En tja...' zo zei de ene rechercheur verontschuldigend, alsof hij er ook allemaal niets aan kon doen, 'daarom zijn we dus hier...' Ik zag dat Myranda helemaal wit wegtrok toen ze dit nieuws hoorde. Nauwelijks een half jaar vrij, werd ik weer verdacht van betrokkenheid bij een nieuwe moord, ook al noemden ze dat dan een 'routineonderzoekje'. Ik wist niet of ik het verhaal van de anonieme tip moest geloven.

Wie wist nu dat ik in Appingedam woonde? Bijna niemand. Alleen een paar vrienden. De meeste mensen wisten niet beter of ik zat nog altijd in de kliniek. Ik verdacht de politie ervan dat ze gewoon maar wat uitprobeerden in een onopgeloste zaak, net als destijds met die vermoorde heroïnehoertjes Brigit Veit en Gerda Merchel. Zo van: Hé jongens, is die Paul Spruit weer vrij? Die heeft toch ook eens iemand vermoord en woonde hij ook niet in Almere-Haven? Laten we hem eens horen... Je weet nooit

Ik prees me gelukkig dat ik – wederom – over een goed alibi beschikte, dat voor de politie makkelijk controleerbaar was. Stel je voor dat we eens een dag lui in bed waren blijven liggen, dacht ik, dan had het er heel wat vervelender uitgezien. Dan had ik het nog zo net niet geweten met dat routineonderzoekje. En gelukkig was Myranda de hele dag in mijn gezelschap geweest, anders had ik misschien ook nog met haar twijfels te maken gekregen. Ik realiseerde me goed dat ik met mijn achtergronden niet altijd aanspraak kon maken op het onvoorwaardelijke vertrouwen van iedereen.

Het politiebezoek maakte me behoorlijk nijdig, vooral omdat Myranda er door van slag was. Zij werd nu met de praktijk van mijn verleden geconfronteerd en dat was geen plezierige gewaarwording. Zodra er in Almere iets gebeurde, riep er kennelijk een of andere politieman: 'Waar was Spruit eigenlijk op dat moment?'

De rechercheurs verlieten ons huis onverrichter zake en lieten mij kwaad en Myranda ontdaan achter. Het vervelende was dat dit incident minstens een week lang door m'n hoofd bleef spelen. Ik ging toch denken of ik wel eens op de Rietmeent was geweest en of ik die vrouw misschien ooit had ontmoet. Het antwoord was negatief. Ik had ruim zes jaar binnengezeten, was nog maar net vrij en was sindsdien misschien vijf of zes keer in Almere geweest, op bezoek bij mijn zus en Laura van Z.

Een paar weken later viel mijn oog toevallig op een krantenberichtje waarin de aanhouding van een negentienjarige jongen uit Almere werd gemeld, die bekende dat hij de oude mevrouw Klockenbrink in haar woning had overvallen en vermoord toen zij zich tegen de roof verzette. Hij had die bewuste zaterdag gewoon bij haar aangebeld en was naar binnen gedrongen toen zij de deur op een kier deed. Het was een opluchting voor me. Ondanks mijn waterdichte alibi had ik me onbehaaglijk gevoeld onder de verdenking, hoe gering die misschien ook was.

Wat me nog het meest tegenviel was dat ik de aanhouding en bekentenis van die jongen uit de krant moest lezen en dat de politie niet eens even de moeite had genomen mij te bellen om te zeggen: 'Sorry voor de last die we hebben veroorzaakt, Paul, maar we hebben de dader nu te pakken.' Dan had ik er nog begrip voor gehad. Maar niets van dat alles. Als ze je nodig denken te hebben, kunnen ze nog dezelfde dag naar Appingedam rijden, maar daarna is een telefoontje al te veel. Ze zetten je huishouden een week lang op z'n kop en verder kun je verrekken.

Of deze vervelende ervaring er iets mee te maken heeft gehad weet ik niet precies, maar uiteindelijk, toen er weer eens een schuldeiser op de stoep had gestaan en de financiële spanning thuis opliep, kon ik de verleiding niet langer weerstaan. 'Wat voor zaak is het nou, waar je het steeds over hebt?' vroeg ik Toon tijdens de eerstvolgende autorit, daarmee aangevend dat ik nu toch belangstelling had. Toon glimlachte even over mijn 'bekering' en deed er heel laconiek over:

'We hoeven alleen maar te doen alsof en vangen dan minimaal twintigduizend piek de man,' zei hij. Toon vertelde dat het om een in scène te zetten overval op een boer in het plaatsje Finsterwolde ging, even boven Winschoten, die op het punt stond een nieuwe veestapel te kopen, of juist een oude te verkopen, dat kan ik me niet meer goed herinneren. Door die transactie zou hij veel geld in huis hebben. Toon beweerde dat hij daarover getipt was door een bekende van de boer, die voor een derde deel in de buit van de overval zou meedelen en dus in het komplot zat.

Het klonk best aantrekkelijk... minimaal twintigduizend gulden... dan was ik van alle zorgen verlost. Maar het zat mij ergens ook niet lekker: ik wilde een gewoon leven leiden en geen 'toestanden' meer hebben. Die had ik al te veel gehad. Tegelijkertijd zag ik echter ook het leventje waar ik zo naar had uitgekeken langzaam in duigen vallen en ik vond dat met name Myranda meer verdiend had dan dat.

'En...?' zei Toon met vragende wenkbrauwen, toen we het er een poosje over gehad hadden. Ik zuchtte eens diep en zei:

'Nou, voor één keer dan maar...'

Juist in die tijd kreeg ik via de Stichting Delinkwent & Samenleving de vraag of ik bereid was om in de TROS tv-show van Ivo Niehe over mijn voorlichtingswerk te komen praten. In verband met een toneelstuk, waarin de acteur Peter Faber de rol speelde van een patiënt in een psychiatrische kliniek, zochten ze iemand die dit in de praktijk had meegemaakt. Het moest iemand zijn die veroordeeld was voor een ernstig misdrijf. Ik beantwoordde precies aan het 'signalement'. De uitzending was op 28 februari 1991 en Myranda en ik werden keurig met een auto opgehaald en naar de studio in Hilversum gebracht. Het interview ging prima en had als thema 'het leven na een veroordeling' en de moeilijkheden die je als ex-gedetineerde daarbij ondervindt. In feite had ik daar met Toon al maandenlang een voorgesprek over gehad en dus kwam het er allemaal vloeiend uit.

Presentator Ivo Niehe vroeg mij of ik mij schuldig voelde voor de moord op mijn stiefvader en ik antwoordde volmondig met ja. 'Ik heb toch een mensenleven beëindigd... en wie ben ik om dat te doen?' stelde ik. En op de vraag of ik het in een nieuw leven weer had gedaan, zei ik: 'Nee, absoluut niet. Ik ken de nadelige gevolgen. Ik ondervind ze dagelijks. Velen zouden in mijn plaats waarschijnlijk hetzelfde hebben gedaan, maar ik zal me niet meer in zoiets laten meeslepen.' Ik vertelde verder nog dat je als ex-gedetineerde bijna geen werk kunt vinden en ook bijvoorbeeld niet of nauwelijks verzekeringen kunt afsluiten, wat Ivo Niehe tot de conclusie bracht dat 'een gedetineerde pas echt wordt gestraft als hij weer vrij komt' en daar sloeg hij de spijker behoorlijk mee op zijn kop.

Natuurlijk zat er ook wat tactiek in mijn antwoorden. Ik had de zaak met de Stichting Delinkwent & Samenleving voorbesproken en het ging er vooral om een goede indruk te maken. Voor de stichting was het belangrijk dat de miljoenen tv-kijkers zouden zien dat een ex-bajesklant een welbespraakte, keurige vent kon zijn. Daarom kon ik ook niet zeggen: 'Die Frankot was een dronken hufter en eigenlijk had ik 'm veel eerder moeten aanpakken.' Dat zouden de mensen niet in een paar minuten kunnen begrijpen. Dus werd het: 'Ik heb spijt, en ik zou het nooit weer doen.'

Aan het einde van het interview vroeg Ivo Niehe mij nog wat mijn toekomstideaal zou zijn. Mijn antwoord luidde: 'Huisje, boompje, beestje... een gewoon leven, net als ieder ander.'

De reacties op mijn tv-optreden waren enthousiast, zelfs in Appingedam, waar voor veel mensen mijn verleden toch nog een schokkende openbaring was. Van vele kanten werd mij sterkte en succes toegewenst en ik werd voor vele nieuwe voorlichtingsbijeenkomsten uitgenodigd. De uitzending had beslist het beoogde effect gehad. Wat zij natuurlijk allemaal niet wisten was dat ik om mijn huisje-boompje-beestje-ideaal te bereiken nog geen twee weken later met Toon van de Wetering een gewapende overval op een boerengezin zou plegen.

XXI. Een 'opzetje' of een overval?

Op de avond van de overval, dinsdag 12 maart 1991, had ik eerst een vergadering van de Stichting Delinkwent & Samenleving in Groningen. Dat kwam goed uit, want het gaf mij een goed excuus bij Myranda voor mijn afwezigheid en bovendien kon het later misschien ook nog eens als alibi dienen. Achteraf gezien was het natuurlijk allemaal buitengewoon gênant wat we deden: eerst een vergadering bijwonen – nota bene onder voorzitterschap van een rechter – waarin we braaf meediscussieerden over de benarde positie van de ex-bajesklant in de maatschappij, en dan vervolgens in de auto stappen om een gewapende overval te gaan plegen. De financiële nood was echter zo hoog gestegen, dat ik dit soort overwegingen niet bij me op liet komen. Ik had gewoon heel hard geld nodig en liet mijn geweten sussen door de beweringen van Toontje van de Wetering dat het om een 'opzetje' ging.

Na de vergadering reden we snel naar de woning van Toon in Winschoten, waar hij alle benodigdheden had klaargelegd. We trokken zwarte kleren aan, zwarte handschoenen en stoffen karateschoentjes, waarmee we snel en geluidloos konden lopen. Ook zetten we een bivakmuts op. Toon had voor zichzelf bovendien nog een zwarte pruik geregeld, die hij onder z'n muts deed: zo was hij dubbel onherkenbaar. In de week voor de overval was Toon met mij al een keer langs de boerderij aan de Nieuwe Meerlandseweg in Finsterwolde gereden, om de situatie ter plekke een beetje te verkennen. Volgens Toon had de man een kluis in huis staan, waarin het geld lag. De tipgever had Toon precies uitgelegd waar de kluis stond: in de hoek van de ouderlijke slaapkamer. En deze kon gewoon met een sleutel worden geopend.

Tegen een uurtje of tien zette Toon mij die avond in maart af op het weggetje dat naar de boerderij leidde. Hij zou eerst zijn eigen auto wegbrengen, omdat de kans veel te groot was dat iemand deze in het open boerenland zou signaleren. Door een mij onbekende vriend liet hij zich kort daarna weer in de buurt afzetten en voegde zich bij mij. Ik had me al die tijd in het donker bij een boom verscholen. Het was doodstil in de omgeving. Het spaarzame verkeer dat je zag was uitsluitend van mensen die hier woonden of werkten.

En iedere vreemdeling werd aandachtig opgenomen, dus we moesten goed uitkijken.

Toon van de Wetering had als wapen een jachtgeweer met afgezaagde loop en ik kreeg van hem een zwart pistool, maar weigerde het magazijn met patronen er in te doen. 'Waarom?' vroeg Brabantse Toon, terwijl ik voelde dat hij onder zijn bivakmuts zijn wenkbrauwen fronste. Mijn antwoord was echter logisch: 'Het gaat toch om een opzetje, dan is het pistool op zich toch voldoende?' Toon bromde iets onverstaanbaars, maar drong niet verder aan. Hij had verder handboeien, tape en touw bij zich, want het was de bedoeling de aanwezige mensen te boeien. Het moest allemaal zo echt mogelijk lijken van hem.

We liepen in het donker door het weiland naar het eerste huis op het erf aan de Nieuwe Meerlandseweg. Daar woonde volgens Toon de ongeveer dertigjarige schoonzoon van de boer met zijn vrouw en een klein kind. Deze man moest ons naar de hoofdboerderij brengen, waar de kluis stond. Er brandde licht en we hadden al een paar keer silhouetten gezien van mensen die heen en weer liepen. Zachtjes slopen we naderbij. De deur van de woning was niet op slot en we konden zo naar binnen stappen. De man was net aan het telefoneren en keek verbaasd op: 'Hé, wat is dat?' riep hij.

Toon stapte op de man toe en trok hem de telefoonhoorn uit handen en verbrak de verbinding. Daarna richtte hij het jachtgeweer op de man en zei dat hij op zijn buik op de grond moest gaan liggen. De man deed prompt wat er bevolen werd en ik klikte zijn polsen op zijn rug in de handboeien. Daarna trokken we hem weer overeind. Ik vroeg hem in het Duits met wie hij in gesprek was geweest.

Om de familie – die nergens van wist – zoveel mogelijk op een dwaalspoor te zetten, hadden Toon en ik afgesproken tijdens de overval Duits te spreken. De man zei dat het zijn zwager was. Dat was een vervelende tegenvaller. Misschien had die vent wel argwaan gekregen door de abrupte wijze waarop het gesprek was beëindigd. Dat kon riskant zijn. Als hij de politie belde, waren we het haasje. Tja, dat was nou een van die dingen waar we bij het beramen van deze zaak niet aan hadden gedacht: dat je doelwit op het moment van de overval net een telefoongesprek voert.

We konden er echter niet te lang bij stilstaan en even later duwden we de man voor ons uit de woonkamer in, waar zijn nietsvermoedende vrouw zat. 'Schrik niet...' hoorden we hem tegen haar zeggen, 'dit is een overval.' Maar de vrouw schrok zich natuurlijk wezenloos. Ook zij werd door ons onder schot genomen.

Om onzichtbaar te blijven voor eventuele voorbijgangers, knipte Toon de schemerlamp bij het raam uit. Hij vroeg vervolgens of er geld in huis was en de man wees zonder iets te zeggen naar een kast, waar een soort aardappelschaal in stond. We haalden 'm er uit en er bleek een bedrag van ongeveer 250 gulden in te zitten, die Toon snel in zijn zak propte.

We hadden vooraf afgesproken dat we de vrouw in het kamertje bij haar kind zouden opsluiten, voor als het onverhoopt wakker zou worden. Toon zou dit voor zijn rekening nemen, maar achteraf bleek mij dat hij haar niet naar de kinderkamer bracht, maar naar de badkamer, waar hij haar met een handboei aan een verwarmingspijp vastklonk. Ook plakte hij haar mond dicht met tape zodat zij niet kon schreeuwen. Ik vond dat een stommiteit.

Het was tegen de afspraak en ook volkomen onnodig. De boerderij lag afgelegen, er was niemand die ons kon horen. Ik deed dan wel mee aan de overval, maar ik wilde het allemaal niet erger maken dan strikt noodzakelijk was. Ik zag aan die vrouw echter dat ze radeloos van angst was. Zo echt hoefde het toch ook allemaal niet als het een set-up was?

Nadat de vrouw door Toon was weggebracht, liepen we met de schoonzoon voor ons uit naar de hoofdwoning, die zo'n meter of vijftig verderop lag. Op het erf zagen we een witte Opel Kadett 1600 staan. Toon wees ernaar en fluisterde tegen mij: 'Daar gaan wij straks mee weg.' De zoon waarschuwde ons dat de buitenlampen door een sensor automatisch zouden aanspringen en Toon mompelde: 'Dat weet ik...' waarmee hij voor mij nog eens bevestigde dat hij van alles perfect op de hoogte was.

We kwamen via de keuken de boerderij binnen en liepen door naar de woonkamer, waar de vrouw des huizes en haar dochter, een meisje van een jaar of achttien, televisie zaten te kijken. Daar speelde zich vrijwel hetzelfde tafereel af als in de eerste woning. Ze schrokken enorm toen ze ons met bivakmutsen op en wapens in hand zagen binnenkomen. Voor zover dat nog niet duidelijk was, zei de schoonzoon: 'Niet schrikken... Dit is een overval, die mannen willen geld.'

Toon en ik liepen met die schoonzoon, de moeder en het meisje vervolgens naar de slaapkamer. Toon ging daarna met die jongeman man de schoonvader halen, die zich in een achterkamer aan het verkleden was en kennelijk net onder de douche was geweest. Het was een man van een jaar of zestig, die aanvankelijk dacht dat er een grap werd gemaakt.

Hij moest lachen en vroeg of hij zo in zijn hemd en onderbroek mee moest, maar de schoonzoon maakte hem duidelijk dat het ernst was: 'Dit is een overval, pa, het is echt...' In de slaapkamer hoorde ik Toon die mededeling kracht bijzetten met het dreigement: 'Nu meekomen! En anders knal!'

De hele familie was even later in de slaapkamer verzameld, waar de kluis stond. Het was allemaal precies zoals Toon had gezegd. Het ging om een klein model brandkast, ongeveer een meter hoog, met zo'n ouderwetse klink op de deur. We zeiden de bewoners dat zij op het bed moesten gaan zitten of liggen en terwijl Toon hen met zijn geweer onder schot hield, knikte hij met zijn hoofd naar mij dat ik in de kluis moest kijken.

De deur stond op een kier en onbewust verwachtte ik dat het geld er in keurige bundeltjes achter zou liggen. Toen ik de kluisdeur opentrok, zag ik echter alleen wat paperassen liggen en een ijzeren kistje, waar nooit enkele tienduizenden guldens in konden zitten. Ik maakte het haastig open: er zaten een aantal bankbiljetten van honderd gulden in, hooguit duizend piek bij elkaar, verder wat kleine sieraden, maar meer niet. Ik vloekte inwendig.

Wat was dit nou weer voor truc? Ik keek vragend naar Toon: waar is al dat geld nou? Ik zag echter aan zijn donkere ogen in de uitgespaarde ruimte van de bivakmuts, dat het voor hem ook een verrassing was.

Toon greep kwaad het geld en de sieraden en siste: 'Er moet meer zijn! Waar is het? We moeten minstens vijfentwintigduizend gulden hebben. Kom op: meer, meer!' Toon was agressief en richtte zijn geweer dreigend op de vader. In zijn woede was hij van zijn steenkolenduits overgeschakeld op zuiver Gronings. De boer antwoordde, heel geschrokken en oprecht: 'Er is niks, echt niet. Dit is alles...' Het klonk geloofwaardig. Ik kon me niet voorstellen dat die man de dreigende houding van Toon met leugens durfde te trotseren.

Als er geld was geweest, had hij het gegeven. Toon begreep dat kennelijk ook, want hij dirigeerde de hele meute daarna terug naar de woonkamer. 'Kom op, laten we gaan. Wegwezen hier!' siste ik tegen hem. Ik wilde weg. Zo snel mogelijk. Ik baalde ervan dat ik er aan was begonnen. Toon schudde echter zijn hoofd en gaf me een paar handboeien.

'Eerst vastmaken!' gebood hij. Hij ketende zelf de moeder en haar schoonzoon in de badkamer aan een mengkraan vast en dreigde dat als zij de politie er bij zouden halen, hij of zijn vrienden terug zouden komen om hen 'koud' te maken. Ik maakte de vader en zijn dochter aan een ijzeren hekwerk rond de open haard vast. Ik merkte aan het meisje dat ze doodsbang was. Haar ogen schoten in paniek heen en weer. Ik voelde me shit dat ik haar dit moest aandoen. Ik probeerde haar zo veel mogelijk tot bedaren te brengen en zei: 'We willen alleen maar geld, je hoeft echt niet bang te zijn... Over twee uur bellen we de politie en worden jullie bevrijd.' Juist toen we wilden weglopen, begon het meisje te klagen dat een handboei te strak zat en pijn deed. Tot ergernis van Toon ben ik nog snel teruggelopen en heb hem wat losser gedraaid.

We pakten van een tafel de sleutels van de Opel Kadett die we buiten hadden zien staan, knipten nog wat lichten uit en verlieten de boerderij. In de Opel reden we richting het plaatsje Zuidbroek, tussen Winschoten en Groningen in, waar de auto van Toon op een parkeerplaats stond. Toon reed vervolgens met de Opel Kadett naar een sluis in de buurt, waar we 'm een zetje hebben gegeven, zodat deze het Winschoterdiep in kieperde. Daarna stapten we in zijn auto over en reden weer naar de woning van Toon in Winschoten. Onderweg verkleedde ik me snel, omdat ik natuurlijk niet in die vreemde zwarte kleren thuis kon komen.

Het was een ritje met een geladen stemming. Ik was flink verkankerd door de gang van zaken. Dit was helemaal geen set-up! Het was gewoon een keiharde overval geweest op een onschuldig gezin en dat alles voor een paar honderd piek. Ik had er ontiegelijk de smoor over in. Toon had me gewoon in de maling genomen.

Dit kon ons duur komen te staan. Heel duur. Ik maakte er een paar snijdende opmerkingen over tegen Toon, maar hij deed net alsof hij het ook niet begreep. 'Misschien heeft hij die veestapel al eerder gekocht, of het uitgesteld,' opperde hij. Ik wantrouwde hem echter op dit punt. Ik kreeg steeds meer het idee dat hij het verhaal van de set-up alleen maar had verzonnen om van mijn hulp verzekerd te zijn.

Hoe had ik zo onnozel kunnen zijn.

Ik vroeg Toon wat we nu met die geboeide mensen in de boerderij moesten doen. Het leek me dat er iemand gewaarschuwd moest worden, die hen kon bevrijden. Toon schudde echter zijn hoofd en lachte schamper: 'Ben je gek geworden! Een beetje zelf de politie bellen zeker... Ja, met Paul Spruit hier... Dat is helemaal niet nodig, man... Er komt vanavond nog een oudere dochter van die boer thuis, zij vindt hen wel.' Ik herkende hierin de hardheid en de onverschilligheid die Myranda in het tv-gesprek met Sonja Barend al eerder was opgevallen.

Ik kon het beeld van dat meisje dat aan de open haard was vastgeketend en volkomen overstuur was, echter niet uit mijn gedachten bannen. Elke minuut dat dit drama langer voortduurde was een slechte zaak. In Winschoten gingen Toon en ik uit elkaar. Hij gaf me zonder iets te zeggen driehonderd piek. Zeg maar een derde deel van de buit. De stemming tussen ons was inmiddels beneden het nulpunt gedaald. Bij het uitstappen mompelde Toon een vrijblijvende groet: 'Ik zie je nog wel.' Ik maakte alleen een beweging met mijn hand, die als een groet kon worden uitgelegd en stapte vervolgens in mijn eigen auto. Ik racete daarna snel naar Appingedam. Het was inmiddels al kwart over een 's nachts en Myranda lag al te slapen. Ik sloop het huis binnen, pakte de telefoon, draaide het 06-11 alarmnummer en toen er vrijwel direct werd opgenomen, zei ik zachtjes:

'Finsterwolde, boerderij, liggen vijf mensen geketend, ga maar kijken...'

Ik hoorde dat de telefonist wat wilde vragen, maar ik hing direct weer op. Zo'n telefoontje vormde een groot risico, want ik nam aan dat al dit soort gesprekken op band zouden worden opgenomen. En als het even kon wilde ik dat liever niet een maand later in 'Opsporing Verzocht' nog eens terughoren. Ik vond evenwel dat ik die mensen niet aan hun lot mocht overlaten, want dan kon het nog wel ik weet niet hoe lang duren eer ze werden gevonden. Nu viel dat in dit geval wel mee, want ik las later in de krant dat de familie zich al vrij snel na ons vertrek had weten te bevrijden en zelf – nog voor mij – de politie had gewaarschuwd. De schoonzoon had zich als eerste losgerukt en ook de dochter, bij wie ik de handboeien wat minder strak had gedaan, kon zich daardoor vrij snel hiervan ontdoen. Mijn telefoontje was dus in feite overbodig geweest.

Gespannen als een vioolsnaar lag ik de rest van die nacht in bed en vervloekte mezelf dat ik voor die luizige driehonderd piek mijn bestaan op het spel had gezet en me door Toon had laten overhalen hieraan mee te doen.

Myranda merkte de volgende ochtend wel op dat ik erg laat was thuisgekomen, maar nam genoegen met mijn uitleg dat de vergadering nogal was uitgelopen en dat we daarna nog wat hadden gedronken. Dat ik gespannen en nerveus was viel haar niet op. In die zin, dat ik voor de overval door de toenemende geldzorgen ook al gestresst was geweest. In de regionale kranten werd over de overval heel wat ophef gemaakt. De zaak werd beschreven als een professionele, harde misdaad en ik meende dat iedereen mijn hart kon horen kloppen als ik die artikelen zat te lezen. De politie besteedde veel tijd aan de opsporing van de Opel Kadett van de overvallen familie, in de hoop dat dit een spoor van de daders zou opleveren, maar de auto rustte op de bodem van het Winschoterdiep en zou daar voorlopig ook niet worden gevonden. De zaak bleef zodoende onopgelost en langzaam ebde de beroering er over weg.

Het contact met Toon van de Wetering zette ik op een lager pitje. Hij belde me nog wel af en toe, maar ik hoefde hem even niet te zien. Ik vond dat hij mij aan een groot risico had blootgesteld. Akkoord, ik had natuurlijk zelf besloten om mee te doen, maar dit was wel op basis van valse voorlichting gebeurd. Het was geen set-up en dat we die mensen voor een paar honderd piek een trauma hadden bezorgd, vond ik erg. Toon deed daar echter laconiek over. Hij haalde zijn schouders er over op. 'Ja, dat was pech,' zei hij en daarmee was de kous voor hem af.

Gelukkig was het met de voorlichtingssessies in die periode vrij rustig en ik zei de Stichting Delinkwent & Samenleving de eerste tijd in verband met een verhuizing ook maar geen nieuwe boekingen meer te accepteren. Toon nam nog wel een paar keer contact met me op en bezwoer mij dat hij zelf door zijn tipgever was 'verneukt' en er niets aan kon doen. Ik hoorde hem aan, maar wist niet of ik hem moest geloven.

In plaats dat onze financiële problemen door de overval in één klap zouden zijn opgelost, namen ze na die tijd alleen maar toe. Die driehonderd piek waren een druppel op een gloeiende plaat geweest.

Met mijn zus Brigit ging het ondertussen bergafwaarts. Ze kwijnde echt weg. Na ons huwelijk was ze nog meer afgevallen, hoewel dat volgens mij bijna onmogelijk was, zo mager was ze toen al geweest.

Ze had een leveraandoening, waarschijnlijk door een kankergezwel, en stond onder strenge behandeling en was ook al in het ziekenhuis opgenomen geweest. Ondanks deze ernstige diagnose vertelde Git me met een knipoog dat zij maar moeilijk aan een van de belangrijkste voorwaarden die de medici haar stelden, kon voldoen: niet meer drinken.

Haar lichaam, dat bloot had gestaan aan spanningen en jarenlange problemen, betaalde nu de tol: het was uitgeput. Gesloopt. En de geschiedenis herhaalde zich op tragische wijze. De drank, die eerder het leven van haar vader Henk Frankot had vernietigd en daarvoor al het leven van zijn ouders had geruïneerd, dreigde nu de sluipmoordenaar in het leven van mijn zus te worden.

Brigit lag het grootste gedeelte van de dag op bed, in de stinkende woning van Bart en Ida in Almere. Ik bezocht haar daar een paar keer en het bleek dat er in haar ziektebeeld geen verbetering optrad. Integendeel, in feite ging zij elke dag ietsje meer achteruit.

Ik vroeg haar of ze niet ergens anders naar toe wilde, want ik vond deze omgeving onhygiënisch en lawaaierig. Brigit bezwoer me dat ze wilde blijven en dat Bart en Ida op hun manier uitstekend voor haar zorgden. Ik kon het niet begrijpen, maar ze was erg op deze mensen gesteld. En wie moest er anders voor haar zorgen? Git was erg zwak en zelfs een gesprek was al vermoeiend voor haar.

Toen ik een van de laatste keren bij haar was, kwam ze even uit bed om naar het toilet te gaan. Ik schrok ervan. Ze had een nachtpon aan en daaronder zag ik alleen maar vel over been. Ze was volkomen uitgeteerd, griezelig gewoon. Ze leek wel een wandelend geraamte en op dat moment besefte ik dat er geen kans op herstel was.

Kort na dat bezoek werd Brigit opgenomen in het Onze Lieve Vrouwe Gasthuis in Amsterdam-Oost. Ook daar ben ik nog bij haar op bezoek gegaan. Ze lag constant aan het infuus en kreeg extra voeding. Ze knapte er iets van op, maar volgens de doktoren was haar situatie zeer kritiek. Ze wilden haar het liefst opereren, maar volgens de chirurg was dat onmogelijk als ze niet eerst nog wat in gewicht zou aankomen. Brigit woog nog maar een kilo of veertig, terwijl ze ooit bijna zeventig kilo had gewogen.

Ondanks haar eigen uitzichtloze misère toonde Brigit zich altijd blij dat het met mij – ogenschijnlijk – goed ging. Dat ik met Toon van de Wetering op het slechte pad was geraakt, verzweeg ik voor haar. Ze vertelde me dat ze weer contact had willen zoeken met Marcella, omdat ze graag een verzoening wilde, maar dat dit niet was gelukt. Marcella had een nieuw, eigen leven opgebouwd en de relatie met Brigit was na de onsmakelijke verwikkelingen met Bart S. verbroken. Ik begreep van Brigit dat Bart naar Marcella's verblijfplaats had geïnformeerd, maar dat hij haar niet had kunnen traceren. Ik had daar zo mijn gedachten over en hield het niet voor onmogelijk dat hij daar ook niet al te zeer zijn best voor had gedaan. Hoe dan ook, de verzoening was niet tot stand gekomen en dat stelde Brigit teleur. Ik bood aan zelf naar Marcella op zoek te gaan en haar weer in contact met Git te brengen. Brigit knikte zwakjes: 'Graag, Paul… dat zou fijn zijn.'

Ik had geen flauw idee waar Marcella uithing. Ik meende dat zij in Zaandam woonde, maar ik had geen adres en via de 008 kwam ik niets verder. Ook de nummers van haar vader Willem en haar broer Michel kon ik niet vinden. Op de oude, mij wel bekende adressen, woonden andere mensen die ook niets wisten. Daar kwam bij dat het vanuit Appingedam moeizaam zoeken was. In feite kwam het neer op een telefonische speurtocht.

De laatste keer dat ik bij Brigit op bezoek was, op haar verjaardag op 19 april 1991, bracht ik verslag uit over mijn opsporingsactiviteiten en spraken we over Marcella en Michel. Brigit zei me dat Marcella, maar ook Michel, ondanks alles wat er was gebeurd, het belangrijkste in haar leven waren geweest. Het probleem was alleen dat ze hen dat nooit goed duidelijk had kunnen maken. En door alle toestanden in de familie had zij helaas nooit de moeder voor hen kunnen zijn, die zij had willen zijn.

'Maar,' zo verzekerde ze mij zachtjes, 'er is geen dag geweest in mijn leven, Paul, dat ik niet aan ze heb gedacht. Wat er ook is gebeurd en hoe het ook allemaal is gelopen… ik hoop dat ze dat willen geloven. Ik houd van ze. Wil je ze dat zeggen… als dat nodig is?' Haar donkere ogen fonkelden in haar doffe gezicht toen ze over haar twee kinderen sprak.

Een week later, op 27 april, kreeg ik 's middags thuis een telefoontje uit het ziekenhuis in Amsterdam. Ze vertelden mij dat Brigit tamelijk plotseling was overleden. Ze was aanvankelijk, door het infuus en de vloeibare voeding, iets aan de beterende hand geweest, maar als ik het goed begrepen had, waren haar organen en ingewanden zozeer aangetast, dat herstel niet mogelijk was.

Hoewel ik me er na mijn laatste bezoeken een beetje op had voorbereid, was Brigits dood een schok voor me. Ze was nog maar 43 jaar, maar was in de laatste maanden afgetakeld en uitgeteerd alsof ze al tweemaal zo oud was. Ik ging direct met Myranda naar het ziekenhuis in Amsterdam. Brigit lag opgebaard in een speciale kamer. Haar gezicht was ingevallen, haar jukbeenderen staken scherp vooruit. Iemand die haar twee jaar niet had gezien, zou haar vermoedelijk niet meer hebben herkend.

Bij de dood van mijn moeder had ik me machteloos en kwaad gevoeld, maar bij de aanblik van Brigit was er vooral sprake van medelijden en berusting. Ze had een ongelijke strijd gevoerd en de dood moet voor haar een verlossing zijn geweest.

Net als mijn moeder was ze in eenzaamheid gestorven, er was niemand bij geweest en dat zat me dwars. Waarom was er niemand geweest die op dat moment haar hand had vastgehouden? Dat was toch wel het minste wat ze had verdiend. Ik had graag bij haar willen zijn. Ze was in feite de enige uit mijn jeugd die ik nog had op deze wereld. De enige om wie ik gaf. Mijn moeder was dood, mijn vader had zelfmoord gepleegd, mijn stiefbroers wilden niets meer met mij te maken hebben, Marieke, mijn ex-vrouw, had me verlaten, mijn dochter Joyce had ik nog nooit gezien. Brigit, die lieve Git, was er echter al die jaren voor mij geweest. Altijd en door dik en dun. Eerst als oudere zus, als tweede moeder bijna, en later als vriendin. Ik was haar dankbaar. Git en ik hadden zo veel meegemaakt samen: unieke momenten, vreugde, verdriet en tragiek.

Terwijl ik daar in dat ziekenhuiskamertje stond en naar haar keek, dacht ik terug aan de tijd dat we samen aan de keukentafel hadden overlegd hoe we Frankot het beste konden uitschakelen, dat ze per se met me mee wilde lopen toen ik me na de moord ging aangeven op het Marktplein in Almere, hoe ze in het huis van bewaring altijd met mijn moeder op bezoek kwam, hoe we haar woning in de Pretoriusstraat destijds hadden opgeruimd en hoe vermoeid maar blij ze was geweest op mijn huwelijksdag. Het was nu allemaal voorbij. Verleden tijd. Ik zou nooit meer iets kunnen bespreken met haar.

Omdat niemand wist waar Willem M. met Marcella en Michel was gebleven, moest de politie worden ingeschakeld, die hen via het bevolkingsregister heeft opgespoord. Ik had Willem een jaar of twaalf al niet meer gezien. Ik had gehoord dat hij na de scheiding van Brigit was hertrouwd, maar ik wist niet goed wat er van hem was geworden. Ook Michel was ik uit het oog verloren, maar met Marcella had ik natuurlijk veel langer contact gehad. Willem M. wilde niets meer met de familie Spruit en het verleden te maken hebben en ontweek mij daarom liever, maar hij vond het wel vanzelfsprekend dat ik op de begrafenis aanwezig zou zijn. Dit lag anders voor Bart en Ida, de mensen met wie Brigit de laatste jaren had samengewoond. Willem liet weten dat zij absoluut niet op de begrafenis mochten komen en dat hij op de begraafplaats maatregelen zou treffen om hen daar te weren. Hij vond dat ze mijn zus financieel hadden uitgebuit en bovendien speelde er nog altijd die oude zedenzaak met Marcella.

Ik ging alleen naar de begrafenis, Myranda bleef thuis. Ik vond dat ik dit afscheid alleen moest doen, bovendien was Myranda zwanger en zou de reis voor haar een hele opgave zijn geweest.

Op weg naar Amsterdam, waar Brigit op de rooms-katholieke begraafplaats St. Barbara aan de Spaarndammerdijk zou worden begraven, ging ik nog even bij Bart en Ida in Almere langs om wat spulletjes van Brigit op te halen. Het ging om fotoalbums, papieren en een gouden kettinkje met een kruisje.

Bart en Ida zagen er verslagen uit en waren verbitterd over het feit dat ze niet op de begrafenis aanwezig mochten zijn: 'Wij hebben Brigit toch verzorgd die laatste jaren,' zeiden ze. En ook: 'Waar was iedereen toen ze ziek was?' Ze hadden daar niet helemaal ongelijk in, maar ik wilde me er niet mee bemoeien. Het was een beslissing van Willem M. en niet van mij.

De begrafenis van Brigit was een definitief afscheid van deze mensen. Ik kon me niet voorstellen dat ik nog ooit contact met ze zou hebben en ik had daarom ook geen zin het voor hen op te nemen.

Op de begraafplaats zag ik mijn – voormalige – familie voor het eerst weer. Ik gaf Willem een hand en we condoleerden elkaar. Bij Marcella en Michel moest ik bijna twee keer kijken om hen te herkennen. Michel was een kerel van inmiddels eenentwintig jaar en Marcella was een leuke meid van ruim zeventien, die al verkering had. Ik gaf Michel een hand, maar Marcella en ik omhelsden elkaar. Voor haar zal ik altijd een warm gevoel blijven houden en het deed me dan ook heel wat dat ik haar weer zag. Veel mensen waren er verder trouwens niet op de begrafenis. Johan Frankot, de broer van Brigit – en mijn halfbroer dus – liet verstek gaan.

Het was een sobere, maar voor mij indrukwekkende plechtigheid en we liepen allemaal mee toen de kist naar de laatste rustplaats werd gebracht. Ik bleef een poosje bij de open groeve staan. Ik was verdrietig en geëmotioneerd. Er was weer een leven voorbij. En net als bij mijn moeder dacht ik: wat heeft het je gebracht? Brigit was een heel goed mens, maar dat nam niet weg dat ze jong en eenzaam was gestorven, dat ze veel problemen en zorgen had gekend en dat zij zich voor haar dood niet eens met haar eigen kinderen had kunnen verzoenen.

In de aula sprak ik na afloop met Marcella en haar vriend. Marcella vertelde dat het overlijden van haar moeder haar zeer had aangegrepen en dat ze zich heel graag met haar had willen verzoenen. Ik vond het ontzettend fijn om dat te horen en dacht aan de woorden die Brigit over Marcella en Michel in het ziekenhuis had uitgesproken. Het herinnerde me ook aan iets dat ik in de auto had liggen. 'Wacht even, ik ben zo terug,' zei ik tegen Marcella, 'ik moet even iets pakken.' Ik heb vervolgens de papieren en de fotoalbums die ik in Almere had opgehaald aan Willem gegeven. Daarna liep ik weer naar Marcella en zei: 'Ik heb hier iets, waarvan je moeder wilde dat je het zou krijgen, want ze hield ontzettend veel van je...' Ik hing haar het gouden kettinkje met het kruisje om. Het was een ontroerend moment, de tranen stonden in onze ogen.

Een tijdperk was afgesloten. En ik was de enige die overbleef.

In Appingedam ging het leven verder. Sterker nog, er kwam nieuw leven bij. Op 20 juli 1991 werd in het ziekenhuis van Delfzijl onze dochter Michelle Maria Selina geboren. Alles verliep prima en ik was ontzettend blij. Als ik naar die 'kleine Spruit' keek, vergat ik alles. Na alle ellende die ik had meegemaakt, lachte het leven me eindelijk weer toe. Ik had nu een lieve vrouw en een prachtig kind. Het speet me alleen dat Brigit en mijn moeder mijn kind niet hebben kunnen zien, want ik weet zeker dat ze er geweldig trots op zouden zijn geweest. Ook haar tweede naam was Maria geweest.

De relatie met mijn schoonfamilie verbeterde langzamerhand iets.

Met mijn schoonvader en een buurman werd ik lid van een plaatselijke biljartclub. Minimaal een avond per week oefenden we samen in een café en dan gingen we ook nog dikwijls voor wedstrijden het land in. Ik kon het heel behoorlijk. Op de camping in Epe had ik als jonge knul altijd al met mijn vader gebiljart en de jaren in de kliniek had ik alle tijd gehad me verder in deze sport te bekwamen. Ik haalde een moyenne van vijf, wat voor een amateur vrij hoog is. In mijn klasse ben ik zelfs nog eens tweede geworden in de competitie. En de vraag van mijn verbaasde clubgenoten waar ik toch zo goed had leren biljarten, ontweek ik altijd handig met een grap: 'Dat zeg ik niet – anders gaan jullie er ook naar toe...'

In de zomermaanden van 1991 besloot ik weer meer werk te gaan maken van een vaste baan. Het voorlichtingswerk bij de Stichting Delinkwentie & Samenleving was door de schoolvakanties bijna teruggevallen tot nul.

Financieel zag onze situatie er hopeloos uit. Het kwam voor dat we echt helemaal niets meer hadden – werkelijk geen gulden – en letterlijk met droog brood het einde van de maand haalden. Ik vond dat beschamend, vooral naar Myranda en mijn dochtertje Michelle toe, die ik niets te kort wilde laten komen.

Ik ging daarom veelvuldiger solliciteren en kwam via een uitzendbureau tenslotte terecht bij de scheepswerf Niestern-Sander in Farmsum, pal onder Delfzijl. Ik werkte aanvankelijk in het magazijn van het reparatiegedeelte van de werf, maar kreeg na twee maanden een mooie kans toen een van de kraandrijvers ziek werd. De personeelschef vroeg mij of ik er voor voelde deze baan voorlopig over te nemen. Ik vond dat prachtig. Het waren van die torenkranen, waarmee je bijvoorbeeld grote stukken plaatijzer naar een scheepswand moest hijsen.

Het was een pittige job, die je met veel precisie en concentratie moest uitvoeren. Je moest er bovendien gevoel voor hebben om met zo'n stuk zwabberend plaatijzer van een paar duizend kilo om te gaan, maar dat ging me goed af, ondanks mijn LTS-diploma fijnmetaal. Ik vond het een mooie baan en wat nog fijner was: er zat veel overwerk aan vast en dat betaalde goed. We konden eindelijk weer eens normaal leven en zelfs wat oude schulden aflossen.

Ik kreeg bij Niestern-Sander een contract voor twee jaar, onder de voorwaarde dat ik een officiële kraandrijversopleiding zou volgen en mijn diploma zou halen. Na die twee jaar kon ik dan in vaste dienst komen.

Op dat moment vond ik dat ik het bedrijf wel over mijn justitiële verleden moest inlichten. Het vormde natuurlijk een risico, maar het níet vertellen misschien nog wel meer. Ze namen het echter gelukkig goed op. De personeelschef zei nuchter: 'Je bent al een keer gestraft, wij zullen dat niet nog eens over doen.' Tegen mijn naaste collega's zei ik overigens niets. Met dat soort wetenschap was niemand gediend, hoewel ik er altijd op bedacht moest zijn dat iemand mij van de tv herkende of van het voorlichtingswerk, want Toon en ik hadden per slot van rekening heel veel in de provincie Groningen zelf geopereerd.

Het duurde niet lang of ik had aardig mijn draai gevonden, zowel letterlijk – in de hijskraan – als figuurlijk. Ik werd goed opgenomen door het personeel en ik deed mee in het zaalvoetbalteam als keeper. De cursus die ik moest volgen ging ook prima. Toen ik theorie-examen moest doen was ik met nog iemand de enige van mijn klasje van twaalf man die in één keer slaagde.

Mijn baan had tot gevolg dat ik bij de Stichting Delinkwent & Samenleving geheel stopte. Ik had er geen tijd meer voor.

Toon van de Wetering, die nog wel actief was, belde me wel eens op als hij een groot project had – zes klassen in een school bijvoorbeeld – en ik heb hem daar tegen betaling nog een paar keer mee geholpen. Hij rommelde op dezelfde voet door. Af en toe een kraak, en verder verhandelde en heelde hij allerlei spullen die zogenaamd van de vrachtwagen waren gevallen: nieuwe cd's, parfum, sloffen sigaretten en elektronica.

Als we elkaar weer zagen, vroeg hij ook altijd even: 'En, nog iets gehoord?' Dat stond voor: heb je nog iets van de overval op dat boerengezin in Finsterwolde gehoord? Maar nee, het bleef gelukkig stil. Alhoewel, op een avond in 1992 werd ik ineens door Toon gebeld met de vraag of hij even langs mocht komen. Zogenaamd voor de gezelligheid, maar ik voelde wel dat er iets aan de hand was. Toon vertelde me die avond dat er bij werkzaamheden aan een dijk bij Siddeburen onverwachts een doorbraak was ontstaan en dat daardoor het waterpijl bij de sluis was gezakt, waar wij de Opel Kadett van de boerenfamilie destijds hadden laten zinken. Zodoende was deze boven water gekomen. Concrete sporen had dat de politie overigens niet opgeleverd. Die waren door het water in de loop der tijd weggespoeld.

Een andere oude kwestie waar ik met enige regelmaat aan werd herinnerd, was de steen op het graf van mijn vader. Ik had de eerste rekening in de prullenbak gegooid en de betrokken steenhouwerij liet het daar natuurlijk niet bij zitten en stuurde herinneringen en aanmaningen. Mijn gevoel daarover was echter niet veranderd, integendeel zelfs. Ik had de dood van mijn vader redelijk van mij afgezet en voelde er niets voor zo'n steen op zijn graf te financieren, nog afgezien van het feit dat ik schulden genoeg had. Het was misschien onredelijk van me, maar ik voelde dat zelf anders. Kijk, ik had er ooit al het geld van de wereld voor over gehad om hem te vergeten. En het betalen van die zestienhonderd gulden aan de steenhouwer zou inhouden dat ik hem zou gedenken. En dat wilde ik niet. Voor geen prijs.

XXII. Schulden tot de dood erop volgt

Het leek er op alsof ik het 'huisje, boompje, beestje' dat ik in de TROS tv-show als mijn levensideaal had genoemd, met een vaste baan, een vrouw, een schat van een kind en een huis, aardig had bereikt, toen zich in september 1992 een incident voordeed dat mijn leven weer op z'n kop zette.

Voor mijn kraandrijversopleiding moest ik in die maand een praktijkopleiding van enkele weken volgen in Amerongen, in de provincie Utrecht. Voor mijn theoriegedeelte was ik inmiddels geslaagd. Omdat de afstand Appingedam – Amerongen veel te groot was om dagelijks af te leggen, zou ik op kosten van de scheepswerf daar in een pension worden ondergebracht.

Een paar dagen voor mijn vertrek werd ik tijdens het werk even bij de personeelschef geroepen, die mij contant geld gaf om reis- en verblijfkosten te kunnen betalen: tien briefjes van honderd gulden. Ik vouwde de biljetten dubbel, stak ze in de borstzak van mijn overall en ging weer aan de slag.

Die avond werkte ik over tot na tien uur en in de drukte vergat ik het pensiongeld helemaal. Pas bij het verkleden dacht ik er weer aan en wilde het pakken. Ik merkte toen dat het knoopje van mijn borstzakje openstond en dat het bundeltje bankbiljetten verdwenen was.

Samen met een paar collega's heb ik nog lang gezocht op het terrein van de werf, maar we hebben niets meer gevonden. Ik kon het ook overal verloren hebben, want ik had die dag juist veel langs de baan gelopen en niet alleen in de hijskraan gezeten.

De volgende dag meldde ik het verlies aan de personeelschef, die mij aankeek alsof hij het uit zijn eigen zak had betaald. 'Dat is niet zo mooi, je hoort er wel meer van,' zei hij. De dag erna, vrijdag, moest ik weer bij personeelszaken komen. De daaropvolgende maandag zou ik naar Amerongen vertrekken, het was dus voorlopig mijn laatste werkdag. Dat dacht ik althans, want de personeelschef deelde mij mede dat de directie had besloten de cursus te annuleren en de opleiding stop te zetten.

Ik was helemaal verbouwereerd en zei: 'Wat is dat nou voor flauwekul???

Omdat ik dat geld verloren heb?' Het bleek echter dat de directie daar juist aan twijfelde, aan dat verliezen.

De personeelschef zocht even naar woorden en zei toen op bestraffende toon: 'Kijk, Paul, als je dringend schulden moet afbetalen, had je dat gewoon moeten zeggen...' Hij probeerde netjes te zeggen dat ik het reisgeld had gepikt. En dat pikte ik niet, om het zo maar eens uit te drukken. De scheepswerf wist dat ik schulden had en had zelfs meegewerkt aan een saneringsplan, maar dat zij die wetenschap nu in de vorm van een verdenking tegen mij gebruikten, vond ik stijlloos.

Die maandag ging ik nog gewoon naar mijn werk in Farmsum, met de bedoeling opheldering over deze kwestie te krijgen. Het annuleren van die cursus had voor mij grote gevolgen: in dat geval kon ik mijn diploma niet halen, zoals dat eerder contractueel door de werf was vastgelegd, en dus zou dan mijn contract niet worden omgezet in een vast dienstverband. In feite gaven ze me dus met het afzeggen van die cursus ontslag en stond mijn toekomst op het spel.

Ik ontdekte dat de bedrijfsleiding me wantrouwde. Gesprekken over het probleem leidden tot niets, alleen de spanning liep op. Ik kreeg het idee dat ze me wilden lozen, vooral ook omdat er inmiddels een kraanmachinist was aangenomen die alle papieren al had en dus geen dure opleiding meer hoefde te volgen.

Officieel werd trouwens nooit toegegeven dat het stopzetten van de cursus te maken had met het geldincident – waarschijnlijk omdat ze wel begrepen dat dit een zwak argument was dat bij een mogelijke ontslagprocedure geen stand kon houden. Nee, ze gooiden het er op dat er in het hele bedrijf op opleidingen moest worden bezuinigd. Ik zei de personeelschef dat ik op deze manier niet geconcentreerd op de kraan kon werken. Het is gevaarlijk, voor jezelf en je collega's, als je op die hoogte zit te piekeren. Ik ging de ziektewet in en de bedrijfsleiding liet weten dat er een vertrouwenscrisis was ontstaan en dat ze zich nog eens wilden beraden over de vraag of ik wel in dezelfde positie kon terugkomen.

Het was een heel vervelende situatie en het kostte mij ook flink veel geld. In de ziektewet kreeg ik een stuk minder in handen, omdat ik natuurlijk ook geen overuren meer draaide, die juist voor dat beetje extra hadden gezorgd. Daar kwam nog bij dat als je thuis zit, je meer geld uitgeeft, terwijl je dus minder verdient.

En omdat zuinig en verantwoord met geld omgaan mijn zwakke punt was, duurde het dan ook niet lang of de schulden liepen weer op en de steeds groter wordende aflossingen die wij moesten doen zorgden ervoor dat we slechts met kunst- en vliegwerk het einde van de maand haalden.

Omdat ik mij verveelde, was mijn contact met Toontje van de Wetering, de dichtende gangster, weer wat toegenomen. De mislukte overval in Finsterwolde was ruim een jaar geleden en mijn ergernis daarover was weggezakt.

In een poging wat te verdienen, hebben Toon en ik nog een blauwe maandag samen een modellenbureautje geëxploiteerd onder de naam 'Topau', wat werd gevormd door de eerste letters van onze voornamen Toon en Paul. Het was geen succes. We hadden een wervingsadvertentie geplaatst in de noordelijke kranten en vervolgens op een dag een kamer gehuurd in een motel, waar de modellen zich konden laten inschrijven. Het inschrijfgeld bedroeg een tientje en aan het einde van de dag hadden we 150 gulden geïncasseerd en moesten we 145 gulden voor de hotelkamer en de consumpties afrekenen en daar zijn we dus maar weer snel mee gestopt. Ook hebben we voor een bevriende autohandelaar nog wel eens samen een paar tweedehands auto's naar markten in het Oostblok gereden, maar dit was te sporadisch om financieel zoden aan de dijk te zetten. Deze veelvuldige contacten zorgden er wel voor dat onze vriendschap zich weer herstelde en we weer 'maten' van elkaar werden.

Het was zo eind oktober, begin november 1992 dat Toon beweerde dat hij een 'mooie klus' wist, waarmee veel geld kon worden verdiend. 'Net als de vorige keer zeker,' hoonde ik. 'Hoeveel is het dit keer? Vierhonderd piek de man?' Evenals bij de overval in Finsterwolde zei ik de eerste keer dat ik geen belangstelling had, maar Toon wist hoe hoog de financiële nood was – en waarschijnlijk ook hoe zwak ik in mijn schoenen stond – en bleef mij met zijn 'lucratieve' voorstellen bestoken.

Op een avond kwam hij bij me langs en vroeg of ik even met hem meereed. Toon praatte het liefst in de auto, dan wist hij tenminste zeker dat niemand ons per ongeluk kon horen. Terwijl we in de omgeving van Appingedam wat rondtoerden, vertelde Van de Wetering me dat hij een goede tip had gekregen over een zakenman, die altijd met grote bedragen contant geld op zak liep. Met drie man zouden we dat 'akkefietje' vrij eenvoudig kunnen klaren en volgens Toon was er 'gegarandeerd' zo'n zestig- tot tachtigduizend gulden 'op te halen'.

Het leek wel of Toon altijd kwam op het moment dat ik bijna geen kant meer op kon. Ik twijfelde. Ik wilde het liever niet en prees me nog steeds gelukkig dat ik zonder kleerscheuren van die zaak in Finsterwolde was afgekomen. Ik had eigenlijk geen behoefte aan een herkansing op dat gebied. De keerzijde daarvan was echter dat de deurwaarders Myranda en mij weer in hun vaste route hadden opgenomen en dat zorgde thuis, in combinatie met het feit dat ik in de ziektewet zat door de problemen op de werf, ook voor stress. Ik stond in dubio en Toon voelde dat waarschijnlijk aan, want hij bleef mij vragend aankijken en zei, om het nog aantrekkelijker voor me te maken: 'Je hoeft alleen maar te rijden, wij doen het werk wel.'

Net als bij de eerste overval smolt mijn weerstand door de druk van de dagelijkse geldzorgen. Na een paar minuten bedenktijd was ik eruit, al was het niet van harte. Ik keek Toon strak aan en vroeg: 'Geen geweld? Geen schieten?' De donkere ogen van Toon lichtten tevreden op. Hij wist inmiddels dat ik moeilijk nee kon zeggen. 'Akkoord,' grijnsde hij.

In de dagen daarna vertelde Toon me wat hij precies op het oog had. Het ging om de ongeveer veertigjarige paardenhandelaar Henk Scholtens, die in een boerderij in het dorpje Scharmer woonde, een paar kilometer ten oosten van Groningen. Hij vertrok volgens Toon altijd 's morgens vroeg naar allerlei markten in het land en op dat moment – als hij 's morgens vertrok dus – zouden wij toeslaan. Ik vond die opzet heel wat beter dan bij de overval in Finsterwolde, waar wij een heel gezin hadden gegijzeld eer we bij de – lege – kluis konden komen. In de nieuwe zaak zouden we Scholtens gewoon buiten opwachten en dus niet nodeloos andere slachtoffers maken.

Als datum van de overval had Toon de maandagnacht van 16 op 17 november 1992 geprikt. Hij had de boerderij en de omgeving voor die tijd een paar keer verkend en beschikte over informatie dat de zakenman die dag zeer vroeg zou vertrekken. Een probleem was wel dat wij dus in het holst van de nacht daar aanwezig moesten zijn en ik niet tegen Myranda kon zeggen, zoals bij de vorige overval, dat ik een of andere vergadering had. Een bijeenkomst om drie uur 's nachts was wat erg ongeloofwaardig.

Ik kon haar natuurlijk ook niet 'eerlijk' vertellen dat ik samen met Brabantse Toon een klussie ging opknappen. Myranda was zelf dochter van een ex-politieman en was in haar doen en laten altijd goudeerlijk. Als ze wist wat wij gingen doen, zou ze zonder meer de politie waarschuwen. Vanwege die karaktereigenschappen had ze Toon altijd gewantrouwd en ik moest dus iets verzinnen om weg te komen.

De gelegenheid bood zich die dag min of meer automatisch aan. Myranda en ik kregen woorden over onze nijpende financiële situatie en ik deed geen pogingen om de ruzie te sussen. Integendeel, ik provoceerde Myranda met allerlei opmerkingen en het gevolg was dat ik in een tasje wat kleren bij elkaar griste en met een kwaaie kop het huis uitliep. 'Ik ben weg!' beet ik haar toe. 'En ik zie wel of ik nog terugkom. Voorlopig wil ik alleen zijn.' Ik sloeg de deur hard achter me dicht, Myranda alleen met ons dochtertje achterlatend.

Het gaf me natuurlijk geen prettig gevoel, Myranda verdiende dit niet, maar door de spanning en de zorgen was ik echt opgefokt en dus greep ik deze kans maar aan. Er moest nu iets gebeuren. Als ik niet zou gaan, liep de zaak ongetwijfeld ook op de klippen. En, de volgende ochtend zou ik er gewoon weer zijn en waren alle moeilijkheden waarschijnlijk definitief opgelost. Het verdiende geen schoonheidsprijs, maar er zat niets anders op.

Die novemberavond ging ik naar de woning van Toon in Winschoten toe. Hij had weer voor de meeste spullen gezorgd, zoals zwarte kleding, wapens en handboeien. Wel had ik op zolder zelf een paar oude sportschoenen zwart gespoten, omdat wit schoeisel in het donker te veel zou opvallen. Nadat ik me bij Toon had gemeld, reden we in zijn auto samen naar Groningen, waar we de derde man zouden oppikken. Bij de overval in Finsterwolde had ik nooit geweten wie dat was, maar deze keer moest Toon zijn identiteit wel prijsgeven, omdat we ons in zijn woning, in een buitenwijk van Groningen, gingen verkleden. Het was Freddie H., een 28-jarige man die ik wel eens op een verjaardag bij Toon had gezien. H. had bij Toon in de gevangenis gezeten en sindsdien waren ze vrienden.

Toon stelde me nogmaals aan hem voor en verordonneerde: 'Fred rijdt ons vanavond.' Ik keek hem verbaasd aan: 'Hoe bedoel je, ik zou toch rijden?' Toon schudde zijn hoofd. 'Nee, ik heb het er met Fred over gehad, maar het lijkt ons beter als hij rijdt.' Ik maakte aanstalten om wat tegen te sputteren, maar Van de Wetering kapte dat resoluut af: 'Wat maakt dat nou uit, Paul, wie er rijdt? Deze zaak is een eitje, je hoeft nergens bang voor te zijn.'

Het beviel me niet, maar ik zweeg. Dit was net als bij de eerste overval in Finsterwolde weer tegen de afspraak, maar ik voelde me niet in staat om op m'n strepen te gaan staan.

In het gewijzigde scenario zou Fred H. ons in de buurt van de 'plaats delict' afzetten, de auto van Toon op een andere locatie, een paar kilometer verder, klaarzetten en vervolgens 'stand-by' blijven voor het geval er tijdens de overval onverwachte dingen zouden gebeuren. Toon had gezorgd voor portofoons waarmee hij Fred kon oproepen.

In de woning van Fred H. maakten we ons die avond gereed. Toon haalde een grote tas tevoorschijn en pakte die uit. Er zat een groot vuurwapen in, met uitklapbare kolf. Het was een Scorpion, een semi-automatische pistoolmitrailleur. Ook pakte hij er nog twee pistolen uit en een paar patroonhouders met bijbehorende munitie. Het was een heel arsenaal.

Aan zijn broekriem deed hij een pistooltas en twee patroonhoudertassen. De mitrailleur hing hij aan een riem om zijn nek.

Fred en ik keken elkaar even ongelovig aan en zeiden: 'Wat is dat nou? Wat ben jij van plan? Je lijkt Rambo wel.' Toon keek ons aan alsof hij ons niet begreep en ging onverstoorbaar door met uitpakken. Hij leek wel een guerrillastrijder die naar het front ging.

Toon verblikte echter geen moment onder onze verbazing. 'Dat maakt indruk. Gewoon een beetje intimidatie. Hoe meer je bij je hebt, hoe minder je hoeft te gebruiken, begrijp je? Kijk, als je op straat met een klein keffertje loopt, lacht iedereen je uit, maar voor een bouvier doet iedereen automatisch een stap opzij,' zei hij alsof er op deze vergelijking niets viel af te dingen.

Ik vond dat belachelijk en sneerde: 'Je bent niet goed snik, man! Waar is dat nou voor nodig? Het lijkt wel of je een heel leger te lijf wilt. Je weet toch wat we hebben afgesproken?'

Toons gezicht verstrakte. Ik had al eens eerder gemerkt dat hij erg onplezierig kon worden als hij zijn zin niet kreeg, of niet in zijn waarde werd gelaten, en dit was kennelijk zo'n moment. 'Maak jij je nou maar geen zorgen,' zei hij ijzig. 'Ik weet heus wel wat ik doe. En als jij dat nou ook weet, komt het allemaal wel in orde. Of durf je soms niet meer, dat je overal problemen van maakt?' Hij keek me een moment uitdagend aan en ik wist dat ik beter mijn mond verder kon houden, maar in gedachten vroeg ik me af waar ik in hemelsnaam weer aan begonnen was.

Zwijgend verkleedden we ons verder. Toon nam geen enkel risico. Hij zette eerst een pruik op, deed daar een bivakmuts overheen en zette vervolgens nog een baseballpet van de Chicago Bulls op. Ik vond een bivakmuts genoeg.

Het was nog tamelijk vroeg in de nacht, zo'n uurtje of half twee, en we bleven daarom nog een uurtje in de huiskamer van Fred de tijd doden: praten, tv-kijken en wat drinken. Ook werden de portofoons en de bediening ervan even getest. Toon had ze naar zijn zeggen buitgemaakt bij een inbraak en ze waren niet slecht. We waren allemaal gespannen, maar na het wapen-incident was de stemming toch weer vrij snel teruggekeerd.

Het door Toon opgestelde overval-scenario zei dat we vanaf een uurtje of drie door Fred bij de boerderij van die Scholtens aan de Hoofdweg in Scharmer zouden worden afgezet. Fred zou daarna voor de zekerheid met de auto, een gehuurde Nissan Bluebird, in de omgeving blijven, maar het was de bedoeling dat wij na de overval met de auto van de zakenman zouden vluchten, zoals we ook in Finsterwolde met die Opel Kadett hadden gedaan. We zouden er vervolgens mee naar het Eemskanaal rijden, 'm daar in het water dumpen en met de witte Ford Escort van Toon, die daar in de buurt klaarstond, verder rijden. Toon zou mij dan op een station afzetten, waar ik de trein naar Appingedam zou nemen.

Terwijl we naar Scharmer reden, was ik nerveus. Het was fris, maar ik transpireerde behoorlijk. Ik geloofde echter wel in de goede afloop. Ik moest op dat moment even doorbijten, maar hield mezelf voor dat een paar uur later alle financiële zorgen waarschijnlijk tot het verleden zouden behoren. Toon gaf me kort voor we uitstapten een pistool, een 7.65, om de paardenhandelaar mee onder schot te houden. Van de Wetering droeg zelf zijn pistoolmitrailleur met uitgeklapte armsteun op zijn borst, onder zijn legerjack, en zijn pistool in zijn heupholster.

Tegen drie uur die nacht werden we door Fred in Scharmer afgezet op de nabijgelegen Goldbergweg. Toon en ik sneden, op weg naar de boerderij van Scholtens, een stuk af door de akkers en weilanden. Het was droog, helder weer, maar wel al tamelijk koud, wat voor november natuurlijk niet zo gek was. Hoewel Toon de omgeving een paar keer – overdag – had verkend, liepen we aanvankelijk toch nog verkeerd. De boerderijen lagen helemaal in het pikdonker en het was voor Toon moeilijk ze aan hun silhouet te herkennen.

Terwijl we ons even oriënteerden waar we precies naar toe moesten, hoorden we ineens een motor starten. We stonden stokstijf stil en Toon siste: 'Godver, we zijn te laat, daar gaat-ie al!' Het bleek echter een aggregaat te zijn dat aansloeg, waarschijnlijk voor koeling of verwarming.

Om bij de boerderij van Henk Scholtens te komen, moesten we eerst nog over een slootje springen, wat Toon goed afging omdat hij kaplaarzen aanhad en het voor hem niet erg was dat hij in de zachte kanten in de prut wegzakte. Ik droeg echter lichte sportschoenen en gleed weg. In een poging niet te vallen, pakte ik het hekwerk dat langs het slootje was gespannen en kreeg meteen een flinke opdonder. Ik kon niet voorkomen dat ik een schreeuw gaf, overigens meer van schrik dan van pijn.

'Wat doe je nou, idioot?' vroeg Toon, terwijl hij schichtig om zich heen keek. 'Houd je kop…je verraadt ons nog!' Ik begreep dat ik me met mijn hand, die een beetje vochtig was, aan schrikdraad had vastgeklampt. 'Nou, pak jij het maar eens beet,' zei ik geïrriteerd tegen Toon. 'Kijken wat jij zegt…' Gelukkig had niemand wat gehoord. Daarvoor was de afstand naar de boerderij nog te groot.

Even later kwamen we bij het erf van Scholtens aan de Hoofdweg. 'Ja, hier is het,' fluisterde Toon toen we op het erf een blauwe Volkswagen Golf zagen staan. Het was de auto van Scholtens. We maakten een omtrekkende beweging om de boerderij om te controleren of alles rustig was en posteerden ons daarna aan de achterkant, waar een zogenoemde Patrolcar met een paardentrailer stond. We spraken gedempt. De kou zorgde ervoor dat er bij elke ademstoot witte wolkjes uit onze monden kwamen en ik hoopte maar dat het niet al te lang zou duren eer Henk Scholtens zou verschijnen. Toon haalde zijn Scorpion-mitrailleur onder zijn jack vandaan en inspecteerde die nog eens.

Ik zei Toon dat ik zelf eigenlijk liever geen wapen had en stelde voor dat ik de man wel zou boeien: 'Houd jij hem onder schot, dan zal ik hem boeien.' Toon dacht kort na, haalde zijn schouders op, maar stemde toe: 'Mij best.' Hij zei het op een toon alsof hij mij een 'koekie' vond, maar gaf mij twee handboeien en een bosje geel touw en ik overhandigde hem het pistool dat hij tussen zijn broekriem stak.

Als je moet wachten duurt elke minuut lang en we ijsbeerden dan ook ongeduldig heen en weer. Het leek wel alsof het steeds kouder werd. Mijn voeten waren nat geworden en werden gevoelloos. We spraken nauwelijks meer. Toon maakte af en toe een kleine ronde om de boerderij om te controleren of alles nog in orde was. Er was zo'n anderhalf uur verstreken, het was tegen half vijf, toen we in de woning opeens een soort bel hoorden. Ik dacht dat het de telefoon was, maar het kon ook een wekker zijn geweest.

’Opletten...’ gebood Toon, ‘hij kan nu elk moment komen.’ Het werd hoog tijd, want ik was helemaal verkleumd. Er gebeurde echter niets in de woning. Althans niet zichtbaar. We zagen geen licht branden en het bleef stil. Een kwartier verstreek en ik vroeg me af of Toon soms weer een nep-tip had gehad, toen we plotseling geluid hoorden. Het was het knerpen van grind of gravel op het erf. Vervolgens hoorden we het geluid van een autoportier dat werd geopend.

’Ja, nu!’ commandeerde Toon en hij sprintte als eerste naar voren en ik rende op twee stappen afstand achter hem aan. Mijn spieren waren stijf geworden van de kou en ik moest me forceren om Toon bij te houden. Op het moment dat we bij de Golf aankwamen, was het portier al dichtgeslagen. De man was ingestapt.

Toon nam ogenblikkelijk actie. Als de zakenman er in zou slagen de auto te starten, dan hadden we het nakijken. Van de Wetering tikte met de loop van zijn Scorpion-mitrailleur tegen de autoruit en riep: ‘Get out of the car or we shoot!’ We hadden besloten om ditmaal Engels te spreken, weer in de hoop de politie op een dwaalspoor te zetten. Met z’n andere hand trok Toon het portier open en richtte zijn wapen op Scholtens, die hem verschrikt aankeek. Ook ik riep nu: ‘Get out of the car!’

Het was een ongeveer veertigjarige man met een baardje. Hij droeg een spijkerbroek en een suède jas. Hij reageerde echter niet en staarde ons alleen verbaasd aan, alsof hij niet begreep wat er aan de hand was. ‘Get out of the car!’ snauwde Toon opnieuw. De man in de auto raakte op dat moment in paniek en riep: ‘Hij heeft een pistool! Hij heeft een pistool!’ Tegelijkertijd pakte hij volkomen onverwachts de door Toon vooruitgestoken mitrailleurloop met twee handen beet en begon er aan te trekken. Van de Wetering was echter in het voordeel omdat hij buiten stond en zette zich schrap. Hij sleurde de man half uit de auto. In de deuropening ontstond een merkwaardige worsteling. Toon had natuurlijk nooit verwacht dat de man zomaar de loop van zijn wapen zou beetpakken. Ik stond aan de andere kant van het autoportier en kon daardoor eigenlijk niet veel meer doen dan deze zo wijd mogelijk open houden, we moesten voorkomen dat de man ’m weer dicht kon trekken.

Scholtens was echter niet van plan om zijn geld af te staan. Het was een potige kerel, die zich flink verzette. Hij was geen bange kantoorklerk, maar een man die in de paardenwereld zat en wel van aanpakken wist. In dat opzicht had Toon hem misschien onderschat, hoewel zijn wapenarsenaal daarmee niet in overeenstemming was.

Scholtens liet na enig heen en weergetrek de loop van de mitrailleur onverwachts met zijn linkerhand los en gaf iets mee naar voren, waardoor Toon een ogenblik uit z'n evenwicht was.

Van dat moment maakte de man snel gebruik: hij trok de bivakmuts met pruik en baseballpetje van Toons hoofd en schreeuwde: 'Ik heb je gezien! Ik weet wie je bent!' Of hij daarmee bedoelde dat hij Toon had herkend, weet ik niet, maar het was natuurlijk niet onmogelijk omdat Van de Wetering zich veel begaf in kringen van handelaren en markten. Bovendien genoot hij door zijn tv-optredens en publiciteit rond zijn dichtbundels ook een bepaalde bekendheid. Vast stond in ieder geval wel dat Toon door deze verrassende actie van slag was.

Scholtens bedacht zich geen moment: hij sprong in de auto, gooide het portier dicht en drukte bijna in één beweging op het knopje waarmee hij deze op slot deed.

Toon keerde zich een fractie van een seconde even naar mij en ik zag dat hij wijd opengesperde ogen had, met een woeste, doorgedraaide blik. Hij was volkomen over de rooie en had volgens mij het gevoel dat Scholtens hem te slim af was. Zonder nog iets te zeggen liep Toon een stap op de vw Golf toe, greep zijn mitrailleur en schoot met oorverdovende knallen drie, vier keer schuin op het achterportier. Mijn adem werd van ontzetting afgesneden. Ik sprong op Toon toe, rukte aan zijn arm en probeerde het wapen omlaag te drukken. Ik schreeuwde: 'Niet doen, man! Niet doen, straks schiet je 'm dood.'

Toon rukte zich echter woest los, gaf mij een hengst met zijn elleboog – 'sodemieter op!' – en wilde zijn mitrailleur, die aan een riem aan zijn schouder hing, weer op de auto richten. Op dat moment knalde er weer een schot en Toon viel achterover op de grond. 'Godver-de-godver,' kermde hij, 'ik ben geraakt... in mijn been.' Bij het onbeheerst omhooghalen van zijn Scorpion had hij per ongeluk de trekker overgehaald en zichzelf in zijn bovenbeen, vlakbij zijn lies, geschoten. Het bloed kleurde zijn broek donker. Terwijl hij op de grond lag, grabbelde hij woest naar zijn wapen, richtte het schuin omhoog op de auto en drukte opnieuw af: minstens drie schoten hoorde ik in het blik van de auto slaan.

Ik stond als aan de grond genageld op dat moment. Het gebeurde allemaal in een paar seconden, zoals je soms in een film ziet. Maar nu was het echt. Ik rook een scherpe kruitlucht en in de stilte van het Groningse platteland leken de door Toon afgevuurde kogels wel op kanonschoten, die maar bleven echoën. Volgens mij moet het kilometers ver te horen zijn geweest. Toon probeerde op te staan en ik hielp hem overeind.

’Stop, Toon!’ riep ik. ‘Stoppen.’ Maar Toon luisterde niet, hij hoorde helemaal niets meer en had een waas voor zijn ogen.

Hij duwde mij opzij en leunde hijgend met een hand op het dak van de auto. De mitrailleur was op de grond blijven liggen en Toon pakte met zijn andere hand het handvuurwapen tussen zijn riem vandaan, dat ik hem kort voor de overval had teruggegeven. Hij trok de slede naar achteren en voor ik nog iets kon doen, schoot hij vanaf dertig centimeter op het portierraampje, dat direct in gruzelementen viel. Toon duwde mij het pistool in handen, haalde het deurknopje omhoog en trok het portier open.

Hij pakte de zakenman beet, die naar opzij was gezakt en zich niet meer bewoog. Toon trok hem achter het stuur vandaan naar buiten, recht in mijn armen. Ik wist niet hoe erg het met hem was, want door de spiegelende autoruit kon ik niet goed naar binnen kijken.

Ik zag op dat moment dat Scholtens uit zijn borst bloedde en ik begreep ook wel dat het een wonder zou zijn geweest als hij in deze kogelregen ongedeerd was gebleven. Zijn lichaam gleed slap op de grond. Hij was buiten westen of dood. Toon keek echter geen moment naar hem om.

Ik kreunde. Ik wist dat het helemaal fout was gelopen en dat dit een drama was, waarbij de gebeurtenissen in Finsterwolde helemaal niets waren.

Van de Wetering had inmiddels zijn mitrailleur weer opgeraapt en had het linkerachterportier geopend. Hij hield zich met zijn bovenarmen tussen het portier en het dak van de auto staande en keek even om zich heen, waarschijnlijk om te zien of er al politie in aantocht was. Toon kon niet meer op eigen kracht lopen, door dat schot in zijn been. Hij kroop moeizaam op de achterbank van de auto. Zijn ogen rolden nog steeds wild heen en weer en hij hijgde alsof hij een marathon had afgelegd: ‘Ik kan niet meer lopen… kom op, wegwezen… neem deze auto.’

Ik vloekte. 'Godverdomme, Toon, dit was niet afgesproken! Je bent helemaal krankzinnig, man...' Ik liep naar de dichtstbijzijnde deur van de boerderij, vlak achter de auto en begon er op te bonzen en aan te trekken. Ik riep ook om hulp. Ik was in paniek en wist eigenlijk niet wat ik precies deed.

Er moest een eind gemaakt worden aan het geweld, maar ik wist niet hoe.

Toen er niet gereageerd werd, kwam ik weer tot het besef dat ik zo snel mogelijk moest zien weg te komen. Ik stapte haastig achter het stuur van de vw Golf, waar Scholtens stil naast lag. Ik trok mijn bivakmuts af en gooide die op de passagiersstoel. Koortsachtig zocht ik naar de contactsleutels, maar vond die niet. 'De sleutels, waar zijn de sleutels?' riep ik, alsof Toon, die op de achterbank lag, antwoord op die vraag kon geven. Ik keek om me heen, maar zag geen sleutels. En ook als ik wel sleutels had gezien, had ons dat geen meter verder gebracht, want de auto was door de salvo's van Toon doorzeefd en had lekke banden.

'Kom op, dat duurt te lang, eruit,' zei ik tegen Toon. 'We moeten weg hier.' Ik stapte uit, rende het erf over naar de Patrolcar met paardentrailer en voelde aan het portier; het zat op slot. We hadden op dat moment Fred kunnen oproepen, maar in de consternatie en paniek dachten we daar geen van beiden aan, nog afgezien van het feit dat zijn komst onder deze omstandigheden waarschijnlijk veel te lang zou duren.

Ik stapte weer in de vw Golf, waarin Toon van de Wetering was blijven wachten. 'Wat nu? Wat doen we?' vroeg ik gejaagd.

Toon gooide zijn hoofd achterover en trok een pijnlijke grimas. 'Ik kan niet meer weg, Paul... Ik ben verlamd. Het heeft geen zin meer... kansloos. Ga jij maar... Jij hebt een vrouw en een kind. Dit is voor mij het eind. Het is allemaal mijn eigen schuld.'

Het waren dramatische woorden en ik stond even in dubio wat ik moest doen. Meende hij dat nou? Moest ik hem echt achterlaten? Ik kon nauwelijks nadenken, zo overstuur was ik. Wat hij gedaan had was oerstom, onbesuisd, krankjorum gewoon en ik kon hem daarvoor wel ik weet niet wat doen, maar om hem achter te laten... Ik realiseerde me ook dat na al dat geschiet de politie onderweg moest zijn en ieder moment kon arriveren.

Voor mij was met deze baaierd van geweld een grens overschreden. Dit had ik nooit gewild. Het geld dat Scholtens bij zich had lag voor het grijpen, maar ik had er geen belangstelling meer voor. Ik vreesde dat hij dood was en dan is geld ineens helemaal niets meer. Ik woog in een paar gedachteflitsen af wat ik moest doen, toen we ineens een auto in volle vaart hoorden komen aanscheuren. De lichtbundels schenen tientallen meters over de akkers.

'Politie! Smeer 'm!' siste Toon. 'Snel, nu het nog kan. Ik houd ze wel effe bezig, Paul. Kom op, ga nu. Maak je over mij geen zorgen... De laatste kogel is voor mezelf...' De laatste kogel is voor mezelf. Toon sprak het uit alsof het vanzelfsprekend was. Alsof hij absoluut geen twijfels had. Voor ik de berm indook, keken Toon en ik elkaar in het donker nog een paar seconden aan. Het was een afscheidsgroet zonder woorden. Hij zat op de achterbank van de Volkswagen. Zijn wapen in de aanslag. Zijn blik was vastbesloten, maar ook treurig.

Ik was juist op tijd weggesprongen in het donker. Een paar ogenblikken later werd het erf van de boerderij verlicht door de koplampen van een politieauto die de oprijlaan indraaide. En terwijl ik me zo onzichtbaar mogelijk maakte, hoorde ik vanuit de vw Golf een hels geknetter en glasgerinkel: Toon schoot met zijn mitrailleur door de achterruit op de politieauto, die een tiental meters achter ons tot stilstand was gekomen en waaruit de inzittenden naar buiten sprongen. Ik hoorde de inslagen in het blik. Even later zag ik aan de blauwe steekvlammen dat er vanaf de andere kant werd teruggeschoten.

De agenten hadden echter de schrik van hun leven gekregen met deze gewelddadige ontvangst en renden zo snel mogelijk bij hun auto vandaan om een stuk verderop dekking te zoeken.

De lampen van de politiewagen bleven branden en de deuren stonden open, als teken van de overhaaste vlucht. Ik kroop snel overeind, wierp nog een blik op de auto waar Toon in zat en rende zonder nog iets te zeggen gebukt het pad af.

Daar waar ik de politiemensen rechtsaf had zien rennen, ging ik linksaf, richting het dorpje Harkstede.

De handboeien en het klosje touw dat ik bij me had, wierp ik in een sloot, even later gevolgd door het pistool dat Toon mij had gegeven en waarmee hij het raampje van Scholtens auto had stukgeschoten. Ik hoorde nu van alle kanten auto's aan komen gieren. Ik sprintte van boom tot boom, soms wegduikend voor het schijnsel van de koplampen van naderende auto's. Ik liep min of meer op de tast, want ik kende de weg ter plekke niet. Dat kon me ook niet schelen, mijn enige zorg was zo ver mogelijk uit de buurt van deze hel te komen. Ik wist niet of iemand mij bij de woning van Scholtens gezien had en om het eventuele achtervolgers zo moeilijk mogelijk te maken, stak ik weilanden en akkers over en sprong over slootjes.

Ik moest goed opletten, want de politie was razendsnel overgegaan tot het afzetten van de omgeving en op allerlei kruispunten zaten politiemensen in auto's te posten. Een keer moest ik zo'n post tijgerend door de modder zien te passeren, omdat ik er moeilijk anders langs kon komen.

Toen ik al een behoorlijk eind uit de buurt van de boerderij was, hoorde ik in de verte drie of vier schoten, in een langgerekte knal. En nog een schot kort erna. Het was de mitrailleur van Toon van de Wetering. Daarna werd het helemaal stil. Doodstil. Ik besefte dat dit het einde van Toon moest zijn, zoals hij dat had aangekondigd. 'De laatste kogel is voor mezelf.' Op het moment dat ik de schoten hoorde, stond ik even stil en tuurde in de donkere verte waar Toon, 34 jaar oud, de laatste strijd van zijn leven had uitgevochten, liggend op de achterbank van een Volkswagen.

Later, veel later, kreeg ik een van zijn gedichten onder ogen, die in een bundel was opgenomen en haast op deze situatie was geschreven. Het luidde:

'...Soms denk ik hier wel eens aan de dood.
Hoe zou het zijn, aan die andere kant.
Zal ik vrijwillig gaan, of word ik gedwongen.
Mijn eind zal niet voor niets zijn.
Enkelen zullen meegaan met die laatste trein...'

En wat had hij ook alweer bij Sonja Barend gezegd? 'Als ik daar sta en die man wil z'n geld niet afgeven, dan kun je natuurlijk weglopen, maar zo werkt dat niet. Dan ga je door tot het einde.'

En Toon ging door tot het einde.

XXIII. Man in onderbroek zit weer

Ik was er in geslaagd om vrijwel onder het oog van de politie van de plek des onheils te verdwijnen, maar dat betekende nog niet dat ik veilig thuis was. Sterker nog, ik wist niet eens waar ik precies ronddwaalde en daarbij was ik flink de kluts kwijt. Ik schold mezelf uit dat ik me toch weer had laten ompraten om met Toon op pad te gaan. De gebeurtenissen bij de boerderij waren niets minder dan een catastrofe geweest. Twee jaar na mijn vrijlating uit de Van Mesdagkliniek was ik weer betrokken bij een zwaar misdrijf. Als ik hiervoor werd gepakt, was het waarschijnlijk over en sluiten.

Ik had moeite om logisch na te denken. Telkens terugkerende flitsen van wat er die nacht allemaal was gebeurd, voorkwamen dat ik mijn gedachten kon ordenen. Ik zat onder de modder en voelde me vies en belabberd. Ik wilde m'n kleren zo snel mogelijk kwijt. Het waren de broek en trui van Toon en daarmee wilde ik niet aangehouden worden. Om de paar honderd meter trok ik daarom een kledingstuk uit en dompelde dat onder in de sloot, trapte het in de blubber, of verstopte het in de struiken. Zelfs mijn schoenen, die ik thuis zwart had gespoten, gooide ik weg, want ik kon er vergif op innemen dat rondom de boerderij talloze voetsporen zouden worden gevonden. Alles wat in mijn richting kon wijzen, moest ik wegwerken. Na een paar kilometer liep ik alleen nog in mijn witte onderbroek – met gekleurde vlaggetjes erop – in de ochtendkou van november. Om met mijn witte lijf niet te veel af te steken in het donker, wreef ik mijn lichaam in met modder, waardoor ik er als een soort vogelverschrikker uitzag. Binnen een paar minuten liep ik te rillen van de kou en vroeg mezelf alweer af waarom ik me in hemelsnaam had uitgekleed.

Via de dorpjes Harkstede en Lageland kwam ik terecht in een gehucht dat Schaaphok heette en daar zag ik tot mijn opluchting een soort van pastorie. Ik besloot aan te bellen in de verwachting dat ze me daar wel uit 'naastenliefde' zouden helpen. Een nog slaperige man in een badjas deed open en liet me inderdaad binnen, al keek hij me wel een beetje wantrouwend aan. Het was overigens geen pastorie, maar gewoon een wat buitenissig woonhuis, waar twee vriendelijke mannen van een jaar of vijfenveertig woonden. Ik moest een verklaring voor mijn bizarre verschijning geven en vertelde hen dat ik bij een vriend op visite was geweest en dat ik op de terugweg door een paar mannen was overmeesterd. Ze hadden me willen verkrachten en hadden me daarvoor de kleren van het lijf gescheurd, zei ik. Het was een kolderiek verhaal, maar omdat zij nog onkundig waren van de gebeurtenissen een paar kilometer verderop, moesten ze me wel geloven.

De twee mannen waren zeer hulpvaardig, en terwijl ik de modder van me afwaste, haalden zij wat kleren uit de kast. Er werd een pot hete thee gezet en met een paar warme pantoffels aan mijn voeten kwam ik even later weer een klein beetje bij. De mannen drongen er op aan om de politie te bellen, maar dat was wel het laatste waar ik op zat te wachten. Ik zei daarom haastig dat ik zelf later op de dag wel aangifte zou gaan doen, maar dat ik nu eerst naar huis wilde, omdat mijn vrouw verschrikkelijk ongerust zou zijn. Een van de mannen wees uitnodigend op het telefoontoestel en zei: 'Bel haar nu meteen maar op.' Ik wilde dat eigenlijk liever niet, maar begreep dat het vreemd zou zijn als ik dat zou afwijzen. Ik draaide daarom ons nummer in Appingedam en dacht ondertussen koortsachtig na wat ik Myranda moest zeggen. Ik kon wel raden dat zij inmiddels in alle staten was, sinds ik zogenaamd boos was weggelopen. En terecht natuurlijk.

Hoe had ik het kunnen doen? De schaamte over dit bedrog drong tot me door. Hoe moest ik haar dit ooit uitleggen? De telefoon kreeg nauwelijks de kans om een keer over te gaan. Myranda was al wakker, of misschien kan ik beter zeggen nog wakker, en zat pal naast het toestel. 'Ja!' zei ze kortaf, terwijl ze de telefoon opnam. Myranda ging er kennelijk vanuit dat ik de enige was die op dat vroege tijdstip kon bellen. Aan de gejaagdheid in haar stem kon ik horen dat ze nerveus was, maar ook boos. Boos dat ze me met zo'n ruzie had laten gaan. Maar natuurlijk ook boos dat ik zo lang niets van me had laten horen. 'Ja, met mij, Myran...' opende ik aarzelend. Aan de andere kant van de lijn klonk een diepe zucht. 'Pffff, waar ben je, man???' vroeg ze. De opluchting had het gewonnen van de boosheid. Nog wel, dacht ik in een flits, maar dat zou wel veranderen als ze eenmaal had gehoord wat er was gebeurd. Ik wilde niets vertellen waar die twee mannen bij waren en besloot het gesprek kort te houden. Ik zei: 'Er is iets gebeurd, Myran, maar dat vertel ik je thuis wel. Met mij is alles goed. Ik ben er over een uurtje.'

Ik werd met de auto thuisgebracht. Daarmee nam ik natuurlijk een risico, want de twee mannen wisten nu zelfs de straat en het huisnummer waar ik woonde. Maar ja, ik kon niet veel anders in deze situatie. Ik kwam er zelfs niet onderuit om hen mijn telefoonnummer op te geven, omdat ik hun kleren aanhad en er nog een keer een afspraak moest worden gemaakt over het terugbrengen daarvan. Ik kon moeilijk iemand die mij zo vriendelijk had geholpen mijn telefoonnummer weigeren, en door mijn belletje met Myranda kon ik ook niet meer beweren dat we geen telefoon hadden. Maar ik besefte inmiddels wel dat ik met het uittrekken van mijn kleren een stomme en misschien wel beslissende fout had gemaakt. Maar ja, werd bijna deze hele nacht niet door stomme fouten en beslissingen gekenmerkt? Het stomste van alles was dat ik überhaupt met Brabantse Toon op pad was gegaan.

Myranda wachtte me thuis met de kleine Michelle op haar arm op en toen ik binnenkwam, werden de emoties van die nacht me te veel. Ik sloeg huilend mijn armen om hen heen en drukte hen strak tegen mij aan. Myranda wilde weten wat er aan de hand was, maar ik kon even geen woord uitbrengen. Ik was volkomen overstuur en trilde over mijn hele lijf. Met veel moeite vertelde ik Myranda dat ik 'een stomme fout' had gemaakt. 'Wat dan?' vroeg ze verontrust. 'Ik... ik had het nooit moeten doen,' stamelde ik. 'Het is helemaal fout gelopen. Die ruzie van gisteren was maar een uitvlucht van me om weg te komen. Ik was helemaal niet boos. We hadden een plan... ik wilde... ik heb iets... iets uitgespookt. Het is verschrikkelijk.' Myranda begreep er niets van en vroeg wat ik bedoelde, maar ik kon nog niet alles vertellen. Ik had zelf amper tijd gehad om die verschrikkelijke indrukken een beetje te verwerken.

Nadat Myranda een kop thee had gezet, vertelde ik haar bibberend op de bank in grote trekken wat er die nacht was gebeurd. Dat Toon en ik samen op een klus waren afgegaan en dat ik daarom die woordenwisseling opzettelijk had laten escaleren, maar dat de zaak door toedoen van Toon helemaal uit de hand was gelopen en in een drama was geëindigd. Myranda hoorde me met open mond aan. De ontzetting was van haar gezicht te lezen.

En dan had ik haar nog niet eens gezegd dat er een onschuldige man was omgekomen en dat Toon waarschijnlijk zelfmoord had gepleegd.

Daarna ging ik uitvoerig douchen. Ik had het nog steeds koud en trilde onophoudelijk. Terwijl ik onder de warme waterstralen stond, bedacht ik dat er op zolder nog spullen lagen die met de overval te maken hadden. Ik droogde me half af en spurtte naar boven. Ik verwachtte de politie ieder moment aan de deur en dus mocht ik geen minuut verloren laten gaan. Er lagen op zolder nog een paar kartonnen dozen, waarop ik mijn sportschoenen zwart had gespoten. Als ze in de sloot bij Harkstede mijn schoenen zouden vinden, was dat indirect bewijs. Ik bond het karton en de verfspuitbus even later voor op mijn fiets en reed zo snel mogelijk naar onze oude adres in Appingedam, waarvan ik wist dat daar de vuilnisophaaldienst die dag zou langskomen. Onderweg hebben verschillende kennissen mij gezien, ze hebben gezwaaid en me verbaasd aangekeken, maar ik heb hen totaal niet opgemerkt. Ik had nog steeds een waas voor mijn ogen en hoorde bij wijze van spreken de echo's van Toons kogelsalvo's nog naklinken.

Weer thuis, probeerde ik een beetje te slapen. Ik was doodmoe, maar de gebeurtenissen spookten constant door m'n hoofd. Mijn opgefokte gedrag liet ook Myranda niet onberoerd. Beetje bij beetje was ze er achter gekomen wat er was gebeurd. Uit mijn warrige verhaal had ze inmiddels opgemaakt dat er was geschoten en dat Toon gewond was geraakt, evenals de man op wie wij het gemunt hadden. Ze huilde en vroeg of ik weer de gevangenis in moest en hoe het dan met haar en de kleine meid moest. Het waren vragen die ik op dat moment niet kon beantwoorden, wat Myranda alleen maar meer onzeker maakte. En hoewel ze alle recht had om razend te zijn, maakte ze me op dat moment geen verwijten. Haar verdriet en radeloosheid deden me echter meer pijn.

Toen ik net een klein beetje was ingedommeld, rinkelde de telefoon. Het was die man uit Schaaphok, bij wie ik in mijn onderbroek had aangebeld. Mijn hart klopte in mijn keel, maar hij klonk vriendelijk en zei: 'Misschien heeft u het al gehoord, maar er is vannacht hier in de omgeving nòg iets gebeurd. De politie is overal aan de deur geweest en heeft gevraagd of iemand iets bijzonders is opgevallen. Wij hebben toen gezegd dat u ook beroofd bent, misschien wel door dezelfde mensen, en dat wij u hebben geholpen. We hebben uw naam en telefoonnummer opgegeven, dus ze zullen wel bij u langskomen, maar misschien kunt u beter zelf ook even bellen.' Godverdegodver vloekte ik zachtjes, terwijl ik de telefoonhoorn neerlegde, daar had je het gedonder al! Ja, dit kon je dus verwachten, zei ik tegen mezelf. Hoe had ik toch zo stom kunnen zijn om mijn kleren uit te trekken? Ik had de opbeller uit Schaaphok met al het acteertalent dat ik op dat moment nog in me had zo normaal mogelijk te woord gestaan en hem beloofd dat ik zo snel mogelijk contact met de politie zou opnemen. Tot slot had ik hem zelfs nog bedankt voor zijn 'attente reactie'. Een ding was nu duidelijk: De politie was me op het spoor. Ik zeeg uitgeput neer in een stoel en zei: 'En nu, Paul?' Er kwam echter geen antwoord.

Die avond bracht het NOS-journaal het nieuws dat er 's morgens in het Groningse plaatsje Scharmer een mysterieuze schietpartij had plaatsgevonden, waarbij twee mannen waren gedood. De toedracht was nog onduidelijk, evenals de identiteit van een van de gedode personen, zo meldde de nieuwslezer. De bewoner van de boerderij was volgens het Journaal een autohandelaar, die 's morgens op het punt had gestaan om naar de automarkt in Utrecht te gaan. Toon had steeds beweerd dat de man paardenhandelaar was. We kregen beelden te zien van de boerderij, waar de auto's van slachtoffer Scholtens en de politie nog op het erf stonden en de politie bezig was met een uitgebreid sporenonderzoek. Het was voor mij het eerste moment dat ik bevestigd kreeg dat Toon van de Wetering en ons slachtoffer Henk Scholtens dood waren. Ergens had ik nog een sprankje hoop gehad dat het allemaal iets minder erg was. In datzelfde onderbewustzijn had ik echter tegelijkertijd ook geweten dat dit niet zo kon zijn: in mijn leven was nog nooit iets meegevallen.

Daar waar het Journaal nog moest melden dat deze zaak nog veel onduidelijkheden bevatte, kon ik de meeste openstaande vragen wel beantwoorden. Die ene man, van wie ze de identiteit nog niet konden vaststellen, was Toon van de Wetering, alias de dichtende gangster, alias Brabantse Toon. En hij was niet, zoals werd verondersteld, een kennis of zakenrelatie van de daar wonende Henk Scholtens, maar diens overvaller. En de kogels waardoor Scholtens was getroffen, waren niet afgevuurd door een derde persoon, maar waren afkomstig uit de pistoolmitrailleur van Toon zelf.

Ik voelde de emoties door mijn lijf gieren, maar mocht dit onder geen voorwaarde laten blijken, want vlak voor het NOS Journaal had Myranda toevallig bezoek gekregen van een vriendin, die nu mee zat te kijken naar de televisie. Ik merkte dat Myranda het ook moeilijk had. Ze keek mij even vragend, maar veelbetekenend aan toen het onderwerp in het Journaal werd behandeld. Ik knikte zwijgend: ja, dit is het, Myran. Toen ik het allemaal zelf weer zag, dacht ik: wat heb je gedaan, Paul...? Ja, wat hadden we gedaan? We hadden een volkomen onschuldige man willen beroven, die op het punt stond om naar zijn werk te gaan. En toen het niet zo liep als we gedacht hadden, had Toon er even laf als wreed op los geschoten: 'Dan ga je door tot het einde...' Scholtens was een keurige, hardwerkende en argeloze man, getrouwd en vader van een dertienjarige dochter. Zijn vrouw en kind waren getuige geweest van de schoten op hun erf en hadden hem later daar dood zien liggen. Dát hadden we gedaan.

Ik besloot die avond naar het hoofdbureau van de politie in Groningen te bellen, waar het Recherche Bijstands Team van de provincie in deze zaak was ondergebracht. Ik kon me beter zelf melden, bedacht ik, dat was minder verdacht dan dat de recherche bij mij moest komen informeren waarom ik niets had gezegd. Tot mijn verbazing hadden ze echter nauwelijks belangstelling voor mijn verhaal en maakten ze ook geen aanstalten mij te horen. 'Ja, we weten wie u bent, meneer Spruit,' zei een rechercheur. 'Als we u willen spreken, hoort u het wel van ons. Goedenavond.' Ik bleef een poosje verbluft zitten met de hoorn in mijn hand. Dit was wel het laatste dat ik had verwacht. Ik had gedacht dat ze binnen een mum van tijd op de stoep zouden staan met de vraag 'even mee naar het bureau te gaan', maar nee, niets van dat alles.

De kranten stonden de volgende dagen vol over de zaak en er werd bij gebrek aan feitelijke gegevens volop gegist naar de motieven en achtergronden van de schietpartij. De identiteit van Toon was nog steeds niet officieel vastgesteld – dat beweerde men althans – en dus wist men ook niet of Henk Scholtens hem nu gekend had of niet. Ook werd gesuggereerd dat de mannen wellicht waren omgekomen door politiekogels. Bepaalde kranten insinueerden zelfs dat het om een afrekening 'in het milieu' ging, wat natuurlijk totaal niet aan de orde was en de familie Scholtens ook nog eens in een negatief daglicht stelde.

Ik hoopte dat mijn rol onopgemerkt zou blijven, maar die kans schatte ik zelf maar heel klein in. Ik spitte dagelijks de kranten door om te kijken of er berichten over de aanwezigheid van een mogelijk derde persoon in stonden, waardoor mijn haast onvermijdelijke arrestatie naderbij kwam. In die dagen heb ik er veel met Myranda over gepraat en haar uitgelegd wat er die noodlottige nacht allemaal was gebeurd. Dat Scholtens zich onverwacht heftig had verzet en dat Toon daar laaiend om was geworden en vervolgens als een idioot tekeer was gegaan. En ook dat ik hem nog had geprobeerd tegen te houden, dat ik om hulp had geroepen, maar dat het niets had uitgehaald.

Ik vertelde Myranda hoe Toon en ik uiteindelijk afscheid van elkaar hadden genomen en dat zijn zelfmoord mij had aangegrepen. Ik zat mezelf enorm te verbijten in die dagen en kwam steeds meer tot de conclusie dat ik me beter kon gaan melden. Ik heb wel twintig keer met de telefoon in mijn handen gestaan om de recherche weer te bellen, maar telkens legde ik op het laatste moment toch weer neer. Ik durfde de confrontatie niet aan.

Pas op vrijdagochtend 20 november 1992, vier dagen na de overval, werd door de kranten bekendgemaakt dat de 'onbekende overvaller' op Henk Scholtens 'de dichtende gangster' Toon van de Wetering was. Er werd in de verhalen uitvoerig aan zijn turbulente verleden gerefereerd, zijn voorlichtingswerkzaamheden voor Delinkwent & Samenleving en zijn televisieoptredens. Het motief van de schietpartij bleef voor de media echter nog een raadsel. De kranten bleven vele mogelijkheden belichten. Was het misschien een gecombineerde moord- en zelfmoordactie van Toon van de Wetering? Of waren er misschien meer mensen bij betrokken? Het duurde een paar dagen eer de recherche dit vermoeden openlijk toegaf: 'Ja, wij denken dat er nog een derde of vierde man moet zijn geweest,' zo bevestigde de politiewoordvoerder in de krant. Deze theorie werd ondersteund door de getuigenverklaring van de echtgenote van het slachtoffer Scholtens, die verschillende stemmen had gehoord en mij ook had horen roepen en bonzen. Bovendien had zij verschillende schimmen in het donker gezien. Daarbij was ook de auto van Toon inmiddels in het Eemskanaal gevonden en die was er natuurlijk niet vanzelf in gereden. Dat moest iemand hebben gedaan, vrijwel zeker ná de overval. Ja, en dan had ik in de Volkswagen Golf, waar Toon zich op de achterbank had geposteerd, nog mijn bivakmuts laten liggen, wat ook een indicatie vormde dat er nog iemand was geweest. Die attributen waren er natuurlijk niet door Toon als decor neergelegd.

In het Nieuwsblad van het Noorden verscheen die week echter het meest schokkende bericht voor mij. POLITIE ZOEKT NAAR MAN IN ONDERBROEK – MOGELIJK BETROKKEN BIJ SCHIETPARTIJ SCHARMER, stond er als kop boven. Het verhaal verwees onmiskenbaar naar mij. Er stond:

'Het recherche-bijstandsteam speurt naar een nog onbekende man, die vrijwel naakt in de buurt van de plaats van het misdrijf rondliep. Deze man heeft om zes uur 's ochtends, ruim een uur na de dodelijke schietpartij, bij een woning in het vier kilometer verder gelegen dorpje Schaaphok aangebeld. De verkleumde man, slechts gekleed in een onderbroek, vertelde de twee bewoners een verward verhaal over een beroving en verkrachting. Hij vroeg of hij naar Appingedam gebracht kon worden.'

En een stukje verder schreven de verslaggevers:

'De politie sluit niet uit dat deze man bij de schietpartij betrokken is geweest en dat hij zich na het misdrijf, en de snelle komst van de politie, uit de voeten heeft gemaakt. Het vermoeden bestaat dat de man zich onderweg van zijn kleding en wapen(s) heeft ontdaan en deze voorwerpen in een sloot of kanaal heeft gegooid.'

De politie kwam heel dichtbij. Het verhaal was akelig juist. Ik begreep er echter niets van. Ik had zelf naar het politiebureau gebeld en daar had men geen belangstelling voor me en nu stond weer in de krant dat ze me zochten, nota bene met mijn woonplaats erbij. Werd er door de recherche soms een spelletje gespeeld, waarbij men een reactie wilde uitlokken?

Met kloppend hart belde ik opnieuw naar het hoofdbureau in Groningen en vroeg om opheldering. De politieman deed echter net alsof zijn neus bloedde en zei: 'Ja hoor eens, wat er in de kranten staat kunnen wij niet helpen, hoor. Als we je nodig hebben, komen we echt wel.' Ik had het idee dat ik alle grip op de situatie was verloren en dat maakte me onzeker. Hoe kwam die krant nou aan dat bericht? Dat konden ze toch zeker alleen maar van de politie hebben? En waarom reageerde die dan zo raar?

Ik besloot de redactie van Het Nieuwsblad van het Noorden op te bellen en meldde dat de politie allang van mijn identiteit op de hoogte was en dat er dus helemaal niet naar me werd gezocht. Het leidde de volgende dag, 21 november, tot een nieuw bericht in de krant, met als kop:

IDENTITEIT MAN IN ONDERBROEK BEKEND

In het stukje bevestigde de voorlichtster van de politie dat ze inderdaad mijn identiteit wel kende, maar dat er 'nog geen tijd was geweest om mij te horen' en dat ook niet vaststond dat ik met de schietpartij te maken had.

Er was zo langzamerhand geen touw meer aan vast te knopen. Geen tijd om mij te horen... alsof er ik weet niet hoeveel mensen daar 's nachts in hun onderbroek hadden rondgelopen.

Kort na deze krantenberichten werd ik thuis gebeld door de vaste vriendin van Toon. 'Je hebt zeker wel gehoord wat er is gebeurd...' zei ze. 'Kom je op de begrafenis?' Ik twijfelde even. Ik dacht nog minstens twintig keer per dag aan het moment dat Toon en ik elkaar even zwijgend hadden aangekeken en hij die treurige blik in zijn ogen had. Ik wilde echter niets meer met hem en die situatie te maken hebben en zei daarom, tamelijk dubbelzinnig: 'Nee, sorry, dat denk ik niet. Wat daar is gebeurd, ben ik niet zo blij mee.' Bovendien, als ik naar die begrafenis zou gaan, kon ik net zo goed meteen om tien jaar gevangenisstraf vragen. Ik wist dat de politie er ook aanwezig zou zijn en de personalia van alle aanwezigen zou natrekken. Om die reden vermeed ik ook elk contact met Fred H., die ons op de avond van de overval in Scharmer had afgezet. Ik had aangenomen dat hij het was geweest die de auto van Toon in het kanaal had gereden, maar peinsde er niet over hem dat ook te vragen. Ik hield er rekening mee dat de recherche de telefoon van Toons vriendin en vrienden zou afluisteren.

In de weken na de overval kwam ik weer enigszins tot rust, al bleef ik uitermate gespannen en kon ik 's nachts nauwelijks slapen. Nu ik voor mezelf de film van de gebeurtenissen weer een beetje kon terugdraaien, werd ik steeds kwader op Toon, die als een dolle om zich heen had staan schieten die nacht. Waarom had hij dat in godsnaam gedaan, vroeg ik me af. Hij had daarmee niet alleen die Scholtens en zichzelf geraakt, maar ook mij, zij het dan figuurlijk.

We hadden nota bene uitdrukkelijk afgesproken dat er geen geweld zou worden gebruikt en wat deed Toon? Hij ratelde er als een Rambo op los. Ik nam het mezelf echter ook kwalijk dat ik niet fermer was opgetreden toen Toon in de woning van Fred zijn Scorpion-mitrailleur had gepakt. Ik had moeten zeggen dat ik op die basis niet mee zou doen. In plaats daarvan had ik me door Toon laten intimideren en er het zwijgen toe gedaan.

Om een of andere reden liet de politie mij voorlopig gaan. Ik kon echter niet geloven dat ze dit uit naïviteit of 'tijdgebrek' deden. Ze wisten wie ik was, dat stond vast. Vermoedelijk hadden ze gezien dat ik een man met een bajesverleden was en dus de nodige ervaring met de politie had opgedaan en daardoor waarschijnlijk niet in het eerste het beste verhoor zou doorslaan. Misschien wilden ze daarom eerst meer bewijsmateriaal verzamelen. Ik veronderstelde dat ze mij wel op een of andere manier in de gaten hielden, maar kon daar geen bewijs van vinden. Ook was ik zeer voorzichtig met wat ik over de telefoon zei. Later hoorde ik dat ik een tijdlang was gevolgd en dat zij zelfs hadden opgemerkt dat ik op een dag naar Groningen was gereisd met de bedoeling me daar op het politiebureau aan te geven. Ik draalde er een poosje voor de ingang, maar besloot uiteindelijk toch weer naar huis te gaan. Later zei een rechercheur daarover: 'Zo'n makkelijk klusje heb ik nog nooit gehad. Ik kon je bij wijze van spreken van achter mijn bureau in de gaten houden.'

Die onzekere situatie duurde wekenlang en ging steeds meer aan me vreten. Ik was nerveus, achterdochtig en opvliegerig. Ik werd zelf dus nooit gehoord door de recherche, maar het gekke was dat we wel van allerlei mensen in onze omgeving hoorden dat ze over de zaak waren verhoord en dat er dan vragen over mij werden gesteld. Ze wilden weten wat ik dagelijks deed, hoe mijn relatie met Myranda was, of er sprake was van zichtbare spanningen, welke kranten ik las, of ik wel eens iets over de zaak in Scharmer had gezegd; dat soort dingen. Of de spanningen voor anderen zichtbaar waren wist ik niet, maar wel was duidelijk dat die in huis enorm hoog opliepen, want Myranda kon met deze extreme situatie uiteraard niet omgaan. Ze was nog maar een jaar daarvoor bevallen van Michelle en in plaats dat ze volop van die kleine had kunnen genieten, was ze telkens geconfronteerd met allerlei problemen en financiële moeilijkheden. Het had haar extra gevoelig en kwetsbaar gemaakt. De schietpartij was bij familie, kennissen en buurtgenoten een terugkerend gespreksonderwerp en Myranda kon dan dikwijls maar net haar tranen bedwingen. Om die reden had ik me ook willen melden. De situatie vergde te veel van haar en ik mocht eigenlijk niet van haar vragen dat ze met dit vreselijke geheim nog langer op deze manier bleef voortleven. Ik hield ondertussen elke dag rekening met een arrestatie en verwachtte dat men op een goed moment een inval bij ons thuis zou doen, waardoor ik 's nachts helemaal niet meer kon slapen. Het aantal keren dat ik in het holst van de nacht van mijn bed sprong, alleen omdat ik in de straat een auto hoorde stoppen, was op het laatst niet meer te tellen.

Een probleem was natuurlijk ook dat een behoorlijk aantal mensen wel wist dat ik veel met Toon van de Wetering was omgegaan en dat leidde telkens weer tot vragen, vooral van familieleden. Sommigen vroegen ook op de man af, of ik er op een of andere manier bij was betrokken, vooral toen eenmaal in de krant had gestaan dat een man uit Appingedam er in de buurt in zijn onderbroek had gelopen. Het was de enige keer dat ik handig gebruik kon maken van het feit dat de politie mij maar steeds liet gaan. 'Denk je dat ik dan nog vrij zou rondlopen?' vroeg ik dan met enige bluf en dit leek de vragenstellers dan ook zo onwaarschijnlijk, dat er al snel op een ander onderwerp werd overgegaan.

De echte vader van Myranda – haar moeder was na een scheiding hertrouwd – vroeg mij op een gegeven moment of ik iets meer van de zaak wist. Hij keek me onderzoekend aan, hij was oudpolitieman. Intuïtief voelde hij het misschien wel. Ik had het idee dat ik knalrood kleurde, maar ik ontkende dat ik er iets van wist. Ik moest wel. Ik kon moeilijk tegen die man zeggen dat ik er die nacht met mijn neus bovenop had gestaan. Later heeft mijn schoonvader het mij enorm kwalijk genomen dat ik hierover heb gelogen.

Achteraf is gebleken dat de politie in feite een soort tactisch spel met me heeft gespeeld. Ze waren in een heel vroeg stadium al over alles geïnformeerd. De vriendin van Toontje bleek van de meeste van zijn activiteiten gedetailleerd op de hoogte te zijn geweest en had die direct nadat Toons identiteit was vastgesteld bij de recherche opgebiecht. Zij was een soort levend dagboek van Van de Wetering. Ze wist dat Toon de overval in Scharnier had voorbereid en ze had de politie er bij verteld dat hij die waarschijnlijk met mij en Fred H. had gepleegd. Bovendien had ze de recherche gezegd dat Toontje ook de man achter de eerdere overval op het boerengezin in Finsterwolde was, half maart 1991. Zij wierp ook wat meer licht op het gedrag van Toon die bewuste nacht. Zij verklaarde dat Toon haar meermalen had bezworen dat hij zich niet meer door de politie zou laten pakken en dat hij geen nieuwe gevangenisstraf meer zou uitzitten. Om die reden had hij ook dat wapenarsenaal bij zich gehad. Dat was niet zozeer voor Henk Scholtens bedoeld geweest, maar voor het geval hij strijdend ten onder zou moeten gaan. Om, zoals hij het in zijn gedicht had uitgedrukt, enkele mensen mee te nemen 'met die laatste trein...'

Toon heeft mij daarmee versteld doen staan. Uiteindelijk kende ik hem dus toch niet zo goed, zo moet ik vaststellen. Van de Wetering leefde in twee werelden. Overdag was hij rustig en wees mensen op de consequenties van zijn (mis)daden, maar 's nachts, als hij op pad was, draaide hij door en kende geen grenzen meer. Achteraf denk ik wel eens dat hij gewoon levensmoe was. Hij had mij wel eens verteld dat hij ooit bij een psychiater was geweest, omdat hij zich bij tijd en wijle erg depressief kon voelen. Misschien was hij wel min of meer bewust op zoek geweest naar een in zijn kringen heroïsch einde. Of hij had zich gewoon voorgenomen om bij het minste of geringste tot het uiterste te gaan en het er dan maar op aan te laten komen. Hij zou dan of als 'overwinnaar' uit de strijd komen, of 'glorierijk' en met veel vertoon ten onder gaan. Op een of andere manier was hij veranderd in een desperado, voor wie zijn eigen leven niet meer telde en dat van anderen ook niet. Hij heeft daar althans niet meer aan gedacht. Niet aan Scholtens, niet aan diens vrouw en zijn kind en niet aan mij. En dat nam en neem ik hem kwalijk. Voor het gangsterwereldje was Toon vechtend en schietend met een mitrailleur op de politie ten onder gegaan en werd daardoor beschouwd als een 'echte', maar voor mij, die nu met de gevolgen zat, was hij alleen maar 'echt' krankzinnig geweest. Scholtens was volkomen onnodig doodgeschoten, ja, zeg maar meegesleurd door die 'laatste trein' van Toon.

Voor Toons vriendin was de zelfmoord geen verrassing. Hij had het haar meermalen aangekondigd. Zijn gedichten, waarin hij toespelingen op zo'n einde had gemaakt, waren allesbehalve fictie geweest. Toon was van binnen een verbitterde, harde man geworden, die bereid was onschuldigen op te offeren. Ik had dat nooit zo in hem gezien en zijn gedichten had ik ook nooit met die ogen gelezen. Sterker nog, ik had ze helemaal nooit onder ogen gehad. Achteraf heb ik wel gedacht: had dat maar wel gedaan, want dan had ik nog geen chocoladereep met deze man gestolen. Voor dat soort bedenkingen was het nu echter te laat.

Hoe dan ook, het heeft mij ook achteraf bevreemd dat de politie totaal niet ingreep en daar toch een zeker risico mee nam. Ik kon sporen wegwerken, een sluitende verklaring opbouwen en zelfs vluchten als ik dat wilde. Het was duidelijk dat ik 'de man in onderbroek' was en er lag een keiharde verklaring van de vriendin van Toon. Waar wachtten ze nog op? Ook tijdens Kerst en oud- en nieuwjaar van 1992 gebeurde er helemaal niets. Er was inmiddels anderhalve maand sinds de overval verstreken. Aan een kant was ik wel blij dat ik tijdens die feestdagen niet in de gevangenis zat, maar eerlijk gezegd hebben Myranda en ik er thuis geen seconde plezier van gehad. We zaten alleen maar in spanning en elk telefoontje en elke klop op de deur bezorgde ons zowat een hartverlamming. Het enige moment dat ik even alles kon vergeten was als ik met de kleine Michelle op schoot zat en zij kraaiend alle aandacht van me opeiste. Maar ook dan vroeg ik me na een poosje weer af: hoe lang nog?

Pas op vrijdag 8 januari 1993 was het zover, het was bijna twee maanden na het delict. Ik zat in de huiskamer in m'n ochtendjas de krant te lezen, toen ik ineens een Mazda en drie Mercedessen voor de deur zag stoppen. Uit elke auto stapten een man of vier. Veel snorren, en korte leren jasjes: politie. Ik stond op en riep naar boven: 'Myran, ze komen me halen, het is zover...' Ik was opmerkelijk rustig, deed de voordeur open en zei: 'Kom er maar in.' Er viel een enorme last van me af en ik voelde me bijna opgelucht dat ze me kwamen halen. Ik was ook blij dat ze dit zo beheerst deden en niet midden in de nacht door een arrestatieteam met een stormram mijn voordeur hadden laten inbeuken. Dat was tenminste één ding dat Myranda bespaard bleef.

De hele meute stroomde naar binnen. Een hulpofficier van Justitie meldde dat ik werd gearresteerd op verdenking van doodslag, danwel medeplichtigheid daaraan, op Henk Scholtens uit Scharnier. Ik hoorde het rustig aan en vroeg of ik me nog even mocht verkleden, wat werd toegestaan. Myranda pakte snel wat toiletspullen en kleren voor me in en daarna moest ik mee. Ik gaf Myranda een kus. Ze had tranen in haar ogen en was niet in staat iets te zeggen. Voor haar vond ik het nog het ergste. Ik knuffelde Michelle even. Ze was inmiddels anderhalf jaar oud en lachte me vrolijk toe, gelukkig onwetend van alle ellende die ons nog te wachten stond.

Ik werd afgevoerd naar het politiebureau in Veendam. Ik voelde me vrij rustig. Ik wist dat ik had verloren en berustte daar in. Onderweg zei ik tegen de politiemensen die naast me zaten: 'Nou, jullie hebben er lang over gedaan...' Ze knikten en zeiden: 'Maar nu hebben we de zaak ook opgelost.' Fred H., de man die ons die avond uiteindelijk had gereden, was tegelijkertijd gearresteerd.

Op het bureau kreeg ik weer met dezelfde procedures van vroeger te maken: schoenveters uit en broekriem af. Bezittingen inleveren. Zo'n negen jaar na mijn eerste verblijf in de politiecel, zat ik opnieuw. Het was iets vooruitgegaan, constateerde ik met enig cynisme. Er lagen boeken en tijdschriften en ook de matras bleef de hele dag liggen.

Tijdens het verhoor bleek me wel dat de politie niet had stilgezeten die twee maanden. Er lagen al vele en gedetailleerde verklaringen over mij, Toon en Fred. De recherche had ook het onderzoek naar de overval op de boerderij in Finsterwolde heropend en had bij de slachtoffers van destijds een zogenaamde 'stemmenconfrontatie' gedaan. De recherche had de hand gelegd op de videobanden van de televisieuitzendingen waarin Toon van de Wetering en ik optraden. Toon bij Sonja Barend en ik bij Ivo Niehe. De politie had die band afgedraaid en de mensen hadden vrijwel direct onze stemmen herkend als die van de overvallers. Zo bleek dat een talkshow onder andere omstandigheden, ineens kon veranderen in een aflevering van 'Opsporing Verzocht'.

Ik legde een bekentenis af. Er was geen redden meer aan. De recherche had de zaak rond en liegen of zwijgen zou het alleen maar erger maken. Ik voelde me bovendien schuldig en wilde schoon schip maken. Overigens ook met de bedoeling de recherche aan te tonen dat ik niet had geschoten die nacht en dat ik op een groot deel van de gebeurtenissen ook geen greep had gehad. Ik moest locaties aanwijzen, spullen identificeren en aanvullende verklaringen afleggen. De politie vertelde me tijdens de verhoren dat uit sectie was gebleken dat Toon die avond zelfmoord had gepleegd door zich eerst met zijn mitrailleur een salvo door het hart te schieten, terwijl hij daarna met een pistool nog een kogel door zijn hoofd had gejaagd. Ook hierin was hij tamelijk extreem geweest.

Ik werd voorgeleid aan de rechter-commissaris, die me vroeg of ik er bezwaar tegen had om in het Pieter Baan Centrum in Utrecht psychiatrisch te worden onderzocht. Hij wilde weten in wat voor gemoedstoestand, in wat voor geestesgesteldheid, ik aan de overval had meegedaan. Ik had daar geen bezwaar tegen. In 1990 hadden ze me nog 'normaal' verklaard en het leek me sterk dat ze nu ineens tot een andere bevinding zouden komen. Bovendien, Toon van de Wetering had geschoten en niet ik. Ik had hem zelfs nog geprobeerd tegen te houden, dus ze konden niet beweren dat ik extreem gevaarlijk of agressief was.

Mijn advocaat mr. Cees Korvinus, die door Myranda was gewaarschuwd en zich snel in het hoge noorden had gemeld, praatte me dat echter snel uit mijn hoofd toen hij me opzocht: 'Weet je wie er tegenwoordig geneesheer-directeur is van het Pieter Baan Centrum?' Ik keek hem vragend aan: 'Professor Beyaert toch?' Korvinus schudde zijn hoofd: 'Nee, die is met de vut. De nieuwe man is nu dr. Van Marle…' Ik begreep direct wat hij bedoelde. Dr. Van Marle was tijdens mijn jarenlange verblijf in de Van Mesdagkliniek geneesheer-directeur geweest en hij had zich met hand en tand tegen mijn vrijlating verzet. Dat was hij heus niet vergeten. En nu zou ik onder zijn supervisie weer worden onderzocht? 'Eh… ik geloof dat we dat inderdaad maar niet moeten doen,' zei ik tegen Korvinus.

Van Myranda, die mij op een gegeven moment ook mocht bezoeken, hoorde ik dat ze door een hel ging en dat deed me pijn. De dood van Henk Scholtens had een golf van afschuw en ontzetting in het land, maar vooral in de provincie losgemaakt en die stortte nu zo'n beetje op haar neer. De meeste mensen reageerden boos en verontwaardigd tegen Myranda. Oude vrienden en buren wilden niet meer met haar praten, of negeerden haar volkomen. Hetzelfde gold trouwens ook voor een aantal familieleden. Zij gedroegen zich alsof Myranda deel had uitgemaakt van het complot en Toon en mij tot de overval had aangezet. De vooroordelen waar ik tijdens mijn voorlichtingsactiviteiten zo tegen had gestreden, waren op haar allemaal van toepassing. Met mij wilden ze uiteraard helemaal niets meer te maken hebben, maar dat deerde mij niet zo. Ik was dat wel gewend. Ik had in feite vanaf mijn zestiende jaar niet anders meegemaakt. Maar Myranda was kwetsbaar en had dit niet verdiend. Ik wist wat ze te verduren moest hebben en het besef dat ik haar dit had aangedaan, deed pijn. Als er al met haar werd gesproken, kwamen de mensen meestal met dooddoeners als 'Ja, ik heb altijd al gezegd dat dit niet goed kon gaan' en 'Dat kon je toch op je vingers natellen dat zo'n TBS-patiënt nooit te vertrouwen is?' Vreselijk vond ik dat voor haar. Vernederend. Het geloof dat Myranda in me had gehad werd haar nu ingepeperd, juist op een moment dat ze steun nodig had in plaats van kritiek. Maar ik was een gevaarlijke gek in de ogen van die mensen en dat zou Myranda weten ook. Het nieuws dat Toon en ik ook de overval in Finsterwolde begin 1991 op ons geweten hadden en Scharmer dus geen incident was, versterkte dat alleen maar.

Er werd door veel mensen beweerd dat ik veel te vroeg uit de kliniek was vrijgelaten en dat nu wel gebleken was dat ik nog helemaal niet was 'genezen'. De mensen die dit beweerden, hebben echter nooit begrepen – en willen begrijpen – waarom ik daar zat. De reden dat ik in de Van Mesdag zat, was dat ik volgens de deskundigen ten tijde van de moord op Frankot mijn agressie niet in de hand had en er een risico bestond dat ik opnieuw tot moord in staat was als ik in bedreigende situaties van spanning en tegenwerking terechtkwam. Welnu, als ik één ding tijdens die vervloekte overval heb bewezen, is het wel dat ik onder extreme spanning mijn toevlucht allesbehalve tot geweld heb gezocht. Integendeel, ik heb Toon van zijn geweld proberen te weerhouden. Ik heb geen schot gelost. Ik had zelfs een wapen geweigerd die nacht en ik had Toon ook expliciet gezegd geen geweld te gebruiken.

Laat over één ding echter geen misverstand bestaan: ik had het zelf ook heel moeilijk met het misdrijf en mijn rol daarin. In dat opzicht wil ik me echt niet schoonpraten. Nu niet en nooit niet. De gedachte dat een volkomen onschuldige man, vader van een kind, is omgekomen bij een overval waar ik medeplichtig aan ben, is verschrikkelijk. Ik kan dat gewoon niet in woorden uitdrukken, maar ik heb wel eens gedacht: was ik zelf maar doodgeschoten in plaats van die man. Kijk, van de dood van mijn stiefvader Henk Frankot heb ik nooit echt spijt gehad, hij had het verdiend en op z'n minst uitgelokt, maar de dood van deze man, een vader, een echtgenoot, zal me de rest van mijn leven blijven achtervolgen. Daar kom ik nooit meer los van.

Ik begreep daarom ook best wel dat mensen liever niets meer met mij te maken wilden hebben. Ik durfde zelf ook met bepaalde mensen geen contact meer op te nemen. Hoe moest ik dit bijvoorbeeld vertellen aan iemand als Laura van Z., de voormalige psychologie-studente uit Almere, die mij al die jaren zo trouw had bezocht en gesteund? Ik durfde haar niet meer te bellen. Net als Marcella overigens, met wie het contact na het overlijden van mijn zuster Brigit juist weer was hersteld en waarmee ik zo gelukkig was. Wat moest ik hen zeggen? Ik schaamde me kapot dat ik na mijn vrijlating niet overeind was gebleven en ik Heb daarom niets meer van me horen, gewoon omdat ik die confrontatie niet aan kon. Ik heb een aantal mensen enorm teleurgesteld. Myranda en mijn dochtertje Michelle natuurlijk als eersten. Zij konden nergens iets aan doen, maar kregen van anderen wel de volle laag. Michelle was zich op dat moment weliswaar nog nergens van bewust, maar die tijd komt natuurlijk wel een keer. Dan is zij 'de dochter van…'. Zoals ik altijd 'de zoon van…' ben geweest. En als ik Michelle nu één ding in haar leven had willen besparen, dan was het dat wel. En wat ik in Myranda enorm bewonder is dat ze toch achter me is blijven staan. 'Ik vind het verschrikkelijk wat er is gebeurd, maar ik hou van je,' zei ze me in het huis van bewaring. Dat was voor haar niet makkelijk, want er waren ook mensen die het haar kwalijk namen dat zij niet ogenblikkelijk van mij is gescheiden, en om die reden geen contact meer met haar wilden.

In het begin heb ik het er met Myranda even over gehad of zij en Michelle zouden verhuizen, om zo elders een nieuwe start te kunnen maken. Uiteindelijk hebben we dat echter niet gedaan en ik was daar wel blij om. Het voornemen deed me erg aan mijn eigen jeugd denken, toen mijn moeder en ik als een dief in de nacht naar een andere woning gingen nadat mijn vader was gearresteerd. Die herhaling wilde ik het liefst voorkomen.

Voor mij was dit een nieuwe fase in mijn leven. In mijn jeugd had ik mij verstoten gevoeld om de daden van mijn vader. Toen ik als twintiger Frankot had vermoord, waren de meningen verdeeld omdat hij zelf zo'n beul was geweest, maar nu, als man van 35 jaar, werd ik door de mensen veroordeeld om wat ik zelf was. Om wat ik zelf had gedaan.

Nadat de verhoren in het politiebureau van Veendam waren afgerond, werd ik overgebracht naar het huis van bewaring in Groningen, dat op hetzelfde terrein ligt als de Van Mesdagkliniek, de Hel van het Noorden. Ik keek nu uit op de kliniek, terwijl ik 'm eerst alleen van binnen had gezien. Ik zat slechts 150 meter verderop, maar wist uit ervaring dat dit afstandje een wereld van verschil uitmaakte. Er werd in het huis van bewaring redelijk op me gereageerd. Ik merkte dat als ik over de ring liep er wel eens wat werd gewezen en gefluisterd. En als er aan mij werd gevraagd waar ik voor zat, antwoordde ik kortheidshalve met: 'Scharmer'. Iedereen wist dan genoeg. Het drama had zo groot in de kranten gestaan en Toon van de Wetering was in Groningen zo bekend, dat het verder geen toelichting behoefde.

Ik merkte wel dat ik in tegenstelling tot vroeger door de gedetineerden meer als 'een van hen' werd gezien, als een beroepscrimineel in plaats van een gelegenheidsdader, die z'n stiefvader na een ruzie had doodgestoken. Als mensen nu tegen mij zeggen: je bent een crimineel, dan moet ik dat helaas toegeven: ja, ik ben een crimineel, ik ben een van hen. Ik heb daar wel moeite mee, want diep in mijn hart voel ik me geen crimineel, maar het is nu eenmaal zo gelopen. Gelopen op een manier die ik nooit had gewenst. Gelopen op een manier die ik nooit heb gezocht. En dat is niet bedoeld als een verontschuldiging, maar meer als een constatering.

In het huis van bewaring heb ik mijn hele levensloop van vijfendertig jaar in gedachten de revue laten passeren. En de conclusie die zich opdrong was dat het een onherstelbare puinhoop is geworden. Uiteraard ging ik ook op zoek naar een schuldige, maar ik was reëel genoeg om te beseffen dat ik dat in eerste instantie zelf was. Iedereen is verantwoordelijk voor z'n eigen leven en z'n eigen daden. Toch vond ik wel dat er ook 'medeplichtigen' waren aan dit drama. De Van Mesdagkliniek bijvoorbeeld. Zij hebben me zonder enige vorm van begeleiding en ondersteuning gedesoriënteerd in de maatschappij teruggegooid. Dat had toch anders gekund en gemoeten. Niemand heeft na mijn vrijlating meer naar me omgekeken, terwijl ik toch zes jaar onafgebroken opgesloten had gezeten. Was dat nou de befaamde Nederlandse resocialisatie? Natuurlijk wil dat niet zeggen dat je dan maar een overval moet gaan plegen, maar wat ik wel wil beweren is dat de moeilijke omstandigheden waarin ik verzeild raakte me er in ieder geval niet van hebben weerhouden.

Ja, en dan mijn vader natuurlijk. Wat zijn rol precies is geweest in mijn bestaan kan nooit helemaal gereconstrueerd en vastgesteld worden, maar vaststaat voor mij wel dat het een hele dominante is geweest. Mijn leven heeft door zijn toedoen een wending gekregen die mij de verkeerde kant op heeft gestuurd. Als jongen van zestien jaar was ik nog nooit met de politie in aanraking geweest, was ik zelfs uitgesproken naïef, op het brave af. En op mijn negentiende heb ik zelfs nog gesolliciteerd bij de politie, maar werd er door het verleden van mijn vader afgewezen. Zonder hem had ik nu misschien aan de andere kant van de celdeur gestaan. Zonder mijn vaders daden was mijn moeder nooit weer bij die Frankot terechtgekomen. Zonder hem was mijn persoonlijkheid anders ontwikkeld. Zonder hem was alles... anders gelopen, ja.

Ik merkte dat mensen, reclassering, maatschappelijk werk, weer parallellen begonnen te trekken tussen mijn leven en dat van mijn vader. We waren immers allebei betrokken geweest bij de dood van twee mensenlevens en hadden allebei in een TBS-kliniek gezeten. Ik kon om dat soort zo-vader-zo-zoon-vergelijkingen echter razend worden. Mijn vader was heel bewust bezig geweest met wat hij deed en hij had die kinderen bewust meegenomen naar huis. Kinderen... alleen dat feit al maakte dat ik niet met hem vergeleken wilde worden. Kijk, ik kan me best voorstellen dat die familie van Henk Scholtens mij als een moordenaar ziet, omdat ik ter plaatse was toen alles gebeurde en ik samen met Toon van de Wetering van plan was hem te beroven. Maar ik heb Toon tegen willen houden, ik heb me verzet, misschien niet genoeg, maar ik heb niet de hand aan Scholtens geslagen. Dat staat vast. Bij mijn vader lag dat anders. Heel anders. Ik werd gedreven door financiële moeilijkheden en resocialisatieproblemen, maar mijn vader door lust.

Ik heb later mijn advocaat Cees Korvinus gevraagd in het 'Finsterwolde-Scharmer-proces' het verleden van mijn vader niet of nauwelijks te noemen en dat is ook gebeurd. Na alles wat er was gebeurd, wilde ik niet door mijn vader vermindering van straf krijgen. In feite wilde ik helemaal niet meer aan hem herinnerd worden. Ik moest aan de toekomst denken in plaats van het verleden, dat mijn leven zo heeft beïnvloed. Ik moest daar eindelijk eens los van komen. In principe moest ik een keuze maken. Ik kon kiezen voor de criminele kant; een keuze die je in het huis van bewaring min of meer werd opgedrongen. Maar eigenlijk wilde ik dat niet. Nee, het liefst wilde ik terug in de burgermaatschappij, met een vrouw, een kind, een baan en een huis. Een 'normaal' leven. Misdaad is niets voor mij, ook al noemen mensen mij nu een notoire crimineel. Als ik dat echt was geweest, had ik bepaalde dingen wel anders aangepakt, waaronder de moord op Henk Frankot. Maar juist omdat ik niet tussen misdadigers wilde zitten, had ik er destijds voor gezorgd dat ik TBS had gekregen. Ik realiseer me nu overigens wel dat ik zelf niet zo heel veel grip meer heb op die keuze. Ik wil wel, maar ik weet niet of ik nog ooit in de gelegenheid wordt gesteld om plannen en voornemens waar te maken. Ik zit nu tussen criminelen en dat zal voorlopig wel zo blijven. Ik wil echter uit dit circuit, want ik hoor hier niet, vind ik zelf. Maar ik besef terdege dat zodra ik ooit weer vrijkom, de situatie omgekeerd is. Dan vindt mijn omgeving, de maatschappij, dat ik er niet thuishoor. Zoals eigenlijk altijd het geval is geweest sinds die achtste augustus 1974, de dag dat mijn vader op de camping bij Epe werd gearresteerd. Sindsdien ben ik altijd verstoten, genegeerd of afgewezen.

Ik heb overigens wel hoop dat ik dat verleden definitief van mij af kan schudden. Na de zelfmoord van mijn vader kreeg ik steeds meer het gevoel dat ik van hem los kwam. Er waren perioden dat ik niet aan hem dacht, daar waar ik voorheen dagelijks op een of andere manier met hem werd geconfronteerd. Zoals ik al zei, ik was voorheen altijd 'de zoon van…'. De zoon van de Donald Duck-colporteur, de zoon van die dubbele kindermoordenaar. Drie jaar na zijn zelfmoord bleek ik echter in staat zijn overheersende, verlammende invloed op mijn leven te weerstaan. Die ontwikkeling gaf mij vertrouwen in de toekomst, hoe somber die er verder ook uitzag.

Het laatste dat ik over mijn vader vernam was enige tijd voor mijn proces. In het huis van bewaring in Groningen kreeg ik via Myranda het bericht dat er een briefje van de steenhouwerij was gekomen, die mij telkens aanmaningen voor de grafsteen van mijn vader had gestuurd. Er stond in dat men door het uitblijven van de betaling 'genoodzaakt was geweest' de steen van het graf van mijn vader op de rooms-katholieke begraafplaats in Dedemsvaart te verwijderen. Hij lag er nu naamloos onder de takken van die grote boom. Anoniem. Onzichtbaar. Ik was even stil toen ik het las en liet de strekking van de boodschap op mij inwerken. Ik had er geen vervelend gevoel bij. Nee, ik had er vrede mee. Dit bericht was in meer dan een opzicht een 'afrekening'. Ik had gewild dat mijn vader nooit had geleefd. Dat hij nooit had bestaan. Nu was het zover.

Epiloog

Paul Spruit stond op 8 april 1993 voor de rechtbank in Groningen terecht voor zijn aandeel bij de overvallen in Finsterwolde en Scharmer. In het dossier van Scharmer legde de officier van Justitie, mr. E.P. van Sloten, hem primair ten laste dat hij 'in vereniging met één of meer anderen, althans alleen, opzettelijk Henk Scholtens van het leven heeft beroofd'. Wegens deze doodslag eiste de aanklager tien jaar onvoorwaardelijke gevangenisstraf.

Advocaat mr. Cees Korvinus betoogde in zijn pleidooi dat er geen sprake was van door Paul Spruit gepleegde doodslag, aangezien hij juist aantoonbaar pogingen had gedaan dit te voorkomen. Tijdens het proces kwam aan de hand van afgelegde getuigenverklaringen vast te staan dat er zich tussen Toon van de Weteringen en Paul Spruit tijdens de overval op slachtoffer Scholtens inderdaad een schermutseling heeft voorgedaan en dat Spruit op de deuren van de boerderij heeft gebonsd in een poging hulp te krijgen.

Mr. Korvinus stelde voorts dat Spruit na zijn jarenlange verblijf in de Van Mesdagkliniek zonder enige vorm van resocialisatie en begeleiding in de maatschappij was teruggekeerd en daar direct met grote financiële problemen werd geconfronteerd, die hij niet op normale wijze het hoofd kon bieden. Dit was in feite vragen om problemen. Dit leidde er toe, aldus de advocaat, dat Spruit zich liet verleiden om aan de twee overvallen mee te doen. Mr. Korvinus beklemtoonde dat uit het onderzoek is gebleken dat zijn cliënt het toegepaste geweld bij de overvallen steeds heeft willen beperken en dus geen wezenlijke of toegevoegde bijdrage heeft geleverd aan het door zijn partner Toon van de Wetering uitgeoefende vuurwapengeweld.

De Groningse rechtbank volgde de strekking van dit pleidooi en veroordeelde Paul Spruit op 22 april 1993 wegens 'een poging tot diefstal met geweld, de dood ten gevolge hebbend' tot een gevangenisstraf van zes jaar met aftrek van voorarrest. Fred H., de man die Spruit en Van de Wetering in de nacht van de overval met de auto had afgezet, werd door de rechtbank tot tweeënhalf jaar cel veroordeeld. In hoger beroep, bij het Gerechtshof, werd daar uiteindelijk vier jaar cel van gemaakt.

Paul Spruit en de officier van justitie gingen niet tegen het vonnis in beroep, waardoor dit onherroepelijk werd. Naar huidige maatstaven is het opgelegde vonnis 'mild' te noemen. Vandaag de dag zou vrijwel zeker een hogere straf zijn opgelegd. Het strafklimaat is in Nederland na 2000 aanmerkelijk strenger geworden.

In oktober 1993 werd Spruit vanuit het huis van bewaring in Groningen overgeplaatst naar de gevangenis in Veenhuizen. Daar heeft hij diverse cursussen gevolgd en vakdiploma's gehaald op het gebied van rijvaardigheid en transport. In januari 1997 is Paul Spruit, na tweederde van zijn opgelegde straf te hebben uitgezeten, weer op vrije voeten gekomen. Hij is vrijwel direct vanuit Appingedam naar een andere gemeente in het noorden van het land verhuisd, in een poging daar een nieuw bestaan op te bouwen. Het gezin werd in die tijd uitgebreid met de geboorte van een zoontje.

In de jaren na zijn detentie heeft Spruit – met behulp van de in de gevangenis behaalde vakdiploma's – vooral gewerkt als vrachtwagen- en touringcarchauffeur.

Al snel kwam Spruit er achter dat het uitzitten van zijn celstraf niet betekende dat het verleden werd uitgewist. Integendeel, hij werd er dikwijls door ingehaald. Door dit boek, maar ook omdat Paul heeft meegewerkt aan een televisie-interview voor een documentaire, werd hij met enige regelmaat herkend en dat had consequenties. Paul Spruit: 'Er was in die tijd nog geen internet of Facebook, waardoor mensen makkelijk iets terug konden zoeken, maar het geheugen van mensen werkte toen misschien wel beter. Het is nogal eens voorgekomen dat ik tijdens mijn werk werd aangesproken: 'Hé... ben jij niet die man van eh...?'. Meestal was dat het begin van het einde. Ik weet nog dat ik een keer als chauffeur op het Mediapark in Hilversum iets moest afleveren. Ook daar werd ik toen herkend. Een halve dag later had mijn werkgever al een belletje gekregen of ze 'wel wisten wie ze precies in dienst hadden...?' Dan was het weer afgelopen, werkgevers hadden daar geen zin in'.

In 2005 werd Spruit bovendien getroffen door een ernstig herseninfarct, waarvan de medische gevolgen hem tot op de dag van vandaag parten spelen. Spruit: 'Ik heb toen tussen de twee en drie jaar moeten revalideren en raakte al mijn groot-rijbewijzen kwijt, waar ik juist mijn toekomst op had gericht'.

Na de revalidatie is Paul Spruit weer begonnen met het geven van voorlichting op voornamelijk scholen. Werken gaat niet meer, voorlichting geven wel. 'Er is een enorme belangstelling voor. De jeugd heeft vaak geen idee wat ze bij een celstraf en gevangenis moeten denken. Ze hebben daar veel vooroordelen over. Ik maak hen duidelijk dat een gevangenis echt geen Centerparcs is. Ik merk heel goed dat mijn levensverhaal hen raakt en dat ze daar in onderlinge gesprekken iets mee doen. De basis van mijn verhaal is dat je leven onverwachts een rare wending kan krijgen en dat het dan moeilijk is om daar uit te komen. Dat je dan soms crimineel wordt, zonder dat je crimineel bent, zeg maar. Op sommige scholen, zoals in Nijverdal, kom ik nu al twintig jaar, dus het voorziet wel in een behoefte. Ik blijf dit doen zolang als ik kan, zo doe ik toch nog iets nuttigs met alle rottigheid uit mijn verleden en betaal ik iets terug'.

Het huwelijk met Myranda heeft geen stand gehouden. Met de kinderen uit zijn relaties heeft Spruit (nagenoeg) geen contact meer. 'Jammer, maar het heeft zo moeten zijn, denk ik, zij hebben hun eigen leven. Ik wil wel met nadruk zeggen dat mijn exen en kinderen geen enkele blaam treft. Ik ben alleen schuldig aan de situatie en niemand anders'. Wel heeft Spruit al geruime tijd een nieuwe relatie, met Henny, een vrouw die een loopbaan in de zorg achter de rug heeft. Spruit noemt haar 'een vrouw uit duizenden'. Henny heeft twee kinderen uit een eerder huwelijk, die Paul Spruit beschouwt als zijn eigen kinderen. Hun kinderen ziet hij als zijn eigen kleinkinderen.

Het is in 2019 vijfentwintig jaar geleden dat de eerste editie van 'Een moord kost meer levens' verscheen. Het is inmiddels nog langer geleden dat de ergste gebeurtenissen plaatsvonden.

Op de vraag hoe hij nu op zijn turbulente leven terugkijkt, antwoordt Paul Spruit: 'Mijn leven is grotendeels gevormd door verkeerde beslissingen. Die van mijn vader natuurlijk, maar ook van mijzelf, daar moet ik eerlijk in zijn. Ik kan wel zeggen dat het mij allemaal is overkomen, maar dat is de easy-way-out. Ik heb ook mijn eigen rol gehad, zo is het gewoon. Het waren verkeerde beslissingen die een funeste uitwerking hebben gehad'.

Over de twee levensdelicten waarvoor hij is veroordeeld:
'Ik heb nog steeds geen spijt van mijn daad waardoor mijn stiefvader Henk Frankot om het leven kwam. Dat was een gevolg van jarenlange mishandelingen van mijn moeder en ik ben bang dat daar geen andere uitweg voor was. Zo zie ik dat nog steeds. De dood van Frankot heeft er wel voor gezorgd dat mijn leven, na al het gedoe rond de veroordeling van mijn vader, nog veel meer in een neerwaartse spiraal terecht kwam. De periode in de Van Mesdag is heel intensief geweest, die heeft veel met mij gedaan. Ik had toen zoiets van dat overkomt mij nooit weer. Stom genoeg ben ik daarna toch opnieuw in de fout gegaan en dat heeft geleid tot de dood van Henk Scholtens, een volmaakt onschuldige man. Dat zit mij wel heel erg dwars. Als ik dit kon uitwissen: Poeh… héél graag… maar de werkelijkheid – waar ik mee moet zien te leven - is dat dit niet kan. Ook dat is zwaar. Mensen vragen wel eens: wat zou je anders hebben gedaan als je het over kan doen? Die vraag heeft geen enkele zin. Daar wil ik ook niet eens over nadenken. Daar maak je jezelf alleen maar gek mee. Je kan immers niets over doen. Was het maar zo'.

Over zijn verblijf in de gevangenis en de Van Mesdagkliniek:
'Het opgesloten zitten in de kliniek en het vastzitten in de gevangenis hebben mij hard gemaakt, ook voor de mensen om mij heen. Je leert in de gevangenis om geen emoties meer toe te laten. Emoties maken je kwetsbaar en dat kan in een vijandige omgeving niet. Je moet daar zorgen dat je niet

'geraakt' kan worden. En dus sluit je je af en laat je niets meer toe wat jou pijn kan doen. Het is een soort verdedigingsmechanisme. Daardoor word je hard en dat werkt ook door naar de buitenwereld, naar je exen, je kinderen. Je komt eigenlijk geestelijk misvormd uit de bajes als je daar jaren hebt gezeten, terwijl iedereen juist verwacht dat je je les hebt geleerd en een beter mens bent geworden. Ik heb echt weer moeten leren om van mensen te houden, om me weer open te stellen voor anderen en mijn emoties terug te vinden. Dat is echt niet gemakkelijk als je die langdurig hebt weggedrukt'.

'Ik ben blij dat we destijds dit boek hebben geschreven. Dat was voor mij een manier om mijn oude leven achter me te laten. Ik denk dat er geen boek is waarvan de titel zó juist is... Een moord kost meer levens... als ik in mijn leven één ding heb ervaren is dat het wel. En dat geldt ook voor de familie van Henk Scholtens uiteraard. Er zijn heel wat levens verloren gegaan sinds 1971, toen mijn vader zijn eerste moord pleegde. En iets anders dat ik heb geleerd is dat je leven na zo'n gebeurtenis nooit meer wordt zoals het was... Al met al beoordeel ik de gevangenis als negatief, je wordt daar alleen maar slechter van. Zo is het gewoon. Maar als je mij vraagt wat dan het alternatief is, moet ik ook het antwoord schuldig blijven. Belangrijk is dat ex-gedetineerden 'buiten' een betere begeleiding krijgen als ze vrij komen. Daar heeft het bij mij aan ontbroken en daardoor ben ik opnieuw in de fout gegaan. Achteraf gezien was dat met iets meer aandacht te voorkomen geweest. Iedereen die in de gevangenis heeft gezeten of daar beroepshalve mee te maken heeft weet dit, maar toch wordt er telkens weer juist op die begeleiding, nazorg en de reclassering bezuinigd. En als iemand dan in herhaling valt doen politici en media weer heel verbaasd: Goh, hoe kan dat nou... ? Over dat soort dingen kan ik me wel opwinden'.

Over zijn vader en moeder:

'Aan mijn moeder denk ik nog regelmatig, in de zin dat ik dan tot de slotsom kom dat ze écht een heel beroerd leven heeft gehad. Eerst met Henk Frankot, toen met mijn vader en alle dramatiek rond de twee kindermoorden en toen weer met die Frankot. Dat ik ook nog eens in de gevangenis kwam te zitten heeft haar ook veel verdriet gedaan. Dat is meer ellende dan een mensenleven kan verdragen. Met mijn moeder voel ik heel veel mededogen. Aan mijn vader denk ik niet veel meer. Ik knap daar niet van op als ik dat wel doe, al bekruipt me wel zo nu en dan de vraag: waarom heeft hij het gedaan??? Twee van die jonge kinderen... En, met als logisch vervolg, hoe was mijn leven verlopen als dit toen allemaal niet was gebeurd? Maar dat heeft dus allemaal geen zin. Tijdens de voorlichtingen die ik op scholen geef worden mij ook nog regelmatig vragen over mijn vader gesteld, dus helemaal loslaten is onmogelijk'.

Paul Spruit woont tegenwoordig samen met Henny weer in Amsterdam. Vlak bij het Amsterdam-Zuid waar zijn leven met de moorden op Basje Bloemena en Heleentje Isaac ooit zo'n abrupte wending kreeg. En het nooit meer werd zoals het was...

Verantwoording

Naast de langdurige gesprekken met Paul Spruit in het huis van bewaring in Groningen, die bij elkaar ruim drie weken in beslag hebben genomen, heeft de auteur bij zijn research voor dit boek hulp ondervonden van de volgende personen:

Mr. R.J.G. Abeln – advocaat van Gerard Spruit sr. na diens arrestatie in augustus 1974.
Mr. G.P. Hamer – advocaat van Gerard Spruit sr. in de laatste fase van diens leven.
Mr. C.F. Korvinus – advocaat van Paul Spruit sinds februari 1987.
Mr. C.W.J. Okkerse – advocaat van Paul Spruit na diens arrestatie voor de moord op Henk Frankot in augustus 1984.

De auteur heeft voorts de beschikking gehad over de officiële proces-verbalen, verslagen, aantekeningen, correspondentie en rapportages van onder meer politie, psychiaters en psychologen, reclassering, diverse Rijks Inrichtingen, het Pieter Baan Centrum, het Gerechtelijk Laboratorium, maar ook van de direct betrokkenen zelf.

Tevens is gebruikgemaakt van gegevens uit diverse bevolkingsregisters en archieven van kranten en tijdschriften, waaronder: Het Parool, De Telegraaf, Utrechts Nieuwsblad, Nieuwsblad van het Noorden, Courant Nieuws van de Dag, De Haagsche Courant, De Almare, De Gooi- en Eemlander, Panorama en Elsevier (research: Jacqueline de Vries-Schuitenmaker).

De auteur heeft tenslotte (schriftelijke) contacten gehad en gesprekken gevoerd met direct betrokkenen die niet met name genoemd willen worden.